Die Verantwortlichkeit für schädliche Bodenveränderungen und Altlasten nach dem Bundes-Bodenschutzgesetz

Europäische Hochschulschriften

Publications Universitaires Européennes
European University Studies

Reihe II
Rechtswissenschaft

Série II Series II
Droit
Law

Bd./Vol. 3576

PETER LANG
Frankfurt am Main · Berlin · Bern · Bruxelles · New York · Oxford · Wien

Lars Duesmann

Die Verantwortlichkeit für schädliche Bodenveränderungen und Altlasten nach dem Bundes-Bodenschutzgesetz

PETER LANG
Europäischer Verlag der Wissenschaften

Bibliografische Information Der Deutschen Bibliothek
Die Deutsche Bibliothek verzeichnet diese Publikation in der Deutschen Nationalbibliografie; detaillierte bibliografische Daten sind im Internet über <http://dnb.ddb.de> abrufbar.

D 294
ISSN 0531-7312
ISBN 3-631-50520-5

www.peterlang.de

Meinen Eltern

Vorwort

Die vorliegende Arbeit wurde im Sommersemester 2002 von der Juristischen Fakultät der Ruhr-Universität Bochum als Dissertation angenommen.

Herrn Prof. Dr. Joachim Wolf, der die Arbeit als Doktorvater betreute, danke ich herzlich für die Betreuung der Arbeit und für die langjährige großzügige Förderung. Mein Dank gilt ebenfalls Herrn Prof. Dr. Martin Burgi für die rasche Erstellung des Zweitgutachtens sowie für weitere wertvolle Hinweise.

Bedanken möchte ich mich an dieser Stelle auch bei allen, die mich bei der Erstellung der Arbeit durch ihre Diskussionsbereitschaft, wertvolle Anregungen sowie die Durchsicht des Manuskripts unterstützt haben. Stellvertretend für alle sei nur Herr Dr. Volker Jorczyk erwähnt, der mein Interesse für das Thema geweckt hat. Schließlich danke ich meinen Eltern Gisela und Hermann-Josef Duesmann für die Förderung während meiner gesamten Ausbildung.

Hattingen, August 2002

Lars Duesmann

Inhaltsverzeichnis

1. TEIL: EINFÜHRUNG 1

A. Entstehungsgeschichte und Zweck des Gesetzes 1
I. Altlastensituation in Deutschland 1
II. Entwicklung des Bodenschutzrechts 3
III. Bundes-Bodenschutzgesetz 5

B. Gesetzgebungskompetenz des Bundes 7
I. Position des Gesetzgebers 8
II. Stellungnahme 9
1. Zulässigkeit des Rückgriffs auf einen Kompetenzmix 9
2. Vorliegen von Kompetenztiteln für die einzelnen Regelungen 10
a) Bodenschützende Vorschriften 10
aa) Historische Auslegung 10
bb) Heutiges Verfassungsverständnis 12
(1) Zulässigkeit moderner Auslegung 12
(2) Inhalt des heutigen Verständnisses 13
(3) Anwendung der Definition auf die hier geregelten Fragen 14
cc) Abgrenzung zu anderen Kompetenztiteln 15
(1) Erfordernis einer Abgrenzung 15
(2) Abgrenzungskriterien 16
(3) Eigentliche Abgrenzung 16
(a) Abgrenzung zu Art. 75 Abs. 1 Nr. 3 GG 16
(b) Abgrenzung zu Art. 74 Abs. 1 Nr. 11 GG 17
(c) Abgrenzung zu Art. 74 Abs. Nr. 17 GG 18
(d) Abgrenzung zu Art. 74 Abs. Nr. 24 GG 18
dd) Anforderungen des Art. 72 Abs. 2 GG 19
ee) Zwischenergebnis 20
b) Sonderregelungen für die Landesverteidigung 20
c) Vorschriften zur Gewässersanierungspflicht 22
aa) Bestehen einer Bundeskompetenz 22
bb) Zulässigkeit einer Vollregelung 23

d) Vorschriften zur Gefahrenabwehr 24
3. Ergebnis zur Gesetzgebungskompetenz des Bundes 25

2. TEIL: ANWENDUNGSBEREICH DER REGELUNGEN DES § 4 ABS. 3 BIS 6 BBODSCHG 27

A. Begriff der schädlichen Bodenveränderungen und Altlasten 27
I. Schädliche Bodenveränderungen 27
1. Beeinträchtigungen der Bodenfunktionen 27
2. Eignung 29
3. Belastungsinteressen 31
4. Negative Effekte 32
aa) Gefahr 32
bb) Erhebliche Nachteile und Belästigungen 33
II. Altlasten 34
1. Altablagerungen und Altstandorte 34
a) Gemeinsamkeiten 34
aa) Grundstücksbezug 34
bb) Stillgelegte Anlagen 35
(1) Anlage 35
(2) Stillgelegt 36
b) Altablagerungen 37
c) Altstandorte 38
2. Negative Folgen 39
III. Präzisierung durch die BBodSchV 39
IV. Verhältnis der Begriffe 40
V. Gefahrerforschungseingriffe 41
1. Regelung des § 9 Abs. 1 BBodSchG 42
2. Regelung des § 9 Abs. 2 BBodSchG 43

B. Subsidiarität nach § 3 BBodSchG 45

3. TEIL: KREIS DER VERANTWORTLICHEN 47

A. Verhältnis zu landesrechtlichen Regelungen 47

B. Handlungsstörer 48

I. Bestimmung des Verursachers 49
1. Notwendigkeit einer speziellen öffentlich-rechtlichen Verursachungstheorie 49
2. Wichtigste öffentlich-rechtliche Verursachungstheorien 51
a) Theorie der unmittelbaren Verursachung 51
b) Lehre vom sozialadäquaten Verhalten 52
c) Theorie der rechtswidrigen Verursachung 53
3. Lösungsvorschlag 54
a) Handhabung der Kriterien 55
b) Einzelne Kriterien 56
aa) Unmittelbarkeit 56
bb) Wahrscheinlichkeit des Gefahreneintritts 56
cc) Rechtswidrigkeit des Verhaltens 57
dd) Vorsatz 58
ee) Geschehensherrschaft 59
II. Zusatzhaftung 61
III. Grenzen der Handlungsverantwortlichkeit 63
1. Legalisierungswirkung von Genehmigungen 63
a) Gegenstand der erteilten Genehmigung 64
b) Umfang der erteilten Genehmigung 65
c) Ergebnis zur Legalisierungswirkung von Genehmigungen 66
2. Zeitliche Grenzen 67
a) Verjährung 67
aa) Planwidrige Regelungslücke 67
bb) Vergleichbarkeit der Sachverhalte 68
(1) Vermögensrechtliche Ansprüche 68
(2) Nicht vermögensrechtliche Ansprüche 68
cc) Konsequenzen für die Sanierung von Altlasten 70
b) Duldung 70
c) Verwirkung 71
aa) Objektive Voraussetzungen 72
bb) Subjektive Voraussetzungen 72
cc) Anwendbarkeit auf nicht verzichtbare Rechte 73
(1) Notwendigkeit der Einschränkung 73
(2) Verzichtbarkeit der Eingriffsbefugnisse des Bundes-Bodenschutzgesetzes 74

dd) Ergebnis zur Verwirkung 74

C. Zustandsstörer 75
I. Anknüpfungspunkt der Zustandsverantwortlichkeit 75
1. Eigentümer 75
2. Inhaber der tatsächlichen Gewalt 76
3. Ausübung der tatsächlichen Gewalt ohne oder gegen den Willen des Eigentümers 77
II. Grenzen der Zustandsverantwortlichkeit 79
1. Sachliche Grenzen 79
a) „Opferposition" 79
b) Legalisierungswirkung von Genehmigungen 87
2. Zeitliche Grenzen 87
a) Verjährung 87
b) Duldung und Verwirkung 87
III. Altlastenfreistellungsklausel 88

D. Rechtsnachfolge 92
I. Rechtsnachfolge in die Handlungsverantwortlichkeit 92
1. Gesamtrechtsnachfolge in die abstrakte Handlungsverantwortlichkeit 92
a) Zeitlicher Anwendungsbereich 93
b) Verfassungsrechtliche Zulässigkeit dieser Auslegung 94
aa) Pflicht des Rechtsvorgängers 95
bb) Übergangsfähigkeit 97
cc) Übergangstatbestand 98
dd) Ergebnis 99
c) Einzelheiten zu den wichtigsten Arten der Gesamtrechtsnachfolge 100
aa) Vermögensübergang durch Erbschaft 100
bb) Verschmelzung von Unternehmen 100
cc) Spaltung von Unternehmen 101
dd) Zusammenschluß von Unternehmen vor dem 1. Januar 1995 103
d) Grenzen der Haftung des Gesamtrechtsnachfolgers 104
aa) Beschränkungen aus der Person des Rechtsvorgängers 104
bb) Beschränkungen in der Person des Rechtsnachfolgers 105
(1) Opferposition 105
(2) Beschränkung auf das übernommene Vermögen 106

2. Gesamtrechtsnachfolge in die konkrete Handlungsverantwortlichkeit 108
a) Bedeutung 108
b) Zulässigkeit des Rückgriffs auf die zum allgemeinen Polizei- und Ordnungsrecht entwickelten Regeln 108
c) Darstellung dieser Regeln 109
aa) Pflicht des Rechtsvorgängers 110
bb) Übergangsfähigkeit 110
cc) Übergangstatbestand 111
dd) Ergebnis 112
d) Besonderheiten bei der Vollstreckung 112
3. Einzelrechtsnachfolge in die abstrakte Handlungsverantwortlichkeit 112
a) Öffentlich-rechtliche Wirksamkeit 113
aa) Pflicht des Rechtsvorgängers 113
bb) Übergangsfähigkeit 113
cc) Übergangstatbestand 113
dd) Ergebnis 114
b) Zivilrechtliche Wirksamkeit 115
4. Einzelrechtsnachfolge in die konkrete Handlungsverantwortlichkeit 115
II. Rechtsnachfolge in die Zustandsverantwortlichkeit 116
1. Gesamtrechtsnachfolge in die konkrete Zustandsverantwortlichkeit 116
a) Pflicht des Rechtsvorgängers 116
b) Übergangsfähigkeit 116
c) Übergangstatbestand 116
d) Ergebnis 117
2. Einzelrechtsnachfolge in die konkrete Zustandsverantwortlichkeit 117
a) Übergangsfähige Pflicht des Rechtsvorgängers 118
b) Übergangstatbestand 118
c) Ergebnis 120
3. Rechtsnachfolge in die abstrakte Zustandsverantwortlichkeit 121
a) Gesamtrechtsnachfolge in die abstrakte Zustandsverantwortlichkeit 121
b) Einzelrechtsnachfolge in die abstrakte Zustandsverantwortlichkeit 122
III. Ergebnis zur Rechtsnachfolge 122

E. Ehemaliger Zustandsstörer 123
I. Derelinquent 123

1. Zeitlicher Anwendungsbereich 124
2. Verfassungsrechtliche Zulässigkeit 125
a) Vorliegen einer echten Rückwirkung 126
aa) Zivilrechtliche Wirksamkeit 126
(1) Nichtigkeit nach § 134 BGB 126
(2) Nichtigkeit nach § 138 Abs. 1 BGB 128
(3) Ergebnis zur zivilrechtlichen Wirksamkeit 130
bb) Erlöschen der Zustandshaftung durch zivilrechtlich wirksame Dereliktion 130
cc) Inanspruchnahme des Derelinquenten als Handlungsstörer 131
dd) Ergebnis zum Vorliegen einer echten Rückwirkung 131
b) Verfassungsrechtliche Zulässigkeit 132
aa) Rechtslage unklar und verworren 132
bb) Voraussehbarkeit der rückwirkenden Neuregelung 133
c) Ergebnis zur verfassungsrechtlichen Zulässigkeit 135
II. Veräußerer 136
1. Erfaßte Eigentümerwechsel 138
a) Veräußerung nach §§ 873, 925 BGB 138
b) Dereliktion 139
c) Gesamtrechtsnachfolge 139
d) Beschränkung auf den letzten Eigentümer? 141
e) Ergebnis 142
2. Maßgeblicher Zeitpunkt 142
3. Bösgläubigkeit des Veräußerers 145
4. Schutzwürdiges Vertrauen auf das Fehlen von Bodenverschmutzungen 148
5. Vertragliche Gestaltungsmöglichkeiten 153
6. Verfassungsmäßigkeit von § 4 Abs. 6 BBodSchG 154
a) Rückwirkung 154
b) Vereinbarkeit mit Art. 14 GG 154
c) Vereinbarkeit mit Art. 3 Abs. 1 GG 159
d) Ergebnis zur Verfassungsmäßigkeit von § 4 Abs. 6 BBodSchG 160

F. Einstehenspflicht für juristische Personen 161
I. Einstehenspflicht für den Zustandsstörer 161
1. Anknüpfungspunkt 161

2. Zeitlicher Anwendungsbereich 163
3. Einstehenspflicht 163
a) Sphärenvermischung 164
aa) Haftungsbegründende Sphärenvermischung 164
bb) Gegenständliche Sphärenvermischung 164
b) Qualifiziert faktischer Konzern 165
c) Unterkapitalisierung von Gesellschaften 167
aa) Nominelle Unterkapitalisierung 168
bb) Materielle Unterkapitalisierung 169
(1) Individuelle Gläubigerschädigung 170
(2) Keine individuelle Gläubigerschädigung 170
d) Geschriebene Fälle einer Einstehenspflicht 173
4. Verfassungsrechtliche Zulässigkeit 174
5. Bewertung der Vorschrift 175
II. Einstehenspflicht für den Handlungsstörer 176
1. Inanspruchnahme der Gesellschafter als Verursacher 176
2. Inanspruchnahme der Gesellschafter aufgrund der Einstehenspflicht 178
III. Einstehenspflicht für den ehemaligen Zustandsstörer 178

G. Kritik an der Erweiterung des Kreises der Sanierungspflichtigen 180

H. Störermehrheiten 183
I. Auswahl zwischen mehreren Verpflichteten 183
1. Rangfolge bei der Inanspruchnahme? 184
2. Kriterien für die Auswahl 186
II. Ausgleichsanspruch nach § 24 Abs. 2 BBodSchG 187
1. Voraussetzungen eines Anspruchs 188
2. Umfang des Anspruchs 188
a) Gesetzlicher Regelfall 188
b) Ausfall eines zum Ausgleich Verpflichteten 190
c) Abweichende Vereinbarungen 191
3. Rechtsnatur 192
4. Verjährung 193
5. Zeitlicher Anwendungsbereich 195

4. TEIL: INHALT DER SANIERUNGSPFLICHT 197

A. Grundregel 197
I. Begriff der Sanierung 197
1. Dekontaminationsmaßnahmen 197
2. Sicherungsmaßnahmen 199
3. Maßnahmen zur Beseitigung oder Verminderung schädlicher Veränderungen des Bodens 201
4. Verhältnis der Maßnahmen zueinander 202
II. Umfang der zu treffenden Maßnahmen 203
1. Maßstab des § 4 Abs. 3 S. 1 BBodSchG 203
2. Nutzungsabhängigkeit 204
a) Konzeption des § 4 Abs. 4 BBodSchG 204
b) Nutzungsänderungen 206
aa) Änderung der planungsrechtlich zulässigen Nutzung 206
bb) Nutzungsänderung bei Fehlen planungsrechtlicher Vorgaben 212
3. Gewässersanierung 212

B. Besonderheiten bei Belastungen durch Schadstoffe 214
I. Grundstruktur der Spezialregelung 214
II. Das Stufenverhältnis im einzelnen 214
1. Vorrangig zu ergreifende Maßnahmen 214
2. Subsidiäre Maßnahmen 216
a) Begriff 216
b) Voraussetzungen für die Zulässigkeit 217
aa) Unmöglichkeit von Sanierungsmaßnahmen 217
bb) Unzumutbarkeit von Sanierungsmaßnahmen 218
c) Bedeutung von § 4 Abs. 3 S. 3 BBodSchG 219

C. Besonderheiten bei nach dem 1. März 1999 entstandenen Belastungen 220
I. Voraussetzungen und Inhalt der strengen Haftung 221
II. Ausschluß der strengen Haftung 222
1. Unverhältnismäßigkeit 222
2. Schutzwürdiges Vertrauen des Verpflichteten 224
a) Gesetzliche Anforderungen 224
b) Schutzwürdigkeit des Vertrauens 226

c) Anwendbarkeit von § 4 Abs. 5 S. 2 BBodSchG auf alle Pflichtigen 226
3. Umfang der Freistellung 228

D. Durchsetzung der Pflichten nach dem Bundes-Bodenschutzgesetz 229
I. Sanierungsverfügung 229
II. Sanierungsvertrag 229
III. Sanierungsplan 230
1. Voraussetzungen 230
2. Sanierungsuntersuchungen 231
3. Inhalt von Sanierungsplänen 232
4. Zur Planung Verpflichtete 232
5. Verbindlicherklärung 233

5. TEIL: VERMEIDUNG NEUER BODENBELASTUNGEN 235

A. Grundsatz des § 1 S. 3 BBodSchG 235

B. Pflicht zur Gefahrenabwehr 236
I. Voraussetzungen dieser Pflicht 236
1. Gemeinsame Voraussetzungen von § 4 Abs. 1 und 2 BBodSchG 236
2. Besondere Voraussetzungen von § 4 Abs. 2 BBodSchG 237
II. Kreis der Verpflichteten 237
1. § 4 Abs. 1 BBodSchG 237
2. § 4 Abs. 2 BBodSchG 238
3. Stellungnahme 238
III. Inhalt der Pflicht 239
IV. Durchsetzung der Pflicht 240

C. Vorsorgepflicht 240
I. Voraussetzungen der Vorsorgepflicht 240
1. Besorgnis einer schädlichen Bodenveränderung 240
2. Folge der Nutzung des Grundstücks 242
3. Auf dem Grundstück oder in dessen Einwirkungsbereich 242
II. Verpflichtete 242
1. Eigentümer und Inhaber der tatsächlichen Gewalt 242
2. Wer Verrichtungen auf dem Grundstück durchführt 243

3. Wer Verrichtungen durchführen läßt 244
III. Umfang der Maßnahmen 245
IV. Durchsetzung der Maßnahmen 246
V. Bewertung der Vorschrift 247

D. Spezialregelungen für die Landwirtschaft 247
I. Bedürfnis für Sonderregelungen 247
II. Sonderregelungen zur Vorsorge 248
III. Sonderregeln zur Gefahrenabwehr 249

Anzahl erfaßter altlastverdächtiger Flächen in Deutschland 251

Zuordnung der wichtigsten Sanierungsverfahren zu den Maßnahmetypen 253

Synopse der Vorschriften zur Bestimmung der Verantwortlichen nach dem Bundes-Bodenschutzgesetz und dem Recht der Länder 255

Literaturverzeichnis

Anschütz, Gerhard	Die Verfassung des Deutschen Reiches 14. Auflage, Berlin 1933 unveränderter Nachdruck, Bad Homburg v. d. Höhe 1960 (zit.: Anschütz, WRV)
Anschütz, Gerhard/Thoma, Richard (Hrsg.)	Handbuch des Deutschen Staatsrechts, Band 1 Tübingen 1930
Bach, Thomas/Zehrfeld, Hans	Altlastensanierung und Gewässerschutz in den neuen Bundesländern ZUR 1996, 242
Becker, Bernd	Bundes-Bodenschutzgesetz Loseblattsammlung, Starnberg, Stand: Januar 2001 (zit.: Becker, BBodSchG)
Becker, Bernd	Die neue öffentlich-rechtliche Haftung für die Sanierung schädlicher Bodenveränderungen und Altlasten nach § 4 III BBodSchG DVBl. 1999, 134
Beckmann, Martin/Große-Hündfeld, Norbert	Wiederverwertung von Industrie- und Gewerbebrachen mit Hilfe von Sanierungsvereinbarungen BB 1990, 1570
Belz, Reiner/Mußmann, Eike	Polizeigesetz für Baden-Württemberg 5. Auflage, Stuttgart/München/Hannover/Berlin/Weimar/ Dresden 1996 (zit.: Belz/Mußmann, PolG BW)
Bender, Bernd/Sparwasser, Reinhard/Engel, Rüdiger	Umweltrecht 4. Auflage, Heidelberg 2000
Bickel, Christian	Bundes-Bodenschutzgesetz 2. Auflage, Köln/Berlin/Bonn/München 2000 (zit.: Bickel, BBodSchG)
Bickel, Christian	Grenzen der Zustandshaftung des Eigentümers für die Grundstückssanierung bei Altlasten NJW 2000, 2562

Blume, Hans-Peter	Handbuch des Bodenschutzes 2. Auflage, Landsberg/Lech 1992 (zit.: Bearbeiter, in: Blume, Handbuch des Bodenschutzes)
Böhmer, Werner	Die Verwirkung im öffentlichen Recht BayVBl. 1956, 129
Brandt, Edmund	Altlastenrecht Heidelberg 1993
Brandt, Edmund	Gesetzgebungskompetenz des Bundes für ein Bundes-Bodenschutzgesetz DÖV 1996, 675
Brandt, Edmund/Dieckmann, Martin/Wagner, Kersten	Altlasten und Abfallproduzentenhaftung Düsseldorf 1988
Brandt, Edmund/Lange, Holger	Kostentragung bei der Altlastensanierung UPR 1987, 11
Brandt, Edmund/Sanden, Joachim	Verstärkter Bodenschutz durch die Verzahnung zwischen Bau- und Raumordnungsrecht und Bodenschutzrecht UPR 1999, 367
Breuer, Rüdiger	„Altlasten“ als Bewährungsprobe der polizeirechtlichen Gefahrenabwehr und des Umweltschutzes, OVG Münster, NVwZ 1985, 355 JuS 1986, 359
Breuer, Rüdiger	Empfehlen sich ergänzende gesetzliche oder untergesetzliche Regelungen der Altlasten, und welchen Inhalt sollen sie haben? DVBl. 1994, 890
Breuer, Rüdiger	Rechtsprobleme der Altlasten NVwZ 1987, 751
Buch, Ulrich von	Die Gesetzgebungskompetenz für das Bundes-Bodenschutzgesetz NVwZ 1998, 822
Bullinger, Martin	Ungeschriebene Kompetenzen im Bundesstaat AöR 96 (1971), 237

Bundesministerium für Umwelt, Naturschutz und Reaktorsicherheit (Hrsg.)	Deutsches Umweltrecht auf der Grundlage des Einigungsvertrages Bonn 1990
Canaris, Claus	Die Vertrauenshaftung im Deutschen Privatrecht München 1971
Claussen, Carsten P.	Kapitalersetzende Darlehen und Sanierung durch Kreditinstitute ZHR 147 (1983), 195
Czybulka, Detlef	Kompetenzverteilung im Bodenschutz- und Altlastenrecht in: Erbguth, Wilfried (Hrsg.) Aktuelle Fragen des Altlasten- und Bodenschutzrechts Baden-Baden 1997, S. 43 (zit.: Czybulka, in: Erbguth, Aktuelle Fragen des Altlasten- und Bodenschutzrechts) = UPR 1997, 15
Degenhart, Christoph	Bundeskompetenz für ein Bodenschutzgesetz? ZRP 1997, 397
Degenhart, Christoph	Staatsrecht I 17. Auflage, Heidelberg 2001
Diehr, Uwe	Der Sanierungsplan nach dem Bundesbodenschutzgesetz UPR 1998, 128
Doerfert, Carsten	Die Haftung des Rechtsnachfolgers nach dem Bundes-Bodenschutzgesetz VerwRdsch 1999, 229
Dombert, Matthias	Streben nach effektivem Bodenschutz an den Grenzen des Grundgesetzes NJW 2001, 927
Dreier, Horst (Hrsg.)	Grundgesetz Tübingen 1996 ff. (zit.: Bearbeiter, in: Dreier, GG)
Drews, Bill/Wacke, Gerhard	Allgemeines Polizeirecht 7. Auflage 1961

Drews, Bill/Wacke, Gerhard/Vogel, Klaus/Martens, Wolfgang	Gefahrenabwehr 9. Auflage, Köln 1986 (zit.: Drews/Wacke/Vogel/Martens)
Droese, Julia	Die Erweiterung des Kreises der Zustandsverantwortlichen nach dem Bundes-Bodenschutzgesetz UPR 1999, 86
Ebert, Udo	Kausalität und objektive Zurechnung Jura 1979, 561
Eilers, Stephan/Geisler, Markus	Bundes-Bodenschutzgesetz: Bilanz- und steuerrechtliche Erfassung von Umweltschutzmaßnahmen BB 1998, 2411
Emmerich, Volker	Der heutige Stand der Lehre vom GmbH-Konzernrecht AG 1987, 1
Enders, Rainald/Uwer, Dirk	Zur Fortentwicklung des Altlastenrechts BB 1995, 629
Erbguth, Wilfried/Stollmann, Frank	Die Bodenschutz- und Altlastengesetze der Länder vor dem Hintergrund des Entwurfs eines Bundes-Bodenschutzgesetzes UPR 1996, 281
Erbguth, Wilfried/Stollmann, Frank	Zum Anwendungsbereich des Bundes-Bodenschutzrechts NuR 2001, 241
Erbguth, Wilfried/Stollmann, Frank	Zum Stand des Bodenschutzrechts – dargestellt unter Berücksichtigung der Altlastenproblematik NuR 1994, 319
Erichsen, Hans-Uwe	Allgemeines Verwaltungsrecht 11. Auflage, Berlin/New York 1998
Erichsen, Hans-Uwe	Der Schutz der Allgemeinheit und der individuellen Rechte durch die polizei- und ordnungsrechtlichen Handlungsvollmachten der Exekutive VVDStRL 35 (1977), 171
Erman, Walter	Handkommentar zum BGB 10. Auflage, Münster 2000 (zit.: Bearbeiter, in: Erman, BGB)

Feldhaus, Gerhard	Bundesimmissionsschutzrecht Loseblattsammlung, Heidelberg, Stand: Oktober 2001 (zit.: Bearbeiter, in: Feldhaus, BImSchG)
Fikentscher, Wolfgang	Schuldrecht 9. Auflage, Berlin/New York 1997
Flotho, Hans-Martin	Ordnungsverfügungen zur Dekontamination von Rüstungsaltlasten aus der Sprengstoffproduktion nach dem Montan-Schema Frankfurt/M. 1995 zugleich Diss. Münster 1995 (zit.: Flotho, Dekontamination von Rüstungsaltlasten)
Fluck, Jürgen	§ 24 Abs. 2 BBodSchG: Ist stets allein der Handlungsstörer ausgleichspflichtig? UPR 2001, 253
Fluck, Jürgen	Die „Legalisierungswirkung" von Genehmigungen als ein Zentralproblem öffentlich-rechtlicher Haftung für Altlasten VerwArch 79 (1988), 406
Fluck, Jürgen	Die Duldung des unerlaubten Betreibens genehmigungsbedürftiger Anlagen NuR 1990, 197
Fluck, Jürgen	Kreislaufwirtschafts-, Abfall- und Bodenschutzrecht Loseblattsammlung, Heidelberg, Stand: Februar 2002 (zit.: Bearbeiter, in: Fluck, KrW-/Abf-/BodSchR)
Forsthoff, Ernst	Lehrbuch des Verwaltungsrechts, Band 1 10. Auflage, München 1973 (zit. Forsthoff, VwR I)
Frenz, Walter	Bundes-Bodenschutzgesetz München 2000 (zit.: Frenz, BBodSchG)
Frenz, Walter	Die antizipierte Mitwirkung im Rahmen des Ausgleichsanspruchs nach § 24 II BBodSchG NVwZ 2000, 647

Frenz, Walter/Heßler, Pascal	Altlastensanierung und öffentlich-rechtlicher Sanierungsvertrag NVwZ 2001, 13
Friauf, Karl Heinrich	Polizei- und Ordnungsrecht in: Schmidt-Aßmann, Eberhard Besonderes Verwaltungsrecht 11. Auflage, Berlin/New York 1999, S. 105 (zit.: Friauf, in: Schmidt-Aßmann, BesVwR)
Friauf, Karl Heinrich	Zur Problematik des Rechtsgrundes und der Grenzen der polizeilichen Zustandshaftung in: Vogel, Klaus/Tipke, Klaus Verfassung, Verwaltung, Finanzen Festschrift für Gerhard Wacke Köln 1972, S. 293 (zit.: Friauf, FS Wacke)
Gantner, Volker	Verursachung und Zurechnung im Recht der Gefahrenabwehr Diss. Tübingen 1983
Geilen, Gerd	Wegnahmebegriff und Diebstahlsvollendung JR 1963, 446
Gerhold, Thomas	Das Bundes-Bodenschutzgesetz – Ein Gewinn für den juristischen Alltag? in: Industrie- und Handelskammern Aachen, Bochum, Bonn, Dortmund, Düsseldorf, Duisburg, Essen, Köln, Mittlerer Niederrhein, Wuppertal (Hrsg.) Bodenschutz und Planungsrecht 1999, S. 15 (zit.: Gerhold, in: Bodenschutz und Planungsrecht)
Gerhold, Thomas	Der neue Referentenentwurf eines Bundes-Bodenschutzgesetzes altlasten spektrum 1996, 57
Gerhold, Thomas	Die Behandlung streitiger Rechtsfragen der Sanierungsverantwortlichkeit durch das Bundes-Bodenschutzgesetz (BBodSchG) altlasten spektrum 1998, 107

Giesberts, Ludger/Frank, Oliver	Sanierungsverantwortlichkeit nach BBodSchG bei Erwerb, Veräußerung und Umwandlung von Unternehmen und bei Grundstückstransaktionen DB 2000, 505
Giese, Friedrich	Die Verfassung des Deutschen Reiches vom 11. August 1919 3. Auflage, Berlin 1921 (zit.: Giese, WRV)
Gössel, Karl Heinz	Über die Vollendung des Diebstahls ZStW 85 (1973), 591
Götz, Volkmar	Allgemeines Polizei- und Ordnungsrecht 13. Auflage, Göttingen 2001 (zit.: Götz, POR)
Götz, Volkmar	Die Entwicklung des allgemeinen Polizei- und Ordnungsrechts (1981 bis 1983) NVwZ 1984, 211
Goutier, Klaus/Knopf, Rüdiger/ Tulloch, Anthony	Kommentar zum Umwandlungsrecht Heidelberg 1996 (zit.: Goutier/Knopf/Tulloch, Umwandlungsrecht)
Gusy, Christoph	Polizeirecht 4. Auflage, Tübingen 2000 (zit.: Gusy, PolR)
Hachenburg, Max	Gesetz betreffend die Gesellschaften mit beschränkter Haftung 8. Auflage, Berlin/New York 1990 ff. (zit.: Bearbeiter, in: Hachenburg, GmbHG)
Haller, Robert	Zivilrechtlicher Ausgleich unter öffentlich-rechtlichen Störern ZUR 1996, 21
Herbert, Alexander	Der Ausgleich zwischen mehreren Sanierungsverantwortlichen nach dem Abfallrecht der Länder Hessen, Thüringen und Rheinland-Pfalz NVwZ 1994, 1061
Hermes, Georg/Wieland, Joachim	Die staatliche Duldung rechtswidrigen Verhaltens Heidelberg 1988

Hohmann, Harald — Einschränkungen der Kostentragungspflicht des Grundstückseigentümers beim Ablagern von Giftfässern
DVBl. 1984, 997

Holzwarth, Fritz/Radtke, Hansjörg/Hilger, Bernd/Bachmann, Günther — Bundesbodenschutzgesetz/Bundes-Bodenschutz- und Altlastenverordnung, Handkommentar
2. Auflage, Berlin 2000
(zit.: Bearbeiter, in: Holzwarth/Radtke/Hilger/Bachmann)

Hüffer, Uwe — Gesellschaftsrecht
5. Auflage, München 1998
(zit.: Hüffer, GesR)

Hurst, Karl — Probleme der Zustandshaftung nach dem Polizei- und Ordnungsrecht im Falle der Rechtsnachfolge
DVBl. 1963, 804

Hurst, Werner — Zur Problematik der polizeirechtlichen Handlungshaftung
AöR 83 (1958), 43

Immenga, Ulrich — Kapitalersetzende Aktionärsdarlehen als Haftkapital?
ZIP 1983, 1405

Isensee, Josef/Kirchhof, Paul (Hrsg.) — Handbuch des Staatsrechts der Bundesrepublik Deutschland
10 Bände, 1./2. Auflage, Heidelberg 1992 ff.
(zit.: Bearbeiter, in: HbStR)

Jarass, Hans D. — Bundesimmissionsschutzgesetz
4. Auflage, München 1999
(zit.: Jarass, BImSchG)

Jarass, Hans D. — Folgerungen aus der neueren Rechtsprechung des BVerfG für die Prüfung von Verstößen gegen Art. 3 I GG
NJW 1997, 2545

Jarass, Hans D./Pieroth, Bodo — Grundgesetz für die Bundesrepublik Deutschland
6. Auflage, München 2002
(zit.: Bearbeiter, in: Jarass/Pieroth, GG)

Jarass, Hans D./Ruchay, Dietrich/Weidemann, Clemens	Kreislaufwirtschafts- und Abfallgesetz Loseblattsammlung, München, Stand: September2001 (zit.: Bearbeiter, in: Jarass/Ruchay/Weidemann, KrW-/AbfG)
Jaschkowitz,	Kausalität und Verschulden im Polizeirecht DJZ 1926, 893
Jorczyk, Volker M.	Rüstungs- und Kriegsaltlasten Frankfurt/M. 1996 zugleich Diss. Bochum 1996
Jorczyk, Volker M./ Duesmann, Lars	Die Beendigung der Zustandshaftung bei Altlasten altlasten spektrum 1999, 71
Junker, Abbo	Die eigenkapitalersetzenden Aktionärsdarlehen ZHR 156 (1992), 394
Kahl, Wolfgang	Die Sanierungsverantwortlichkeit nach dem Bundes-Bodenschutzgesetz Verw 33 (2000), 29
Kay, Wolfgang/Böcking, Reinhold	Polizeirecht Nordrhein-Westfalen München 1992 (zit.: Kay/Böcking, PolR)
Kibele, Karlheinz	Die bundesrechtliche Neuregelung des Umgangs mit wassergefährdenden Stoffen VBlBW 1986, 441
Kirchhof, Paul	Sicherungsauftrag und Handlungsvollmachten der Polizei DÖV 1976, 449
Kloepfer, Michael	Die Verantwortlichkeit für Altlasten im öffentlichen Recht NuR 1987, 7 = Altlasten und Umweltrecht, Düsseldorf 1986, S. 17
Kloepfer, Michael	Umweltrecht 2. Auflage, München 1998
Kloepfer, Michael/Thull, Rüdiger	Der Lastenausgleich unter mehreren polizei- und ordnungsrechtlich Verantwortlichen DVBl. 1989, 1121

Knoche, Joachim	Ausgleichsansprüche nach § 24 II BBodSchG ohne behördliche Verpflichtung eines Sanierungsverantwortlichen? NVwZ 1999, 1198
Knoche, Joachim	Der Anfang vom Ende der privaten Sanierungsverantwortlichkeit für Altlasten GewArch 2000, 448
Knoche, Joachim	Sachmängelgewährleistung beim Kauf eines Altlastengrundstücks NJW 1995, 1985
Knöpfle, Franz	Die Nachfolge in verwaltungsrechtliche Rechts- und Pflichtenstellungen in: Spanner, Hans/Lerche, Peter/Zacher, Hans/Badura, Peter/ Campenhausen, Axel von (Hrsg.) Festgabe für Theodor Maunz München 1971, S. 225 (zit.: Knöpfle, FS Maunz)
Knopp, Lothar	„Flucht aus der Zustandsverantwortung?" und neues Bundes-Bodenschutzgesetz DVBl. 1999, 1010
Knopp, Lothar	Anmerkung zu BVerfGE 102, 1 BB 2000, 1373
Knopp, Lothar/Albrecht, Eike	Das neue Bundes-Bodenschutzgesetz und Altlasten BB 1998, 1853
Knopp, Lothar/Löhr, Dirk	Bundes-Bodenschutzgesetz in der betrieblichen und steuerlichen Praxis Heidelberg 2000
Kobes, Stefan	Das Bundes-Bodenschutzgesetz NVwZ 1998, 786
Kokott, Juliane	Die dogmatische Einordnung der Begriffe „Störer" und „Anscheinsstörer" in einer zunehmend technisierten Gesellschaft DVBl. 1992, 749
Körner, Raimund/Vierhaus, Hans-Peter	Das Berliner Bodenschutzgesetz LKV 1996, 345

Kort, Michael	Zur Eigenhaftung des GmbH-Geschäftsführers gegenüber privatrechtlichen Dritten DB 1990, 921
Kothe, Peter	Die Verantwortlichkeit bei der Altlastensanierung VerwArch 88 (1997), 456
Kothe, Peter	Was ändert sich im Umgang mit Altlasten und Verdachtsflächen? UPR 1999, 96
Krämer, Gerd	Bernsteinzimmer-Mosaik: Ersitzung durch den gutgläubigen Erben des bösgläubigen Besitzers? NJW 1997, 2580
Kränz, Joachim	Zustandsverantwortlichkeit im Recht der Gefahrenabwehr München 1990 zugleich Diss. Hamburg 1990
Kunig, Philip/Paetow, Stefan/Versteyl, Ludger-Anselm	Kreislaufwirtschafts- und Abfallgesetz München 1998 (zit.: Bearbeiter, in: Kunig/Paetow/Versteyl, KrW-/AbfG)
Landel, Christoph/Vogg, Reiner/ Wüterich, Christoph	Bundes-Bodenschutzgesetz Stuttgart/Berlin/Köln 2000 (zit.: Bearbeiter, in: Landel/Vogg/Wüterich, BBodSchG)
Lange, Hans-Friedrich	Die verwaltungsrechtliche Verjährung Berlin 1984
Larenz, Karl	Lehrbuch des Schuldrechts, Band I, Allgemeiner Teil 14. Auflage, München 1987 (zit.: Larenz, Schuldrecht)
Larenz, Karl	Methodenlehre der Rechtswissenschaft 6. Auflage, Berlin/Heidelberg/New York/Tokio 1991 (zit.: Larenz, Methodenlehre)
Leibholz, Gerhard	Die Gleichheit vor dem Gesetz Berlin 1925

Lerche, Peter — Die Gesetzgebungskompetenz von Bund und Ländern auf dem Gebiete des Presserechts
JZ 1972, 468

Lisken, Hans/Denninger, Erhard (Hrsg.) — Handbuch des Polizeirechts
3. Auflage, München 2001
(zit.: Bearbeiter, in: Lisken/Denninger)

Lutter, Marcus — Die Haftung des herrschenden Unternehmens im GmbH-Konzern
ZIP 1985, 1425

Lutter, Marcus (Hrsg.) — Verschmelzung – Spaltung – Formwechsel nach dem neuen Umwandlungsrecht und Umwandlungssteuerrecht
Köln 1995
(zit.: Bearbeiter, in: Lutter, Verschmelzung)

Lutter, Marcus/Hommelhoff, Peter — Nachrangiges Haftkapital und Unterkapitalisierung in der GmbH
ZGR 8 (1979), 31

Martens, Joachim — Öffentlich-rechtliche Klausur: Die störenden Mülltonnen
JuS 1970, 188

Maunz, Theodor/Dürig, Günter — Grundgesetz
Loseblattsammlung, München, Stand: Juli 2001
(zit.: Bearbeiter, in: Maunz/Dürig, GG)

Maurer, Hartmut — Allgemeines Verwaltungsrecht
13. Auflage, München 2000

Medicus, Dieter — Allgemeiner Teil des BGB
7. Auflage, Heidelberg 1997

Mehlich, Ulrich — Flucht aus der Altlastenhaftung durch Eigentumsaufgabe?
BWVP 1992, 154

Menzel, Hans-Jürgen — Die Bedeutung der BGH-Rechtsprechung zu den Gesellschafterdarlehen für die Unternehmenssanierung
AG 1982, 197

Michael, Gerhard/Thull, Rüdiger	Die Verantwortlichkeit für DDR-Altlasten beim Erwerb von Altanlagen BB 1990, Beilage 30 zu Heft 24, S. 1
Mitglieder des Bundesgerichtshofs (Hrsg.)	Das Bürgerliche Gesetzbuch mit besonderer Berücksichtigung der Rechtsprechung des Reichsgerichts und des Bundesgerichtshofs 12. Auflage, Berlin/New York 1974 ff. (zit.: Bearbeiter, in: RGRK)
Mohr, Hellmuth	Zum zeitlichen Geltungsbereich des Ausgleichsanspruchs nach § 24 Abs. 2 BBodSchG UPR 2001, 258
Mosler, Jürgen	Öffentlich-rechtliche Probleme bei der Sanierung von Altlasten Frankfurt/M. 1984 zugleich Diss. Bochum 1988
Muckel, Stefan	Abschied vom Zweckveranlasser DÖV 1998, 18
Müggenborg, Hans-Jürgen	Die „bodenschutzrechtliche Konzernhaftung" nach § 4 III 4 Fall 1 BBodSchG NVwZ 2001, 1114
Müggenborg, Hans-Jürgen	Die Haftung des früheren Eigentümers nach § 4 VI BBodSchG NVwZ 2000, 50
Müggenborg, Hans-Jürgen	Zur Begrenzung der Zustandshaftung bei Altlasten NVwZ 2001, 39
Münch, Ingo von/Kunig, Philip	Grundgesetz-Kommentar 3./5. Auflage, München 1996 ff. (zit.: Bearbeiter, in: v. Münch/Kunig, GG)
Mutius, Albert von	Der „Störer" im Polizei- und Ordnungsrecht Jura 1983, 298
Mutius, Albert von/Nolte, Martin	Die Rechtsnachfolge im Bundes-Bodenschutzgesetz DÖV 2000, 1
Neun, Andreas	Das Bundes-Bodenschutzgesetz NJ 1999, 123

Nirk, Rudolf	Zur Rechtsfolgenseite der Durchgriffshaftung in: Lutter, Marcus/Mertens, Hans-Joachim/Ulmer, Peter (Hrsg.) Festschrift für Walter Stimpel Berlin/New York 1985, S. 443 (zit.: Nirk, FS Stimpel)
Oerder, Michael	Ordnungspflichten und Altlasten NVwZ 1992, 1031
Oerder, Michael/Numberger, Ulrich/Schönfeld, Thomas	Bundes-Bodenschutzgesetz Stuttgart/München/Hannover/Berlin/Weimar/Dresden 1999 (zit.: Bearbeiter, in: Oerder/Numberger/Schönfeld, BBodSchG)
Oldiges, Martin	Rechtsnachfolge im Polizei- und Ordnungsrecht JA 1978, 541
Ossenbühl, Fritz	Der polizeiliche Ermessens- und Beurteilungsspielraum DÖV 1976, 463
Ossenbühl, Fritz	Verzicht, Verwirkung und Verjährung als Korrektive einer polizeirechtlichen Ewigkeitshaftung NVwZ 1995, 547
Ossenbühl, Fritz	Zur Haftung des Gesamtrechtsnachfolgers für Altlasten Baden-Baden 1995 (zit.: Ossenbühl, Haftung des Gesamtrechtsnachfolgers)
Paetow, Stefan	Das Abfallrecht als Grundlage der Altlastensanierung NVwZ 1990, 510
Paintner, Edith	Polizeirecht: Störerhaftung und Dereliktion JA 1990, 133
Palandt, Otto	Bürgerliches Gesetzbuch 61. Auflage, München 2002 (zit.: Bearbeiter, in: Palandt, BGB)

Papier, Hans-Jürgen | Altlasten – Rechtsprobleme und politische Lösungsmodelle
Jura 1989, 505

Papier, Hans-Jürgen | Altlasten und polizeirechtliche Störerhaftung
DVBl. 1985, 873

Papier, Hans-Jürgen | Altlasten und polizeirechtliche Störerhaftung
Köln/Berlin/Bonn/München 1985

Papier, Hans-Jürgen | Die Verantwortlichkeit für Altlasten im öffentlichen Recht
NVwZ 1986, 256

Papier, Hans-Jürgen | Empfehlen sich ergänzende gesetzliche oder untergesetzliche Regelungen der Altlasten, und welchen Inhalt sollten sie haben?
JZ 1994, 810

Papier, Hans-Jürgen | Rechtliche Probleme der Boden- und Grundwassersanierung
Rechtsgutachten erstellt im Auftrag des Büros für Technikfolgenabschätzung des Deutschen Bundestags
1992

Papier, Hans-Jürgen | Rechtsgrundlagen der Altlastensanierung
NWVBl. 1989, 322

Papier, Hans-Jürgen | Zur rückwirkenden Haftung des Rechtsnachfolgers für Altlasten
DVBl. 1996, 125

Peine, Franz-Joseph | Das Bundes-Bodenschutzgesetz
NuR 1999, 121

Peine, Franz-Joseph | Die Bodenschutzkonzeption der Bundesregierung
UPR 1997, 53

Peine, Franz-Joseph | Die Gesetzgebungskompetenz des Bundes für den Bodenschutz
NuR 1992, 353

Peine, Franz-Joseph | Die Rechtsnachfolge in öffentlich-rechtliche Pflichten
DVBl. 1980, 941

Peine, Franz-Joseph	Risikoabschätzung im Bodenschutz DVBl. 1998, 157
Pestalozza, Christian	Thesen zur kompetenzrechtlichen Qualifikation von Gesetzen im Bundesstaat DÖV 1972, 181
Pestalozza, Christian	Zur Gesetzgebungszuständigkeit des Bundes im Umweltschutz WiVerw. 1984, 245
Petersen, Jan	Ordnungsrechtliche Verantwortlichkeit und Insolvenz NJW 1992, 1202
Pieroth, Bodo	Rückwirkung und Übergangsrecht Berlin 1981
Pieroth, Bodo/Schlink, Bernhard	Grundrechte, Staatsrecht II 17 Auflage, Heidelberg 2001
Pietzcker, Jost	Polizeirechtliche Störerbestimmung nach Pflichtwidrigkeit und Risikosphäre DVBl. 1984, 457
Poetzsch-Heffter, Fritz	Handkommentar der Reichsverfassung 3. Auflage, Berlin 1928 (zit.: Poetzsch-Heffter, WRV)
Pohl, Andreas	Die Altlastenregelungen der Länder NJW 1995, 1645
Priester, Hans-Joachim	Unbeschränkte Haftung des GmbH-Gesellschafters ZIP 1986, 137
Pützenbacher, Stefan	Der Ausgleichsanspruch nach § 24 II BBodSchG NJW 1999, 1137
Pützenbacher, Stefan	Keine analoge Anwendung von § 24 II BBodSchG NJW 2001, 490
Rebmann, Kurt/Säcker, Franz-Jürgen (Hrsg.)	Münchener Kommentar zum BGB 3./4. Auflage, München 1993 ff. (zit.: Bearbeiter, in: MünchKomm)

Rehbinder, Eckard — Die Freistellung von Anlagenerwerbern von der Verantwortlichkeit für die Sanierung von Altlasten in den neuen Bundesländern
DVBl. 1991, 421

Reiff, Hermann/Wöhrle, Günter — Kommentar zum Polizeigesetz Baden-Württemberg
2. Auflage, Stuttgart, 1971
(zit.: Reiff/Wöhrle, PolG BW)

Rid, Urban/Froeschle, Frank — Gesetzgebungskompetenz für ein Bundes-Bodenschutzgesetz
UPR 1994, 321

Riedel, Ulrike — Anforderungen an die Sanierung und der Umfang der Vorsorgepflicht nach dem Bundes-Bodenschutzgesetz
UPR 1999, 92

Riedel, Ulrike — Das Bundes-Bodenschutzgesetz und die Sanierungsverantwortlichkeit
ZIP 1999, 94

Rumpf, Olav — Die Rechtsnachfolge im öffentlichen Recht
VerwArch 78 (1987), 269

Rybak, Hubertus/Hofmann, Hans — Verteilung der Gesetzgebungsrechte zwischen Bund und Ländern nach der Reform des Grundgesetzes
NVwZ 1995, 230

Sachs, Michael — Die Maßstäbe des allgemeinen Gleichheitssatzes – Willkürverbot und sogenannte neue Formel
JuS 1997, 124

Sachs, Michael — Grundgesetz
2. Auflage, München 1998
(zit.: Bearbeiter, in: Sachs, GG)

Salzwedel, Jürgen — Altlastensanierung und Grundwasserschutz
in:
Lühr, Hans-Peter (Hrsg.)
Altlastenbehandlung
Berlin 1995, S. 27
(zit.: Salzwedel, in: Lühr, Altlastenbehandlung)

Sanden, Joachim/ Schoeneck, Stefan	Bundes-Bodenschutzgesetz Heidelberg 1998 (zit.: Bearbeiter, in: Sanden/Schoeneck, BBodSchG)
Sandner, Wolfram	Wer sind die Beteiligten des Anspruchs auf Ausgleich der Sanierungskosten nach § 24 II BBodSchG? NJW 2001, 2045
Schenke, Wolf-Rüdiger	Anmerkung zu BVerwG, DVBl. 1986, 360 DVBl. 1986, 362
Schenke, Wolf-Rüdiger	Polizei- und Ordnungsrecht in: Steiner, Udo Besonderes Verwaltungsrecht 6. Auflage, Heidelberg 1999, S. 173 (zit.: Schenke, in: Steiner, BesVwR)
Schenke, Wolf-Rüdiger	Rechtsnachfolge in polizeirechtliche Pflichten? GewArch 1976, 1
Schink, Alexander	Amtsermittlung und Gefahrerforschung DVBl. 1989, 1182
Schink, Alexander	Die Altlastenregelungen des Entwurfs des Bundesbodenschutzgesetzes DÖV 1995, 213 (215)
Schink, Alexander	Konfliktbewältigung und Amtshaftung bei der Bauleitplanung auf Altlasten NJW 1990, 351
Schink, Alexander	Rechtsfragen der Altlasten GewArch 1995, 441
Schink, Alexander	Verantwortlichkeit im Bodenschutz- und Altlastenrecht in: Erbguth, Wilfried (Hrsg.) Aktuelle Fragen des Altlasten- und Bodenschutzrechts Baden-Baden 1997, S. 83 (zit.: Schink, in: Erbguth, Aktuelle Fragen des Altlasten- und Bodenschutzrechts)

Schink, Alexander	Wasserrechtliche Probleme bei der Sanierung von Altlasten DVBl. 1986, 161
Schlabach, Erhard/Heck, Matthias	Verhaltensverantwortlichkeit nach dem BBodSchG VBlBW 2001, 46
Schlabach, Erhard/Simon, Alexander	Die Rechtsnachfolge beim Verhaltensstörer NVwZ 1992, 143
Schlemminger, Horst	Die Gestaltung von Grundstückskaufverträgen bei festgestellten Altlasten oder Altlastenverdacht BB 1991, 1433
Schlette, Volker	Ausgleichsansprüche zwischen mehreren Umweltstörern gemäß § 24 Abs. 2 Bundes-Bodenschutzgesetz VerwArch 91 (2000), 41
Schlüchter, Ellen	Grundfälle zur Lehre von der Kausalität JuS 1976, 312
Schmidt, Karsten	Gesellschaftsrecht 3. Auflage, Köln/Berlin/Bonn/München 1997 (zit.: Schmidt, GesR)
Schmidt, Karsten	Insolvenzrisiko und gesellschaftsrechtliche Haftung JZ 1985, 301
Schmidt, Karsten	Konkursverschleppung und Konkursverursachungshaftung ZIP 1988, 1497
Schmidt, Karsten	Konzernhaftung oder mitgliedschaftliche Haftung des privaten GmbH-Gesellschafters? ZIP 1986, 146
Schmidt, Karsten	Offene Stellvertretung JuS 1987, 425
Schmidt, Karsten	Zum Haftungsdurchgriff wegen Sphärenvermischung und zur Haftungsverfassung im GmbH-Konzern BB 1985, 2074
Schmidt, Karsten	Zur Durchgriffsfestigkeit der GmbH ZIP 1994, 837

Schmidt-Jortzig, Edzard	Beendigung polizeilicher Zustandsverantwortlichkeit durch Dereliktion? in: Achterberg, Norbert/Krawietz, Werner/Wyduckel, Dieter (Hrsg.) Recht und Staat im sozialen Wandel Festschrift für Hans Ulrich Scupin Berlin 1983, S. 819 (zit.: Schmidt-Jortzig, FS Scupin)
Schmitz-Rode, Wolfgang/Bank, Stephan	Die konzernrechtliche Haftung nach dem Bundesbodenschutzgesetz DB 1999, 417
Schnur, Roman	Probleme um den Störerbegriff im Polizeirecht DVBl. 1962, 1
Schoch, Friedrich	Grundfälle zum Polizei- und Ordnungsrecht (Teil 6) JuS 1994, 1026
Scholler, Heinrich/Broß, Siegfried	Grundzüge des Polizei- und Ordnungsrechts in der Bundesrepublik Deutschland 3. Auflage, Heidelberg 1982 (zit.: Scholler/Broß, Polizei- und Ordnungsrecht)
Scholler, Heinrich/Schloer, Bernhard	Grundzüge des Polizei- und Ordnungsrechts in der Bundesrepublik Deutschland 4. Auflage, Heidelberg 1993 (zit.: Scholler/Schloer, POR)
Scholz, Franz (Hrsg.)	Kommentar zum GmbHG 8./9. Auflage, Köln 1993 ff. (zit.: Bearbeiter, in: Scholz, GmbHG)
Scholz, Rupert	Ausschließliche und konkurrierende Gesetzgebungskompetenz von Bund und Ländern in der Rechtsprechung des Bundesverfassungsgerichts in: Stark, Christian (Hrsg.) Bundesverfassungsgericht und Grundgesetz, Festgabe aus Anlaß des 25-jährigen Bestehens des Bundesverfassungsgerichts, Band 2 Tübingen 1976, S. 252 (zit.: Scholz, FS BVerfG II)

Scholz-Forni, | Über die Verantwortlichkeit des Urhebers eines polizeiwidrigen Zustands und über den Ausschluß der Verantwortlichkeit im Falle der Ausübung eines Rechts
VerwArch. 30 (1925), 11

Schönfeld, Thomas | Nochmals: Ausgleichsansprüche nach § 24 II BBodSchG ohne behördliche Verpflichtung eines Sanierungsverantwortlichen?
NVwZ 2000, 648

Schrader, Christian | Altlastensanierung nach dem Verursacherprinzip?
Berlin 1988
(zit.: Schrader, Altlastensanierung)

Schrader, Christian | Die Altlastenfreistellungsklausel
IUR 1991, 63

Schreiber, Klaus | Sachenrecht
3. Auflage, Stuttgart/München/Hannover/Berlin/Weimar/ Dresden 2000

Schulz, Claudia Undine | Abkehr vom Besorgnisgrundsatz?
ZUR 1995, 194

Schwachheim, Jürgen F. | Zum Gesamtschuldnerausgleich unter mehreren Störern
NVwZ 1988, 225

Schwartmann, Rolf | Altlastenhaftung: Zumutbarkeit bis zur Grenze des Verkehrswerts
DStR 2000, 1364

Schwartmann, Rolf | Das neue Bundes-Bodenschutzgesetz: Altlastenrisiko, Konzernhaftung und Gesamtschuldnerausgleich
DStR 1999, 324

Schwartmann, Rolf | Die Beschränkung der öffentlich-rechtlichen Altlastenhaftung des Erben
ZEV 2001, 101

Schwartmann, Rolf | Neues zur kommunalen Altlastenhaftung – Die Auswirkungen des neuen Bodenschutzrechts auf Grundstückskaufverträge mit Gemeinden
DStR 2000, 205

Seibert, Max-Jürgen	Altlasten in der verwaltungsgerichtlichen Rechtsprechung DVBl. 1992, 664
Seibert, Max-Jürgen	Bodenschutz durch Begrenzung von Emissionen und Immissionen nach dem Bundes-Immissionsschutzgesetz NVwZ 1993, 16
Siekmann, Helmut/Duttge, Gunnar	Staatsrecht I: Grundrechte 3. Auflage, Thüngersheim/Frankfurt/M. 2000 (zit.: Bearbeiter, in: Siekmann/Duttge, Staatsrecht I)
Soergel, Theodor	Bürgerliches Gesetzbuch 12./13. Auflage, Stuttgart/Berlin/Köln/Mainz 1990 ff. (zit.: Bearbeiter, in: Soergel)
Sondermann, Wolf Dieter/Terfehr, Stephanie	Rechtliche Rahmenbedingungen des BBodSchG für die Sanierung von Boden- und Grundwasserverunreinigungen altlasten spektrum 1998, 97
Spannowski, Willy	Das Prinzip gerechter Lastenverteilung und die Kostentragungslast des Zustandsstörers DVBl. 1994, 560
Spieth, Friedrich	Öffentlich-rechtlicher Vertrag bei Altlasten altlasten spektrum 1996, 163
Spieth, Friedrich/Wolfers, Benedikt	Die neuen Störer: Zur Ausdehnung der Altlastenhaftung in § 4 BBodSchG NVwZ 1999, 355
Spieth, Friedrich/Wolfers, Benedikt	Haftung ohne Grenzen? altlasten spektrum 1998, 75
Stadie, Holger	Rechtsnachfolge im Verwaltungsrecht DVBl. 1990, 501
Staudinger, Julius von	Kommentar zum Bürgerlichen Gesetzbuch mit Einführungsgesetz und Nebengesetzen 13. Auflage, Berlin 1993 ff. (zit.: Bearbeiter, in: Staudinger, BGB)

Steiner, Udo	Bauleitplanung und Altlasten in: Driehaus, Hans-Joachim/Birk, Hans-Jörg (Hrsg.) Baurecht-Aktuell Festschrift für Felix Weyreuther Köln/Berlin/Bonn/München 1993, S. 137 (zit.: Steiner, FS Weyreuther)
Stelkens, Paul/Bonk, Heinz Jürgen/Sachs, Michael	Verwaltungsverfahrensgesetz 6. Auflage, München 2001 (zit.: Bearbeiter, in: Stelkens/Bonk/Sachs)
Stern, Klaus	Das Staatsrecht der Bundesrepublik Deutschland 5 Bände, 1./2. Auflage, München 1984 ff. (zit.: Stern, Staatsrecht)
Stich, Rudolf	Die Verwirkung im Verwaltungsrecht DVBl. 1959, 234
Stich, Rudolf	Die Verwirkung prozessualer Befugnisse im Verwaltungsstreitverfahren DVBl. 1956, 325
Stimpel, Walter	„Durchgriffshaftung" bei der GmbH: Tatbestände, Verlustausgleich, Ausfallhaftung in: Havermann, Hans (Hrsg.) Bilanz- und Konzernrecht Festschrift für Reinhard Goerdeler Düsseldorf 1987, S. 601 (zit.: Stimpel, FS Goerdeler)
Stober, Rolf	Anmerkung zu VGH Kassel, NJW 1976, 1910 NJW 1977, 123
Stöckle, Claudia/Röckseisen, Susana	Auswirkungen der Dereliktion auf die Zustandshaftung NJ 1993, 67
Striewe, Peter	Rechtsprobleme der Altlastenbeseitigung ZfW 1986, 273
Tettinger, Peter J.	Risiken eines Flächenrecyclings für Anlagenerwerber in der früheren DDR DtZ 1991, 40

Theuer, Andreas	Die Sanierungsverantwortlichkeit des Gesamtrechtsnachfolgers nach dem Bundesbodenschutzgesetz am Beispiel der Spaltung von Unternehmen DB 1999, 621
Tröndle, Herbert/Fischer, Thomas	Strafgesetzbuch und Nebengesetze 50. Auflage, München 2001 (zit.: Bearbeiter, in: Tröndle/Fischer, StGB)
Turiaux, André/Knigge, Dagmar	Bundes-Bodenschutzgesetz – Altlastensanierung und Konzernhaftung BB 1999, 377
Ulmer, Peter	Gesellschafterdarlehen und Unterkapitalisierung bei GmbH und GmbH & Co KG in: Pawlowski, Hans-Martin/Wiese, Günther/Wüst, Günther (Hrsg.) Festschrift für Konrad Duden München 1977, S. 661 (zit.: Ulmer, FS Duden)
Vierhaus, Hans-Peter	Das Bundes-Bodenschutzgesetz NJW 1998, 1262
Vierhaus, Hans-Peter	Die Ausweitung des Kreises der Verantwortlichen durch das Bundes-Bodenschutzgesetz NZG 2001, 240
Vollmuth, Joachim	Unmittelbare und rechtswidrige Verursachung als Voraussetzung der Störerhaftung im allgemeinen Polizei- und Ordnungsrecht VerwArch 68 (1977), 45
Wachsmuth, Hans-Joachim	Anordnungen nach Art. 100 S. 1 und 2 BayBO gegen den Störer und seinen Rechtsnachfolger in: Habelitz, Hans/Wollenschläger, Michael (Hrsg.) Recht und Staat Festschrift für Günther Küchenhoff 2. Halbband, Berlin 1972, S. 715 (zit.: Wachsmuth, FS Küchenhoff)
Wagner, Gerhard	Anmerkung zu OLG Köln, ZUR 1993, 281 ZUR 1993, 283

Wagner, Gerhard	Ausgleichsansprüche unter mehreren Verantwortlichen nach dem Bundes-Bodenschutzgesetz BB 2000, 417
Westermann, Harm Peter	Banken als Kreditgeber und Gesellschafter ZIP 1982, 379
Wiedemann, Herbert	Gesellschaftsrecht, Band 1 – Grundlagen München 1980 (zit.: Wiedemann, GesR)
Wolf, Heinz	Polizeirecht und Altlasten VBlBW 1988, 208
Wolff, Hans J./Bachof, Otto/Stober, Rolf	Verwaltungsrecht I 11. Auflage, München 1999 (zit.: Wolff/Bachof/Stober, VwR I)
Würtenberger, Thomas/ Heckmann, Dirk/Riggert, Rainer	Polizeirecht in Baden-Württemberg 4. Auflage, Heidelberg 1999 (zit.: Würtenberger/Heckmann/Riggert, PolR)
Wüterich, Christoph	Zur Duldung im Umweltstrafrecht UPR 1988, 248
Ziehm, Hanno	Die Störerverantwortlichkeit für Boden- und Wasserverunreinigungen Berlin 1989 zugleich Diss. Hannover 1988 (zit.: Ziehm, Störerverantwortlichkeit)

Abkürzungsverzeichnis

a.A.	anderer Ansicht
a.E.	am Ende
a.F.	alte Fassung
AbfAG	Abfallwirtschafts- und Altlastengesetz
AbfAlG	Abfallwirtschafts- und Altlastengesetz
AbfG	Abfallgesetz
AbfWAG	Abfallwirtschafts- und Altlastengesetz
Abs.	Absatz
AG	Aktiengesellschaft; Die Aktiengesellschaft (Zeitschrift)
AktG	Aktiengesetz vom 6. September 1965
altlasten spektrum	Altlastenspektrum (Zeitschrift)
AltlastG	Altlastengesetz
Anh.	Anhang
Anm.	Anmerkung
AO	Abgabenordnung vom 16. März 1976
AöR	Archiv des öffentlichen Rechts (Zeitschrift)
Art.	Artikel
ASOG	Allgemeines Sicherheits- und Ordnungsgesetz
AT	Allgemeiner Teil
AWG	Abfallwirtschaftsgesetz
BAG	Bundesarbeitsgericht
BAGE	Entscheidungen des Bundesarbeitsgerichts
BauGB	Baugesetzbuch in der Fassung der Bekanntmachung vom 27. August 1997
BauO	Bauordnung

Bay	Bayern, bayerisch
BayObLG	Bayerisches Oberstes Landesgericht
BayVBl.	Bayerische Verwaltungsblätter (Zeitschrift)
BB	Der Betriebsberater (Zeitschrift)
Bbg	Brandenburg, brandenburgisch
BBodSchG	Gesetz zum Schutz vor schädlichen Bodenveränderungen und zur Sanierung von Altlasten (Bundes-Bodenschutzgesetz) vom 24. März 1998
BBodSchV	Bundes-Bodenschutz- und Altlastenverordnung vom 12. Juli 1999
Berl	Berlin, berlinerisch
BesVwR	Besonderes Verwaltungsrecht
BGB	Bürgerliches Gesetzbuch vom 18. August 1896
BGBl.	Bundesgesetzblatt
BGH	Bundesgerichtshof
BGHSt	Entscheidungen des Bundesgerichtshofs in Strafsachen
BGHZ	Entscheidungen des Bundesgerichtshofs in Zivilsachen
BImSchG	Gesetz zum Schutz vor schädlichen Umwelteinwirkungen durch Luftverunreinigungen, Geräusche, Erschütterungen und ähnliche Vorgänge (Bundesimmissionsschutzgesetz) in der Fassung der Bekanntmachung vom 14. Mai 1990
BNatSchG	Bundesnaturschutzgesetz in der Fassung der Bekanntmachung vom 21. September 1998
BO	Bauordnung
BodSchG	Bodenschutzgesetz
Brem	Bremen, bremisch
BRS	Baurechtssammlung
BT-Drs.	Drucksachen des Bundestags
BVerfG	Bundesverfassungsgericht

BVerfGE	Entscheidungen des Bundesverfassungsgerichts
BVerwG	Bundesverwaltungsgericht
BVerwGE	Entscheidungen des Bundesverwaltungsgerichts
BW	Baden-Württemberg, baden-württembergisch
BWVP	Baden-Württembergische Verwaltungspraxis (Zeitschrift)
ChemG	Gesetz zum Schutz vor gefährlichen Stoffen (Chemikaliengesetz) in der Fassung der Bekanntmachung vom 25. Juli 1994
DAR	Deutsches Autorecht (Zeitschrift)
DB	Der Betrieb (Zeitschrift)
DDR	Deutsche Demokratische Republik
DJZ	Deutsche Juristenzeitung (Zeitschrift)
DÖV	Die Öffentliche Verwaltung (Zeitschrift)
Drs.	Drucksache
DStR	Deutsches Steuerrecht (Zeitschrift)
DtZ	Deutsch-Deutsche Rechtszeitschrift
DVBl.	Deutsches Verwaltungsblatt (Zeitschrift)
EBBodSchG	Gesetzentwurf der Bundesregierung zum Bundes-Bodenschutzgesetz vom 14. Januar 1997
EGAB	Erstes Gesetz zur Abfallwirtschaft und zum Bodenschutz
f.	folgende
ff.	folgende
Fn.	Fußnote
FS	Festschrift
FStrG	Bundesfernstraßengesetz in der Fassung der Bekanntmachung vom 19. April 1994
GBl.	Gesetzblatt

GefAG	Gefahrenabwehrgesetz
GewArch	Gewerbearchiv (Zeitschrift)
GG	Grundgesetz für die Bundesrepublik Deutschland vom 23. Mai 1949
GmbH	Gesellschaft mit beschränkter Haftung
GmbHG	Gesetz betreffend die Gesellschaften mit beschränkter Haftung vom 20. April 1892
GVBl.	Gesetz- und Verordnungsblatt
h.M.	herrschende Meinung
ha	Hektar
Hamb	Hamburg, hamburgisch
Hess	Hessen, hessisch
HGB	Handelsgesetzbuch vom 10. Mai 1897
Hrsg.	Herausgeber
HS	Halbsatz
i.S.d.	im Sinne der/des
IUR	Informationsdienst Umweltrecht (Zeitschrift)
JA	Juristische Arbeitsblätter (Zeitschrift)
JR	Juristische Rundschau (Zeitschrift)
Jura	Juristische Ausbildung (Zeitschrift)
JuS	Juristische Schulung (Zeitschrift)
JZ	Juristenzeitung (Zeitschrift)
KrW-/AbfG	Gesetz zur Förderung der Kreislaufwirtschaft und Sicherung der umweltverträglichen Beseitigung von Abfällen (Kreislaufwirtschafts- und Abfallgesetz) vom 27. September 1994
LBO	Landesbauordung
LBodSchG	Landes-Bodenschutzgesetz
lit.	Buchstabe

LKV	Landes- und Kommunalverwaltung (Zeitschrift)
m.w.N.	mit weiteren Nachweisen
MV	Mecklenburg-Vorpommern, mecklenburg-vorpommerisch
Nds	Niedersachsen, niedersächsisch
NJ	Neue Justiz (Zeitschrift)
NJW	Neue Juristische Wochenschrift (Zeitschrift)
Nr.	Nummer
NRW	Nordrhein-Westfalen, nordrhein-westfälisch
NuR	Natur und Recht (Zeitschrift)
NVwZ	Neue Zeitschrift für Verwaltungsrecht
NVwZ-RR	Neue Zeitschrift für Verwaltungsrecht – Rechtsprechungs-Report
NWVBl.	Nordrhein-Westfälische Verwaltungsblätter (Zeitschrift)
NZG	Neue Zeitschrift für Gesellschaftsrecht
OBG	Ordnungsbehördengesetz
OHG	Offene Handelsgesellschaft
OVG	Oberverwaltungsgericht
OVGE	Entscheidungen des (jeweils angegebenen) Oberverwaltungsgerichts
OWiG	Gesetz über Ordnungswidrigkeiten in der Fassung der Bekanntmachung vom 19. Februar 1987
PAG	Polizeiaufgabengesetz
POG	Polizei- und Ordnungsbehördengesetz
PolG	Polizeigesetz
PolR	Polizeirecht
Pr.	Preußen, preußisch
RG	Reichsgericht

RGBl.	Reichsgesetzblatt
RGSt	Entscheidungen des Reichsgerichts in Strafsachen
RGZ	Entscheidungen des Reichsgerichts in Zivilsachen
RhPf	Rheinland-Pfalz, rheinland-pfälzisch
Rn.	Randnummer
Rpfleger	Der Deutsche Rechtspfleger (Zeitschrift)
S.	Satz, Seite
Saar	Saarland, saarländisch
Sachs, sächs	Sachsen, sächsisch
SachsAnh	Sachsen-Anhalt, sachsen-anhaltinisch
SchH	Schleswig-Holstein, schleswig-holsteinisch
SGB	Sozialgesetzbuch
SOG	Sicherheits- und Ordnungsgesetz
SRU	Rat von Sachverständigen für Umweltfragen
StGB	Strafgesetzbuch in der Fassung der Bekanntmachung vom 13. November 1998
Thür	Thüringen, thüringisch
Tz.	Textziffer
u.U.	unter Umständen
UmwG	Umwandlungsgesetz vom 28. Oktober 1994
UPR	Umwelt- und Planungsrecht (Zeitschrift)
URG	Umweltrahmengesetz
VBlBW	Verwaltungsblätter für Baden-Württemberg (Zeitschrift)
Verw	Die Verwaltung (Zeitschrift)
Verw.Rspr.	Verwaltungsrechtsprechung
VerwArch	Verwaltungsarchiv (Zeitschrift)
VerwRdsch	Verwaltungsrundschau (Zeitschrift)

VG	Verwaltungsgericht
VGH	Verwaltungsgerichtshof
vgl.	vergleiche
VVDStRL	Veröffentlichungen der Vereinigung der Deutschen Staatsrechtslehrer
VwG	Verwaltungsgesetz
VwKostG	Verwaltungskostengesetz vom 23. Juni 1970
VwVfG	Verwaltungsverfahrensgesetz in der Fassung der Bekanntmachung vom 21.September 1998
WaStrG	Bundeswasserstraßengesetz in der Fassung der Bekanntmachung vom 4. November 1998
WHG	Gesetz zur Ordnung des Wasserhaushalts (Wasserhaushaltsgesetz) in der Fassung der Bekanntmachung vom 12. November 1996
WiVerw.	Wirtschaft und Verwaltung (Zeitschrift)
WM	Wertpapier-Mitteilungen (Zeitschrift)
WRV	Verfassung des Deutschen Reiches vom 11. August 1919 (Weimarer Reichsverfassung)
z.B.	zum Beispiel
ZEV	Zeitschrift für Erbrecht und Vermögensnachfolge
ZfW	Zeitschrift für Wasserrecht
ZHR	Zeitschrift für das gesamte Handelsrecht und Wirtschaftsrecht
ZIP	Zeitschrift für Wirtschaftsrecht (früher: Zeitschrift für die gesamte Insolvenzpraxis)
zit.	zitiert
ZRP	Zeitschrift für Rechtspolitik
ZStW	Zeitschrift für die gesamte Strafrechtswissenschaft
ZUR	Zeitschrift für Umweltrecht

1. Teil: Einführung

A. Entstehungsgeschichte und Zweck des Gesetzes

I. Altlastensituation in Deutschland

Die Zahl der bekannten altlastverdächtigen Flächen in Deutschland ist in den letzten Jahren stark gestiegen. Während der Rat von Sachverständigen für Umweltfragen zum Stichtag 31. Dezember 1993 noch von insgesamt 138.784 altlastverdächtigen Flächen ausging (davon 85.748 Altablagerungen und 53.036 Altstandorte),[1] sprach das Bundesumweltministerium vier Jahre später schon von 190.000 altlastverdächtigen Flächen (87.000 Altablagerungen und 103.000 Altstandorte).[2] In einer Zusammenstellung des Umweltbundesamts vom Januar 1999 ist gar von 106.531 Altablagerungen und 198.010 Altstandorten, also insgesamt 304.541 altlastverdächtigen Flächen, die Rede.[3] Da es bisher keine für das gesamte Bundesgebiet geltende Definition der Begriffe „Altablagerung", „Altstandort" und „altlastverdächtige Fläche" gab, ist davon auszugehen, daß die Einführung solcher Definitionen durch das Bundes-Bodenschutzgesetz zu einer erneuten Veränderung der Zahlen führen wird. Es liegt in der Natur der Sache, daß diese Flächen nicht gleichmäßig über das gesamte Bundesgebiet verteilt sind, sondern sich besonders in den Ballungs- und Industriezentren konzentrieren.

Daß die Untersuchung und Sanierung dieser Flächen erhebliche Kosten verursachen wird, ist offenkundig. Der Rat von Sachverständigen für Umweltfragen schätzte die Gesamtkosten 1989 schon auf 20 Mrd. DM für die nächsten zehn Jahre.[4] Mit der Zahl der erfaßten altlastverdächtigen Flächen sind auch die geschätzten Sanierungskosten gestiegen. So war Mitte der Neunziger Jahre bereits von 70 Mrd. DM die Rede.[5] Neuere Schätzungen gehen angesichts der seither erheblichen Steigerung der Zahl der altlastverdächtigen Flächen von weitaus höheren Summen aus, genannt werden mindestens 300 Mrd. DM.[6]

---

1 *SRU*, Sondergutachten Altlasten II, BT-Drs. 13/380, Tz. 24 ff.

2 Information des Bundesministeriums für Umwelt, Naturschutz und Reaktorsicherheit zum Bundes-Bodenschutzgesetz vom 06. Februar 1998, S. 9.

3 Diese nach Bundesländern gegliederte Zusammenstellung ist als Anlage 1 abgedruckt.

4 *SRU*, Sondergutachten Altlasten I, BT-Drs. 11/6191, Tz. 697.

5 *Breuer*, DVBl. 1994, 890 (890); *Schink*, GewArch 1995, 441 (441, Fn. 1), jeweils m.w.N.

6 *SRU*, Sondergutachten Altlasten II, BT-Drs. 13/380, Tz. 164 ff.; *Becker*, BBodSchG, § 4, Rn. 12. Zu den Kosten, die bei der Durchführung verschiedener Sanierungsverfahren ent-

Da die Entstehung vieler Altlasten schon Jahrzehnte zurückliegt, führt die Frage nach der Tragung der Sanierungskosten häufig zu Rechtsstreitigkeiten. Die hierbei auftretende Problematik wird an folgendem – zwar fiktiven, aber durchaus typischen – Beispielsfall deutlich:

Während des zweiten Weltkriegs produzierte ein kleiner Industriebetrieb hochgiftige Chemikalien, die zur Herstellung von Kampfmitteln benötigt wurden. Erhebliche Mengen dieser Chemikalien gelangten in den Boden, woran aber niemand Anstoß nahm, da die Gefährlichkeit der Stoffe für den Boden erstens nicht bekannt war und zweitens die Kriegswirtschaft höchste Priorität genoß. Nach Kriegsende hatte das Industrieunternehmen für das Grundstück keine Verwendung mehr und veräußerte es an einen landwirtschaftlichen Betrieb. Das Unternehmen selbst ging kurze Zeit später in einem großen Chemiekonzern auf. Der neue Eigentümer betrieb auf dem Grundstück Ackerbau, so daß seine industrielle Vergangenheit langsam in Vergessenheit geriet. Jahrzehnte später bezog die Gemeinde das Grundstück in einen Bebauungsplan ein, der für das Grundstück 14 Einfamilienhäuser mit Garten vorsah. Erfreut über die plötzliche Wertsteigerung seines Ackers verkaufte der Landwirt ihn an ein Bauunternehmen. Dieses teilte das Grundstück in 14 kleine Parzellen auf und errichtete auf jeder ein Einfamilienhaus. Die bebauten Grundstücke kauften Familien mit Kindern zu einem Preis von je 500.000,- DM. Um sich ihren Traum vom Haus im Grünen zu ermöglichen, hatten sie sich hoch verschuldet. Einige Zeit später stellt die zuständige Behörde fest, daß die Grundstücke erheblich mit Schadstoffen belastet sind. Die erforderliche Sanierung verursacht pro Grundstück Kosten von ca. 1,5 Mio. DM.

Daß in derartigen Fällen eine Sanierung der Grundstücke erfolgen muß, um die Gesundheit der auf ihnen lebenden Menschen und Rechtsgüter der Allgemeinheit (insbesondere die Sauberkeit des Grundwassers, vgl. § 1 a Abs. 1 WHG) zu schützen, steht außer Frage. Fraglich ist allerdings, wer die Sanierung durchzuführen, bzw. zu finanzieren hat. In Betracht kommen neben den „klassischen" Adressaten einer Ordnungsverfügung, dem Verursacher der Bodenverschmutzung und dem Eigentümer des verunreinigten Grundstücks, auch der Gesamtrechtsnachfolger des Verursachers (im Beispielsfall der Chemiekonzern, in dem das verschmutzende Unternehmen aufgegangen ist), die ehemaligen Eigentümer des Grundstücks (der

---

stehen, vgl. auch *SRU*, Sondergutachten Altlasten II, Tz. 167 ff.; *Becker*, BBodSchG, § 2, Rn. 60.

Landwirt und der Bauträger), die Gemeinde, die den Bebauungsplan aufgestellt hat, und die zuständige Behörde.

Bei der Auswahl unter diesen möglicherweise zur Tragung der Sanierungskosten Verpflichteten spielen folgende Erwägungen eine Rolle: Der Verursacher, ohne dessen Verhalten die gefährliche Situation nicht entstanden wäre, existiert nicht mehr. Die gegenwärtigen Eigentümer wußte beim Erwerb der Grundstücke nichts von seiner Verschmutzung und sind außerdem hoch verschuldet, während der Rechtsnachfolger des Verursachers und die ehemaligen Eigentümer zwar finanzkräftig sind, von der Verschmutzung aber auch nichts wußten und zur gegenwärtigen Situation selbst nichts beigetragen haben. Gegen eine Kostentragung der Staatskasse spricht, daß der Staat die Verschmutzung ebenfalls nicht verursacht hat. Hinzu kommt, daß die finanzielle Situation von Bund, Ländern und Gemeinden eine Tragung der Kosten für die Sanierung aller verschmutzten Grundstücke in Deutschland unmöglich macht.

Welche Auswirkungen hat es auf die Sanierungspflicht, wenn das Unternehmen, dessen Produktionstätigkeit die Verunreinigung verursacht hat, eine Genehmigung für sein Verhalten hatte? Ist es von Bedeutung, wenn einer der ehemaligen Eigentümer des Grundstücks bei dessen Veräußerung von der Verschmutzung wußte? Welche Konsequenzen hat es, wenn ein gegenwärtiger Eigentümer sein Grundstück für den symbolischen Kaufpreis von 10,- DM an einen befreundeten Sozialhilfeempfänger verkauft oder das Eigentum an ihm aufgibt? Hat derjenige, der von der Behörde auf Sanierung in Anspruch genommen wird, Ausgleichsansprüche?

In diesem rechtspolitisch schwierigen Umfeld müssen sich die Regelungen des Bundes-Bodenschutzgesetzes, insbesondere seine Vorschriften zur Bestimmung des Kreises der Sanierungspflichtigen und der Sanierungsanforderungen in § 4 Abs. 3 bis 6 BBodSchG, bewähren. Ziel der vorliegenden Arbeit ist es, die Entscheidungen des Gesetzgebers nachzuvollziehen und Zweifelsfälle zu klären.

II. Entwicklung des Bodenschutzrechts

Mitte der siebziger Jahre war das Umweltbewußtsein soweit gewachsen, daß die Notwendigkeit eines Eingreifens des Gesetzgebers zugunsten des Umweltschutzes offensichtlich wurde. Innerhalb von nur vier Jahren wurden das Abfallgesetz,[7] das

---

[7] BGBl. 1972 I S. 873.

Bundesimmissionsschutzgesetz,[8] das Bundeswaldgesetz[9] und das Bundesnaturschutzgesetz[10] erlassen sowie das Wasserhaushaltsgesetz[11] novelliert und damit die wesentlichen Grundzüge des auch heute noch geltenden Umweltrechts geschaffen. Da die von Altlasten drohenden Gefahren im Gegensatz zu den Folgen der Verschmutzung von Wasser und Luft nicht ohne weiteres für den Laien erkennbar sind und es auch noch nicht zu größeren Skandalen gekommen war, reichte das Problembewußtsein in Öffentlichkeit und Politik aber noch nicht dazu aus, umfassende Regelungen über den Bodenschutz zu schaffen.[12]

Als Anfang der achtziger Jahre das Problem der Altlasten durch mehrere Skandale in den Blickpunkt der Öffentlichkeit rückte,[13] fehlte es daher weitgehend an besonderen gesetzlichen Regelungen für die Sanierung. Nur für den engen Teilbereich der durch den Betrieb von Abfallentsorgungsanlagen, die nach dem 11. Juni 1972 stillgelegt wurden, entstandenen Bodenverschmutzungen stand mit § 10 Abs. 2 AbfG 1972 eine Spezialregelung zur Verfügung, die zudem eine Inanspruchnahme anderer Personen als der Inhaber der Anlage ausschloß.[14] Ansonsten mußte auf das allgemeine Polizei- und Ordnungsrecht zurückgegriffen werden,[15] das durch die Altlastenproblematik eine „Renaissance"[16] erlebte. Schon bald stellte sich aber heraus, daß das Polizeirecht, das auf einfache Sachverhalte und schnelles Einschreiten zur Gefahrenabwehr ausgerichtet ist, für die Sanierung von Altlasten nur bedingt geeignet war.[17] Nötig war insbesondere eine Klärung bzw. Beschaffung von Befugnissen zur Untersuchung kontaminationsverdächtiger Flächen.[18] Auch die Regelungen des allgemeinen Polizei- und Ordnungsrechts über die Verantwortlichkeit wurden vielfach als ungerecht empfunden, sofern sie dazu führten, daß bei Ausfall des Verursachers der Grundstückseigentümer die Sanierungskosten

---

8 BGBl. 1974 I S. 721.

9 BGBl. 1975 I S. 1037.

10 BGBl. 1976 I S. 3574.

11 BGBl. 1976 I S. 3017.

12 Zu Einzelheiten vgl. *Sanden/Schoeneck*, BBodSchG, Einführung, Rn. 2.

13 Von diesen seien hier nur beispielhaft BGHZ 106, 323 (Bielefeld-Brake) und BGH, NJW 1990, 1038 (Dortmund-Dorstfeld) erwähnt.

14 *Brandt*, Altlastenrecht, IV, Rn. 2 ff.; *Breuer*, JuS 1986, 359 (360); *Kloepfer*, NuR 1987, 7 (7); *Papier*, DVBl. 1985, 873 (873); *Schrader*, Altlastensanierung, S. 103.

15 *Brandt*, Altlastenrecht, IV, Rn. 30; *Kloepfer*, NuR 1987, 7 (7 f.); *Papier*, DVBl. 1985, 873 (874); a.A. *Paetow*, NVwZ 1990, 510 (511 ff.), der auch insoweit § 10 Abs. 2 AbfG 1972 für anwendbar hält.

16 *Breuer*, JuS 1986, 359 (360).

17 *Sanden/Schoeneck*, BBodSchG, Einführung, Rn. 6.

zu tragen hatte, auch wenn er weder die Entstehung der Altlast verhindern konnte, noch bei Erwerb des Grundstücks von ihrem Vorhandensein wußte oder wissen konnte.

Da die Bundesregierung auch 1985 noch in ihrer Bodenschutzkonzeption deutlich gemacht hatte, daß der Erlaß eines Bundes-Bodenschutzgesetzes nicht geplant sei, sondern vielmehr die Vorschriften in den einzelnen Fachgesetzen verbessert werden sollten,[19] begannen die Länder die erkannten Defizite des Polizei- und Ordnungsrechts bei der Sanierung von Altlasten durch landesrechtliche Regelungen zu beseitigen. Dies geschah meist durch eine Ergänzung der Landesabfallgesetze, da die meisten Altlasten die Folge unsachgemäßer Entsorgung umweltgefährdender Abfälle sind. Die überwiegende Zahl der Länder beschränkte sich hierbei auf eine Definition des Altlastenbegriffs und auf den Erlaß von Vorschriften über die Erfassung und Überwachung von Altlasten und altlastverdächtigen Flächen. Auf die Schaffung von über eine Wiederholung der Generalklausel des Polizeirechts hinausgehenden Ermächtigungsgrundlagen zur Sanierung und eine vom allgemeinen Polizei- und Ordnungsrecht abweichende Bestimmung des Kreises der Verantwortlichen wurde zumeist verzichtet.[20] Demgegenüber haben einige Länder – vereinzelt sogar in eigenen Bodenschutz- oder Altlastengesetzen – auch Vorschriften über die Altlastensanierung geschaffen. Dabei wurde der Kreis der Verantwortlichen gegenüber dem allgemeinen Polizei- und Ordnungsrecht deutlich erweitert.[21] Nur in Bremen, Hamburg, Sachsen und Schleswig-Holstein gab es keine oder nur sehr fragmentarische Regelungen über Altlasten.[22]

III. Bundes-Bodenschutzgesetz

Die unterschiedlichen landesrechtlichen Regelungen haben zu großen Unsicherheiten darüber geführt, wann eine sanierungsbedürftige Altlast vorliegt. Die Unterschiede begannen schon bei der Definition des Begriffs „Altlast“. Hinzu kam, daß

---

18 *Brandt*, Altlastenrecht, I, Rn. 11.

19 BT-Drs. 10/2977, S. 41 ff.

20 Vgl. Art. 26 bis 28 BayAbfAlG, §§ 29 bis 39 BbgAbfG, §§ 22 bis 25 AbfAlG MV, §§ 31 bis 39 NdsAbfG, §§ 28 bis 33 AbfG NRW a.F., §§ 18 bis 26 RhPfAbfWAG, §§ 34 bis 38 SaarAWG, §§ 27 bis 29 SachsAnhAbfG.

21 BodSchG BW, zum Kreis der Verantwortlichen siehe § 10; BerlBodSchG, zum Kreis der Verantwortlichen siehe § 13; HessAltlastG, zum Kreis der Verantwortlichen siehe § 12; §§ 16 bis 22 ThürAbfAG, zum Kreis der Verantwortlichen siehe § 20.

22 Einen Überblick über die verschiedenen landesrechtlichen Regelungen bieten *Erbguth/Stollmann*, UPR 1996, 281.

auch über die Grenzwerte, ab denen eine Bodenverschmutzung eine Gefahr darstellt, keine Einigkeit bestand. Vielmehr benutzten die Behörden eine Vielzahl von unterschiedlichen Listen, die jeweils voneinander abweichende Standards enthielten.[23] Auch der Kreis der zur Sanierung einer Altlast Verpflichteten unterschied sich von Land zu Land teils erheblich.

Dieser fortschreitenden Rechtszersplitterung sollte durch das Bundes-Bodenschutzgesetz entgegengewirkt werden.[24] Es bestand nämlich nicht nur die Gefahr, daß Flächen zu Unrecht als Altlast eingestuft und deshalb nicht mehr genutzt wurden,[25] sondern es war auch zu beobachten, daß Investoren aus Unsicherheit über den erforderlichen Aufwand für eine Sanierung vom Kauf eines altlastverdächtigen Grundstücks absahen. Baumaßnahmen fanden daher zunehmend auf noch unberührten Flächen statt. Das Bundes-Bodenschutzgesetz sollte dieser Entwicklung Einhalt gebieten und mittelbar zur Senkung des Bodenverbrauchs beitragen, indem es durch bundeseinheitliche Maßstäbe das Altlastenrisiko kalkulierbar macht und potentiellen Investoren Rechts- und Planungssicherheit bietet.[26]

Dabei will das Bundes-Bodenschutzgesetz zugleich den Nachteil vieler Listen beseitigen, die nur einen Wert festlegen, ab dem von einer Gefahr auszugehen ist, unabhängig davon, ob das Grundstück als Standort für eine Industrieanlage oder als Kinderspielplatz genutzt werden soll. Durch die Schaffung nutzungsabhängiger Prüfwerte in einer Rechtsverordnung (vgl. § 8 Abs. 1 Nr. 2 BBodSchG) sollen einerseits in Anbetracht der vorgesehenen Nutzung überflüssige Sanierungsmaßnahmen vermieden, andererseits aber sichergestellt werden, daß die notwendigen Arbeiten durchgeführt werden.[27]

Da der Boden nicht vermehrbar ist und sich kaum erneuert, von seinen Belastungen aber erhebliche Gefahren ausgehen können, muß neben der Beseitigung vorhandener Bodenbelastungen auch gewährleistet werden, daß künftige Belastungen vermieden werden.[28] Dazu werden sowohl dem Grundstückseigentümer als auch

---

23 *Riedel*, UPR 1999, 92 (95) und *Sanden/Schoeneck*, BBodSchG, Einführung, Rn. 17 sprechen von mehr als 30, *Diehr*, UPR 1998, 128 (128) gar von 40 Listen. Vgl. auch die Aufzählung in BT-Drs. 13/6701, S. 24.

24 BT-Drs. 13/6701, S. 15.

25 BT-Drs. 13/6701, S. 15, 19.

26 BT-Drs. 13/6701, S. 5. Das Fehlen direkter Regelungen über den Bodenverbrauch kritisiert etwa *Peine*, UPR 1997, 53 (59).

27 BT-Drs. 13/6701, S. 23 f.

28 BT-Drs. 13/6701, S. 1.

demjenigen, der auf den Boden einwirkt, besondere Verhaltenspflichten auferlegt (vgl. § 4 Abs. 1 und 2 BBodSchG).

B. Gesetzgebungskompetenz des Bundes

Ob dem Bund für den Erlaß eines umfassenden Bodenschutzgesetzes die konkurrierende oder gar ausschließliche Gesetzgebungskompetenz zusteht oder ob er auf die Schaffung von Rahmenregelungen beschränkt ist, war die während der parlamentarischen Beratungen der Entwürfe zum Bundes-Bodenschutzgesetz wohl meistdiskutierte Frage. Die Lösungsvorschläge aus dem Schrifttum sind nahezu ebenso zahlreich wie die Stellungnahmen. Als Normen, aus denen sich zumindest für Teilbereiche die Gesetzgebungskompetenz des Bundes ergeben kann, werden neben den fast in jeder Veröffentlichung angesprochenen Art. 73 Nr. 1, Art. 74 Abs. 1 Nr. 11, 17, 18 und 24, Art. 75 Abs. 1 Nr. 3, 4 GG auch Art. 73 Nr. 6[29] und Art. 74 Abs. 1 Nr. 20 GG[30] genannt.

Einen gänzlich anderen Ansatz schlägt *Pestalozza*[31] vor. Er verallgemeinert die vom Bundesverfassungsgericht entwickelten und im Schrifttum anerkannten Grundsätze über die Gesetzgebung zur Gefahrenabwehr in einem speziellen Rechtsgebiet im Wege von Annexkompetenzen[32] und überträgt sie auf das Umweltschutzrecht. Dazu setzt er bei den Ursachen für die Umweltverschmutzung (z.B. Straßenverkehr, Industrie) an und billigt dem Gesetzgeber, der die Kompetenz besitzt, Regelungen über die Quellen der Umweltverschmutzung zu treffen, das Recht zu, als Annex zu diesen Normen auch Vorschriften über die in dem jeweiligen Bereich entstehenden Umweltbeeinträchtigungen zu schaffen.

In der Tat wäre dies ein gangbarer Weg gewesen, um Kompetenzen des Bundes zur Gesetzgebung auf dem Gebiet des Umweltrechts zu begründen. Der Verfassungsgesetzgeber hat sich aber für einen anderen Weg entschieden. So wurden, als sich herausstellte, daß die ursprünglich im Grundgesetz enthaltenen umweltrechtlichen Gesetzgebungskompetenzen des Bundes[33] nicht mehr ausreichten, um den

---

29 *Rid/Froeschle*, UPR 1994, 321 (321).

30 *Peine*, NuR 1992, 353 (358).

31 WiVerw. 1984, 245.

32 Näher zu diesen Grundsätzen unten, 1. Teil:B.II.2.c) (S. 22), Nachweise hierzu in Fn. 110 ff.

33 Zu nennen sind insbesondere das Recht zur Rahmengesetzgebung auf dem Gebiet des Naturschutzes und der Landschaftspflege nach Art. 75 Nr. 3 GG und zum Wasserhaushalt nach Art. 75 Nr. 4 GG.

gestiegenen Anforderungen an den Umweltschutz zu genügen, neue Kompetenztitel in die Verfassung aufgenommen.[34] Mit diesem Vorgehen hat der Verfassungsgesetzgeber zum Ausdruck gebracht, daß er eine Regelung umweltrechtlicher Bereiche auf der Grundlage von Annexkompetenzen für ausgeschlossen hält und daß es insoweit ausdrücklicher Kompetenzzuweisungen bedarf. Daher ist der Bund auch auf dem Gebiet des Bodenschutzes nur insoweit zur Gesetzgebung befugt, wie sich im Grundgesetz Kompetenznormen finden lassen, die ihm diese Befugnis ausdrücklich einräumen.

I. Position des Gesetzgebers

Angesichts der unsicheren Rechtslage hat sich der Bundesgesetzgeber zuerst für eine vorsichtige Inanspruchnahme seiner Gesetzgebungskompetenzen entschieden. Deshalb wurden die ersten Entwürfe für ein Bodenschutzgesetz in wesentlichen Teilen auf die Kompetenz zur Rahmengesetzgebung aus Art. 75 Abs. 1 S. 1 Nr. 3 GG (Naturschutz) gestützt.[35] Erst als der 60. Deutsche Juristentag nach angeregter Diskussion mit großer Mehrheit entschieden hatte, daß dem Bund in erster Linie aus Art. 74 Abs. 1 Nr. 18 GG (Bodenrecht), aber auch aus Art. 74 Abs. 1 Nr. 11 (Recht der Wirtschaft) und Nr. 24 GG (Abfallbeseitigung) sowie kraft Sachzusammnenhangs eine konkurrierende Gesetzgebungszuständigkeit zusteht,[36] wurden weitere Entwürfe auf dieser Grundlage erarbeitet.

Der Gesetzentwurf der Bundesregierung,[37] der mit einigen Änderungen schließlich Gesetz wurde, leitete die Gesetzgebungskompetenz des Bundes aus einem „Kompetenzmix“ her (Art. 73 Nr. 1, Art. 74 Abs. 1 Nr. 11, 18, 24, Art. 75 Abs. 1 S. 1 Nr. 4 GG sowie Annexkompetenzen zu diesen).[38] Die konkurrierende Gesetzgebungskompetenz wurde aber nur sehr zurückhaltend ausgeschöpft, sollte das Gesetz doch nur „bei schädlichen Bodenveränderungen, die auf einer Bodennutzung

---

34 Hingewiesen sei hier nur auf den durch Gesetz vom 23. Dezember 1959 eingefügten Art. 74 Abs. 1 Nr. 11 a (Atomrecht) und den mit Gesetz vom 12. April 1972 geschaffenen Art. 74 Abs. 1 Nr. 24 (Abfallbeseitigung, Luftreinhaltung und Lärmbekämpfung).

35 Der Referentenentwurf eines Bundes-Bodenschutzgesetzes in der mit den Ressorts abgestimmten Fassung vom 7. Februar 1994 ist in Verhandlungen des 60. Deutschen Juristentags (Münster 1994), Band I, München 1994, S. B 25 abgedruckt.

36 Beschlüsse II. 5. und 6. der Abteilung Umweltrecht des 60. Deutschen Juristentags, veröffentlicht in: Verhandlungen des 60. Deutschen Juristentags (Münster 1994), Band II/1, München 1994, S. L 89.

37 Abgedruckt in: BT-Drs. 13/6701.

38 BT-Drs. 13/6701, S. 16 ff.

oder wirtschaftlichen Tätigkeit beruhen, und bei Altlasten" Anwendung finden (§ 3 Abs. 1 EBBodSchG). Auch die Regelung des Kreises der Sanierungsverantwortlichen in § 4 Abs. 3 EBBodSchG blieb deutlich hinter der Gesetz gewordenen Fassung zurück. Der Grund für diese Zurückhaltung läßt sich den Gesetzesmaterialien nicht entnehmen. Naheliegend ist aber die Vermutung, daß nach der langen Diskussion im juristischen Schrifttum, ob dem Bund überhaupt die konkurrierende Gesetzgebungskompetenz zusteht, das Bund-Länder-Verhältnis nicht belastet werden sollte, zumal auch kurz vorher das Grundgesetz mit dem Ziel geändert worden war, eine weitere Zurückdrängung der Länder durch Bundeskompetenzen bei der Gesetzgebung zu verhindern.[39]

Die Länder sahen durch eine derart zurückhaltende Bestimmung des Anwendungsbereichs den Zweck des Gesetzes, eine umfassende gesetzliche Regelung über den Umgang mit schädlichen Bodenveränderungen zu schaffen, verfehlt. Da er auch die verfassungsrechtlichen Bedenken nicht für durchgreifend hielt, forderte der Bundesrat daher, die Einschränkung des Anwendungsbereichs in § 3 Abs. 1 EBBodSchG aufzuheben.[40] Auch hinsichtlich der Sanierungsverantwortlichkeit wurde eine weitergehende Bundesregelung gefordert.[41] Daraufhin stimmte der Bundestag der Erweiterung des Anwendungsbereichs zu. Zu einer stärkeren bundesrechtlichen Regelung auch der Sanierungsverantwortlichkeit kam es hingegen erst im Vermittlungsverfahren im Vermittlungsausschuß.

II. Stellungnahme

1. Zulässigkeit des Rückgriffs auf einen Kompetenzmix

Die – gerade im Umweltrecht – schon mehrfach angewandte[42] Praxis, ein größeres Gesetzeswerk auf mehrere Kompetenznormen zu stützen, wird im Schrifttum zu Recht einhellig als zulässig anerkannt.[43] Durch die in Art. 73 ff. GG aufgezählten

---

39 *Sanden/Schoeneck*, BBodSchG, Einführung, Rn. 24.

40 BT-Drs. 13/6701, S. 49 (Nr. 12).

41 BT-Drs. 13/6701, S. 51 f. (Nr. 19-21).

42 So sind etwa das Bundesimmissionsschutzgesetz (vgl. BT-Drs. 7/179, S. 27 f.), das Chemikaliengesetz (vgl. BT-Drs. 8/3319, S. 17 f.) und das Gentechnikgesetz (vgl. BT-Drs. 11/5622, S. 21 f.) entstanden.

43 *Brandt*, Altlastenrecht, XI, Rn. 57; *Czybulka*, in: *Erbguth*, Aktuelle Fragen des Altlasten und Bodenschutzrechts, S. 43 (52 f.) = UPR 1997, 15 (18); *Papier*, Rechtliche Probleme der Boden- und Grundwassersanierung, S. 95 f.; *Rid/Froeschle*, UPR 1994, 321 (321); *Sanden/Schoeneck*, BBodSchG, Einführung, Rn. 27.

Materien sollte lediglich festgelegt werden, für welche Sachgebiete der Bund und für welche Sachgebiete die Länder gesetzliche Regelungen schaffen dürfen. Eine Vorgabe, daß einzeln genannte Sachbereiche auch nur einzeln geregelt werden dürfen, war damit nicht beabsichtigt. Die gleichzeitige Inanspruchnahme mehrerer Kompetenztitel für ein Gesetz im Wege eines Kompetenzmixes ist daher verfassungsrechtlich nicht zu beanstanden.

2. Vorliegen von Kompetenztiteln für die einzelnen Regelungen

Das Bundes-Bodenschutzgesetz enthält eine Vielzahl verschiedener Regelungen, die getrennt daraufhin zu untersuchen sind, ob für sie die Gesetzgebungskompetenz beim Bund liegt und aus welchen Kompetenztiteln des Grundgesetzes sich dies gegebenenfalls ergibt.

a) Bodenschützende Vorschriften

Den Kernbereich des Bundes-Bodenschutzgesetzes bilden die bodenschützenden Vorschriften, also die Normen, die eine Entstehung schädlicher Bodenveränderungen für die Zukunft verhindern sollen oder der Beseitigung bereits eingetretener schädlicher Bodenveränderungen und Altlasten dienen.[44] Die Befugnis des Bundes zum Erlaß der bodenschützenden Vorschriften kann sich zunächst aus Art. 74 Abs. 1 Nr. 18 GG (Bodenrecht) ergeben.

aa) Historische Auslegung

Für das Verständnis von Art. 74 Abs. 1 Nr. 18 GG ist die historische Auslegung von besonderer Bedeutung, da das Bundesverfassungsgericht annimmt, daß Begriffe, die aus der Weimarer Reichsverfassung ins Grundgesetz übernommen wurden, unter dem Grundgesetz dieselbe Bedeutung haben wie zur Weimarer Zeit.[45] Der Begriff des Bodenrechts fand schon in Art. 10 Nr. 4 WRV Verwendung, der eine Kompetenz des Reiches zur „Grundsätzegesetzgebung" begründete. Daneben enthielt Art. 155 WRV die Anordnung, der Staat solle bestimmte Fragen, die unter Art. 10 Nr. 4 WRV fielen, von Amts wegen überwachen und stellte Leitlinien für

[44] Ausgeklammert bleiben hier noch diejenigen Vorschriften, die klassisches Polizei- und Ordnungsrecht enthalten (den Kreis der Sanierungspflichtigen festlegen, den Selbsteintritt der Behörde regeln usw.). Ob der Bund insoweit die Gesetzgebungskompetenz besitzt, wird später (unten, 1. Teil:B.II.2.d) (S. 24)) getrennt erörtert.

die hierzu erforderliche Gesetzgebung auf. Da Art. 155 WRV nicht zwischen den verschiedenen in Art. 10 Nr. 4 WRV genannten Bereichen unterschied, ist ihm direkt keine nähere Definition des Bodenrechts zu entnehmen. Bedeutung für das Verständnis des Begriffs Bodenrecht in Weimarer Zeit gewinnt Art. 155 WRV aber in anderer Hinsicht: Die Staatsrechtler jener Zeit legten den Begriff „Staat" als „Reich und Länder" aus. Die Aufgabenzuweisung in Art. 155 WRV an den Staat wurde daher als Anordnung einer konkurrierenden Gesetzgebungszuständigkeit für die dort genannten Bereiche verstanden.[46] Wenn daneben die Ermächtigung des Reiches zur Grundsätzegesetzgebung für das Bodenrecht in Art. 10 Nr. 4 WRV nicht leerlaufen sollte, bedurfte es einer Abgrenzung zwischen diesen Normen. Diese erfolgte dadurch, daß der dort verwandte Begriff Bodenrecht umfassend als die Regelung der öffentlich-rechtlichen Verhältnisse des Grund und Bodens verstanden wurde.[47]

Eine weitere Auseinandersetzung mit dem Begriff Bodenrecht fand unter der Weimarer Reichsverfassung aber nicht statt, so daß von einem traditionellen Verständnis dieses Begriffes, das in das Grundgesetz hätte übernommen werden können, nicht gesprochen werden kann.[48] Auch herrschte in der ersten Hälfte dieses Jahrhunderts noch kein Umweltbewußtsein im heutigen Sinne. Der Gedanke, daß der Boden als Teil des Ökosystems geschützt werden muß, lag damals fern. Festhalten läßt sich demnach, daß Normen, die der Vermeidung schädlicher Bodenveränderungen dienen, nicht vom historischen Verständnis des Bodenrechts erfaßt sind. Angesichts der Weite und Unbestimmtheit dieses Begriffs in Weimarer Zeit, steht die historische Auslegung der Einbeziehung des Bodenschutzes in den entsprechenden Kompetenztitel des Grundgesetzes aber auch nicht entgegen.[49]

---

45 BVerfGE 3, 407 (415); 12, 205 (226); 23, 113 (123 f.); 26, 281 (299); 26, 338 (369 ff.); 27, 18 (32); 33, 52 (61); 33, 52 (61); 33, 125 (152 f.); 42, 20 (29); 61, 149 (174 ff.); 67, 299 (315); 68, 319 (328 ff.).

46 *Lassar*, in: *Anschütz/Thoma*, Handbuch des Deutschen Staatsrechts I, § 27 IV b (S. 309).

47 *Giese*, WRV, Art. 10, Anm. 11.

48 *Brandt*, DÖV 1996, 675 (679) unter Hinweis auf die fehlenden Ausführungen zum Begriff Bodenrecht in den Kommentierungen von *Anschütz*, WRV und *Poetzsch-Heffter*, WRV zu Art. 10.

49 Im Ergebnis ebenso *Brandt*, DÖV 1996, 675 (679); *Holzwarth*, in: *Holzwarth/Radtke/Hilger/Bachmann*, Einführung, Rn. 42; *Peine*, NuR 1999, 121 (122); *Rid/Froeschle*, UPR 1994, 321 (322).

bb) Heutiges Verfassungsverständnis

(1) Zulässigkeit moderner Auslegung

Die Zulässigkeit einer von der historischen Interpretation des Bodenrechts abweichenden, modernen Auslegung des Begriffs wird von *Degenhart* bestritten.[50] Indem der Verfassungsgeber eine vorgefundene, von der Verfassungspraxis der Weimarer Republik schon ausgefüllte Kompetenznorm übernommen habe, habe er auch nur für diese traditionellen Bereiche die Gesetzgebungsbefugnis regeln wollen. Es habe dem Verfassungsgeber fern gelegen, für Bereiche, deren spätere Bedeutung er noch nicht habe erkennen können, eine Bundeskompetenz zu begründen. Bevor Bundesgesetzgebung in solchen Bereichen zulässig sei, bedürfe es vielmehr der Einfügung einer expliziten Kompetenzgrundlage ins Grundgesetz.[51]

Damit widersetzt sich *Degenhart* im Ergebnis der Möglichkeit einer Verfassungsentwicklung. Deren Notwendigkeit ist aber seit jeher in Rechtsprechung und Schrifttum anerkannt[52] und wird auch von *Degenhart* selbst an anderer Stelle betont.[53] Zudem hätte gerade im Fall des Bodenrechts eine Beschränkung der Reichweite der Kompetenznorm auf das historische Verständnis zur Folge, daß eine sachgerechte Interpretation ausgeschlossen wäre. Entgegen der Auffassung von *Degenhart*[54] ist es wie oben dargelegt in der Zeit der Weimarer Republik nicht gelungen, eine allgemein anerkannte Definition des Bodenrechts zu entwickeln. Die Auslegung von Art. 74 Abs. 1 Nr. 18 GG auf den damaligen Stand der Erkenntnis zu beschränken, würde daher mehr Unsicherheiten schaffen als beseitigen.

---

50 *Degenhart*, ZRP 1997, 397 (398).

51 *Degenhart*, ZRP 1997, 397 (398). Zum selben Ergebnis kommt *v. Buch*, NVwZ 1998, 822 (823), der die Möglichkeit einer Verfassungsentwicklung zwar anerkennt, den eingetretenen Wandel aber auf ein verändertes Verständnis des Begriffs „Naturschutz“ in Art. 75 Abs. 1 Nr. 3 GG beschränken will.

52 BVerfGE 2, 380 (401); 3, 407 (422); 7, 322 (351); 11, 105 (111 ff.); 12, 205 (225 ff.); 45, 1 (33); *Czybulka*, in: *Erbguth*, Aktuelle Fragen des Altlasten- und Bodenschutzrechts, S. 43 (46) = UPR 1997, 15 (16); *Peine*, NuR 1999, 121 (122); *Sanden/Schoeneck*, BBodSchG, Einführung, Rn. 31; *Scholz*, FS BVerfG II, S. 252 (265 ff.); kritisch *Bickel*, BBodSchG, S. 2.

53 *Degenhart*, Staatsrecht I, Rn. 125.

54 *Degenhart*, ZRP 1997, 397 (398).

(2) *Inhalt des heutigen Verständnisses*

Ausgangspunkt für die demnach zulässige moderne Auslegung des Bodenrechts muß das sogenannte Baurechtsgutachten des Bundesverfassungsgerichts[55] sein, in dem das Gericht direkt zwar nur die Frage entschieden hat, inwieweit dem Bund die Gesetzgebungszuständigkeit für das Baurecht zusteht, dessen detaillierte Ausführungen zur Bedeutung des Begriffs Bodenrecht aber das gesamte weitere Schrifttum zu Art. 74 Abs. 1 Nr. 18 GG wesentlich geprägt haben. Das Bundesverfassungsgericht definiert das Bodenrecht dort als Gesamtheit der öffentlich-rechtlichen Vorschriften, die den Grund und Boden *unmittelbar* zum Gegenstand rechtlicher Ordnung haben, also die rechtliche Beziehung des Menschen zum Grund und Boden regeln.[56] Entscheidendes Kriterium und zugleich wesentlicher Unterschied zu der weiteren Definition der Weimarer Zeit ist, daß eine Regelung nur dann zum Bodenrecht zählt, wenn sie eine *unmittelbare* Beziehung zum Boden aufweist.[57]

Ein Teil des Schrifttums verlangt eine weitere Einschränkung dahingehend, daß nur solche Normen dem Bodenrecht unterfallen, die die Nutzung des Bodens betreffen.[58] Begründet wird dies mit einem systematischen Argument. Alle in Art. 74 Abs. 1 Nr. 18 GG genannten Materien ließen sich unter dem Oberbegriff Bodennutzungsrecht einordnen.[59] Zwar umfaßt das Wohnungswesen alle Angelegenheiten, die sich auf Wohnzwecken dienende Gebäude beziehen,[60] knüpft also an eine bestimmte Art der Grundstücksnutzung an, unter Grundstücksverkehr hingegen werden Regelungen über die subjektive rechtliche Zuordnung von Grundstücken verstanden.[61] Hier ist weder die Nutzung des Bodens Bezugspunkt, noch haben Normen, die auf diesem Kompetenztitel beruhen, notwendiger- oder auch nur typischerweise Auswirkungen auf die Nutzung von Grundstücken. Das landwirtschaftliche Pachtwesen beinhaltet – neben der Grundstücksnutzung – auch Vorschriften über den Grundstücksverkehr.[62] Auch das Siedlungs- und Heimstättenwesen betrifft nicht in erster Linie die Nutzung von Grundstücken, sondern soll eine sozial-

---

55 BVerfGE 3, 407.
56 BVerfGE 3, 407 (424), seither ständige Rechtsprechung, vgl. nur BVerfGE 34, 139 (144).
57 *Brandt*, Altlastenrecht, XI, Rn. 63; *Rid/Froeschle*, UPR 1994, 321 (323).
58 *Breuer*, DVBl. 1994, 890 (897); *Erbguth/Stollmann*, NuR 1994, 319 (327).
59 *Erbguth/Stollmann*, NuR 1994, 319 (327).
60 BVerfGE 3, 407 (416).
61 *Brandt*, DÖV 1996, 675 (677 f.); *Pieroth*, in: *Jarass/Pieroth*, GG, Art. 74, Rn. 37.
62 *Pieroth*, in: *Jarass/Pieroth*, GG, Art. 74, Rn. 40.

politischen Zielen dienende Bodenverteilung ermöglichen.[63] Die in Art. 74 Abs. 1 Nr. 18 GG genannten Kompetenztitel gehen damit teilweise weit über die Regelung der Nutzung des Bodens hinaus.[64]

Zudem ergibt ein Vergleich mit anderen Kompetenztiteln, daß das Grundgesetz, wenn es einen Begriff als Oberbegriff für die folgenden verstanden wissen will, dies durch eindeutige sprachliche Wendungen[65] oder optisch durch Benutzung von Klammern[66] deutlich herausstellt. Hier fehlt es nicht nur an solchen Stilmitteln, der Begriff Bodennutzungsrecht, den *Erbguth/Stollmann* als Oberbegriff für alle in Art. 74 Abs. 1 Nr. 18 GG genannten Kompetenztitel verstanden wissen wollen, taucht im Verfassungstext vielmehr gar nicht auf.

Auch den Ausführungen des Bundesverfassungsgerichts läßt sich für eine solche Einschränkung nichts entnehmen. Zwar argumentiert das Gericht hauptsächlich mit Bodennutzungsrecht, dies ergibt sich aber fast zwangsläufig aus der behandelten Frage nach der Reichweite der Gesetzgebungsbefugnis des Bundes auf dem Gebiet des Baurechts. Trotz dieser engen Fragestellung enthält die entwickelte Definition des Bodenrechts jedoch gerade keine thematische Eingrenzung.[67]

(3) Anwendung der Definition auf die hier geregelten Fragen

Die bodenschützenden Vorschriften des BBodSchG betreffen die Beziehungen des Menschen zum Boden nicht als bloße Nebenfolge anderer Regelungen, sondern verfolgen nach § 1 S. 1 BBodSchG den originären Zweck, die Bodenfunktionen nach § 2 Abs. 2 BBodSchG zu sichern bzw. wiederherzustellen. Der Grund und Boden wird damit unmittelbar i.S.d. Definition des Bundesverfassungsgerichts zum Gegenstand rechtlicher Ordnung gemacht. Daß dabei auch die natürlichen Funktionen des Bodens sowie seine Funktionen als Archiv der Natur- und Kulturgeschichte geschützt werden, das Gesetz also über eine bloße Regelung der Bodennutzung weit hinausgeht, ändert aus den oben dargelegten Gründen nichts daran, daß sich die bodenschützenden Vorschriften des Bundes-Bodenschutzgesetzes unter den Begriff des Bodenrechts i.S.d. Art. 74 Abs. 1 Nr. 18 GG fassen lassen.

---

63 BVerfGE 3, 407 (417 ff.).

64 Vgl. zum ganzen auch *Brandt*, DÖV 1996, 675 (678).

65 So etwa durch die Verwendung des Wortes „einschließlich“ in Art. 74 Abs. 1 Nr. 12 und Art. 73 Nr. 5 GG.

66 So in Art. 74 Abs. 1 Nr. 11 GG.

67 *Czybulka*, in: *Erbguth*, Aktuelle Fragen des Altlasten- und Bodenschutzrechts, S. 43 (47 f.) = UPR 1997, 15 (16 f.); *Rid/Froeschle*, UPR 1994, 321 (323).

cc) Abgrenzung zu anderen Kompetenztiteln

Die bodenschützenden Vorschriften könnten sich aber – zumindest teilweise – auch unter andere Kompetenztitel subsumieren lassen. In Betracht kommen insoweit Art. 75 Abs. 1 Nr. 3, sowie Art. 74 Abs. 1 Nr. 11, 17 und 24 GG. Daher stellt sich die Frage, ob es einer Abgrenzung dieser Vorschriften bedarf nach welchen Kriterien eine solche Abgrenzung gegebenenfalls zu erfolgen hat.

(1) Erfordernis einer Abgrenzung

Art. 70 ff. GG knüpfen die Wahrnehmung der Gesetzgebungskompetenz durch den Bund an unterschiedliche Anforderungen, abhängig davon, ob diesem die ausschließliche, konkurrierende oder Rahmenkompetenz zusteht. Auch hat die Zuordnung einer Materie zu einer dieser Gesetzgebungsarten Auswirkungen auf die Frage, ob und inwieweit neben den bundesrechtlichen Regelungen ergänzende landesrechtliche Vorschriften zulässig sind. Aus diesen Gründen und angesichts der Abgrenzungsfunktion des Art. 70 Abs. 2 GG darf der Bund kein Wahlrecht haben, ob er sich auf eine ausschließliche, eine konkurrierende oder eine Rahmenkompetenz beruft, so daß jede Materie einer dieser Kompetenzarten eindeutig zuzuordnen ist.[68] Steht aber fest, daß dem Bund nach einer bestimmten Kompetenzart die Gesetzgebungsbefugnis zusteht und ist nur zweifelhaft, welcher von mehreren möglichen Kompetenztiteln einschlägig ist, schlagen diese Gründe nicht durch. Die Voraussetzungen für die Zulässigkeit einer bundesrechtlichen Regelung stehen dann ebenso fest wie die Zulässigkeit oder Unzulässigkeit ergänzender landesrechtlicher Vorschriften. In diesem Fall ist daher keine genaue Abgrenzung zwischen den einzelnen Kompetenztiteln erforderlich.[69]

---

68 BVerfGE 36, 193 (202 f.); *Stern*, Staatsrecht II, § 37 II 4 c (S. 607 f.); a.A. *Lerche*, JZ 1972, 468 (471); *Pestalozza*, DÖV 1972, 181 (189 ff.).

69 So ist auch Beschluß II 6 der Abteilung Umweltrecht des 60. Deutschen Juristentags, veröffentlicht in: Verhandlungen des 60. Deutschen Juristentags (Münster 1994), Band II/1, München 1994, S. L 89 zu verstehen, wenn formuliert wird, für Teilbereiche ergebe sich die konkurrierende Gesetzgebungsbefugnis des Bundes (neben Art. 74 Abs. 1 Nr. 18 GG) auch aus Art. 74 Abs. 1 Nr. 11, 24 GG.
Vgl. außerdem *Stern*, Staatsrecht II, § 37 II 4 c (S. 607 f.), der allerdings auch eine Abgrenzung zwischen ausschließlicher und konkurrierender Gesetzgebungszuständigkeit für entbehrlich hält, wenn das Bedürfnis nach Art. 72 Abs. 2 GG besteht. Ähnlich *Rengeling*, in: HbStR IV, § 100, Rn. 50.

(2) Abgrenzungskriterien

Es besteht Einigkeit, daß zur Abgrenzung zwischen mehreren möglicherweise einschlägigen Kompetenznormen maßgeblich auf das Kriterium der Spezialität abzustellen ist.[70] Um die Beantwortung der Frage, welcher Kompetenztitel spezieller ist, zu erleichtern, wurde eine Vielzahl von Kriterien entwickelt, die sich gegenseitig ergänzen.[71] Hier sind vor allem die wesensmäßige und historische Zugehörigkeit einer Materie zu einer Kompetenznorm,[72] die Differenzierung nach Haupt- und Nebenzweck der Regelung,[73] die nach der Funktion des Gesetzes zu bestimmende größere Sachnähe[74] und die Frage danach, ob es sich um eine unmittelbare oder mittelbare Regelung der Materie handelt,[75] zu nennen.

(3) Eigentliche Abgrenzung

(a) Abgrenzung zu Art. 75 Abs. 1 Nr. 3 GG

Die bodenschützenden Vorschriften des Bundes-Bodenschutzgesetzes fallen auch unter den Kompetenztitel Naturschutz in Art. 75 Abs. 1 Nr. 3 GG. Naturschutz in diesem Sinne ist nicht nur der traditionelle Naturschutz als Erhaltung besonderer, herausragender Naturdenkmale,[76] sondern weitergehend auch die positive Beeinflussung und Gestaltung der Landschaft.[77] Von Art. 75 Abs. 1 Nr. 3 GG erfaßt ist insbesondere der umfassende Ansatz des Bundesnaturschutzgesetzes, [78] das neben der Eigenart und Schönheit von Natur und Landschaft die Tier- und Pflanzenwelt sowie die drei Umweltmedien Luft, Wasser und Boden schützt, §§ 1 Abs. 1, 2 Abs. 1 BNatSchG. Die Vorschriften über die Vermeidung und Beseitigung von schädlichen Bodenveränderungen und Altlasten dienen der Erhaltung und positiven Beeinflussung des Umweltmediums Boden und werden folglich von dem

---

70 BVerfGE 48, 367 (373); *Degenhardt* in: *Sachs*, GG, Art. 70, Rn. 50 ff.; Lerche, JZ 1972, 468 (469); *Pestalozza*, DÖV 1972, 181 (182 ff.); *Rid/Froeschle*, UPR 1994, 321 (324); *Scholz*, FS BVerfG II, S. 252 (268).

71 *Rid/Froeschle*, UPR 1994, 321 (324); *Scholz*, FS BVerfG II, S. 252 (268).

72 BVerfGE 7, 29 (40); 36, 193 (203).

73 BVerfGE 8, 143 (148 ff.); 13, 181 (196 f.); 14, 76 (99).

74 *Bullinger* AöR 96 (1971), 237 (248); *Lerche*, JZ 1972, 468 (469 f.); *Maunz*, in: *Maunz/Dürig*, GG, Art. 74, Rn. 204.

75 BVerfGE 8, 143 (148 ff.); 9, 185 (190); 13, 181 (196).

76 Hierauf beschränkte sich noch das Reichsnaturschutzgesetz vom 26. Juni 1935 (RGBl. I, S. 821).

77 *Degenhart*, in: *Sachs*, GG, Art. 75, Rn. 30; *Kunig*, in: *v. Münch/Kunig*, GG, Art. 75, Rn. 30; *Maunz*, in: *Maunz/Dürig*, GG, Art. 75, Rn. 123 f.

weiten Verständnis des Kompetenztitels Naturschutz erfaßt. Erforderlich ist daher eine Abgrenzung zwischen der konkurrierenden Gesetzgebungszuständigkeit des Bundes nach Art. 74 Abs. 1 Nr. 18 GG und der Rahmenkompetenz aus Art. 75 Abs. 1 Nr. 3 GG.

Der Boden ist im Naturschutzrecht nur eines von vielen Schutzgütern.[79] Im Bodenrecht steht der Boden hingegen im Zentrum der Regelungen, so daß für den Erlaß eines Bodenschutzgesetzes das Bodenrecht grundsätzlich der gegenüber dem Naturschutz speziellere Kompetenztitel ist. Daß ein Bodenschutzgesetz den Boden auch als Teil des Naturhaushaltes schützt, ist insoweit unschädlich weil selbstverständlich.[80] Soweit ein Bodenschutzgesetz allerdings klassische Bereiche des Naturschutzes, d.h. den Schutz der Schönheit und Eigenart der Natur und Landschaft, berührt, führt die historische Zugehörigkeit dazu, daß ausnahmsweise der Naturschutz die speziellere Materie darstellt.[81] Insoweit ist im Ergebnis der Abgrenzung des Bundesverwaltungsgerichts zu folgen, das den Schutz des Landschaftsbildes als „optischen Naturschutz" unter Art. 75 Abs. 1 Nr. 3 GG und den Schutz der naturgemäßen Bodennutzung als „funktionellen Bodenschutz" unter Art. 74 Abs. 1 Nr. 18 GG faßt.[82]

Das Bundes-Bodenschutzgesetz enthält keine Normen, die dem Schutz des Landschaftsbildes dienen. Geregelt ist vielmehr ausschließlich die Sicherung und Wiederherstellung der Funktionen des Bodens. Für den gesamten Geltungsbereich des Bundes-Bodenschutzgesetzes ist daher der Bodenschutz nach Art. 74 Abs. 1 Nr. 18 GG die gegenüber dem Naturschutz i.S.d. Art. 75 Abs. 1 Nr. 3 GG speziellere Kompetenznorm.

(b) Abgrenzung zu Art. 74 Abs. 1 Nr. 11 GG

Das Recht der Wirtschaft i.S.d. Art. 74 Abs. 1 Nr. 11 GG wird sehr weit verstanden. Es erfaßt alle das wirtschaftliche Leben und die wirtschaftliche Betätigung als

---

78 *Degenhart*, in: *Sachs*, GG, Art. 75, Rn. 30; *Rid/Froeschle*, UPR 1994, 321 (324).

79 Vgl. insoweit die Aufzählung der Grundsätze des Natur- und Landschaftsschutzes in § 2 Abs. 1 BNatSchG.

80 *Rid/Froeschle*, UPR 1994, 321 (324).

81 *Czybulka*, in: *Erbguth*, Aktuelle Fragen des Altlasten- und Bodenschutzrechts, S. 43 (48) = UPR 1997, 15 (17).

82 BVerwGE 55, 272 (275).

solche regelnden Normen und Gesetze.[83] Auf diese Kompetenznorm können daher bodenschützende Regelungen gestützt werden, die die Bekämpfung durch wirtschaftliche Betätigung entstandener Bodenverseuchungen zum Ziel haben. Nach der Definition in § 2 Abs. 5 Nr. 2 BBodSchG sind Altstandorte in aller Regel durch frühere wirtschaftliche Betätigungen auf einem Grundstück entstanden.[84] Die Regelungen des Bundes-Bodenschutzgesetzes, die sich mit der Sanierung solcher Altstandorte befassen, können daher auf Art. 74 Abs. 1 Nr. 11 GG gestützt werden.[85]

Einer Abgrenzung zum Bodenrecht bedarf es aber aus den oben dargelegten Gründen nicht, begründen doch sowohl das Recht der Wirtschaft als auch das Bodenrecht eine konkurrierende Gesetzgebungszuständigkeit des Bundes.

(c) Abgrenzung zu Art. 74 Abs. 1 Nr. 17 GG

Die Förderung land- und forstwirtschaftlicher Erzeugung nach Art. 74 Abs. 1 Nr. 17 GG umfaßt nicht nur Leistungen an die Landwirtschaft, sondern auch ordnende Eingriffe.[86] Soweit das Bundes-Bodenschutzgesetz für die Landwirtschaft besondere Vorsorgepflichten anordnet (etwa in §§ 7 S. 5, 17 BBodSchG), ist daher dieser Kompetenztitel einschlägig.[87] Eine Abgrenzung zum Bodenrecht nach Art. 74 Abs. 1 Nr. 18 GG ist auch hier entbehrlich, da beide Normen dem Bund die konkurrierende Gesetzgebungszuständigkeit einräumen.

(d) Abgrenzung zu Art. 74 Abs. 1 Nr. 24 GG

Es dürfte unstreitig sein, daß die Regelungen des Bundes-Bodenschutzgesetzes über Altablagerungen i.S.d. § 2 Abs. 5 Nr. 1 BBodSchG von der konkurrierenden Gesetzgebungskompetenz des Bundes für die Abfallbeseitigung aus Art. 74 Abs. 1

---

83 BVerfGE 4, 7 (13); 8, 143 (144 f.); 28, 119 (146); 29, 402 (409); 55, 274 (308); 67, 256 (275); 68, 319 (330); *Degenhart*, in: *Sachs*, GG, Art. 74, Rn. 37; *Rid/Froeschle*, UPR 1994, 321 (321).

84 Zum Begriff der Altstandorte vgl. näher 2. Teil:A.II.1 (S. 34).

85 *Rid/Froeschle*, UPR 1994, 321 (321 f.); *Sanden/Schoeneck*, BBodSchG, Einführung, Rn. 33; *Schink*, DÖV 1995, 213 (215); a.A. *Degenhart*, ZRP 1997, 397 (399).

86 BVerfGE 18, 315 (329); 37, 1 (17); *Degenhart*, in: *Sachs*, GG, Art. 74, Rn. 62; *Kunig*, in: *v. Münch/Kunig*, GG, Art. 74, Rn. 76.

87 *Rid/Froeschle*, UPR 1994, 321 (322); *Sanden/Schoeneck*, BBodSchG, Einführung, Rn. 33.

Nr. 24 GG gedeckt sind.[88] Einer Abgrenzung zum Bodenrecht bedarf es allerdings auch insoweit nicht.

dd) Anforderungen des Art. 72 Abs. 2 GG

Für die bodenschützenden Vorschriften des Bundes-Bodenschutzgesetzes besteht damit eine konkurrierende Gesetzgebungszuständigkeit des Bundes. Hiervon darf er aber nur Gebrauch machen, wenn die Voraussetzungen des Art. 72 Abs. 2 GG erfüllt sind. Diese Anforderungen wurden durch die am 15.11.1994 in Kraft getretene Neufassung des Art. 72 GG[89] erhöht. Ziel war es, durch Zentrierung, Verschärfung und Präzisierung der Voraussetzungen für die Bundesgesetzgebung die Bedeutung der Länder bei der Gesetzgebung zu stärken.[90] Zwar hat der Bund auch nach dieser Neuregelung noch einen gewissen politischen Beurteilungsspielraum, ob die Anforderungen des Art 72 Abs. 2 GG erfüllt sind, ihn trifft nun insoweit aber eine erhöhte Darlegungslast.[91]

Die hier getroffene bundesgesetzliche Regelung ist zulässig, weil sie zur Wahrung der Rechts- und Wirtschaftseinheit im gesamtstaatlichen Interesse erforderlich ist. Die vor Inkrafttreten des Bundes-Bodenschutzgesetzes für dieses Rechtsgebiet maßgeblichen landesrechtlichen Regelungen wiesen in wesentlichen Punkten bedeutende Unterschiede auf.[92] Indem das Bundes-Bodenschutzgesetz für das Bodenschutzrecht erstmals für das gesamte Bundesgebiet geltende Rechtsnormen schafft, dient es der Rechtseinheit. Da die von Bodenverseuchungen betroffenen oder bedrohten Grundstücke in der Regel industriell genutzt wurden und meist noch werden, hatten die bisherigen landesrechtlichen Regelungen, die sehr unterschiedliche Kosten für Bodenschutz- und Sanierungsmaßnahmen verursachten, auch unterschiedliche Wirtschaftsbedingungen zur Folge. Das Bundes-Bodenschutzgesetz führt hier zu einer bundesweiten Vereinheitlichung und dient daher auch der Wirtschaftseinheit.

Angesichts der oben geschilderten Schwierigkeiten und Unsicherheiten, zu denen die verschiedenen landesrechtlichen Regelungen im gesamten Bundesgebiet ge-

---

88 *Degenhart*, ZRP 1997, 397 (399); *Rid/Froeschle*, UPR 1994, 321 (322); *Sanden/Schoeneck*, BBodSchG, Einführung, Rn. 34; *Schink*, DÖV 1995, 213 (215).

89 BGBl. 1994 I, S. 3146, zu dieser Neuregelung vgl. auch *Rybak/Hofmann*, NVwZ 1995, 230.

90 Vgl. BT-Drs. 12/7109, S. 9.

91 *Degenhart*, in: *Sachs*, GG, Art. 72, Rn. 15; *Rybak/Hofmann*, NVwZ 1995, 230 (231).

92 Vgl. dazu schon oben, 1. Teil: A.II (S. 3).

führt haben,[93] besteht zudem ein gesamtstaatliches Interesse an einer bundeseinheitlichen Regelung. Dies gilt umso mehr, als nicht ausgeschlossen werden kann, daß zwischen den Ländern, die miteinander um Industrieansiedlungen konkurrieren, ein Wettbewerb um die niedrigsten Umweltstandards einsetzt.[94]

An der Erforderlichkeit der bundesgesetzlichen Regelung kann selbst bei strenger Auslegung dieses Begriffs kein Zweifel bestehen. Auch wer die Erforderlichkeit eines Bundesgesetzes nur bejaht, wenn dem gesamtstaatlichen Interesse nur durch eine bundesgesetzliche Regelung Rechnung getragen werden kann,[95] gelangt zur Zulässigkeit des Bundes-Bodenschutzgesetzes. Es war nämlich nicht abzusehen, daß die Länder ihre unterschiedlichen Vorschriften (z.B. durch die Erarbeitung eines Musterentwurfs zu einem Bodenschutzgesetz) von sich aus in wesentlichen Bereichen angleichen. Art. 72 Abs. 2 GG steht daher dem Erlaß eines Bundes-Bodenschutzgesetzes nicht im Wege.[96]

ee) Zwischenergebnis

Für die bodenschützenden Vorschriften des Bundes-Bodenschutzgesetzes steht dem Bund aus Art. 74 Abs. 1 Nr. 18 GG, für Teilbereiche außerdem aus Art. 74 Abs. 1 Nr. 11, 17 und 24 GG, die konkurrierende Gesetzgebungszuständigkeit zu. Da auch die Anforderungen des Art. 72 Abs. 2 GG erfüllt sind, darf der Bund von dieser Zuständigkeit Gebrauch machen.

b) Sonderregelungen für die Landesverteidigung

§ 23 BBodSchG ermächtigt das Bundesministerium der Verteidigung bzw. die Bundesregierung, durch Rechtsverordnung für den Bereich der Landesverteidigung Ausnahmen von den Vorschriften des Bundes-Bodenschutzgesetzes zuzulassen (Abs. 1) bzw. eine abweichende Regelung über die Zuständigkeit für den Vollzug des Gesetzes zu treffen (Abs. 2). Auch hier handelt es sich der Sache nach um bodenschützende Vorschriften, werden doch Regelungen über die Vermeidung bzw.

---

93 Siehe oben, 1. Teil:A.II (S. 3).

94 *Brandt*, DÖV 1996, 675 (683).

95 *Degenhart*, in: *Sachs*, GG, 1. Auflage 1996, Art. 72, Rn. 15, großzügiger allerdings in der 2. Auflage 1998, Art. 72, Rn. 15, wo er genügen läßt, daß landesgesetzliche Regelungen nicht in gleichem Maße geeignet sind, das Ziel zu fördern wie bundesgesetzliche Regelungen.

96 Im Ergebnis ebenso *Brandt*, DÖV 1996, 675 (683); *Peine*, NuR 1992, 353 (354); *Sanden/Schoeneck*, BBodSchG, Einführung, Rn. 36.

Sanierung schädlicher Bodenveränderungen und Altlasten getroffen. Sofern keine speziellere Kompetenzgrundlage einschlägig ist, kann der Bund seine Befugnis zur Gesetzgebung somit auch insoweit aus Art. 74 Abs. 1 Nr. 18 GG (Bodenrecht) herleiten.

Die Rahmenkompetenz für den Naturschutz aus Art. 75 Abs. 1 Nr. 3 GG stellt aus den oben dargelegten Gründen keine gegenüber Art. 74 Abs. 1 Nr. 18 GG speziellere Vorschrift dar. Etwas anderes könnte aber für die ausschließliche Gesetzgebungskompetenz des Bundes für die Verteidigung aus Art. 73 Nr. 1 GG gelten. Verteidigung in diesem Sinne sind nicht nur Maßnahmen, die der Abwehr bewaffneter Angriffe dienen, sondern alle Fragen, die mit der Aufstellung, dem Unterhalt und dem Einsatz von Streitkräften zusammenhängen.[97] Hier wird zu Regelungen darüber ermächtigt, inwieweit die Streitkräfte bei ihrem Einsatz auf die Vermeidung schädlicher Bodenveränderungen achten müssen. Art. 73 Nr. 1 GG ist somit einschlägig, so daß es einer Abgrenzung zwischen dieser Kompetenznorm und Art. 74 Abs. 1 Nr. 18 GG bedarf.

Hauptzweck des § 23 BBodSchG ist es, die Verteidigungsfähigkeit der Streitkräfte zu gewährleisten. Den Interessen des Bodenschutzes kommt demgegenüber nur eine geringere Bedeutung zu, vgl. § 23 Abs. 1 S. 2 BBodSchG. Zudem unterscheiden sich die durch den Einsatz von Streitkräften entstehenden Bodenverunreinigungen in ihrer Art und Gefährlichkeit wesentlich von Bodenverseuchungen aufgrund industrieller Tätigkeit. Auch die Zurechnungs- und Haftungsfragen werfen wesentlich andere rechtliche Probleme auf.[98] Hinsichtlich der Sonderregelungen für die Landesverteidigung nach § 23 BBodSchG ist daher Art. 73 Nr. 1 GG die gegenüber Art. 74 Abs. 1 Nr. 18 GG speziellere Vorschrift, so daß dem Bund insoweit die ausschließliche Gesetzgebungskompetenz zusteht.[99]

---

97 *Degenhart*, in: *Sachs*, GG, Art. 73, Rn. 6 ff.; *Kunig*, in: *v. Münch/Kunig*, GG, Art. 73, Rn. 9; *Pieroth*, in: *Jarass/Pieroth*, GG, Art. 73, Rn. 4.

98 Hierzu ausführlich *Flotho*, Dekontamination von Rüstungsaltlasten und *Jorczyk*, Rüstungs- und Kriegsaltlasten.

99 Im Ergebnis ebenso *Holzwarth*, in: *Holzwarth/Radtke/Hilger/Bachmann*, Einführung, Rn. 41; *Sanden/Schoeneck*, BBodSchG, Einführung, Rn. 28.

c) Vorschriften zur Gewässersanierungspflicht

aa) Bestehen einer Bundeskompetenz

In §§ 4 Abs. 3 S. 1, 14 S. 1 enthält das Bundes-Bodenschutzgesetz Vorschriften über die Sanierung von Gewässern. Da nur Gewässerverunreinigungen erfaßt werden, die durch Bodenverschmutzungen entstanden sind, könnte auch insoweit die Kompetenznorm des Art. 74 Abs. 1 Nr. 18 GG einschlägig sein. Möglicherweise gibt es hier aber ebenfalls eine speziellere Vorschrift, die der Kompetenz für das Bodenrecht vorgeht. Da Art. 75 Abs. 1 Nr. 3 GG aus den oben genannten Gründen als Spezialnorm ausscheidet, kommt nur noch die Rahmenkompetenz für den Wasserhaushalt aus Art. 75 Abs. 1 Nr. 4 GG als vorrangig in Betracht.

Diese Vorschrift ermächtigt den Bund zum Erlaß von Regeln für die geordnete, haushälterische Bewirtschaftung des Wassers nach Menge und Güte.[100] Da die genannten Normen des Bundes-Bodenschutzgesetzes die Qualität der Gewässer betreffen, fallen sie grundsätzlich in den Anwendungsbereich des Art. 75 Abs. 1 Nr. 4 GG. Die demnach erforderliche Abgrenzung zur Kompetenz für das Bodenrecht ist erneut nach dem Kriterium der Spezialität vorzunehmen. Zweck der Vorschriften über die Gewässersanierung ist nicht allein die Wiederherstellung der Bodenfunktionen nach § 2 Abs. 2 BBodSchG, auf die die Qualität der Gewässer der näheren Umgebung oft keinerlei Auswirkungen hat, sondern der Schutz der Gewässer um ihrer eigenständigen Bedeutung für den Naturhaushalt willen. Auch der Maßstab für die Sanierungsziele ist ein anderer als bei der Sanierung von schädlichen Bodenverunreinigungen und Altlasten. Während für letztere § 4 Abs. 4 BBodSchG gilt, bestimmt sich der Umfang der Sanierungspflichten für die wasserrechtlichen Vorschriften nach den Regelungen des Wasserhaushaltsgesetzes.[101] Dies begründet eine größere Sachnähe zum Wasser- als zum Bodenrecht. Die Kompetenz des Bundes zum Erlaß von Regelungen über den Wasserhaushalt nach Art. 75 Abs. 1 Nr. 4 GG ist daher für den Bereich der Vorschriften über die Gewässersanierungspflicht die gegenüber der Kompetenz für das Bodenrecht speziellere Norm und somit allein maßgeblich. Da die Anforderungen des Art. 72 GG nach dem oben Gesagten erfüllt sind, darf der Bund diese Kompetenz auch wahrnehmen.

---

100 BVerfGE 15, 1 (14 f.); 58, 45 (62); 58, 300 (340).

101 Siehe dazu näher unten, 4. Teil:A.II.3 (S. 212). Vgl. auch *Brandt*, DÖV 1996, 675 (681); *Sanden/Schoeneck*, BBodSchG, § 4, Rn. 55.

bb) Zulässigkeit einer Vollregelung

Aufgrund einer Rahmenkompetenz dürfen allerdings grundsätzlich nur Vorschriften erlassen werden, die noch einer Ausfüllung durch die Länder bedürftig und fähig sind.[102] Einer solchen Ausfüllung bedürfen die wasserrechtlichen Vorschriften des Bundes-Bodenschutzgesetzes nicht mehr. Sie treffen vielmehr eine abschließende Regelung darüber, ob Sanierungsmaßnahmen durchzuführen sind. Solche Vollregelungen sind nach Art. 75 Abs. 2 GG nur in Ausnahmefällen zulässig. Art. 75 Abs. 2 GG wurde – wie auch Art. 72 Abs. 2 GG – durch das am 15.11.1994 in Kraft getretene Gesetz zur Änderung des Grundgesetzes[103] neugefaßt. Ziel war auch hier eine Stärkung der Bedeutung der Länder bei der Gesetzgebung durch die Erhöhung der Anforderungen an die Zulässigkeit bundesrechtlicher Regelungen. Wann nach der neuen Rechtslage ein Ausnahmefall i.S.d. Art. 75 Abs. 2 GG vorliegt, ist noch nicht vollständig geklärt. Zu weit gehen dürfte aber die Auffassung der Länder, Art. 75 Abs. 2 GG spreche für die Rahmengesetzgebung durch den Bund ein grundsätzliches Verbot abschließender Regelungen aus.[104] Näher liegt vielmehr die Annahme, die Neufassung erhöhe den Rechtfertigungszwang nach den schon unter der bisherigen Rechtslage entwickelten Kriterien für die Zulässigkeit abschließender bundesrechtlicher Regelungen.[105] Danach wurden Vollregelungen mit unmittelbarer Wirkung insbesondere dann toleriert, wenn der Bund hierfür ein besonders starkes und legitimes Interesse anführen konnte und trotz der abschließenden Regelungen den Ländern im Gesamtzusammenhang der Materie noch hinreichender Spielraum für ausfüllende Regelungen verblieb.[106]

Die Sanierung eines Grundstücks bildet in der Praxis einen einheitlichen Vorgang, bei dem die Verunreinigungen von Boden und Gewässern aus Gründen der Einfachheit und Kostenersparnis gleichzeitig beseitigt werden. Würde der Bund im Bodenschutzgesetz nur eine Regelung für die Frage treffen, wann Verunreinigun-

---

102 BVerfGE 4, 115 (129); 25, 142 (152); 66, 270 (285); 67, 382 (387); *Maunz*, in: *Maunz/Dürig*, GG, Art. 75, Rn. 26; *Pieroth*, in: *Jarass/Pieroth*, GG, Art. 75, Rn. 2.

103 BGBl. 1994 I, S. 3146, zu dieser Neuregelung vgl. auch *Rybak/Hofmann*, NVwZ 1995, 230.

104 Diese Ansicht der Länder ergibt sich aus dem Bericht der Gemeinsamen Verfassungskommission, BT-Drs. 12/6000, S. 36 (Nr. 14).

105 *Degenhart*, in: *Sachs*, GG, Art. 75, Rn. 13 f.; *Pieroth*, in: *Jarass/Pieroth*, GG, Art. 75, Rn. 2.

106 BVerfGE 7, 29 (41 f.); 33, 52 (64); 43, 291 (343); 66, 270 (285); 67, 382 (387).

gen des Bodens zu beseitigen sind, überließe es aber den Ländern, die Kriterien für die Erforderlichkeit einer Sanierung der damit im Zusammenhang stehenden Gewässerverunreinigungen zu bestimmen, könnten die Länder auf diesem Wege mittelbar auch Einfluß auf die Voraussetzungen nehmen, unter denen eine Pflicht zur Sanierung des Bodens besteht. So würde das mit dem Bodenschutzgesetz verfolgte Ziel, gerade diese Frage bundeseinheitlich zu regeln, unterlaufen. Aus diesem Grund besteht ein besonders starkes und legitimes Interesse des Bundes am Erlaß einer Vollregelung.[107]

Da sich der Umfang der Sanierungspflicht auch weiterhin nach dem Wasserhaushaltsgesetz und den zu seiner Ausfüllung ergangenen Landeswassergesetzen bestimmt, wird durch das Bundes-Bodenschutzgesetz nur ein sehr geringer Teil des Wasserrechts abschließend geregelt. Daher bleibt den Ländern im Gesamtzusammenhang dieser Materie noch hinreichender Spielraum für eigene Regelungen. Der Erlaß der Vollregelungen ist daher zulässig.

d) Vorschriften zur Gefahrenabwehr

Der Bund hat demnach die Gesetzgebungskompetenz für alle im Bundes-Bodenschutzgesetz geregelten Materien. Es besteht aber Einigkeit, daß die Zuweisung einer bestimmten Materie an den Bund nicht auch die Befugnis zum Erlaß der polizei- und ordnungsrechtlichen Vorschriften auf diesem Gebiet umfaßt.[108] Demnach wären die Regelungen des Bundes-Bodenschutzgesetzes, die den Kreis der Sanierungspflichtigen festlegen, den Selbsteintritt der Behörde regeln usw., also klassisches Polizei- und Ordnungsrecht enthalten, verfassungswidrig.

Die Regelung der Voraussetzungen für und der Anforderungen an eine Sanierung wäre aber sinnlos, wenn nicht die daraus resultierenden ordnungsrechtlichen Pflichten, insbesondere der Kreis der sanierungspflichtigen Personen, mit geregelt würden.[109] In solchen Fällen, in denen eine sachgerechte Regelung ohne die Schaffung polizei- und ordnungsrechtlicher Vorschriften für den geregelten Sachbereich nicht möglich wäre, wird dem Bund daher eine ungeschriebene Gesetzgebungskompetenz für den Erlaß dieser Normen zugebilligt. Die Frage, ob es sich hierbei

---

107 *Brandt*, DÖV 1996, 675 (682); *Sanden/Schoeneck*, BBodSchG, Einführung, Rn. 28, jeweils unter Berufung auf *SRU*, Sondergutachten Altlasten II, BT-Drs. 13/380, Tz. 93, 121 ff.; VG Frankfurt, NVwZ 2000, 107 (108).

108 BVerfGE 3, 407 (433); 8, 143 (149); BVerwGE 84, 247 (250).

109 *Sanden/Schoeneck*, BBodSchG, Einführung, Rn. 35; *Schink*, DÖV 1995, 213 (215 f.).

um eine Annexkompetenz zu den ausdrücklich zugewiesenen Materien[110] oder eine Kompetenz kraft Sachzusammenhangs handelt[111] oder ob eine Unterscheidung zwischen diesen unmöglich ist, da die Annexkompetenz lediglich ein Unterfall der Kompetenz kraft Sachzusammenhangs ist,[112] kann dahinstehen, ist der Bund doch jedenfalls zum Erlaß der Normen des Bundes-Bodenschutzgesetzes, die klassisches Polizei- und Ordnungsrecht enthalten, befugt.

3. Ergebnis zur Gesetzgebungskompetenz des Bundes

Der Bund besitzt somit die Gesetzgebungskompetenz für sämtliche im Bundes-Bodenschutzgesetz enthaltenen Normen. Diese ergibt sich aus einer Kombination der Kompetenznormen Art. 73 Nr. 1, Art. 74 Abs. 1 Nr. 11, 17, 18, 24 und Art. 75 Abs. 1 Nr. 4 GG sowie einer ungeschriebenen Gesetzgebungskompetenz für die Vorschriften zur Gefahrenabwehr.

110 So die wohl h.M.: BVerfGE 3, 407 (433); 8, 143 (149); BVerwGE 84, 247 (250); *Brandt*, DÖV 1996, 675 (682); *Papier*, JZ 1994, 810 (811); *Peine*, NuR 1992, 353 (358); *Schink*, DÖV 1995, 213 (215 f.).

111 *Brandt*, Altlastenrecht, XI, Rn. 66.

112 *Bullinger*, AöR 96 (1971), 237 (243 f.); *Pieroth*, in: *Jarass/Pieroth*, GG, Art. 70, Rn. 7; *Regeling*, in: HbStR IV, § 100, Rn. 57; *Stern*, Staatsrecht II, § 37 II 5 a (S. 611).

2. Teil: Anwendungsbereich der Regelungen des § 4 Abs. 3 bis 6 BBodSchG

A. Begriff der schädlichen Bodenveränderungen und Altlasten

Die in § 2 Abs. 3 und 5 BBodSchG legaldefinierten „schädlichen Bodenveränderungen“ und „Altlasten“ stellen die Schlüsselbegriffe des Bundes-Bodenschutzgesetzes dar und sind insoweit mit dem Begriff der „schädlichen Umwelteinwirkungen“ im Bundesimmissionsschutzgesetz vergleichbar. Sie bestimmen nicht nur über den Anwendungsbereich des § 4 Abs. 3 bis 6 BBodSchG und der darin geregelten Sanierungspflicht, sondern finden sich an zentraler Stelle in nahezu allen Vorschriften des Gesetzes.

I. Schädliche Bodenveränderungen

Der Begriff der schädlichen Bodenveränderungen ist in § 2 Abs. 3 BBodSchG legaldefiniert. Diese Vorschrift stimmt fast wörtlich mit der Definition der schädlichen Umwelteinwirkungen in § 3 Abs. 1 BImSchG überein. Dies hat den Vorteil, daß bei der Auslegung ergänzend auf die Ausführungen in Rechtsprechung und Literatur zum Begriff der schädlichen Umwelteinwirkungen zurückgegriffen werden kann. So werden die Anlaufschwierigkeiten bei der Anwendung des Gesetzes in der behördlichen Praxis verringert und die Verwaltungsentscheidungen für die Sanierungspflichtigen voraussehbarer.

Die Legaldefinition des § 2 Abs. 3 BBodSchG ist dennoch schwer verständlich, weil sei eine Vielzahl unbestimmter Rechtsbegriffe enthält, die ihrerseits einer Definition bedürfen. Das Vorliegen einer schädlichen Bodenveränderung ist nach der Grundstruktur des § 2 Abs. 3 BBodSchG von vier Voraussetzungen abhängig: Es muß zu Beeinträchtigungen der Bodenfunktionen gekommen sein, die geeignet sind, negative Effekte (Gefahren, erhebliche Nachteile oder erhebliche Belästigungen) für bestimmte Belastungsinteressen (einzelner oder Allgemeinheit) herbeizuführen.

1. Beeinträchtigungen der Bodenfunktionen

Erste Voraussetzung für eine schädliche Bodenveränderung ist, daß es zu einer Beeinträchtigung der Bodenfunktionen gekommen ist. Die Funktionen, die der Boden i.S.d. Bundes-Bodenschutzgesetzes erfüllt, sind in § 2 Abs. 2 BBodSchG abschließend aufgezählt. Erfaßt sind natürliche Funktionen, Funktionen als Archiv der Natur- und Kulturgeschichte und Nutzungsfunktionen des Bodens. Die Möglichkeiten, diese zu beeinträchtigen, sind mindestens ebenso zahlreich wie die Bodenfunktionen selbst. Die Gesetzesbegründung nennt Beeinträchtigungen durch stoffliche Einträge, Veränderungen der Bodenphysik und Flächenversiegelung.[113]

Wie sich schon aus dem Begriff der schädlichen Bodenveränderung ergibt, werden nicht alle Zustände erfaßt, in denen der Boden seine Funktionen nicht optimal erfüllen kann. Vielmehr muß es sich um eine negative Abweichung von einem besseren, früheren Zustand handeln. Wenn ein solcher besserer Zustand nicht bekannt ist, kann nicht von einer schädlichen Boden*veränderung* die Rede sein.[114] Der Nachweis, daß der Boden in früherer Zeit seine Funktionen besser erfüllen konnte, wird aber meist leicht fallen, denn in aller Regel läßt schon der bestehende, mißbilligte Zustand erkennen, daß er auf eine menschliche Einflußnahme zurückgeht, da derartige Bodeneigenschaften in der Natur nicht vorkommen.

Die wichtigsten Möglichkeiten der Beeinträchtigung von Bodenfunktionen sind die in der Gesetzesbegründung genannten. Der Gesetzeswortlaut ist aber nicht auf diese beschränkt, sondern erfaßt alle denkbaren Beeinträchtigungen der in § 2 Abs. 2 BBodSchG aufgezählten Funktionen des Bodens. Zu nennen sind also insbesondere die folgenden Einflußnahmen:

Die größte Gefahr, die von der industriellen Grundstücksnutzung für den Boden ausgeht, ist, daß – sei es als unmittelbare Folge des Produktionsprozesses oder zum Zwecke der Abfallentsorgung – Stoffe in den Boden gelangen, die durch chemische Wirkungen die Bodenfunktionen beeinträchtigen.[115] Diese sogenannten stofflichen Einträge sind, insbesondere wenn die in den Boden gelangten Stoffe giftig sind, geeignet, die Gesundheit von Menschen und Tieren und das Wachstum von Pflanzen zu beeinträchtigen. Auch besteht bei landwirtschaftlicher Nutzung des Grundstücks die Gefahr, daß sich die Giftstoffe in den auf diesem angebauten Pflanzen anreichern und ihrer Verwendung als Nahrungs- oder Futtermittel entgegenstehen. Betroffen sind in diesen Fällen also vornehmlich die natürlichen Funk-

---

113 BT-Drs. 13/6701, S. 29.

114 *Bickel*, BBodSchG, § 2, Rn. 12; *Frenz*, BBodSchG, § 2, Rn. 49.

115 Siehe hierzu die Antwort der Bundesregierung auf die große Anfrage „Bodenschutz I", BT-Drs. 11/8410 (neu), S. 3, 13, 19 und *Sanden*, in: *Sanden/Schoeneck*, BBodSchG, § 2, Rn. 38 m.w.N.

tionen des Bodens nach § 2 Abs. 2 Nr. 1 lit. a und b BBodSchG und die Nutzungsfunktionen nach § 2 Abs. 2 Nr. 3 lit. b und c BBodSchG.

In erheblichem Umfang[116] kommt es auch durch Baumaßnahmen zu Flächenversiegelungen. Insbesondere für den Straßenbau ist es nötig, den Boden mit einer Asphalt- oder Betondecke zu versehen. Aber auch Wohnungsbau und sonstige Bebauung verhindern, daß Wasser, Licht und Luft in den Boden gelangen und Pflanzen aus ihm herauswachsen können. Im Extremfall kann eine Versiegelung dazu führen, daß der Boden sämtliche der in § 2 Abs. 2 BBodSchG genannten Funktionen nicht mehr erfüllen kann.[117]

Unter dem Stichwort der schädlichen Bodenveränderungen durch Einwirkung auf die Bodenphysik ist vor allem die Bodenverdichtung zu nennen. Diese bewirkt nicht nur, daß das Eindringen von Stoffen, insbesondere Regenwasser, in den Boden erschwert wird und er deshalb seine Funktion als Abbau-, Ausgleichs- und Aufbaumedium nach § 2 Abs. 2 Nr. 1 lit. c BBodSchG allenfalls noch begrenzt erfüllen kann, auch das Wachstum von Pflanzen wird empfindlich beeinträchtigt.[118]

Aus der Vielzahl anderer möglicher Beeinträchtigungen der Bodenfunktionen seien noch beispielhaft die Entfernung der oberen Schicht des Bodens durch Abtragung oder Ermöglichung der Erosion,[119] das Ingangsetzen schädlicher biologischer Prozesse, z.B. durch Aussetzen kranker oder nicht einheimischer Lebewesen, die die vorhandene Population infizieren oder verdrängen, das Freisetzen radioaktiver Strahlung und die Vornahme gentechnischer Veränderungen genannt.[120]

2. Eignung

Der Begriff der Eignung stellt klar, daß es im Einzelfall durch die Beeinträchtigungen der Bodenfunktionen nicht tatsächlich zu einem negativen Effekt kommen

---

116 Die Bundesregierung sprach in ihrer Gesetzesvorlage von ca. 90 ha pro Tag, BT-Drs. 13/6701, S. 20.

117 *Corelsen*, in: *Blume*, Handbuch des Bodenschutzes, S. 131 ff.; *Sanden*, in: *Sanden/Schoeneck*, BBodSchG, § 2, Rn. 41.

118 Vgl. hierzu näher die Bodenschutzkonzeption der Bundesregierung, BT-Drs. 10/2977, S. 35 und, *Hames*, in: *Blume*, Handbuch des Bodenschutzes, S. 154 ff.

119 Siehe hierzu *Kretzschmar* und *Hassenpflug*, in: *Blume*, Handbuch des Bodenschutzes, S. 182 ff.

120 Zu den beiden letztgenannten Beeinträchtigungen vgl. aber § 3 Abs. 1 Nr. 5, Abs. 2 S. 1 BBodSchG.

muß, damit eine schädliche Bodenveränderung vorliegt. Sprachlich bedeutet Eignung die Fähigkeit bestimmter Umstände, eine Folge herbeizuführen. Insoweit ist der Eignungsbegriff der Gefahr im Polizei- und Ordnungsrecht ähnlich. Dort wird unter einer Gefahr eine Sachlage verstanden, in der bei ungehindertem Ablauf der Eintritt eines Schadens an einem geschützten Rechtsgut mit hinreichender Wahrscheinlichkeit zu erwarten ist.[121] Die Eignung ist aber keine Gefahr, was schon aus dem Wortlaut von § 2 Abs. 3 BBodSchG folgt, wo beide Begriffe nebeneinander verwandt werden. Die geforderte Eignung, Gefahren herbeizuführen, zeigt, daß der Eignungsbegriff eine geringere Wahrscheinlichkeit eines Schadenseintritts voraussetzt, als sie für das Vorliegen einer Gefahr nötig ist. Andererseits versteht der allgemeine Sprachgebrauch unter der Eignung zur Herbeiführung einer Folge, daß der Eintritt der Folge mehr als eine fernliegende Möglichkeit ist. Zur Bejahung der Eignung genügt folglich nicht schon jedes nur denkbare, noch so geringe Risiko der Herbeiführung negativer Effekte für die geschützten Rechtsgüter.[122]

Eignung läßt sich daher als Situation definieren, in der nach gesicherter naturwissenschaftlicher Erfahrung[123] negative Effekte nicht mit hinreichender, dem Verhältnismäßigkeitsgrundsatz entsprechender Wahrscheinlichkeit ausgeschlossen sind.[124] Dem Verhältnismäßigkeitsgrundsatz entsprechende Wahrscheinlichkeit bedeutet, daß sich zur Bejahung der Eignung keine vom Einzelfall unabhängige Wahrscheinlichkeit des Eintritts einer negativen Folge – z.B. in Form einer prozentualen statistischen Wahrscheinlichkeit – festlegen läßt. Vielmehr sind, je schwerwiegender Art und Folgen des negativen Effekts wären, desto geringere Anforderungen an die Wahrscheinlichkeit seines Eintritts zu stellen.[125] So kann schon

121 BVerwGE 45, 51 (57); *Denninger*, in: *Lisken/Denninger*, Rn. E 29; *Friauf*, in: *Schmidt-Aßmann*, BesVwR, Rn. 45; *Götz*, POR, Rn. 140. So auch die Legaldefinition in einigen Landesgesetzen: § 2 Nr. 2 a BremPolG, § 2 Nr. 1 a NdsGefAG, § 3 Nr. 3 a SachsAnhSOG, § 54 Nr. 3 a ThürOBG.

122 BVerwGE 55, 250 (254) zum Eignungsbegriff in § 3 Abs. 1 BImSchG.

123 *Fischer*, in: *Tröndle/Fischer*, StGB, § 325, Rn. 7 zum Eignungsbegriff im Umweltstrafrecht.

124 BVerwGE 55, 250 (254); OVG NRW, UPR 1990, 452 (452), jeweils zu § 3 Abs. 1 BImSchG.

125 *Brandt*, Altlastenrecht, III, Rn. 59 f.; *Oerder*, NVwZ 1992, 1031 (1033); *Sanden*, in: *Sanden/Schoeneck*, BBodSchG, § 2, Rn. 43; sowie zu § 3 Abs. 1 BImSchG OVG NRW, NVwZ 1991, 1200 (1202); *Jarass*, BImSchG, § 3, Rn. 30.

eine geringe Wahrscheinlichkeit ausreichen, wenn – etwa durch verseuchtes Trinkwasser – große Schäden für eine Vielzahl von Personen drohen.[126]

Die Wahrscheinlichkeit ist – wie auch im allgemeinen Polizei- und Ordnungsrecht – ex ante zu beurteilen. Daher ist es für das ursprüngliche Vorliegen einer schädlichen Bodenverunreinigung unerheblich, wenn sich später durch neue wissenschaftliche oder tatsächliche Erkenntnisse herausstellt, daß die Einschätzung einer Situation als gefährlich verfehlt war. Auch in der im allgemeinen Polizei- und Ordnungsrecht unter dem Schlagwort Anscheinsgefahr behandelten Fallgruppe ist daher die Eignung zur Herbeiführung negativer Effekte für die geschützten Rechtsgüter und damit eine schädliche Bodenveränderung zu bejahen.[127]

3. Belastungsinteressen

Beeinträchtigungen der Bodenfunktionen stellen nur dann eine schädliche Bodenveränderung dar, wenn sie geeignet sind, negative Effekte für bestimmte Belastungsinteressen, nämlich den einzelnen oder die Allgemeinheit, herbeizuführen. Schutzgüter des einzelnen sind dabei neben Leben und Gesundheit auch sein Eigentum.[128]

Noch vielfältiger sind die erfaßten Rechtsgüter der Allgemeinheit. So stellt jede Beeinträchtigung von rechtlich geschützten Allgemeininteressen eine Belastung der Allgemeinheit dar.[129] Zu diesen Allgemeininteressen gehört insbesondere auch der Schutz der Umweltmedien,[130] d.h. für den Anwendungsbereich des Bundes-Bodenschutzgesetzes in erster Linie der ökologischen Bodenfunktionen (vgl. § 2 Abs. 2 Nr. 1 BBodSchG) und der Reinheit des Grundwassers (vgl. § 1 a Abs. 1 WHG).[131] Auch wenn über den Begriff der schädlichen Bodenfunktionen im Ansatz nicht der Boden an sich, sondern lediglich seine Funktionen geschützt werden und dabei kein vorrangiger Schutz für die natürlichen Bodenfunktionen besteht,[132]

---

126 *Sanden*, in: *Sanden/Schoeneck*, BBodSchG, § 2, Rn. 43; zu § 3 BImSchG *Jarass*, BImSchG, § 3, Rn. 30.

127 *Sanden*, in: *Sanden/Schoeneck*, BBodSchG, § 2, Rn. 43; zu § 3 BImSchG *Jarass*, BImSchG, § 3, Rn. 30. Zum Begriff der Anscheinsgefahr vgl. *Friauf*, in: *Schmidt-Aßmann*, BesVwR, Rn. 53 m.w.N.

128 *Sanden*, in: *Sanden/Schoeneck*, BBodSchG, § 2, Rn. 59.

129 *Jarass*, BImSchG, § 3, Rn. 19 zum insoweit wortgleichen § 3 Abs. 1 BImSchG.

130 *Sanden*, in: *Sanden/Schoeneck*, BBodSchG, § 2, Rn. 59; *Jarass*, BImSchG, § 3, Rn. 19 zum insoweit wortgleichen § 3 Abs. 1 BImSchG.

131 *Sanden*, in: *Sanden/Schoeneck*, BBodSchG, § 2, Rn. 59.

132 *Riedel*, ZIP 1999, 94 (96).

führt ein derart weites Verständnis der Interessen der Allgemeinheit dazu, daß die Natur durch das Bundes-Bodenschutzgesetz nicht nur insoweit, wie potentielle Gefahren für den Menschen bestehen, sondern auch um ihrer selbst willen Schutz genießt. Die Reichweite dieses Schutzes darf aber nicht überschätzt werden, denn durch die Nutzungsabhängigkeit sowohl der in der Bundes-Bodenschutz- und Altlastenverordnung festgelegten Prüf- und Maßnahmewerte als auch des Inhalts der Sanierungspflicht treten die natürlichen Bodenfunktionen bei der praktischen Behandlung von schädlichen Bodenveränderungen gegenüber den Nutzungsfunktionen deutlich in den Hintergrund. Insoweit ist es trotz der Einbeziehung der natürlichen Bodenfunktionen in die Interessen der Allgemeinheit berechtigt, davon zu sprechen, das Bundes-Bodenschutzgesetz verfolge einen anthropozentrischen Ansatz.[133]

4. Negative Effekte

Voraussetzung für das Vorliegen einer schädlichen Bodenveränderung ist die Eignung der Beeinträchtigungen der Bodenfunktion zur Herbeiführung von negativen Effekten, nämlich Gefahren, erheblichen Nachteilen oder erheblichen Belästigungen.

aa) Gefahr

Im allgemeinen Polizei- und Ordnungsrecht wird unter einer Gefahr eine Sachlage verstanden, in der bei ungehindertem Ablauf der Eintritt eines Schadens an einem geschützten Rechtsgut mit hinreichender Wahrscheinlichkeit zu erwarten ist.[134] Diese Definition unverändert auf § 2 Abs. 3 BBodSchG zu übertragen, hätte zur Folge, daß eine doppelte Prüfung der Wahrscheinlichkeit eines Schadenseintritts vorzunehmen wäre. Neben die eben geschilderte Wahrscheinlichkeitsprüfung im Rahmen des Merkmals der Eignung zur Herbeiführung der negativen Folge träte dieselbe Prüfung bei der Feststellung des Vorliegens einer Gefahr.

Daß eine solche doppelte Prüfung derselben Merkmale keinen Gewinn für die Anwendung der Vorschrift auf einen konkreten Sachverhalt bedeutet, versteht sich von selbst. Deshalb besteht auch Einigkeit, daß nur eine Wahrscheinlichkeitsprüfung durchzuführen ist. Ob dies dogmatisch durch eine Verbindung der Merkmale

---

133 *Kobes*, NVwZ 1998, 786 (791); *Peine*, DVBl. 198, 157 (159); *Würtenberger/Heckmann/Riggert*, PolR, Rn. 593.

134 Vgl. hierzu bereits die Nachweise in Fn. 121.

Geeignetheit und Gefahr zu einer einheitlichen Prüfung[135] oder durch eine Interpretation des Begriffs der Gefahr in § 2 Abs. 3 BBodSchG als Schaden zu geschehen hat,[136] ist ohne Bedeutung und bedarf daher keiner Entscheidung.

Unabhängig davon, ob der Begriff der Gefahr wörtlich oder als Schaden zu verstehen ist, ist die Bestimmung der Schutzgüter erforderlich, hinsichtlich derer das Vorliegen dieser Voraussetzung zu prüfen ist. Dies sind nach dem oben Gesagten die in § 2 Abs. 2 BBodSchG genannten Bodenfunktionen in ihrer Bedeutung für den einzelnen und die Allgemeinheit.

bb) Erhebliche Nachteile und Belästigungen

Neben den Gefahren nennt § 2 Abs. 3 BBodSchG als negative Effekte noch erhebliche Nachteile und erhebliche Belästigungen. Unter einem Nachteil ist die Beeinträchtigung von Interessen zu verstehen, mit denen keine Verletzung eines Schutzgutes verbunden ist.[137] Hierunter fallen insbesondere bloße Vermögenseinbußen.

Belästigungen sind demgegenüber Beeinträchtigungen des körperlichen und seelischen Wohlbefindens, die noch keine Verletzung des Rechtsgutes Gesundheit darstellen.[138] Zu nennen sind hier etwa Geruchsbelästigungen.

Soweit der negative Effekt ein Nachteil oder eine Belästigung ist, ist außerdem die Erheblichkeit zu prüfen. Dieses zusätzliche Merkmal dient dem Zweck, die unvermeidlichen Unannehmlichkeiten, die in einem dichtbesiedelten und hochindustrialisierten Land hinzunehmen sind, auszuscheiden.[139] Erheblich sind dementsprechend alle Nachteile und Belästigungen, die dem Betroffenen nicht mehr zumutbar sind.[140]

---

135 So unausgesprochen *Sanden*, in: *Sanden/Schoeneck*, BBodSchG, § 2, Rn. 43 ff.

136 So für den auch insoweit wortgleichen § 3 Abs. 1 BImSchG *Jarass*, BImSchG, § 3, Rn. 11.

137 BT-Drs. 13/6701, S. 29; *Frenz*, BBodSchG, § 2, Rn. 63; *Nurnberger*, in: *Oerder/Numberger/Schönfeld*, BBodSchG, § 2, Rn. 20; *Sanden*, in: *Sanden/Schoeneck*, BBodSchG, § 2, Rn. 57; zu § 3 BImSchG: *Jarass*, BImSchG, § 3, Rn. 15.

138 BT-Drs. 13/6701, S. 29; *Frenz*, BBodSchG, § 2, Rn. 64; *Numberger*, in: *Oerder/Numberger/Schönfeld*, BBodSchG, § 2, Rn. 19; *Sanden*, in: *Sanden/Schoeneck*, BBodSchG, § 2, Rn. 58; zu § 3 BImSchG: *Jarass*, BImSchG, § 3, Rn. 14.

139 *Sanden*, in: *Sanden/Schoeneck*, BBodSchG, § 2, Rn. 56.

140 *Frenz*, BBodSchG, § 2, Rn. 65; *Sanden*, in: *Sanden/Schoeneck*, BBodSchG, § 2, Rn. 56; zu § 3 BImSchG BVerwGE 50, 49 (55); 69, 37 (43); 80, 259 (262); 90, 53 (56); Hessischer VGH, NJW 1986, 677 (679); *Seibert*, NVwZ 1993, 16 (18).

II. Altlasten

Den zweiten wichtigen Grundbegriff des Bundes-Bodenschutzgesetzes, den der Altlast, definiert das Gesetz in § 2 Abs. 5 BBodSchG. Danach sind Altlasten Altablagerungen und Altstandorte, durch die schädliche Bodenveränderungen oder sonstige Gefahren für den einzelnen oder die Allgemeinheit hervorgerufen werden.

1. Altablagerungen und Altstandorte

a) Gemeinsamkeiten

Die Begriffe der Altablagerungen und Altstandorte i.S.d. § 2 Abs. 5 Nr. 1, 2 BBodSchG weisen – neben gewichtigen Unterschieden – im Ansatz weitreichende Gemeinsamkeiten auf. Diese sollen zunächst erläutert werden.

aa) Grundstücksbezug

Wie sich aus den Formulierungen „und/sowie sonstige Grundstücke" entnehmen läßt, können nur Grundstücke Altablagerungen und Altstandorte und damit Altlasten i.S.d. Bundes-Bodenschutzgesetzes sein. Dabei definiert dieses Gesetz den Grundstücksbegriff selbst nicht. Im Zivilrecht wird unter einem Grundstück ein abgegrenzter Teil der Erdoberfläche verstanden, der im Bestandsverzeichnis eines Grundbuchblattes unter einer bestimmten Nummer eingetragen oder gemäß Grundbuchordnung gebucht ist.[141]

Ein Grundstück im zivilrechtlichen Sinne kann daher im Einzelfall eine sehr große Fläche sein. Wenn von dieser nur ein kleiner Teil tatsächlich belastet ist, ist es unverhältnismäßig, die gesamte Fläche den strengen Regeln des Bundes-Bodenschutzgesetzes über Altlasten zu unterstellen. Daher ist der Grundstücksbegriff im Bodenschutzrecht abweichend vom Zivilrecht zu verstehen. Grundstück i.S.d. Bundes-Bodenschutzgesetzes ist ein Teil der Erdoberfläche, für den von einer Belastung auszugehen ist, unabhängig davon, wie er im Grundbuch eingetragen ist.[142]

---

141 RGZ 84, 265 (269 f.); BGHZ 49, 145 (146); OLG Oldenburg, Rpfleger 1977, 22 (22); *Bassenge*, in: *Palandt*, BGB, vor § 873, Rn. 1; *Heinrichs*, in: *Palandt*, BGB, vor § 90, Rn. 3, *Schreiber*, Sachenrecht, Rn. 338.

142 BT-Drs. 13/6701, S. 30; *Becker*, BBodSchG, § 2, Rn. 45; *Radtke*, in: *Holzwarth/Radtke/Hilger/Bachmann*, § 2 BBodSchG, Rn. 30; *Sanden*, in: *Sanden/Schoeneck*, BBodSchG, § 2, Rn. 63; *Vogg*, in: *Landel/Vogg/Wüterich*, BBodSchG, § 2, Rn. 84; a.A. *Bickel*, § 2, Rn. 23.

bb) Stillgelegte Anlagen

(1) Anlage

Auch der Begriff der Anlage ist im Bundes-Bodenschutzgesetz nicht definiert. Als Orientierungspunkt kann aber die immissionsschutzrechtliche Begriffsbestimmung in § 3 Abs. 5 BImSchG dienen.[143] Es besteht Einigkeit, daß die dort unter Nr. 1 aufgeführten Betriebsstätten und sonstigen ortsfesten Einrichtungen stets auch Anlagen i.S.d. Bundes-Bodenschutzgesetzes sind.[144] Ebenso eindeutig ist, daß ortsveränderliche technische Einrichtungen und Fahrzeuge, die nach § 3 Abs. 5 Nr. 2 BImSchG Anlagen im immissionsschutzrechtlichen Sinne sind, keine Anlagen i.S.d. Bodenschutzrechts darstellen, fehlt ihnen doch der hierfür erforderliche Grundstücksbezug.[145]

Anlagen i.S.d. Immissionsschutzrechts sind nach § 3 Abs. 5 Nr. 3 BImSchG auch bestimmte Grundstücke. Dabei ist aber anerkannt, daß nur solche Grundstücke erfaßt werden, bei denen die relevanten Aktivitäten der Zweckbestimmung des Grundstücks entsprochen haben.[146] Daß die in § 3 Abs. 5 Nr. 3 BImSchG beschriebenen Grundstücke auch Anlagen i.S.d. Bundes-Bodenschutzgesetzes sind, ist im Grundsatz unstreitig. Ob allerdings die im Immissionsschutzrecht entwickelte Beschränkung nach der Zweckbestimmung des Grundstücks auf das Bodenschutzrecht zu übertragen ist, wird unterschiedlich beurteilt. Dagegen wird angeführt, daß es im Widerspruch zum Zweck des Bundes-Bodenschutzgesetzes, möglichst umfassenden Bodenschutz zu gewährleisten, stünde, wenn eine Vielzahl von Grundstücken vom Anwendungsbereich des Gesetzes nicht erfaßt würde.[147] Diese Befürchtung ist aber unbegründet: wenn ein Grundstück keine Anlage ist, bedeutet dies noch nicht, daß es nicht als Altlast zu qualifizieren ist. Vielmehr können solche Flächen als sonstige Grundstücke von der Altlastendefinition erfaßt werden.[148] Zudem ist der Altlastenbegriff in § 2 Abs. 5 BBodSchG in Kenntnis der Auslegung

---

143 *Radtke*, in: *Holzwarth/Radtke/Hilger/Bachmann*, § 2 BBodSchG, Rn. 36; *Sanden*, in: *Sanden/Schoeneck*, BBodSchG, § 2, Rn. 73.

144 *Radtke*, in: *Holzwarth/Radtke/Hilger/Bachmann*, § 2 BBodSchG, Rn. 36; *Sanden*, in: *Sanden/Schoeneck*, BBodSchG, § 2, Rn. 73.

145 *Radtke*, in: *Holzwarth/Radtke/Hilger/Bachmann*, § 2 BBodSchG, Rn. 36; *Sanden*, in: *Sanden/Schoeneck*, BBodSchG, § 2, Rn. 73; *Vogg*, in: *Landel/Vogg/Wüterich*, BBodSchG, § 2, Rn. 8.

146 *Feldhaus*, in: *Feldhaus*, BImSchG, § 3, Anm. 14; *Jarass*, BImSchG, § 3, Rn. 63.

147 *Sanden*, in: *Sanden/Schoeneck*, BBodSchG, § 2, Rn. 73.

148 *Radtke*, in: *Holzwarth/Radtke/Hilger/Bachmann*, § 2 BBodSchG, Rn. 36.

der Definition der Anlage durch das Bundesimmissionsschutzgesetz geschaffen worden. Dennoch hat der Gesetzgeber auf eine gesonderte Definition dieses Begriffs für das Bodenschutzrecht verzichtet und so die grundsätzliche Übertragbarkeit des Verständnisses des Anlagenbegriffs des Immissionsschutzrechts auf das Bodenschutzrecht nahegelegt. Nur soweit sich aus dem Text des Bundes-Bodenschutzgesetzes eindeutig Abweichungen ergeben, ist daher der Begriff der Anlage hier anders zu verstehen als in § 3 Abs. 5 BImSchG. Eine solche eindeutige Abweichung ist etwa die oben beschriebene Beschränkung des Anlagenbegriffs auf Grundstücke. An vergleichbaren Anhaltspunkten fehlt es für die Auslegung von § 3 Abs. 5 Nr. 3 BImSchG aber, so daß dessen enges Verständnis auch auf das Bundes-Bodenschutzgesetz Anwendung findet.[149]

(2) Stillgelegt

Altlasten i.S.d. § 2 Abs. 5 BBodSchG können nur stillgelegte Anlagen sein. Grund für diese Einschränkung ist, daß Überschneidungen mit den für den laufenden Anlagenbetrieb einschlägigen Verfahrensvorschriften (insbesondere BImSchG, KrW-/AbfG, WHG) vermieden werden sollen.[150]

Unter Stillegung ist die dauerhafte und vollständige Einstellung des Betriebs einer Anlage ohne Rücksicht auf ihre Ursache zu verstehen.[151] Unerheblich ist auch, wann die Stillegung erfolgte. So ist es insbesondere für das Vorliegen einer Altablagerung i.S.d. § 2 Abs. 5 Nr. 1 BBodSchG gleichgültig, ob die Stillegung vor oder nach dem Inkrafttreten des Abfallgesetzes 1972 erfolgte.[152]

Daß es für die Sanierungsbedürftigkeit einer vorhandenen Bodenverunreinigung darauf ankommen soll, ob die auf dem Grundstück befindliche Anlage stillgelegt ist oder nicht, erscheint befremdlich. Die Beschränkung des Altlastenbegriffs auf stillgelegte Anlagen hat aber nur scheinbar die Konsequenz, daß das Bundes-Bodenschutzgesetz auf Bodenverschmutzungen, die sich auf Grundstücken von

---

149 Im Ergebnis ebenso *Kothe*, VerwArch 88 (1997), 456 (459); *Radtke*, in: *Holzwarth/Radtke/Hilger/Bachmann*, § 2 BBodSchG, Rn. 36; a.A. *Sanden*, in: *Sanden/Schoeneck*, BBodSchG, § 2, Rn. 73.

150 *Enders/Uwer*, BB 1995, 629 (631); *Radtke*, in: *Holzwarth/Radtke/Hilger/Bachmann*, § 2 BBodSchG, Rn. 37; *Sanden*, in: *Sanden/Schoeneck*, BBodSchG, § 2, Rn. 74.

151 *Frenz*, BBodSchG, § 2, Rn. 87; *Radtke*, in: *Holzwarth/Radtke/Hilger/Bachmann*, § 2 BBodSchG, Rn. 37; *Sanden*, in: *Sanden/Schoeneck*, BBodSchG, § 2, Rn. 74; zum Begriff der Stillegung im Immissionsschutzrecht *Jarass*, BImSchG, § 5, Rn. 92.

152 *Radtke*, in: *Holzwarth/Radtke/Hilger/Bachmann*, § 2 BBodSchG, Rn. 37.

noch im Betrieb befindlichen Anlagen befinden, keinesfalls anwendbar ist. Die Definition der schädlichen Bodenveränderung enthält keine derartige Einschränkung, so daß in den meisten Fällen, in denen das Vorliegen einer Altlast nur deshalb zu verneinen ist, weil auf dem verschmutzten Grundstück noch eine Anlage betrieben wird, eine schädliche Bodenveränderung vorliegt.[153] Ein Rückgriff auf die Definition der schädlichen Bodenveränderung kann aber nicht immer gelingen, da dieser Begriff nicht die sonstigen Gefahren für den einzelnen oder die Allgemeinheit i.S.d. § 2 Abs. 5 BBodSchG erfaßt.[154]

b) Altablagerungen

Altablagerungen sind nach § 2 Abs. 5 Nr. 1 BBodSchG Altlasten, die durch den Umgang mit Abfällen entstanden sind. Als Ursache kommen neben stillgelegten Abfallbeseitigungsanlagen auch die Behandlung, Lagerung und Ablagerung von Abfällen auf sonstigen Grundstücken in Betracht.

Das Bundes-Bodenschutzgesetz enthält keinen eigenständigen Abfallbegriff. Erforderlich ist daher ein Rückgriff auf die bundesrechtliche Begriffsbestimmung in § 3 Abs. 1 S. 1 KrW-/AbfG. Danach sind Abfälle alle beweglichen Sachen, die unter die in Anhang I zum Kreislaufwirtschafts- und Abfallgesetz aufgeführten Gruppen fallen und deren sich ihr Besitzer entledigen will oder entledigen muß.

Auch der in § 2 Abs. 5 Nr. 1 BBodSchG verwandte Begriff der Abfallbeseitigungsanlage ist im Abfallrecht des Bundes definiert. Nach § 27 Abs. 1 S. 1 KrW-/AbfG sind darunter alle Anlagen zu verstehen, die dafür zugelassen sind, daß in ihnen Abfälle zum Zwecke der Beseitigung behandelt, gelagert oder abgelagert werden. Lagern bedeutet in diesem Zusammenhang die vorübergehende Aufbewahrung von Abfällen mit dem Ziel anderweitiger Beseitigung, also ihre Zwischenlagerung,[155] während Ablagern die definitive Beseitigung von Abfällen, also ihre Endlagerung darstellt.[156] Der Begriff der Behandlung erfaßt jede qualitative

---

153 *Sanden*, in: *Sanden/Schoeneck*, BBodSchG, § 2, Rn. 74.

154 Zum Verhältnis der Begriffe Altlast und schädliche Bodenveränderung näher unten 2. Teil:A.IV (S. 40).

155 *Becker*, BBodSchG, § 2, Rn. 45; *Kunig*, in: *Kunig/Paetow/Versteyl*, KrW-/AbfG, § 4, Rn. 53; *Paetow*, in: *Kunig/Paetow/Versteyl*, KrW-/AbfG, § 27, Rn. 21; *Spoerr*, in: *Jarass/Ruchay/Weidemann*, KrW-/AbfG, § 27, Rn. 28.

156 *Becker*, BBodSchG, § 2, Rn. 45; *Paetow*, in: *Kunig/Paetow/Versteyl*, KrW-/AbfG, § 27, Rn. 21; *Spoerr*, in: *Jarass/Ruchay/Weidemann*, KrW-/AbfG, § 27, Rn. 26.

oder quantitative Veränderung von Abfällen, z.B. ihre Zerkleinerung, Kompostierung oder Verbrennung.[157]

Zweiter Anknüpfungspunkt für Altablagerungen sind sonstige Grundstücke, auf denen Abfälle behandelt, gelagert oder abgelagert worden sind. Behandeln, Lagern und Ablagern sind hier im eben dargelegten Sinne zu verstehen. Sonstige Grundstücke i.S.d. § 2 Abs. 5 Nr. 1 BBodSchG sind daher neben sog. „wilden Müllkippen" vor allem Ablagerungen, die vor dem Inkrafttreten des Abfallgesetzes 1972 entstanden sind.[158]

c) Altstandorte

Altstandorte, die in § 2 Abs. 5 Nr. 2 BBodSchG geregelte zweite Untergruppe von Altlasten, umfassen neben den bereits vollständig erläuterten Grundstücken stillgelegter Anlagen auch sonstige Grundstücke, auf denen mit umweltgefährdenden Stoffen umgegangen worden ist. Ausgenommen sind allerdings Anlagen, deren Stillegung einer Genehmigung nach dem Atomgesetz bedarf.

Umweltgefährdend in diesem Sinne sind Stoffe, die geeignet sind, Funktionen des Bodens zu schädigen, also insbesondere umweltgefährliche Stoffe nach § 3 a Abs. 2 ChemG und wassergefährdende Stoffe nach § 19 g Abs. 5 WHG.[159] Der erforderliche Umgang mit diesen Stoffen ist vom allgemeinen Sprachgebrauch her sehr weit zu verstehen. Ein Unterschied zum Begriff des Verwendens, der in § 3 Nr. 10 ChemG als Gebrauchen, Verbrauchen, Lagern, Aufbewahren, Be- und Verarbeiten, Abfüllen, Umfüllen, Mischen, Entfernen, Vernichten und innerbetriebliches Befördern definiert wird, dürfte nicht bestehen.[160] Die ursprünglich geplante Beschränkung auf Folgen wirtschaftlicher Betätigung[161] ist nicht Gesetz geworden, so daß auch private Handlungen (z.B. Ölwechsel) und Rüstungsaltlasten erfaßt werden.[162]

---

157 VGH Kassel, GewArch 1997, 81 (82); *Paetow*, in: *Kunig/Paetow/Versteyl*, KrW-/AbfG, § 27, Rn. 21; *Spoerr*, in: *Jarass/Ruchay/Weidemann*, KrW-/AbfG, § 27, Rn. 29.

158 *Sanden*, in: *Sanden/Schoeneck*, BBodSchG, § 2, Rn. 77.

159 *Radtke*, in: *Holzwarth/Radtke/Hilger/Bachmann*, § 2 BBodSchG, Rn. 40; *Sanden*, in: *Sanden/Schoeneck*, BBodSchG, § 2, Rn. 80.

160 *Radtke*, in: *Holzwarth/Radtke/Hilger/Bachmann*, § 2 BBodSchG, Rn. 41.

161 Vgl. BT-Drs. 13/6701, S. 8.

162 Vgl. hierzu aber die Einschränkung des Anwendungsbereichs durch § 3 Abs. 2 S. 2 BBodSchG.

2. Negative Folgen

Allein das Vorliegen von Altablagerungen oder Altstandorten genügt noch nicht zur Begründung einer Altlast. Hinzukommen muß noch, daß es hierdurch zu negativen Folgen in Form von schädlichen Bodenveränderungen oder sonstigen Gefahren für den einzelnen oder die Allgemeinheit gekommen ist. Der Begriff der schädlichen Bodenverunreinigungen wurde oben bereits ebenso erläutert wie die Schutzgüter des einzelnen und der Allgemeinheit.

Der Grund dafür, daß neben den schädlichen Bodenveränderungen mit den sonstigen Gefahren für den einzelnen oder die Allgemeinheit eine zweite Gruppe negativer Folgen in die Altlastendefinition in § 2 Abs. 5 BBodSchG aufgenommen wurde, ist, daß gerade bei Altablagerungen die Gefahren nicht immer von schädlichen Bodenveränderungen ausgehen. Vielmehr erweisen sich besonders bei stillgelegten Deponien die abgelagerten Abfälle als die eigentliche Gefahrenquelle; im Extremfall ist hier gar kein Boden mehr vorhanden.[163] Ähnliches gilt, wenn bei stillgelegten Anlagen die Gefahr nicht von den im Boden befindlichen Stoffen, sondern den auf dem Anlagengrundstück errichteten Aufbauten ausgeht.[164]

III. Präzisierung durch die BBodSchV

Die Entscheidung, ob eine schädliche Bodenveränderung oder Altlast vorliegt oder nicht, bedarf einer Bewertung komplizierter chemischer, biologischer und physikalischer Prozesse. Hierzu ist die Behörde meist nicht selbst in der Lage, sondern muß Sachverständige mit einem Gutachten beauftragen. Derartige Analysen sind nicht nur teuer, sondern auch sehr zeitaufwendig. Da die Auswirkungen von Eingriffen in das Ökosystem des Bodens aber unter vergleichbaren Umständen nahezu identisch sind, ist es möglich, bei Kenntnis des Ausmaßes einer Bodenverschmutzung allgemeine Aussagen über deren Gefährlichkeit und Sanierungsbedürftigkeit zu treffen.

Daher ermöglicht § 8 Abs. 1 S. 2 Nr. 1 BBodSchG die Festlegung von Prüfwerten, d.h. Schadstoffkonzentrationen, bei deren Überschreitung zu prüfen ist, ob eine schädliche Bodenveränderung oder Altlast vorliegt, und § 8 Abs. 1 S. 2 Nr. 2 BBodSchG die Festlegung von Maßnahmewerten, bei deren Überschreitung in der

---

163 BT-Drs. 13/6701, S. 30; *Radtke*, in: *Holzwarth/Radtke/Hilger/Bachmann*, § 2 BBodSchG, Rn. 42; *Sanden*, in: *Sanden/Schoeneck*, BBodSchG, § 2, Rn. 85.

164 *Sanden*, in: *Sanden/Schoeneck*, BBodSchG, § 2, Rn. 85.

Regel vom Vorliegen einer schädlichen Bodenveränderung oder Altlast auszugehen ist, durch Rechtsverordnung, wobei die jeweilige Bodennutzung zu berücksichtigen ist. So können Maßnahmen nach dem Bundes-Bodenschutzgesetz getroffen werden, nachdem lediglich die Menge der im Boden vorhandenen Schadstoffe gemessen wurde. Die negativen Auswirkungen auf die Bodenfunktionen und Rechtsgüter des einzelnen oder der Allgemeinheit werden hier widerleglich vermutet, müssen also nicht in jedem Einzelfall konkret wissenschaftlich nachgewiesen werden. Dies bedeutet eine wesentliche Vereinfachung des Verwaltungsverfahrens und damit eine kurzfristigere Sanierung der Verseuchungen. Zugleich kann so Rechtssicherheit geschaffen und sichergestellt werden, daß in ganz Deutschland einheitliche Maßstäbe angelegt werden und eine Gleichbehandlung aller Sanierungspflichtigen erfolgt.[165]

Von der Befugnis zur Festlegung von Prüf- und Maßnahmewerten hat die Bundesregierung mit Anhang 2 zur BBodSchV Gebrauch gemacht. Als verschiedene Bodennutzungen, die unterschiedliche Anforderungen an die Bodenqualität stellen, wurden Kinderspielflächen, Wohngebiete, Park- und Freizeitanlagen sowie Industrie- und Gewerbegrundstücke definiert (1.1 Anhang 2 BBodSchV). Dabei liegen die Prüf- und Maßnahmewerte für Industrie- und Gewerbegrundstücke bis zum 100-fachen über den entsprechenden Werten für Kinderspielflächen (1.2, 1.4 Anhang 2 BBodSchV). Der Verordnungsgeber hat damit der Tatsache Rechnung getragen, daß die Nutzung eines Grundstücks wesentlichen Einfluß darauf hat, wie lange sich dort Menschen im Freien aufhalten und so den im Boden befindlichen Schadstoffen ausgesetzt sind. Auch halten sich in Industriegebieten seltener die gegenüber Schadstoffen im Boden besonders empfindlichen Kleinkinder, alten und kranken Menschen auf und es ist wesentlich unwahrscheinlicher, daß spielende Kinder Boden in den Mund stecken und verschlucken.

IV. Verhältnis der Begriffe

Das Verhältnis der Begriffe der schädlichen Bodenveränderungen und Altlasten läßt sich mit dem Bild zweier sich überschneidender Kreise beschreiben. Einerseits sind Altlasten ein Spezialfall der schädlichen Bodenveränderungen, nämlich solche, die durch Altablagerungen oder Altstandorte hervorgerufen wurden, andererseits ist der Begriff der Altlasten auch weiter, da zusätzlich andere durch Altabla-

---

165 *Hilger*, in: *Holzwarth/Radtke/Hilger/Bachmann*, § 8 BBodSchG, Rn. 2; *Sanden*, in: *Sanden/Schoeneck*, BBodSchG, § 8, Rn. 10.

gerungen und Altstandorte verursachte Gefahren für den einzelnen und die Allgemeinheit als schädliche Bodenveränderungen erfaßt werden.[166]

Die Systematik des Bundes-Bodenschutzgesetzes erfordert aber auch keine wirkliche Abgrenzung zwischen diesen Begriffen im Sinne eines Alternativverhältnisses. Die Bedeutung der Unterscheidung ist vielmehr eine andere: Zwar sind die meisten Vorschriften des Gesetzes sowohl auf Altlasten als auch auf schädliche Bodenveränderungen anwendbar. Etwas anderes gilt nur für den dritten Teil (§§ 11 ff. BBodSchG). Hierbei handelt es sich um besondere Vorschriften für Altlasten, die deren Erfassung und Überwachung regeln, sowie spezielle Instrumente für eine Sanierungsplanung schaffen. Für die Anwendung dieser Normen ist es jedoch unerheblich, ob die erfaßten Altlasten zugleich schädliche Bodenveränderungen sind.

V. Gefahrerforschungseingriffe

Zur Ermittlung, ob eine schädliche Bodenveränderung oder Altlast vorliegt, sind häufig umfangreiche und teure Untersuchungen nötig. Wer für die Durchführung dieser Untersuchungen verantwortlich ist, war vor Inkrafttreten des Bundes-Bodenschutzgesetzes heftig umstritten. Teile der Rechtsprechung hielten es für zulässig, den potentiell Ordnungspflichtigen zur Durchführung dieser Maßnahmen zu verpflichten,[167] die ihm dadurch entstehenden Kosten sollte er aber nur dann tragen müssen, wenn die Untersuchungen den Gefahrenverdacht bestätigen.[168] Die herrschende Gegenansicht wollte demgegenüber § 24 VwVfG entnehmen, daß die Sachverhaltsaufklärung Aufgabe der Behörde ist und hielt den Pflichtigen nur für verpflichtet, die von der Behörde zu diesem Zweck durchgeführten Maßnahmen zu dulden.[169] Die Vertreter der letztgenannten Ansicht waren sich wiederum nicht einig, ob der Ordnungspflichtige im Falle einer Bestätigung des Gefahrenverdachts

---

166 *Sanden*, in: *Sanden/Schoeneck*, BBodSchG, § 2, Rn. 75 f.

167 VGH BW, ZfW 1989, 91 (92); VGH BW, ZfW 1990, 457 (458); VGH BW, NVwZ 1991, 491 (492); VGH BW, NVwZ-RR 1991, 24 (25); VGH BW, VBlBW 1993, 298 (300).

168 VGH BW, NVwZ-RR 1991, 24 (26). offen gelassen von VGH BW, NVwZ 1991, 491 (492 f.).

169 OVG Koblenz, ZfW 1992, 312 (316 f.); OVG NRW, NWVBl. 1990, 159 (159); Hessischer VGH, NVwZ 1991, 498 (498); VGH München, NVwZ 1986, 942 (944); *Kloepfer*, NuR 1987, 7 (19) = Altlasten und Umweltrecht, S. 17 (49); *Papier*, NVwZ 1986, 256 (257); *Schink*, DVBl. 1989, 1182 (1183 ff.).

der Behörde die ihr bei der Ermittlung des Sachverhalts entstandenen Kosten ersetzen muß[170] oder nicht.[171]

Das Bundes-Bodenschutzgesetz hat mit § 9 diesen Streit für seinen Anwendungsbereich entschieden. Danach ist die Verteilung der Verantwortlichkeit für Gefahrerforschungsmaßnahmen maßgeblich davon abhängig, wie wahrscheinlich es zu dem Zeitpunkt, zu dem die Maßnahmen ergriffen wurden, war, daß tatsächlich eine schädliche Bodenveränderung oder Altlast vorliegt.

1. Regelung des § 9 Abs. 1 BBodSchG

Bei Anhaltspunkten für eine schädliche Bodenveränderung oder Altlast obliegt die Ermittlung des Sachverhalts nach § 9 Abs. 1 S. 1 BBodSchG der Behörde. Das gleiche gilt, wenn die in der Bundes-Bodenschutz- und Altlastenverordnung festgelegten Prüfwerte überschritten sind, § 9 Abs. 1 S. 2 BBodSchG. Wann in diesem Sinne Anhaltspunkte für das Vorliegen einer schädlichen Bodenveränderung oder Altlast vorliegen, bestimmt das Bundes-Bodenschutzgesetz zwar nicht ausdrücklich, ein Vergleich mit § 9 Abs. 2 S. 1 BBodSchG zeigt aber, daß weniger erforderlich ist als die dort geforderten konkreten Anhaltspunkte, die den hinreichenden Verdacht für das Vorliegen solcher Bodenverschmutzungen begründen. § 3 Abs. 1 und 2 BBodSchV nennen beispielhaft Anhaltspunkte, die i.S.d. § 9 Abs. 1 S. 1 BBodSchG auf das Vorliegen einer schädlichen Bodenveränderung oder Altlast hindeuten können. Dazu gehören etwa der über einen längeren Zeitraum erfolgte Umgang mit Schadstoffen auf einem Grundstück in Verbindung mit einer Betriebs- oder Verfahrensweise, die nahelegt, daß größere Mengen dieser Schadstoffe in den Boden gelangt sind oder Hinweise auf einen erhöhten Schadstoffgehalt in den auf dem Grundstück angebauten Nahrungs- oder Futterpflanzen. Dem läßt sich entnehmen, daß Hinweise von gewissem Gewicht erforderlich sind.

§ 9 Abs. 1 S. 1 BBodSchG soll also vermeiden, daß die Behörde willkürliche Ermittlungen ohne Anfangsverdacht führt.[172] Der Grund hierfür ist, daß ein solches Vorgehen nicht nur eine Belastung für die öffentlichen Kassen wäre, sondern es

---

170 VGH München, NVwZ 1986, 942 (944); VGH München, NVwZ-RR 1997, 615 (617); *Breuer*, NVwZ 1987, 751 (754 f.); *Kloepfer*, NuR 1987, 7 (19) = Altlasten und Umweltrecht, S. 17 (49); *Wolf*, VBlBW 1988, 208 (209).

171 *Drews/Wacke/Vogel/Martens*, § 33, 5. a (S. 678); *Papier*, NVwZ 1986, 256 (257); *Schink*, DVBl. 1989, 1182 (1187).

172 *Bickel*, BBodSchG, § 9, Rn. 3; *Schoeneck*, in: *Sanden/Schoeneck*, BBodSchG, § 9, Rn. 7.

auch für den Bürger, der behördliche Untersuchungsmaßnahmen hinnehmen muß, einen erheblichen Nachteil bedeuten kann, sein Grundstück nur eingeschränkt nutzen zu können. Wenn allerdings ein Anfangsverdacht vorliegt, soll die Behörde zur Aufklärung des Sachverhalts tätig werden, d.h. sie darf nur dann auf Ermittlungen verzichten, wenn im Einzelfall außergewöhnliche Umstände vorliegen. Die in diesem Fall bestehenden Duldungspflichten der Betroffenen regelt das Bundes-Bodenschutzgesetz nicht selbst, sondern verweist mit § 9 Abs. 2 S. 3 auf das einschlägige Landesrecht.

Ziel der von der Behörde zu führenden Untersuchungen ist es, entweder konkrete Anhaltspunkte zu ermitteln, die den hinreichenden Verdacht einer schädlichen Bodenveränderung oder Altlast begründen oder festzustellen, daß solche Anhaltspunkte nicht existieren. Hierzu sind insbesondere die in § 9 Abs. 2 S. 3 BBodSchG genannten Fragen zu klären, d.h. die Art und Konzentration der im Boden vorhandenen Schadstoffe und die Möglichkeit ihrer Ausbreitung in die Umwelt, sowie die Nutzung des Grundstücks zu ermitteln und festzustellen, ob Menschen, Tiere und Pflanzen die Stoffe aufnehmen können.

2. Regelung des § 9 Abs. 2 BBodSchG

Liegen konkrete Anhaltspunkte vor, die den hinreichenden Verdacht einer schädlichen Bodenveränderung oder Altlast begründen, kann die Behörde die Untersuchungen, die erforderlich sind, um diesen Verdacht zu bestätigen oder zu entkräften, nach § 9 Abs. 2 S. 1 BBodSchG den Personen aufgeben, die nach § 4 Abs. 3, 5 und 6 BBodSchG sanierungspflichtig sind, wenn sich herausstellt, daß tatsächlich eine schädliche Bodenveränderung oder Altlast vorliegt. Voraussetzung für die Einbindung des potentiellen Pflichtigen in die Ermittlungen ist also ein im Vergleich zu § 9 Abs. 1 BBodSchG erhöhtes Maß an Wahrscheinlichkeit, daß sich der Verdacht bestätigt. Wie groß die Wahrscheinlichkeit sein muß, läßt sich nicht abstrakt (etwa mittels einer Prozentzahl) festlegen. Vielmehr ist – wie auch bei der Beurteilung ob eine schädliche Bodenveränderung oder Altlast vorliegt – zu berücksichtigen, welche Schutzgüter im Einzelfall betroffen sind. Je hochwertiger diese Rechtsgüter sind, desto geringer ist die für einen hinreichenden Verdacht i.S.d. § 9 Abs. 2 S. 1 BBodSchG erforderliche Wahrscheinlichkeit.[173]

[173] BT-Drs. 13/6701, S. 40; *Schoeneck*, in: *Sanden/Schoeneck*, BBodSchG, § 9, Rn. 15.

Wie § 3 Abs. 4 S. 1 BBodSchV klarstellt, kann auch die Überschreitung der Prüfwerte ein konkreter Anhaltspunkt in diesem Sinne sein. § 9 Abs. 1 S. 2 BBodSchG darf also nicht dahingehend mißverstanden werden, daß eine Überschreitung von Prüfwerten ausschließlich zu Maßnahmen nach § 9 Abs. 1 BBodSchG führen kann. Der Vorschrift läßt sich aber entnehmen, daß die Überschreitung von Prüfwerten allein nicht genügt, um konkrete Anhaltspunkte für einen hinreichenden Verdacht einer schädlichen Bodenveränderung oder Altlast zu begründen. Erforderlich ist hierzu vielmehr zusätzlich eine Berücksichtigung des gesamten bereits bekannten Sachverhalts.[174]

Ziel der Untersuchungsmaßnahmen nach § 9 Abs. 2 BBodSchG ist eine genaue Bewertung des Zustands, in dem sich das Grundstück befindet. Die Ermittlungen sind daher erst dann abgeschlossen, wenn feststeht, ob eine schädliche Bodenveränderung oder Altlast vorliegt und welche Gefährdungen gegebenenfalls von ihr ausgehen.[175] Da der von der Behörde zur Durchführung der Ermittlungen Verpflichtete nur in den seltensten Fällen selbst über die Kenntnisse und technischen Mittel verfügen wird, die erforderlich sind, um diese Bewertung zuverlässig vornehmen zu können, wird er in aller Regel von sich aus einen Fachmann mit den Untersuchungen betrauen. Wenn sie es für erforderlich hält, kann die Behörde aber auch nach § 9 Abs. 2 S. 2 BBodSchG von dem Pflichtigen verlangen, daß er die ihm aufgegebenen Untersuchungen von einem Sachverständigen oder einer Untersuchungsstelle nach § 18 BBodSchG vornehmen läßt.

Die Kosten, die dem Pflichtigen dadurch entstehen, daß er nach § 9 Abs. 2 S. 1 BBodSchG dazu verpflichtet wurde, die erforderlichen Untersuchungen selbst oder durch einen Dritten vorzunehmen, hat dieser nach § 24 Abs. 1 S. 1 BBodSchG grundsätzlich selbst zu tragen. Bestätigen die Untersuchungen allerdings den Verdacht einer schädlichen Bodenveränderung oder Altlast nicht und hat der zur Untersuchung Herangezogene die den Verdacht begründenden Umstände nicht zu vertreten, sind ihm die entstandenen Kosten zu erstatten, § 24 Abs. 1 S. 2 BBodSchG. Im Ergebnis bewirkt die Regelung des Bundes-Bodenschutzgesetzes zu Gefahrerforschungseingriffen daher, daß der potentielle Sanierungspflichtige die Kosten für die Ermittlung des Sachverhalts nur dann zu tragen hat, wenn sich herausstellt, daß sich auf dem Grundstück eine schädliche Bodenveränderung oder

---

174 *Bickel*, BBodSchG, § 9, Rn. 5.
175 *Schoeneck*, in: *Sanden/Schoeneck*, BBodSchG, § 13, Rn. 25.

Altlast befindet, für deren Sanierung er nach § 4 Abs. 3, 5 oder 6 BBodSchG verantwortlich ist.

B. Subsidiarität nach § 3 BBodSchG

Auch vor Schaffung des Bundes-Bodenschutzgesetzes war der Boden rechtlich nicht völlig ungeschützt. Vielmehr gab es in einer Vielzahl von Spezialgesetzen Vorschriften, die unmittelbar oder mittelbar bodenschützenden Charakter hatten.[176] Diese wurden nicht aufgehoben oder in das Bodenschutzgesetz integriert, vielmehr hielt es der Gesetzgeber für zweckmäßig, sie in ihrem Bestand zu erhalten und durch das Bundes-Bodenschutzgesetz nur insoweit Regelungen zu schaffen, wie nicht schon in den Spezialgesetzen Normen bestehen.[177] Dementsprechend gilt das Bundes-Bodenschutzgesetz zwar grundsätzlich für alle schädlichen Bodenveränderungen und Altlasten, dies aber nur solange, wie sich aus § 3 BBodSchG nicht ergibt, daß ältere Vorschriften mit bodenschutzrechtlichem Bezug Vorrang haben sollen. Dabei schließt § 3 BBodSchG die Anwendung des Bundes-Bodenschutzgesetzes meist nur insoweit aus, wie die vorrangigen Gesetze tatsächlich eine Regelung von Einwirkungen auf den Boden enthalten (§ 3 Abs. 1 BBodSchG). Wo solche Regelungen fehlen, bleiben die Normen des Bundes-Bodenschutzgesetzes anwendbar, das also subsidiär gilt. Nur in den wenigen Fällen des § 3 Abs. 2 BBodSchG ist eine Anwendung des Bundes-Bodenschutzgesetzes auch dann ausgeschlossen, wenn für die dort genannten Sachgebiete keine Vorschriften zum Schutz des Bodens existieren.

Die Ausnahmen in § 3 BBodSchG sind so zahlreich, daß hier nur die wichtigsten genannt werden können.[178] Zu erwähnen ist, daß das Kreislaufwirtschafts- und Abfallgesetz dem Bundes-Bodenschutzgesetz ebenso in wesentlichen Teilen vorgeht (§ 3 Abs. 1 Nr. 1, 2 BBodSchG), wie das Gentechnikgesetz (§ 3 Abs. 1 Nr. 5

---

[176] *Sanden*, in: *Sanden/Schoeneck*, BBodSchG, § 3, Rn. 1 spricht von ca. 50 Gesetzen, vgl. auch BT-Drs. 11/1625, S. 10 ff.

[177] Während des Gesetzgebungsverfahrens wurden auch andere Ansätze zur Koordinierung der bestehenden Normen mit dem neuen Gesetz vertreten. Vgl. dazu die Nachweise bei *Sanden*, in: *Sanden/Schoeneck*, BBodSchG, § 3, Rn. 4.

[178] Zu Einzelheiten zu den verschiedenen Ausnahmen vgl. *Erbguth/Stollmann*, NuR 2001, 241; *Radtke*, in: *Holzwarth/Radtke/Hilger/Bachmann*, § 3 BBodSchG, Rn. 7 ff.; *Sanden*, in: *Sanden/Schoeneck*, BBodSchG, § 3, Rn. 5 ff.; *Schink*, in: Aktuelle Fragen des Altlasten- und Bodenschutzrechts, S. 83 (91 ff.).

BBodSchG), das Bauplanungs- und Bauordnungsrecht (Nr. 9)[179] und das Bundesimmissionsschutzgesetz (§ 3 Abs. 1 Nr. 11 BBodSchG). Lediglich auf den Umgang mit radioaktiven Stoffen (§ 3 Abs. 2 S. 1 BBodSchG) und Kampfmitteln (§ 3 Abs. 2 S. 2 BBodSchG) ist das Bundes-Bodenschutzgesetz gar nicht anwendbar.[180]

Um die aufgrund des Bundes-Bodenschutzgesetzes bestehenden Anforderungen an die Bodenqualität auch im Immissionsschutzrecht anwenden zu können und so – trotz der durch § 3 Abs. 1 Nr. 11 BBodSchG angeordneten Subsidiarität – einheitliche Standards für die Bodenqualität zu schaffen,[181] bestimmt § 3 Abs. 3 S. 1 BBodSchG, daß schädliche Bodenveränderungen, die durch Immissionen verursacht wurden, als schädliche Umwelteinwirkungen i.S.d. § 3 Abs. 1 BImSchG gelten. Diese Konstruktion bewirkt im Ergebnis, daß das Bundes-Bodenschutzgesetz die Voraussetzungen festlegt, unter denen die Behörde nach dem Bundesimmissionsschutzgesetz einschreiten kann.[182]

---

179 Zur Verzahnung des Bundes-Bodenschutzgesetzes mit dem Bau- und Raumordnungsrecht vgl. *Brandt/Sanden*, UPR 1999, 367.

180 Der Ausschluß der Anwendung des Bundes-Bodenschutzgesetzes auf Kampfmittel ist aber insofern eng auszulegen, als er einer Sanierung von Grundstücken, die bei der Kampfmittelproduktion mit hierzu benötigten Chemikalien und nicht mit Kampfmitteln verseucht wurden, mit den Instrumenten des Bodenschutzrechts nicht entgegensteht.

181 BT-Drs. 13/6701, S. 32 f.

182 *Kobes*, NVwZ 1998, 786 (787); *Würtenberger/Heckmann/Riggert*, PolR, Rn. 595.

3. Teil: Kreis der Verantwortlichen

Die Bestimmung des Kreises der Verantwortlichen für Altlasten und schädliche Bodenveränderungen in § 4 Abs. 3 bis 6 BBodSchG ist eine der für die Praxis wichtigsten Regelungen des Bundes-Bodenschutzgesetzes. Der Gesetzgeber hat sich hier nicht auf die bloße Übernahme der Regelungen des allgemeinen Polizei- und Ordnungsrechts beschränkt, obwohl eine starke Orientierung an diesen Normen unverkennbar ist. Der Kreis der Verantwortlichen wurde im Vergleich zu den Polizeigesetzen der Länder vielmehr in vielen Punkten teils erheblich erweitert, vereinzelt aber auch eingeschränkt. Gerade diese Unterschiede zum allgemeinen Polizei- und Ordnungsrecht bedürfen einer näheren Untersuchung. Zu fragen ist, warum der Bundesgesetzgeber sich für abweichende Regelungen entschieden hat, welche praktischen Konsequenzen diese Neuerungen haben und ob sie in jedem Punkt mit dem Grundgesetz (insbesondere mit dem grundsätzlichen Verbot echter Rückwirkungen) zu vereinbaren sind.

A. Verhältnis zu landesrechtlichen Regelungen

Die Gesetzgebungsbefugnis des Bundes für den Erlaß der Vorschriften über den Kreis der Sanierungsverpflichteten folgt aus einer Annexkompetenz zu Materien, für die dem Bund die konkurrierende Gesetzgebungskompetenz zusteht.[183] Die Zulässigkeit abweichender landesrechtlicher Bestimmungen richtet sich somit nach Art. 72 Abs. 1 GG. Entscheidend ist danach, ob die getroffenen bundesrechtlichen Regelungen abschließend sind.

Wesentlicher Zweck des Bundes-Bodenschutzgesetzes war es, die durch die unterschiedlichen landesrechtlichen Normen zum Bodenschutz entstandenen Unsicherheiten zu beseitigen.[184] Zwar beruhten diese hauptsächlich auf uneinheitlichen Kriterien dafür, ob überhaupt eine Sanierung einer Bodenverschmutzung erforderlich ist, doch stellt auch die Bestimmung des Kreises der zur Sanierung Verpflichteten eine wesentliche Frage der Sanierungspflicht dar. In diesem Punkt je nach Land unterschiedliche Regelungen zuzulassen, widerspräche der Absicht des Gesetzgebers, die bodenschutzrechtliche Verantwortlichkeit durch das Bundes-Bodenschutzgesetz abschließend zu regeln.[185] Vielmehr sollen die durch das Ge-

---

183 Siehe oben, 1. Teil:B.II.2.d) (S. 24).

184 Vgl. dazu bereits oben, 1. Teil:A.III (S. 5).

185 *Schoeneck*, in: *Sanden/Schoeneck*, BBodSchG, § 4, Rn. 30.

setz nicht entschiedenen oder neu entstandenen Zweifelsfragen durch Literatur und Rechtsprechung geklärt werden.[186] Hierfür spricht auch der Wortlaut von §§ 9 Abs. 2 S. 3, 21 BBodSchG. Wenn dort Teilbereiche des Bundes-Bodenschutzgesetzes aufgezählt werden, in denen die Länder ergänzende Regelungen erlassen dürfen, ergibt ein Gegenschluß, daß nicht aufgeführte Bereiche, also insbesondere auch die Bestimmung des Kreises der Sanierungspflichtigen, landesrechtlichen Regelungen nicht zugänglich sein sollen. § 4 Abs. 3 bis 6 BBodSchG verdrängt daher als abschließende bundesrechtliche Regelung gemäß Art. 72 Abs. 1 GG alle landesrechtlichen Vorschriften über den Kreis der zur Sanierung von Bodenverschmutzungen Verpflichteten.[187] Das hat zur Folge, daß Personen, die bisher nach Landesrecht auf Sanierung in Anspruch genommen werden konnten, von ihrer Verpflichtung frei werden, wenn sich nicht auch im Bundes-Bodenschutzgesetz ein Anknüpfungspunkt für ihre Verantwortlichkeit findet oder gegen sie bereits eine Ordnungsverfügung ergangen ist.

Die landesrechtlichen Vorschriften sind für die Auslegung des Bundes-Bodenschutzgesetzes aber dennoch von Bedeutung. Die für Bundes- und Landesrecht anzuwendenden Auslegungsmethoden sind dieselben. Daher gelten die in Rechtsprechung und Schrifttum für die Auslegung der landesrechtlichen Vorschriften, die wörtlich mit dem Bundes-Bodenschutzgesetz übereinstimmen, gewonnenen Erkenntnisse für das Verständnis von § 4 Abs. 3 bis 6 BBodSchG entsprechend.

B. Handlungsstörer

Nach § 4 Abs. 3 S. 1 Fall 1 BBodSchG ist der Verursacher einer schädlichen Bodenveränderung oder Altlast zur Sanierung verpflichtet. Mit dieser Formulierung hat der Gesetzgeber den Wortlaut der Vorschriften der Polizei- und Ordnungsbehördengesetze der Länder übernommen, die die Polizeipflicht des sog. Handlungs-

---

[186] BT-Drs. 13/6701, S. 35. Entgegen *Spieth/Wolfers*, altlasten spektrum 1998, 75 (78) galt das auch schon für den Regierungsentwurf.

[187] BVerwG, DVBl. 2000, 1353 (1355 f.); *Becker*, BBodSchG, § 4, Rn. 14; *Bender/Sparwasser/Engel*, Umweltrecht, VII/191; *Kahl*, Verw 33 (2000), 29 (29 f.); *Kobes*, NVwZ 1998, 786 (787); *Riedel*, ZIP 1999, 94 (95); *Schoeneck*, in: *Sanden/Schoeneck*, BBodSchG, § 4, Rn. 30; *Spieth/Wolfers*, altlasten spektrum 1998, 75 (78); *Spieth/Wolfers*, NVwZ 1999, 355 (360); *Tomerius*, ZUR 1999, 78 (85); a.A. *Schlabach/Heck*, VBlBW 2001, 46 (52).

störers festschreiben.[188] Diese Parallelität zu den bekannten Normen des Polizei- und Ordnungsrechts hat den Vorteil, daß es bei den Behörden, die für den Vollzug des Bundes-Bodenschutzgesetzes verantwortlich sind, insoweit keine Anlaufschwierigkeiten bei der Anwendung des Gesetzes gibt.[189] Allerdings haben mit der Übernahme des Gesetzeswortlauts aus dem Landesrecht auch die von dort bekannten Schwierigkeiten bei der Beantwortung der Frage, wann Verursachung in diesem Sinne gegeben ist und welche Grenzen für die Handlungsverantwortlichkeit bestehen, für das Bodenschutzrecht Bedeutung erlangt.

I. Bestimmung des Verursachers

Die Suche nach praktikablen Kriterien zur Ausfüllung des Begriffs der Verursachung stellt eines der klassischen Probleme des allgemeinen Polizei- und Ordnungsrechts dar. Seit den Zeiten des Preußischen Oberverwaltungsgerichts werden immer neue Lösungsmöglichkeiten diskutiert, ohne daß bisher eine allgemein anerkannte und vollständig überzeugende Definition der Verursachung entwickelt wurde.

1. Notwendigkeit einer speziellen öffentlich-rechtlichen Verursachungstheorie

Nahezu Einigkeit besteht noch darüber, daß eine bloße Übernahme der für das Straf- und Zivilrecht entwickelten Verursachungstheorien nicht möglich ist. So sehr sich die Äquivalenz- und die Adäquanztheorie in diesen Rechtsgebieten bewährt haben, so wenig sind sie geeignet, den speziellen Anforderungen im öffentlichen Recht zu genügen.

Nach der im Strafrecht herrschenden Äquivalenztheorie ist Verursacher derjenige, dessen Verhalten nicht hinweggedacht werden kann, ohne daß der Erfolg entfie-

---

188 Vgl. § 6 Abs. 1 PolG BW, Art. 7 Abs. 1 BayPAG, § 13 Abs. 1 BerlASOG, § 16 Abs. 1 BbgOBG, § 5 Abs. 1 BbgPolG; § 5 Abs. 1 BremPolG, § 8 Abs. 1 HambSOG, § 6 Abs. 1 HessSOG, § 69 Abs. 1 SOG MV, § 6 Abs. 1 NdsGefAG, § 4 Abs. 1 PolG NRW, § 17 Abs. 1 OBG NRW, § 4 Abs. 1 RhPfPOG, § 4 Abs. 1 SaarPolG, § 4 Abs. 1 SächsPolG, § 7 Abs. 1 SachsAnhSOG, § 218 Abs. 1 SchHVwG, § 10 Abs. 1 ThürOBG, § 7 Abs. 1 ThürPAG.
Auch die in einigen Ländern geschaffenen Spezialgesetze zum Bodenschutz ordneten die Verantwortlichkeit des Verursachers an. Vgl. § 10 Abs. 1 S. 1 Nr. 1 Fall 1 BodSchG BW, § 13 Abs. 1 Fall 1 BerlBodSchG, § 12 Abs. 1 Nr. 1 bis 3 HessAltlastG, § 10 Abs. 1 S. 1 Nr. 1 SächsEGAB, § 20 Abs. 1 S. 1 Nr. 1 bis 3 ThürAbfAG.

189 *Sanden/Schoeneck*, BBodSchG, Einführung, Rn. 47.

le.[190] Diese Theorie führt regelmäßig zu einer Vielzahl von Verursachern. Wenn etwa ein Autofahrer nach einem Ölwechsel das Altöl nicht ordnungsgemäß entsorgt, sondern einfach im Wald ausgießt, hat nicht nur der Umweltsünder die Verseuchung des Waldbodens äquivalent hervorgerufen, sondern z.B. auch derjenige, der das Rohöl gefördert hat, der Importeur, der es nach Deutschland gebracht hat, und der Verkäufer, denn ohne ihr Zutun wäre der Autofahrer nicht in den Besitz des Öls gelangt und hätte es folglich auch nicht im Wald ausgießen können. Eine solche Vielzahl von Verursachern für ein einziges Ereignis ist im Strafrecht unschädlich, da es hier noch durch das Erfordernis von Vorsatz und Schuld zu einer Einschränkung des Täterkreises kommt. Im öffentlichen Recht fehlt dieses Korrektiv, denn ein Verschulden ist gerade nicht Voraussetzung für die Inanspruchnahme als Störer.[191] Daher besteht nahezu Einigkeit, daß die äquivalente Verursachung einer Gefahr zwar notwendige, aber nicht hinreichende Bedingung für die Inanspruchnahme als Handlungsstörer ist.[192]

Nach der Adäquanztheorie, die – wenn auch vielfach durch die Lehre vom Normzweck modifiziert – im Zivilrecht nach wie vor herrschend ist[193] und die auch im öffentlichen Recht einige Vertreter gefunden hat,[194] ist Ursache jede Bedingung, die nach der Lebenserfahrung generell geeignet ist, den Erfolg herbeizuführen.[195] Diese Theorie ist für das öffentliche Recht insofern zu eng, als sie nur typische Kausalverläufe erfaßt. Damit eine effektive Bekämpfung von Gefahren möglich

---

190 Aus der strafrechtlichen Literatur: RGSt 1, 373; 75, 49 (50); BGHSt 1, 332 (333); *Ebert*, Jura 1979, 561 (563); *Schlüchter*, JuS 1976, 312 (312 ff.).
Aus der öffentlich-rechtlichen Literatur vgl. *Denninger*, in: *Lisken/Denninger*, Rn. E 64; *Drews/Wacke/*
Vogel/Martens, § 20, 3. (S. 310), *Friauf*, in: *Schmidt-Aßmann*, BesVwR, Rn. 75; *Schenke*, in: *Steiner*, BesVwR, Rn. 154.

191 OVG NRW, OVGE 5, 185 (187); *Becker*, BBodSchG, § 4, Rn. 18; *Denninger*, in: *Lisken/Denninger*, Rn. E 61; *Friauf*, in: *Schmidt-Aßmann*, BesVwR, Rn. 73, 75; *Wüterich*, in: *Landel/Vogg/Wüterich*, BBodSchG, § 4, Rn. 50.

192 VGH Kassel, NJW 1999, 3650 (3652); *Denninger*, in: *Lisken/Denninger*, Rn. E 63 f.; *Drews/Wacke/Vogel/ Martens*, § 20, 3. (S. 310 f.); *Friauf*, in: *Schmidt-Aßmann*, BesVwR, Rn. 76; *Götz*, POR, Rn. 195; *Gusy*, PolR, Rn. 266; *Schenke*, in: *Steiner*, BesVwR, Rn. 154; *Wüterich*, in: *Landel/Vogg/Wüterich*, BBodSchG, § 4, Rn. 50; a.A. *Muckel*, DÖV 1998, 18 (22 ff.), der die erforderliche Einschränkung erst bei der Prüfung der Verhältnismäßigkeit vornehmen will.

193 RGZ 78, 270 (272); 152, 397 (401); BGHZ 3, 261 (267); 57, 245 (255); 70, 374 (376 ff.); 116, 209 (212); *Fikentscher*, Schuldrecht, Rn. 441 ff.; *Heinrichs*, in: *Palandt*, BGB, vor § 249, Rn. 61.

194 *Jaschkowitz*, DJZ 1926, 893 (894); *Scholz-Forni*, VerwArch 30 (1925), 11 (36 f.).

195 Vgl. die Nachweise in Fn. 193, 194.

ist, muß die Behörde nämlich auch imstande sein, auf atypische Ausnahmelagen schnell und sachgerecht zu reagieren, was häufig nur gelingen kann, wenn nicht auf eigene Mittel der Behörde zurückgegriffen werden muß, sondern derjenige, der die Situation hervorgerufen hat, in Anspruch genommen werden kann.[196] Andererseits ist die Adäquanztheorie aber auch zu weit. Denn nach ihr könnte als Störer in Anspruch genommen werden, wer lediglich von einem ihm zustehenden subjektiv-öffentlichen Recht Gebrauch macht, sich also im Rahmen der Rechtsordnung hält, wenn nur der Eintritt einer Gefahr als Folge seines Handelns voraussehbar ist. Aus Gründen der Widerspruchsfreiheit der Rechtsordnung kann aber nicht hingenommen werden, daß ein Verhalten, das nach öffentlichem Recht einerseits zulässig ist, andererseits zum Anknüpfungspunkt für polizei- und ordnungsrechtliche Maßnahmen wird.[197]

2. Wichtigste öffentlich-rechtliche Verursachungstheorien

a) Theorie der unmittelbaren Verursachung

Nach der vom Preußischen Oberverwaltungsgericht entwickelten[198] Theorie der unmittelbaren Verursachung ist Handlungsstörer, wer mit seinem Verhalten die Gefahrengrenze überschritten hat, also eine unmittelbare Ursache für den Eintritt der Gefahr gesetzt hat.[199] Diese Theorie, die in Rheinland-Pfalz zeitweise auch vom Gesetzgeber ausdrücklich anerkannt war,[200] hat den Vorteil, die ausufernde Weite der Äquivalenztheorie auf die unmittelbaren Verursacher zu begrenzen, auch wenn es im Einzelfall sehr schwierig sein kann, zu bestimmen, ob noch Unmittelbarkeit gegeben ist oder nicht.[201]

---

196 *Denninger*, in: *Lisken/Denninger*, Rn. E 64; *Drews/Wacke/Vogel/Martens*, § 20, 3. (S. 312); *Kay/Böcking*, PolR, Rn. 308; *Muckel*, DÖV 1998, 18 (21).

197 BGHZ, JZ 1984, 987 (990); BGH, DVBl. 2000, 904 (906); *Drews/Wacke/Vogel/Martens*, § 20, 3. (S. 312); *Friauf*, in: *Schmidt-Aßmann*, BesVwR, Rn. 79; *Paintner*, JA 1990, 133 (135); *Schoch*, JuS 1994, 1026 (1027); *v. Mutius*, Jura 1983, 298 (307).

198 Pr.OVGE 31, 409 (411); 78, 261 (266); 89, 238 (240 f.); 103, 139 (141).

199 OVG Hamburg, DÖV 1983, 1016 (1017); OVG NRW, NVwZ 1985, 355 (356); VGH Kassel, BRS 22, Nr. 206, S. 285 (286 f.) und DÖV 1986, 441; VGH Mannheim, Verw.Rspr. 20, 426; *Friauf*, in: *Schmidt-Aßmann*, BesVwR, Rn. 73 ff.; *Kay/Böcking*, PolR, Rn. 308; *Vierhaus*, NZG 2000, 240 (241); *Vogel*, JuS 1961, 91 (92).

200 § 23 RhPfPVG vom 23. März 1954 (GVBl. S. 31).

201 Auf diese Schwierigkeiten weist zu Recht *Denninger*, in: *Lisken/Denninger*, Rn. E 65 m.w.N. hin.

Würde man die Theorie der unmittelbaren Verursachung allerdings ohne Einschränkungen i.S.d. vom Preußischen Oberverwaltungsgericht entwickelten Definition anwenden, käme es zu Konflikten mit dem Grundsatz der Widerspruchsfreiheit der Rechtsordnung. Denn auch ein Verhalten, das sich nur als Wahrnehmung eines subjektiv-öffentlichen Rechts darstellt, kann unmittelbar zu einer Gefahr führen. Daher wurde die Theorie schon früh dahingehend eingeschränkt, daß nicht als Störer in Anspruch genommen werden kann, wer nur von einem ihm ausdrücklich eingeräumten oder auf andere Weise zustehenden Recht Gebrauch macht.[202]

Zudem zeigte sich bereits zu den Zeiten des Preußischen Oberverwaltungsgerichts, daß es in Ausnahmefällen sachgerecht ist, auch mittelbare Verursacher als Handlungsstörer in Anspruch zu nehmen.[203] Der mittelbare Verursacher soll als sogenannter Zweckveranlasser polizeipflichtig sein, wenn seine Handlung eine Situation schafft, in der es nahe liegt, daß es durch das Verhalten anderer Personen zu einer Gefahr kommen wird. Umstritten ist dabei, ob es für die Polizeipflichtigkeit als Zweckveranlasser genügt, daß eine Situation herbeigeführt wird, in deren typische Folge der spätere Gefahreneintritt ist (sog. objektive Theorie),[204] oder ob der mittelbare Verursacher zumindest bedingten Vorsatz hinsichtlich des Eintritts der Gefahr gehabt haben muß (sog. subjektive Theorie).[205]

b) Lehre vom sozialadäquaten Verhalten

Die von *Hurst* begründete Lehre vom sozialadäquaten Verhalten geht von der Erkenntnis aus, daß jedes menschliche Verhalten, das über den Kreis der Privatsphäre hinausgeht, abstrakt geeignet ist, einen Schaden für andere oder die Gesellschaft hervorzurufen. Wenn aber jeder verpflichtet wäre, alle diese Tätigkeiten zu unterlassen, wäre ein Zusammenleben der Menschen in der heutigen Industriegesellschaft, in der besonders in den Ballungszentren viele Menschen auf sehr engem Raum leben, nicht möglich.[206] Um die demnach hinzunehmenden Verhaltensweisen von den Handlungen abzugrenzen, die eine Polizeipflicht auslösen, verwandte

---

202 OVG Münster, OVGE 14, 265 (267 ff.); BGH, JZ 1984, 987 (990); *Friauf*, in: *Schmidt-Aßmann*, BesVwR, Rn. 79.

203 Vgl. hierzu nur Pr.OVGE 40, 216 (Schaufensterpuppen-Fall) und Pr.OVGE 80, 176 (Borkumlied-Fall).

204 OVG Lüneburg, NVwZ 1988, 638 (639) *Götz*, POR, Rn. 196.

205 VGH Mannheim, NVwZ 1987, 237 (238); VGH München, DVBl. 1979, 737 (738); VG Minden, NVwZ 1988, 663 (665); *Friauf*, in: *Schmidt-Aßmann*, BesVwR, Rn. 80.

206 *Hurst*, AöR 83 (1958), 43 (76 f.).

Hurst das Kriterium der Sozialadäquanz. Danach kann ein Verhalten, das den Anforderungen des menschlichen Gemeinschaftslebens entspricht, sich also innerhalb der sozialen Ordnung hält, auch dann keine öffentlich-rechtliche Haftung auslösen, wenn es zu einer Verletzung der Interessen der Allgemeinheit an Sicherheit und Ordnung führt.[207] Weist ein Verhalten hingegen eine Gefahrentendenz auf, die das Normalmaß der in der betreffenden Umgebung bestehenden Zustände überschreitet und insoweit eine Störung der Gleichgewichtslage herbeiführt, soll der Handelnde polizeipflichtig sein.[208]

c) Theorie der rechtswidrigen Verursachung

Die Lehre vom sozialadäquaten Verhalten wurde von *Schnur*[209] zur Theorie der rechtswidrigen Verursachung weiterentwickelt. Danach ist als Verursacher einer Gefahr polizeipflichtig, wer die durch die Rechtsordnung seinem Rechtskreis gezogenen Grenzen überschreitet und dadurch eine Gefahr verursacht.[210] Handlungsstörer ist demnach jedenfalls, wer eine Ge- oder Verbotsnorm verletzt, die ggf. durch einen speziellen Rechtstitel des privaten oder öffentlichen Rechts konkretisiert ist.[211]

Schwierigkeiten bereiten den Vertretern der Theorie der rechtswidrigen Verursachung aber die – mit zunehmender Gesetzgebungstätigkeit in allen Lebensbereichen immer seltener werdenden – Fälle, in denen es an einer einschlägigen Ge- oder Verbotsnorm fehlt. Hier allein auf die polizei- und ordnungsrechtliche Generalklausel abzustellen und ein Verhalten als rechtswidrig zu bezeichnen, weil es zu einer Gefahr geführt hat, ist nicht zulässig. Dies liefe nämlich darauf hinaus, das Verhalten deshalb mit Hilfe der Theorie der rechtswidrigen Verursachung als ursächlich für die Störung zu qualifizieren, weil es zu der Störung geführt hat.[212] Um diesen Zirkelschluß zu vermeiden, werden in der Literatur zwei unterschiedliche Ansätze vertreten, die allerdings nur auf den ersten Blick unvereinbar erscheinen.

---

207 *Hurst*, AöR 83 (1958), 43 (78 f.)

208 *Hurst*, AöR 83 (1958), 43 (80).

209 DVBl. 1962, 1.

210 *Erichsen*, VVDStRL 35 (1977), 171 (205 f.); *Schnur*, DVBl. 1962, 1 (3); vgl. auch *Pietzcker*, DVBl. 1984, 457 (459 ff.) und *Vollmuth*, VerwArch 68 (1977), 45 (48 ff.), die für die Verantwortlichkeit verlangen, daß Rechtswidrigkeit und unmittelbare Verursachung zusammentreffen.

211 Statt aller *Denninger*, in: *Lisken/Denninger*, Rn. E 70.

212 *Denninger*, in: *Lisken/Denninger*, Rn. E 72; *Gantner*, Verursachung und Zurechnung im Recht der Gefahrenabwehr, S. 144; *Pietzcker*, DVBl. 1984, 457 (459).

Teilweise wird darauf abgestellt, daß das Verhalten des möglichen Störers durch Grundrechte (zumindest durch Art. 2 Abs. 1 GG[213]) geschützt ist. Rechtswidrigkeit i.S.d. Theorie der rechtswidrigen Verursachung soll nur dann gegeben sein, wenn es zu einer Kollision mit Grundrechten Dritter oder anderen mit Verfassungsrang ausgestatteten Rechtsgütern kommt und eine - entsprechend der vom Bundesverfassungsgericht zur Rechtfertigung von Grundrechtseingriffen, die nicht aufgrund eines Gesetzesvorbehalts erfolgen, vorgenommene[214] - Abwägung ergibt, daß das dem möglichen Störer zustehende Grundrecht im konkreten Fall das geringere Gewicht hat.[215]

Die Gegenansicht nimmt eine an Gefahrensphären orientierte Risikozuweisung vor. Entscheidend ist danach, ob das Risiko, das sich in der Entstehung der Gefahr verwirklicht hat, der Sphäre des möglichen Störers zuzurechnen ist oder nicht.[216] Da auch bei der Bildung von Gefahrensphären die Grundrechte zu beachten sind,[217] dürfte sich diese Auffassung im Ergebnis kaum von der ersten Ansicht unterscheiden.

Wer bei der Bestimmung des Handlungsstörers nur auf das Kriterium der Rechtswidrigkeit oder fehlenden Sozialadäquanz des Verhaltens abstellt, kommt in Einzelfällen zu nicht sachgerechten Ergebnissen. So könnte etwa im oben[218] gebildeten Beispielsfall der Importeur, wenn er gegen Rechtsvorschriften (z.B. ein gegen das Förderland verhängtes Embargo) verstoßen hätte, wegen der Verschmutzung des Waldbodens in Anspruch genommen werden, wäre es ohne dieses rechtswidrige Verhalten doch nicht zu der Verseuchung gekommen.

3. Lösungsvorschlag

Da es – wie eben dargelegt – trotz intensiver Bemühungen und über hundertjähriger Diskussion nicht gelungen ist, eine einheitliche öffentlich-rechtliche Verursachungstheorie zu entwickeln, die in allen Einzelfällen sachgerechte Ergebnisse lie-

---

213 Dieser schützt nach ständiger Rechtsprechung des Bundesverfassungsgerichts seit BVerfGE 6, 32 (36 ff.) – Elfes – jedes menschliche Verhalten.

214 Vgl. hierzu BVerfGE 28, 243 (261); 30, 173 (193 ff.); 47, 46 (76); 57, 70 (98 f.); 67, 213 (228); 83, 130 (139); 84, 212 (228).

215 *Denninger*, in: *Lisken/Denninger*, Rn. E 72; *Erichsen*, VVDStRL 35 (1977), 171 (206).

216 *Breuer*, JuS 1986, 359 (362); *Gantner*, Verursachung und Zurechnung im Recht der Gefahrenabwehr, S. 153 ff.; *Kloepfer*, NuR 1987, 7 (9) = Altlasten und Umweltrecht, S. 17 (25); *Pietzcker*, DVBl. 1984, 457 (460).

217 *Gantner*, Verursachung und Zurechnung im Recht der Gefahrenabwehr, S. 153 ff.

fert, können die Versuche, das Problem der Zurechnung einer Gefahr zu einem Verursacher mit Hilfe einer in einem Satz zusammenzufassenden Theorie zu lösen, als gescheitert gelten.[219] Deshalb soll an dieser Stelle keine neue Verursachungstheorie entwickelt, sondern versucht werden, einen Katalog von Kriterien zu bestimmen, mit deren Hilfe im Einzelfall der als Handlungsstörer verantwortliche Verursacher ermittelt werden kann.

Ein solches Vorgehen hat gegenüber den bisherigen Lösungsversuchen mit Hilfe einer speziellen öffentlich-rechtlichen Verursachungstheorie den Nachteil, daß sich das Ergebnis nicht in einer kurzen Definition des Handlungsstörers zusammenfassen läßt, unter die bei der Lösung praktischer Fälle nur noch subsumiert werden muß. Das hier vorgeschlagene Vorgehen hat aber den Vorteil, daß in jedem Einzelfall sachgerechte Ergebnisse erzielt werden, ohne mit Ausnahmen oder Einschränkungen arbeiten zu müssen. Die Vielzahl der – insbesondere zur Theorie der unmittelbaren Verursachung – entwickelten Ausnahmen zeigt, daß die Einfachheit der bisher vertretenen Zurechnungstheorien ohnehin nur eine scheinbare war.

a) Handhabung der Kriterien

Ziel der Zurechnungskriterien ist es, aus der Vielzahl der Bedingungen der Äquivalenztheorie diejenigen zu bestimmen, die sich aus der Masse derart herausheben, daß der Handelnde Störer im Sinne des allgemeinen Polizei- und Ordnungsrechts ist, d.h. für den Anwendungsbereich des Bundes-Bodenschutzgesetzes verpflichtet ist, die durch sein Verhalten entstandene schädliche Bodenveränderung oder Altlast zu sanieren. Ob im Einzelfall eine derart herausgehobene Bedingung vorliegt, ist letztlich eine Wertungsfrage, auch wenn die bisherigen öffentlich-rechtlichen Zurechnungstheorien durch die Möglichkeit der Subsumtion unter eine Definition vorspiegeln, es gebe stets eine objektive, jeden Rechtsanwender überzeugende Lösung.

Dementsprechend können die unten aufgeführten Kriterien nur Anhaltspunkte für die Entscheidung eines praktischen Falles sein. Die Bejahung eines Kriteriums führt nicht notwendig zur Bejahung der Verantwortlichkeit als Handlungsstörer und die Verneinung aller schließt sie nicht aus. Entscheidend ist allein, ob sich die durch das Verhalten des einzelnen gesetzte Bedingung für den Eintritt einer Gefahr

---

218 Siehe S. 50.

219 Ähnlich *Muckel*, DÖV 1998, 18 (21 f.).

aus der Vielzahl der äquivalenten Ursachen heraushebt oder nicht, was aber regelmäßig der Fall sein wird, wenn zumindest eines der Kriterien erfüllt ist, während bei Nichterfüllung aller Kriterien nur in seltenen Ausnahmefällen eine Sanierungspflicht als Handlungsstörer zu bejahen ist.

b) Einzelne Kriterien

aa) Unmittelbarkeit

Von zentraler Bedeutung bei der Bestimmung des Handlungsstörers ist die vielfach als einziges Kriterium benutzte Unmittelbarkeit. Derjenige, dessen Verhalten ohne weitere Zwischenschritte zum Eintritt der Gefahr bzw. im Anwendungsbereich des Bundes-Bodenschutzgesetzes zur Entstehung von schädlichen Bodenveränderungen oder Altlasten geführt hat, hebt sich aus der Vielzahl der Verursacher i.S.d. Äquivalenztheorie dadurch heraus, daß zwischen seinem Verhalten und dem Eintritt der Gefahr der engste Zusammenhang besteht.

Mit diesem Kriterium läßt sich, wie die bisherige, überwiegend von der Theorie der unmittelbaren Verursachung beherrschte, Diskussion gezeigt hat, in den meisten praktischen Fällen ein sachgerechtes Ergebnis erzielen. Aus ihr ergibt sich auch im obigen Beispielsfall[220] die Haftung des Autofahrers für die durch das von ihm im Wald ausgegossene Öl entstandenen Bodenverschmutzungen.

bb) Wahrscheinlichkeit des Gefahreneintritts

Die meisten äquivalenten Bedingungen sind von der späteren Entstehung der Gefahr weit entfernt. Je mehr unsichere Zwischenschritte zwischen der Handlung und dem gefährlichen Zustand liegen, desto unwahrscheinlich ist bei der Vornahme der Handlung, daß diese letztlich kausal für eine Gefahr wird. Insbesondere bei fehlender Unmittelbarkeit kann sich ein Verhalten daher dadurch von den übrigen Bedingungen abheben, daß es den späteren Eintritt der Gefahr als sicher oder zumindest höchst wahrscheinlich erscheinen läßt. Diese Überlegung hat mit dem Rechtsinstitut des Zweckveranlassers[221] schon lange Eingang in die Diskussion über die Verursachung im öffentlichen Recht gefunden.

Im Bodenschutzrecht kann das Kriterium der Wahrscheinlichkeit des Gefahreintritts insbesondere die Haftung des Produzenten eines Stoffes für durch diesen ver-

---

220 Vgl. S. 50.

ursachte schädliche Bodenveränderungen oder Altlasten begründen. Zwischen der Produktion eines Stoffes und dessen Eindringen in den Boden regelmäßig mehrere Zwischenschritte (z.B. Verkauf, Verwendung, Entsorgung), so daß der Produzent die Bodenverschmutzung nicht unmittelbar verursacht hat. Wenn aber bei der Herstellung des Stoffes bereits feststand, daß es technisch unmöglich ist, diesen ohne Verseuchung des Bodens zu entsorgen, war bereits zu diesem Zeitpunkt die Entstehung einer schädlichen Bodenveränderung oder Altlast sicher, unsicher war nur, wann diese entstehen wird. Daher erscheint in derartigen Fällen die Inanspruchnahme des Produzenten als Handlungsstörer allein aufgrund der Produktion des Stoffes angemessen.[222]

cc) Rechtswidrigkeit des Verhaltens

Verantwortlich als Handlungsstörer ist grundsätzlich auch, wer die Gefahr dadurch adäquat verursacht, daß er gegen öffentlich-rechtliche Normen verstößt, die den Eintritt der Gefahr verhindern sollen. Wer solche Schutznormen verletzt, schafft ein unerlaubtes Risiko für dessen Verwirklichung er auch dann haftet, wenn die Gefahr nur mittelbare Folge seines Verhaltens ist. Dies ist der richtige Ansatz der Theorie der rechtswidrigen Verursachung, die aus den oben genannten Gründen allerdings nicht als einziges Zurechnungskriterium taugt. Auch werden die notwendigen Einschränkungen auf öffentlich-rechtliche Normen und solche Vorschriften, die den Schutz vor der eingetretenen Gefahr bezwecken, von den Vertretern dieser Theorie in aller Regel zumindest nicht ausdrücklich gemacht.

Die Beschränkung auf Verstöße gegen Normen des öffentlichen Rechts ist erforderlich, da die Pflichten im öffentlichen und Zivilrecht oft nicht deckungsgleich sind. Während etwa im Zivilrecht der Eigentümer eines Grundstücks nach § 903 S. 1 BGB mit diesem nach Belieben verfahren kann, ist er öffentlich-rechtlich z.B. den engen Bindungen des Bau-, Immissions- und Bodenschutzrechts unterworfen. Andererseits können Handlungen, die nach öffentlichem Recht zulässig sind, zivilrechtlich gegenüber einzelnen Personen rechtswidrig sein, weil durch sie gegen vertragliche Pflichten verstoßen wird.

Daß auf die Frage der Verantwortlichkeit als Handlungsstörer nur der Verstoß gegen solche Gesetze Einfluß hat, deren Zweck die Verhinderung der eingetretenen

---

[221] Zu diesem Rechtsinstitut vgl. bereits die Nachweise in Fn. 204 und 205.

Gefahr ist, ergibt sich aus der Funktion der hier entwickelten Kriterien. Ihre Aufgabe ist es, aus der Vielzahl der äquivalenten Bedingungen diejenigen zu bestimmen, die sich aus der Masse herausheben. Wenn durch die ursächliche Handlung zwar gegen ein Gesetz verstoßen wurde, dieses aber nicht dem Schutz vor der eingetretenen Gefahr dient, fehlt es insoweit an einem unerlaubten Risiko. Der Bedingung kommt folglich im Hinblick auf diese Gefahr keine besondere Bedeutung zu.

Mit Hilfe dieser Einschränkungen des Rechtswidrigkeitskriteriums bereitet die Lösung der Abwandlung des oben gebildeten Beispielsfalls[223] keine Schwierigkeiten. Das Embargo, gegen das der Importeur des Rohöls verstoßen hat, dient der Durchsetzung bestimmter politischer Ziele, nicht aber dem Schutz des Bodens vor Verschmutzungen durch Öl, während die Vorschriften, die eine fachgerechte Entsorgung von Altöl anordnen, genau diesen Zweck verfolgen. Der Importeur hat daher kein unerlaubtes Risiko geschaffen und kann folglich nicht als Handlungsstörer auf Beseitigung der Verschmutzung des Bodens in Anspruch genommen werden, während der Autofahrer sanierungspflichtig ist.

dd) Vorsatz

Eine Bedingung für die Entstehung einer Gefahr kann sich außerdem von den übrigen dadurch abheben, daß der Handelnde die Gefahr vorsätzlich herbeigeführt hat. Die meisten Personen, deren Verhalten notwendige Bedingung für die Gefahr war, haben dies zum Zeitpunkt der Handlung nicht vorausgesehen und konnten es oft auch gar nicht voraussehen, da zur Entstehung der Gefahr noch eine Vielzahl unsicherer anderer Bedingungen hinzutreten mußte. Demgegenüber wissen einige Verursacher, daß ihr Verhalten zum Eintritt der Gefahr führen kann und nehmen dies billigend in Kauf oder handeln gar in der Absicht, die Gefahr herbeizuführen. Wem aber mögliche negative Konsequenzen seines Tuns bewußt sind, den trifft eine besondere Sorgfaltspflicht zur Abwendung dieser Folgen. Die Verletzung dieser Pflicht begründet eine öffentlich-rechtliche Verantwortlichkeit für den Eintritt der Gefahr als Handlungsstörer.[224]

---

222 Im Ergebnis ebenso *Brandt*, Altlastenrecht, IV, Rn. 49; *Kloepfer*, NuR 1987, 7 (16); *Papier*, Rechtliche Probleme der Boden- und Grundwassersanierung, S. 37 f.

223 Siehe S. 54.

224 Diese Überlegung liegt auch der subjektiven Theorie zum Rechtsinstitut des Zweckveranlassers zugrunde. Vgl. hierzu bereits die Nachweise in Fn. 205.

Diese Fallgruppe weist vielfach Überschneidungen mit dem zuletzt erörterten Kriterium der Rechtswidrigkeit des Verhaltens auf. Hierbei handelt es sich um die häufige Konstellation, daß der Handelnde weiß, daß sein Verhalten gegen dem Schutz des Bodens dienende öffentlich-rechtliche Vorschriften verstößt und die mögliche Entstehung von schädlichen Bodenveränderungen oder Altlasten voraussieht, diese aber in Kauf nimmt, um einen möglichst hohen Gewinn zu erzielen. Selbständige Bedeutung hat das Kriterium des vorsätzlichen Handelns aber immer dann, wenn es bei der Vornahme der Handlung noch an einschlägigen Rechtsvorschriften fehlte, weil etwa die Gefahren des Verhaltens für den Boden noch nicht allgemein bekannt waren, der Handelnde um diese Folgen aber – etwa aufgrund von Untersuchungen im eigenen Unternehmen – wußte.

ee) Geschehensherrschaft

Gefahren, die durch den Betrieb eines Industrieunternehmens entstanden sind, wurden in aller Regel nicht direkt durch die mit der Leitung des Unternehmens befaßten Personen verursacht. Vielmehr haben in dem Betrieb Beschäftigte durch unsachgemäßen Umgang mit umweltgefährdenden Stoffen die letzte Ursache für den Eintritt der Gefahr gesetzt, so daß bei konsequenter Anwendung des Kriteriums der Unmittelbarkeit der Verursachung auch nur sie als Handlungsstörer in Anspruch genommen werden können. Allerdings haben die Angestellten meist über ihr Verhalten nicht im wesentlichen eigenständig entschieden, sondern waren vom Willen der Betriebsleitung abhängig, in deren Organisation sie eingebunden waren und deren Anweisungen sie befolgt haben. Die Geschäftsführung des Unternehmens hat durch allgemeine Arbeitsanweisungen oder konkrete Aufträge im Einzelfall maßgeblichen Einfluß auf das Geschehen genommen. Schon bei der Erteilung der Weisung stand die weitere Entwicklung und damit die spätere Entstehung der Gefahr fest. Dieser Einfluß des Hintermanns, der die Geschehensherrschaft inne hat, verschafft ihm eine herausgehobene Stellung bei der Entstehung der Gefahr, die trotz fehlender Unmittelbarkeit seine Inanspruchnahme als Handlungsstörer gebietet. Hierbei handelt es sich nicht um einen Fall der Zusatzhaftung, da Anknüpfungspunkt der ordnungsrechtlichen Verantwortlichkeit nicht das Handeln er die Gefahr unmittelbar herbeiführenden Personen, sondern das eigene Verhalten des Auftraggebers ist.[225]

---

225 So ausdrücklich auch *Brandt/Diekmann/Wagner*, Altlasten und Abfallproduzentenhaftung, S. 38 f.

Aus dem oben Gesagten ergibt sich aber nicht die uneingeschränkte Haftung des Unternehmers für Handlungen seiner Angestellten. Vielmehr ist in jedem Einzelfall zu prüfen, ob dem Hintermann insoweit eine herausgehobene Stellung zukam, als er tatsächlich die Geschehensherrschaft innehatte. Hieran fehlt es, wenn das Verhalten der Angestellten nicht auf einer (allgemeinen, sich etwa aus der Arbeitsorganisation ergebenden, oder im Einzelfall erteilten) Weisung des Arbeitgebers, sondern im wesentlichen auf ihrem eigenen Entschluß beruhte.

Diese Regeln beanspruchen selbstverständlich nicht nur für die Weisungsgebundenheit aufgrund eines bestehenden Arbeitsverhältnisses, sondern für jede Art von Geschehensherrschaft Geltung. Zwar wird die Zurechnung des Verhaltens von Arbeitnehmern bei der Lösung praktischer Fälle das Schwergewicht dieser Fallgruppe bilden, dieselben Überlegungen können aber etwa auch zur Haftung des Hintermanns für Handlungen eines von ihm beauftragten und genau instruierten Unternehmers oder zu einem bestimmten Verhalten ermunterten Minderjährigen führen.

Hier sind vor allem die Fälle zu nennen, in denen ein Abfallproduzent einen Unternehmer mit der Entsorgung der Abfälle beauftragt und diese Entsorgung zur Entstehung einer Bodenverseuchung geführt hat. An der Möglichkeit, den Entsorgungsunternehmer als Störer in Anspruch zu nehmen, bestehen keine Zweifel. Er hat – ebenso wie die Arbeitnehmer im ersten Beispielsfall – die Stoffe in den Boden eingebracht und damit eine Handlung vorgenommen, die unmittelbar zur Entstehung der Altlast geführt hat. Für die Frage, ob daneben auch der Abfallproduzent, der das Entsorgungsunternehmen mit der Beseitigung des Abfalls beauftragt hat, in Anspruch genommen werden kann, ist zu differenzieren:

Ist der beauftragte Entsorgungsunternehmer zwar rechtlich selbständig, faktisch aber an die Weisungen des Auftraggebers gebunden und erteilt dieser ihm detaillierte Anweisungen, wie bei der Entsorgung zu verfahren ist, führt schon die Übergabe der Abfälle und die Erteilung der Weisung zur Haftung des Auftraggebers als Handlungsstörer für die Entstehung der Bodenverschmutzung. Von diesem Zeitpunkt an steht der weitere Ablauf nämlich fest, er wird insbesondere nicht mehr durch eigenständige, wesentliche Entscheidungen des Entsorgungsunternehmers beeinflußt.[226] Ist der mit der Entsorgung beauftragte Unternehmer hingegen nicht nur rechtlich, sondern auch faktisch selbständig und für die Durchführung des

---

226 *Brandt*, Altlastenrecht, IV, Rn. 49; *Brandt/Diekmann/Wagner*, Altlasten und Abfallproduzentenhaftung, S. 38 f.

Auftrags qualifiziert, hängt die Durchführung der Entsorgung wesentlich von der eigenständigen, an fachlichen Gesichtspunkten orientierten Entscheidung des Entsorgungsunternehmers ab. Die Möglichkeit der Einflußnahme des Abfallproduzenten endet mit der Erteilung des Auftrags. Der Produzent, der einen unabhängigen, kompetenten Unternehmer mit der Entsorgung der Abfälle beauftragt hat, kann daher in der Regel nicht als Verursacher der Altlast in Anspruch genommen werden.[227]

II. Zusatzhaftung

Neben der Haftung für eigenes Verhalten kommt nach dem allgemeinen Polizei- und Ordnungsrecht aller Bundesländer unter engen Voraussetzungen auch eine öffentlich-rechtliche Verantwortlichkeit für die Handlungen anderer Personen in Betracht. Diese sogenannte Zusatzhaftung trifft bei Personen, die noch keine 14 (in Baden-Württemberg 16) Jahre alt sind oder für die ein Betreuer bestellt wurde, den Aufsichtspflichtigen sowie bei Personen, die zu einer Verrichtung bestellt sind, den Geschäftsherrn.[228] Da Bodenverseuchungen meist die Folge industrieller Tätigkeit sind, scheint gerade im Bodenschutzrecht Bedarf für die Haftung des Unternehmers als Geschäftsherrn für die umweltschädlichen Handlungen seiner Angestellten zu bestehen. Eine den Normen des Landesrechts entsprechende Vorschrift, die eine solche Verantwortlichkeit begründet, fehlt aber im Bundes-Bodenschutzgesetz. Da der Rückgriff auf die landesrechtlichen Vorschriften ausgeschlossen ist[229] und der Vorbehalt des Gesetzes Eingriffe in Grundrechte des Bürgers ohne entsprechende gesetzliche Grundlage verbietet,[230] ist eine Inanspruchnahme des Geschäftsherrn wegen eines Verhaltens seiner Angestellten, das zum Entstehen einer Bodenverseuchung geführt hat, nach dem Bundes-

227 *Brandt*, Altlastenrecht, IV, Rn. 49.

228 Vgl. § 6 Abs. 2, 3 PolG BW, Art. 7 Abs. 2, 3 BayPAG, § 13 Abs. 2, 3 BerlASOG, § 16 Abs. 2, 3 BbgOBG, § 5 Abs. 2, 3 BbgPolG; § 5 Abs. 2, 3 BremPolG, § 8 Abs. 2, 3 HambSOG, § 6 Abs. 2, 3 HessSOG, § 69 Abs. 2, 3 SOG MV, § 6 Abs. 2, 3 NdsGefAG, § 4 Abs. 2, 3 PolG NRW, § 17 Abs. 2, 3 OBG NRW, § 4 Abs. 2, 3 RhPfPOG, § 4 Abs. 2, 3 SaarPolG, § 4 Abs. 2, 3 SächsPolG, § 7 Abs. 2, 3 SachsAnhSOG, § 218 Abs. 2, 3 SchHVwG, § 10 Abs. 2, 3 ThürOBG, § 7 Abs. 2, 3 ThürPAG.
Auch einige der Landesgesetze zum Bodenschutz enthielten entsprechende Vorschriften, vgl. § 10 Abs. 1 S. 1 Nr. 1 Fall 2 BodSchG BW, § 13 Abs. 1 Fall 2 BerlBodSchG.

229 Siehe dazu bereits 3. Teil:A (S. 47).

230 BVerfGE 8, 155 (166 f.); 40, 237 (248 f.); *Erichsen*, in: *Erichsen*, Allgemeines Verwaltungsrecht, § 9, Rn. 9 ff.; *Sachs*, in: *Sachs*, GG, Art. 20, Rn. 113 ff.; *Stern*, Staatsrecht I, § 20 IV 4 b (S. 802 f.).

Bodenschutzgesetz grundsätzlich nicht möglich.[231] Die praktischen Auswirkungen dieser Beschränkung der öffentlich-rechtlichen Haftung des Geschäftsherrn durch das Bundes-Bodenschutzgesetz im Vergleich zum allgemeinen Polizei- und Ordnungsrecht dürften aber wesentlich geringer sein, als es auf den ersten Blick erscheint, da der Unternehmer in der Mehrzahl der von der Zusatzhaftung erfaßten Fälle auch aus anderem Grund haftet:

Wenn das durch das Verhalten des Angestellten verschmutzte Grundstück im Eigentum des Unternehmers steht oder er die tatsächliche Gewalt über es ausübt, ist er bereits als Zustandsstörer nach § 4 Abs. 3 S. 1 Fall 3 bzw. 4 BBodSchG zur Sanierung verpflichtet. Ist es zu einer Verseuchung eines fremden Grundstücks gekommen, ist hingegen zu differenzieren. Hat der Arbeitnehmer sich bei der Tätigkeit, die die Bodenverseuchung hervorgerufen hat, an eine detaillierte Weisung des Unternehmers gehalten, ist dieser wegen der Erteilung der Weisung als Handlungsstörer nach § 4 Abs. 3 S. 1 Fall 1 BBodSchG ordnungspflichtig.[232] Die Durchsetzung dieser Sanierungspflicht kann sich im Einzelfall aber schwierig gestalten, da die Erteilung einer Weisung ein bloßes Internum ist, das sich nicht so leicht nachweisen läßt wie das Bestehen eines Angestelltenverhältnisses, das Anknüpfungspunkt für eine Zusatzhaftung des Unternehmers wäre.

Soweit der Angestellte aber ohne oder entgegen einer erteilten Weisung gehandelt hat, scheidet eine öffentlich-rechtliche Haftung nach dem Bundes-Bodenschutzgesetz aus. Sanierungspflichtig sind in diesen Fällen nur der Angestellte als Handlungs- und der Grundstückseigentümer als Zustandsstörer. Dieses Ergebnis wird jedoch dadurch abgemildert, daß dem Grundstückseigentümer zivilrechtliche Ansprüche gegen den Arbeitgeber des Angestellen, der die Verschmutzung verursacht hat, auf Ersatz der ihm hierdurch entstehenden Kosten zustehen können. Wenn der Arbeitnehmer die Handlung, die zur Bodenverschmutzung geführt hat, im Rahmen einer Sonderrechtsbeziehung zwischen seinem Arbeitgeber und dem Grundstückseigentümer vorgenommen hat, haftet der Unternehmer nach § 278 BGB ohne die Möglichkeit der Entlastung. Fehlt es aber an einer solchen Sonderbeziehung, bestimmen sich die Ansprüche des Grundstückseigentümers ge-

---

231 A.A. *Becker*, BBodSchG, § 4, Rn. 18 unter Berufung auf „allgemeine Grundsätze," die aber keine fehlende Ermächtigungsgrundlage ersetzen können; ähnlich *Schlabach/Heck*, VBlBW 2001, 46 (51 f.).

232 Vgl. dazu bereits oben, 3. Teil:B.I.3.b)ee) (S. 59).

gen den Unternehmer nach § 831 BGB, der somit die Möglichkeit hat, sich nach § 831 Abs. 1 S. 2 BGB zu entlasten.

Zusammenfassend läßt sich also feststellen, daß ein Arbeitgeber in den meisten Fällen für eine von einem Angestellten verursachte Bodenverseuchung auch ohne Anordnung einer Zusatzhaftung im Bundes-Bodenschutzgesetz öffentlich-rechtlich und/oder zivilrechtlich haftet. Eine Ausnahme bilden nur die Fälle, in denen ein an sich zuverlässiger Arbeitnehmer ohne oder entgegen einer ihm erteilen Weisung das Grundstück eines Dritten verschmutzt, zu dem keine Sonderverbindung seines Arbeitgebers besteht.

III. Grenzen der Handlungsverantwortlichkeit

1. Legalisierungswirkung von Genehmigungen

Unter dem auf *Papier*[233] zurückgehenden Begriff der Legalisierungswirkung von Genehmigungen wird die Frage diskutiert, inwieweit öffentlich-rechtliche Genehmigungen für ein Verhalten die Inanspruchnahme als Störer für Folgen dieses Verhaltens ausschließen. Praktisch wird dies vor allem bei gewerberechtlich genehmigten Anlagen, deren Betrieb zu Abfällen geführt hat, die abgelagert wurden und nun eine Bodenverseuchung hervorgerufen haben. Unter Berufung auf Urteile des Preußischen Oberverwaltungsgerichts[234] und des Bundesverwaltungsgerichts[235] sowie den Grundsatz, daß ein Verhalten, das von der Rechtsordnung als zulässig erachtet wird, nicht Anknüpfungspunkt für polizeirechtliche Maßnahmen sein kann,[236] halten *Papier* und der ihm folgende Teil des Schrifttums eine Inanspruchnahme des Betreibers einer genehmigten Anlage nicht nur wegen des Anlagenbetriebs selbst,[237] sondern auch wegen der durch die Reststoffe entstandenen Kontaminationen für ausgeschlossen. Dies soll auch gelten, wenn aufgrund der zur Zeit der Genehmigungserteilung bestehenden wissenschaftlichen Erkenntnisse noch nicht abzusehen war, daß es zu schädlichen Bodenveränderungen und Altlasten kommen würde.[238]

---

233 *Papier*, DVBl. 1985, 873 (875 f.); *Papier*, Altlasten und polizeirechtliche Störerhaftung, S. 24 ff.; *Papier*, NVwZ 1986, 256 (257 f.).

234 Pr.OVGE 5, 286 (288 ff.); 10, 260 (264); 82, 343 (347 f.); 82, 351 (355).

235 BVerwGE 55, 118 (120 ff.).

236 Siehe zu diesem Grundsatz schon die Nachweise in Fn. 197 und 202.

237 Hierauf beschränkten sich die genannten Entscheidungen des Pr.OVG und des BVerwG.

238 *Fluck*, VerwArch 79 (1988), 406 (430 f.); *Papier*, DVBl. 1985, 873 (876); *Papier*, NVwZ 1986, 256 (258 f.); *Ziehm*, Störerverantwortlichkeit, S. 34 ff.

Aus Gründen der Einheit der Rechtsordnung kann die Möglichkeit, daß eine behördliche Genehmigung Legalisierungswirkung entfaltet, prinzipiell nicht bestritten werden.[239] Diese kann aber nicht weiter reichen als Gegenstand und Umfang der Genehmigung.

a) Gegenstand der erteilten Genehmigung

Die pauschale Annahme, die Genehmigung einer Anlage umfasse alle von ihr ausgehenden Wirkungen, insbesondere auch die Ablagerung von entstehenden Abfällen, kann nicht überzeugen. Zur Feststellung der genauen Reichweite der Genehmigung ist vielmehr in jedem Einzelfall eine Prüfung von Bescheidungsgegenstand und –umfang nötig.[240] Ausgangspunkt muß dabei der Wortlaut des Verwaltungsakts sein. Aussagen zur Entsorgung der beim Betrieb entstehenden Abfälle werden sich aber meist nur in neueren Genehmigungen (ausdrücklich oder durch Bezugnahme auf die Antragsunterlagen) finden, da man sich erst mit wachsendem Umweltbewußtsein Gedanken über die langfristigen Auswirkungen der Produktionsrückstände auf die Umwelt machte. Die Frage der Reichweite der erteilten Genehmigung wird daher in der überwiegenden Zahl der Fälle anhand der angewandten Normen zu beantworten sein. Aufgrund der hier für die Genehmigungserteilung aufgestellten Voraussetzungen und der auf Grundlage der Genehmigung zulässigen Verhaltensweisen läßt sich feststellen, ob auch die Handlung, die zur Entstehung der Altlast geführt hat, von der Reichweite der Genehmigung gedeckt ist.[241] Verbleiben auch hiernach noch Unklarheiten, ist auf die Rechtsprechung abzustellen, nach der ein Verhalten, das nicht ausdrücklich vom Genehmigungsbescheid erfaßt ist, auch nicht erlaubt ist.[242]

---

239 Kritisch zu diesem Rechtsinstitut aber *Kokott*, DVBl. 1992, 749 (753).

240 BGH, DVBl. 2000, 904 (906); VGH Mannheim, VBlBW 2000, 362 (363 f.); *Breuer*, NVwZ 1987, 751 (756); *Breuer*, JuS 1986, 359 (362 f.); *Brandt*, Altlastenrecht, IV, Rn. 56; *Brandt/Lange*, UPR 1987, 11 (15); *Brandt/Diekmann/Wagner*, Altlasten und Abfallproduzentenhaftung, S. 42 f.; *Hilger*, in: *Holzwarth/Radtke/Hilger/Bachmann*, § 4 BBodSchG, Rn. 75; *Kloepfer*, NuR 1987, 7 (14) = Altlasten- und Umweltrecht, S. 17 (35 ff.); *Rehbinder*, DVBl. 1991, 421 (424); *Schink*, DVBl. 1986, 161 (167); *Schoeneck*, in: *Sanden/Schoeneck*, BBodSchG, § 10, Rn. 11; *Wolf*, VBlBW 1988, 208 (209).

241 *Brandt*, Altlastenrecht, IV, Rn. 58; *Hilger*, in: *Holzwarth/Radtke/Hilger/Bachmann*, § 4 BBodSchG, Rn. 75; *Schrader*, Altlastensanierung nach dem Verursacherprinzip?, S. 163 ff.; *Mosler*, Öffentlich-rechtliche Probleme bei der Sanierung von Altlasten, S. 196 ff.; *Schink*, DVBl. 1986, 161 (167); *SRU*, Sondergutachten Altlasten I, BT-Drs. 11/6191, Tz. 821.

242 BVerwG, NVwZ 1990, 963 (964); OVG Hamburg, GewArch 1992, 350 (350 ff.).

Der Gegenstand der Genehmigung ist demnach vom Einzelfall abhängig. Zu beachten ist, welche Formulierung in der Genehmigungsurkunde gewählt wurde und aufgrund welcher Vorschriften der Verwaltungsakt erlassen wurde. In aller Regel gilt aber bei älteren Genehmigungen, daß sie nur den Betrieb der Anlage selbst und nicht auch die Ablagerung der anfallenden Abfälle umfaßten.[243]

b) Umfang der erteilten Genehmigung

Sofern die Auslegung von Genehmigungsurkunde und angewandten Vorschriften im Einzelfall ausnahmsweise ergibt, daß die Genehmigung der Anlage auch die Ablagerung der entstehenden Abfälle umfaßt, stellt sich die Frage, ob damit die Haftung des Anlagenbetreibers für alle von den Ablagerungen ausgehenden Gefahren ausgeschlossen ist oder ob er weiterhin für solche Gefahren haftet, die zur Zeit der Genehmigungserteilung noch unbekannt waren und erst aufgrund der heutigen wissenschaftlichen Erkenntnisse als solche wahrgenommen werden können. Entgegen der Auffassung von *Papier*[244] führt die fehlende Erkennbarkeit der Gefahr bei Vornahme der Handlung aus den oben genannten Gründen noch nicht dazu, daß eine Inanspruchnahme des Anlagenbetreibers als Verursacher der Bodenverseuchung von vornherein ausscheidet.[245] Entscheidend ist vielmehr der Umfang der erteilten Genehmigung.

In der Literatur gibt es einige Stimmen, die auch atypische, zur Zeit der Genehmigungserteilung noch nicht absehbare Folgen als von der Genehmigung erfaßt ansehen.[246] Dies widerspricht aber dem Wesen des im Gewerbe- und Immissionsschutzrecht üblichen Verbots mit Erlaubnisvorbehalt. Dabei verbietet der Gesetzgeber bestimmte Verhaltensweisen nicht, um sie generell zu verhindern, sondern nur, um eine vorherige Kontrolle durch die Behörden zu ermöglichen. Die Genehmigung gewährt dem Bürger dementsprechend keine Begünstigung, sondern stellt nur seine verfassungsrechtlich gewährleistete Freiheit wieder her. Eine Ablehnung ist folglich nur möglich, wenn die Behörde die hierfür erforderlichen tatsächlichen

---

243 *Brandt*, Altlastenrecht, IV, Rn. 58; *Brandt/Lange*, UPR 1987, 11 (15); *Kloepfer*, NuR 1987, 7 (14) = Altlasten- und Umweltrecht, S. 17 (37); *Schrader*, S. 182 f.; *SRU*, Sondergutachten Altlasten I, BT-Drs. 11/6191, Tz. 822; a.A. *Papier*, NVwZ 1986, 256 (257).

244 *Papier*, NVwZ 1986, 256 (259 f.); *Papier*, Rechtliche Probleme der Boden- und Grundwassersanierung, S. 28 ff.

245 Siehe dazu S. 50.

246 *Fluck*, VerwArch 79 (1988), 430 f.; *Hilger*, in. *Holzwarth/Radtke/Hilger/Bachmann*, § 4 BBodSchG, Rn. 78; *Mosler*, Öffentlich-rechtliche Probleme bei der Sanierung von Altlasten, S. 213 ff.; *Ziehm*, Störerverantwortlichkeit, S. 34 ff.

Voraussetzungen nachweisen kann, sie trägt also die Beweislast.[247] Den Anlagenbetreiber von der Haftung für die nicht voraussehbaren Folgen seines Handelns zu entlasten, würde bei Beibehaltung des Systems des Verbots mit Erlaubnisvorbehalt bedeuten, dem Staat ein Risiko aufzubürden, gegen das er sich nicht absichern kann. Nötig wäre also, der Behörde die Befugnis einzuräumen, schon bei vagen Verdachtslagen die Genehmigung zum Betrieb der Anlage zu versagen.[248] Im gegenwärtigen Gewerberecht stellt die Haftung des Unternehmers für nicht voraussehbare Folgen des Anlagenbetriebs hingegen die Kehrseite für den grundsätzlichen Anspruch auf Erteilung der für die Tätigkeit erforderlichen Genehmigung dar.[249] Auch soweit die Genehmigung einer Anlage die Ablagerung der entstehenden Abfälle umfaßt, bleibt der Betreiber daher als Handlungsstörer i.S.d. § 4 Abs. 3 S. 1 Fall 1 BBodSchG für die nicht voraussehbaren Folgen der Abfallentsorgung verantwortlich.[250] Ausgeschlossen ist nur seine Inanspruchnahme wegen solcher Folgen seines Verhaltens, die schon zur Zeit der Genehmigungserteilung voraussehbar waren und deshalb von der Behörde bei der Erteilung der Genehmigung berücksichtigt werden konnten.

c) Ergebnis zur Legalisierungswirkung von Genehmigungen

Nicht jede gewerberechtliche Genehmigung führt zum Ausschluß der Haftung für die schädlichen Folgen der Ablagerung von beim Betrieb einer Anlage entstehenden Abfällen. Erforderlich ist vielmehr eine zweistufige Prüfung: Zunächst ist durch Auslegung der Genehmigung zu ermitteln, ob das Verhalten, das zur Entstehung der Gefahr geführt hat, von der erteilten Genehmigung umfaßt ist. Außerdem ist zu fragen, ob die gefährliche Folge des Handelns bei Erteilung der Genehmigung bereits bekannt war. Nur wenn beide Fragen bejaht wurden, kann der Handelnde nicht nach § 4 Abs. 3 S. 1 Fall 1 BBodSchG für die Folgen der Ablagerung in Anspruch genommen werden. Das wird aber nur ausnahmsweise der Fall sein, da gerade ältere Genehmigungen insoweit eng auszulegen sind, als sie nur den Betrieb der Anlage, nicht aber die Ablagerung der dabei entstehenden Abfallprodukte umfassen.

---

247 *Maurer*, Allgemeines Verwaltungsrecht, § 9, Rn. 51 ff.

248 *Brandt*, Altlastenrecht, IV, Rn. 61; *Schrader*, Altlastensanierung, S. 190 f.

249 *Brandt*, Altlastenrecht, IV, Rn. 61.

250 So auch die h.M. im Schrifttum. Vgl. nur *Breuer*, JuS 1986, 359 (363); *Brandt*, Altlastenrecht, IV, Rn. 61; *Kloepfer*, NuR 1987, 7 (14) = Altlasten und Umweltrecht, S. 17 (37); *Schrader*, Altlastensanierung, S. 189 ff. m.w.N.

2. Zeitliche Grenzen

Zwischen der Handlung, die zur Entstehung der Altlast geführt hat und der Sanierung liegen regelmäßig viele Jahre, oft sogar Jahrzehnte.[251] Nach so langer Zeit erscheint es den Betroffenen vielfach unbillig, für die Sanierungskosten aufkommen zu müssen. Es stellt sich also die Frage, ob und ggf. unter welchen Voraussetzungen die Handlungsverantwortlichkeit der Verjährung unterliegt, eine behördliche Duldung zum Ausschluß der Verantwortlichkeit führt bzw. die Behörde ihr Recht, den Verursacher in Anspruch zu nehmen, verwirken kann.

a) Verjährung

Die Frage, ob öffentlich-rechtliche Ansprüche gegen den Verursacher einer Altlast auf Sanierung oder Ersatz der hierfür von der Behörde aufgewandten Kosten verjähren, also durch bloßen Zeitablauf, unabhängig von Kenntnis oder einem bestimmten Verhalten der Behörde nicht mehr durchsetzbar sind, hat im Bundes-Bodenschutzgesetz keine Regelung erfahren. Auch sonst ist die Verjährung im öffentlichen Recht – im Gegensatz zu den ausführlichen Regelungen im Zivil- und Strafrecht – nur punktuell geregelt. So wird die Existenz dieses Rechtsinstituts in § 53 VwVfG vorausgesetzt, und für einige Rechtsgebiete finden sich (etwa in §§ 169-171, 228-232 AO, § 45 SGB AT, § 120 VwKostG) spezielle Verjährungsregeln.

Wegen des Fehlens ausdrücklicher Regelungen kann sich eine Verjährung für den Anwendungsbereich des Bundes-Bodenschutzgesetzes nur aus einer Analogie zu einer der genannten Vorschriften ergeben. Da die punktuellen öffentlich-rechtlichen Regelungen auf die speziellen Verhältnisse des jeweilige Sachgebiets zugeschnitten sind, scheidet eine Analogie zu ihnen aus. In Betracht kommt aber eine analoge Anwendung der 30-jährigen Verjährungsfrist aus § 195 BGB.

aa) Planwidrige Regelungslücke

Eine Analogie setzt zunächst voraus, daß eine planwidrige Regelungslücke besteht.[252] § 53 VwVfG geht von einer weitgehenden Anwendbarkeit von Verjährungsvorschriften im öffentlichen Recht aus. Normen, die die Voraussetzungen

---

251 Ein keineswegs extremes Beispiel stellt insoweit VG Köln, NVwZ 1994, 927 dar, wo es um die Verantwortlichkeit für eine Altlast ging, deren Entstehung mehr als siebzig Jahre zurücklag.

252 *Larenz*, Methodenlehre, S. 370, 376, 381.

einer Verjährung und die hierbei geltenden Fristen regeln, fehlen aber. Daher liegt eine Regelungslücke vor.[253] Der Gesetzgeber hat die Frage der Verjährung offenbar bewußt der Diskussion in Rechtsprechung und Lehre überlassen, so daß Raum für eine Analogie ist.

bb) Vergleichbarkeit der Sachverhalte

Eine analoge Anwendung von § 195 BGB im Geltungsbereich des Bundes-Bodenschutzgesetzes setzt außerdem voraus, daß der geregelte und der ungeregelte Sachverhalt vergleichbar sind.[254] Insoweit ist zwischen vermögensrechtlichen und nicht vermögensrechtlichen Ansprüchen zu unterscheiden.

(1) Vermögensrechtliche Ansprüche

Als vermögensrechtliche Ansprüche kommen im Bodenschutzrecht vor allem Ansprüche der Behörde gegen den Sanierungspflichtigen auf Ersatz der durch eine von der Behörde vorgenommene oder veranlaßte Sanierung entstandenen Kosten in Betracht. Diese sind auf eine Geldzahlung gerichtet und daher nach Leistungsinhalt und -zweck mit zivilrechtlichen Ansprüchen vergleichbar. Deshalb besteht Einigkeit, daß der für die Verjährung im Zivilrecht bestimmende Gedanke der Wahrung des Rechtsfriedens auch auf vermögensrechtliche Ansprüche des öffentlichen Rechts anwendbar ist und diese in analoger Anwendung von § 195 BGB in dreißig Jahren verjähren.[255]

(2) Nicht vermögensrechtliche Ansprüche

Ob das auch für nicht vermögensrechtliche Ansprüche, insbesondere für Eingriffsbefugnisse gilt, ist umstritten. Dagegen wird angeführt, daß die nicht vermögensrechtlichen Ansprüche mit hoheitlichen Aufgaben des Staates in besonders enger Weise verknüpft sind und daher ein besonderes öffentliches Interesse daran besteht, von der Eingriffsbefugnis Gebrauch machen zu können.[256] Dieses besondere

253 A.A. *Wüterich*, in: *Landel/Vogg/Wüterich*, BBodSchG, § 4, Rn. 78
254 Vgl. *Larenz*, Methodenlehre, S. 381.
255 BVerwGE 28, 336 (338); OVG Münster, OVGE 21, 247 (249); VGH Mannheim, UPR 1996, 239 (240); *Brandt*, Altlastenrecht, IV, Rn. 66; *Forsthoff*, VwR I, S. 174; *Lange*, Die verwaltungsrechtliche Verjährung, S. 21; *Ossenbühl*, NVwZ 1995, 547 (548); *Ossenbühl*, Haftung des Gesamtrechtsnachfolgers, S. 75; *Schoeneck*, in: *Sanden/Schoeneck*, BBodSchG, § 10, Rn. 15.
256 VGH Mannheim, UPR 1996, 239 (240); *Lange*, Die verwaltungsrechtliche Verjährung, S. 21 f.

Interesse kann aber nur daran bestehen, die Gefahr wirksam bekämpfen zu können. Hieran wäre die Behörde jedoch nicht gehindert, wenn aus Gründen der Verjährung keine Maßnahmen gegen den Verhaltensstörer gerichtet werden könnten, da regelmäßig weitere Verhaltensstörer oder zumindest der gegenwärtige Eigentümer als Zustandsstörer in Anspruch genommen werden können.[257] Auch das Argument, eine Verjährung könnte zur Legalisierung offenbar gesetzwidriger Zustände führen und sei deshalb abzulehnen,[258] kann nicht überzeugen. Nach § 222 Abs. 1 BGB hat der Eintritt der Verjährung nämlich keine Änderung der materiellen Rechtslage zur Folge, sondern gibt dem Verpflichteten nur das Recht, die Leistung zu verweigern, so daß eine Legalisierungswirkung ausgeschlossen ist.[259]

Entscheidend ist vielmehr, daß sich nur der Handlungsstörer auf Verjährung berufen könnte, während dem Zustandsstörer diese Möglichkeit nicht offenstünde. Der Grund dafür liegt darin, daß die Haftung des Handlungsstörers auf einem einzigen Ereignis (der gefahrverursachenden Handlung) beruht, während die des Zustandsstörers an einen bestehenden Zustand (sein Eigentum) anknüpft. Es ist daher nicht möglich, daß beim Zustandsstörer ab dem letzten die Haftung begründenden Ereignis dreißig Jahre vergehen und dadurch Verjährung eintritt. Die Anerkennung der Möglichkeit der Verjährung von Eingriffsbefugnissen würde also zu einer Privilegierung des Handlungs- gegenüber dem Zustandsstörer führen, was nicht nur den Grundsätzen des Polizei- und Ordnungsrechts, sondern auch dem Verursacherprinzip des Umweltrechts,[260] das in den Normen, die die Verantwortlichkeit des Handlungsstörers begründen, seinen Ausdruck gefunden hat, widersprechen würde.[261] Daher ist eine Verjährung nicht vermögensrechtlicher Ansprüche ausgeschlossen.[262]

---

257 *Ossenbühl*, NVwZ 1995, 547 (549); *Ossenbühl*, Haftung des Gesamtrechtsnachfolgers, S. 76 f.

258 *Lange*, Die verwaltungsrechtliche Verjährung, S. 22.

259 *Ossenbühl*, NVwZ 1995, 547 (549); *Ossenbühl*, Haftung des Gesamtrechtsnachfolgers, S. 76.

260 Vgl. hierzu allgemein *Kloepfer*, Umweltrecht, § 4, Rn. 28 ff. m.w.N.

261 VGH Mannheim, UPR 1996, 239 (240).

262 Im Ergebnis ebenso BVerwGE 28, 336 (338); OVG Münster, OVGE 21, 247 (249); VGH Mannheim, UPR 1996, 239 (240); *Becker*, BBodSchG, § 4, Rn. 47; *Brandt*, Altlastenrecht, IV, Rn. 66; *Forsthoff*, VwR I, S. 174; *Lange*, Die verwaltungsrechtliche Verjährung, S. 21 f.; *Schoeneck*, in: *Sanden/Schoeneck*, BBodSchG, § 10, Rn. 15; *Würtenberger/Heckmann/Riggert*, PolR, Rn. 620; a.A. *Ossenbühl*, NVwZ 1995, 547 (548); *Ossenbühl*, Haftung des Gesamtrechtsnachfolgers, S. 75.

cc) Konsequenzen für die Sanierung von Altlasten

Da eine Verjährung von Eingriffsbefugnissen nicht möglich ist, kann bloßer Zeitablauf nicht verhindern, daß der Verursacher einer Bodenverschmutzung zur Sanierung herangezogen werden kann. Nachdem allerdings die Behörde die Sanierung selbst durchgeführt hat oder hiermit einen Dritten beauftragt hat, unterliegen die hierdurch entstandenen Ansprüche auf Kostenersatz gegen den Verursacher der Verjährung analog § 195 BGB. In der Praxis wird es zu einer solchen Verjährung aber kaum kommen, da sich die Behörde nicht nur des Bestehens des Anspruchs bewußt ist, sondern meist auch weiß, gegen wen er sich richtet, so daß seiner Durchsetzung innerhalb der Verjährungsfrist nichts entgegensteht.

b) Duldung

Als Duldung wird ein behördliches Verhalten bezeichnet, bei dem trotz Kenntnis oder zumindest fahrlässiger Unkenntnis der Behörde von den Tatbestandsvoraussetzungen ein mögliches Einschreiten nicht erfolgt.[263] Unter diese Definition fällt eine Vielzahl völlig unterschiedlicher Sachverhalte, was zu einem nahezu unüberschaubaren Schrifttum geführt hat. So wird sowohl das bloße Nichtstun einer Behörde, die aus Fahrlässigkeit nichts von einem gefährlichen Zustand erfahren hat, als auch die ausdrückliche Erklärung, gegen ein als umweltgefährdend erkanntes Verhalten werde vorläufig nicht eingeschritten, unter dem Begriff der Duldung diskutiert.[264]

Sofern das Verwaltungsrecht den Ausschluß behördlicher Befugnisse gegenüber dem Einzelnen zuläßt, knüpft es diesen an enge Bedingungen. Erforderlich sind stets nicht nur die Schriftform (§§ 38 Abs. 1 S. 1, 57 VwVfG), sondern auch ein entsprechender Wille der Behörde. In den als Duldung bezeichneten Fällen fehlt es fast immer an der Schriftform, oft ist auch zweifelhaft, ob sich die Behörde verpflichten wollte, nicht einzuschreiten. Daher besteht Einigkeit, daß eine Duldung grundsätzlich nicht zu einem Ausschluß der Verantwortlichkeit führt.[265] Dennoch kann nicht bestritten werden, daß auch eine Duldung beim Bürger ein schutzwür-

---

263 Statt aller *Schoeneck*, in: *Sanden/Schoeneck*, BBodSchG, § 10, Rn. 13.

264 Vgl. hierzu *Fluck*, NuR 1990, 197 (198 ff.).

265 BVerwG, DVBl. 1986, 687 (688); *Bender/Sparwasser/Engel*, Umweltrecht, 11/27; *Kloepfer*, Umweltrecht, § 12, Rn. 73; *Kloepfer*, NuR 1987, 7 (12) = Altlasten und Umweltrecht, S. 17 (32); *Papier*, Altlasten und polizeirechtliche Störerhaftung, S. 42 ff.; *Papier*, DVBl. 1985, 873 (877); *Schoeneck*, in: *Sanden/Schoeneck*, BBodSchG, § 10, Rn. 13.

diges Vertrauen auslösen kann. Ob dies der Fall ist, ist in jedem Einzelfall im Rahmen der Verhältnismäßigkeitsprüfung festzustellen.[266] Dabei wird eine Inanspruchnahme des Verursachers aber praktisch nie völlig ausgeschlossen sein.[267] Näher liegt vielmehr eine Haftungsminderung[268] oder die Einräumung einer Übergangszeit, in der der Betroffene sich auf das bevorstehende Einschreiten der Behörde einstellen kann.[269] Wenn das Nichteinschreiten der Behörde auf fahrlässiger Unkenntnis der Gefahrenlage beruhte, wird ein schutzwürdiges Vertrauen des Bürgers meist gar nicht begründet worden sein.

Im Einzelfall ist aber möglich, daß eine Auslegung des Verhaltens der Behörde ergibt, daß die Duldung eine konkludente Genehmigung darstellt.[270] Das kommt insbesondere in Betracht, wenn die Behörde ausdrücklich erklärt, sie werde (vorläufig) nicht einschreiten.[271] In diesen seltenen Ausnahmefällen gelten die Regeln über die Legalisierungswirkung von Genehmigungen entsprechend.[272]

c) Verwirkung

Das Rechtsinstitut der Verwirkung wurde im Zivilrecht als besondere Ausprägung des Grundsatzes von Treu und Glauben nach § 242 BGB entwickelt. Seine An-

266 *Fluck*, NuR 1990, 197 (201); *Hermes/Wieland*, Die staatliche Duldung rechtswidrigen Verhaltens, S. 38; *Kloepfer*, Umweltrecht, § 12, Rn. 73; *Kloepfer*, NuR 1987, 7 (12) = Altlasten und Umweltrecht, S. 17 (32); *Papier*, DVBl. 1985, 873 (877); *Papier*, Altlasten und polizeirechtliche Störerhaftung, S. 42 ff.

267 A.A. *Papier*, DVBl. 1985, 873 (877), der im Gegensatz zu seinen eigenen Ausführungen in *Papier*, Altlasten und polizeirechtliche Störerhaftung, S. 42 ff. hier stets einen vollständigen Verantwortungsausschluß annimmt. Dabei beruft er sich fälschlich auf BVerwG, DVBl. 1979, 67 (69), wo das Gericht aber in erster Linie nicht auf die erfolgte Duldung, sondern darauf abstellt, daß die Vereinbarkeit der Handlungen der Klägers mit materiellem Wasserrecht noch nicht abschließend geklärt ist.

268 *Kloepfer*, NuR 1987, 7 (12) = Altlasten und Umeltrecht, S. 17 (32).

269 *Fluck*, NuR 1990, 197 (201); *Hermes/Wieland*, Die staatliche Duldung rechtswidrigen Verhaltens, S. 44.

270 *Kloepfer*, NuR 1987, 7 (12) = Altlasten und Umweltrecht, S. 17 (32); *Schoeneck*, in: *Sanden/Schoeneck*, BBodSchG, § 10, Rn. 13.

271 Vgl. hierzu das von *Wüterich*, UPR 1988, 248 (249) gebildete Beispiel, daß die Behörde erklärt, sie werde für den Zeitraum der Durchführung von Baumaßnahmen an einer Kläranlage die Einleitung ungeklärter Abwässer hinnehmen.

272 Siehe dazu schon oben, 3. Teil:B.III.1 (S. 63).

wendbarkeit auch im öffentlichen Recht ist allgemein anerkannt,[273] wobei die für das Zivilrecht entwickelten Prinzipien sinngemäß gelten.[274]

aa) Objektive Voraussetzungen

Die Verwirkung schützt die durch besondere Umstände geweckte Erwartung des Betroffenen, die Behörde werde von dem ihr zustehenden Recht keinen Gebrauch machen.[275] Voraussetzungen sind – eine durch das Verstreichen längerer Zeit seit der Möglichkeit der Inanspruchnahme und das Hinzutreten besonderer Umstände geschaffene – Vertrauensgrundlage, tatsächliches Vertrauen des Betroffenen darauf, daß er nicht mehr in Anspruch genommen wird (sog. Vertrauenstatbestand) und deshalb getroffene Maßnahmen aufgrund derer die verspätete Durchsetzung des Rechts einen unzumutbaren Nachteil für den Bürger bedeuten würde.[276]

bb) Subjektive Voraussetzungen

Ob zusätzlich auch noch subjektive Voraussetzungen bei der Behörde erfüllt sein müssen und ggf. welche, ist umstritten. Insbesondere die Rechtsprechung des Bundesverwaltungsgerichts ist hier bislang nicht zu einem abschließenden Ergebnis gelangt,[277] was daran liegen dürfte, daß diese Frage nur sehr selten entscheidungsrelevant ist. Die Behörde schafft in der Praxis fast nie eine Vertrauensgrundlage, ohne positive Kenntnis vom Bestehen des Rechts zu haben.

Teilweise wird vertreten, die oben genannten Voraussetzungen reichten für den Eintritt der Verwirkung aus, besondere Anforderungen in der Person des Rechtsinhabers seien nicht erforderlich.[278] Dies hätte zwar einen sehr weitreichenden Schutz für den Verpflichteten zur Folge, würde aber den Interessen der Behörde nicht gerecht. Solange sie nicht weiß und nicht wissen kann, daß ihr ein bestimmtes Recht zusteht, ist sie auch nicht in der Lage ihr Verhalten hierauf auszurichten

---

273 Vgl. nur BVerwGE 44, 339 (343 f.); 52, 16 (25); VGH Mannheim, UPR 1996, 239 (239); *Brandt*, Altlastenrecht, IV, Rn. 65; *Erichsen*, in: *Erichsen*, Allgemeines Verwaltungsrecht, § 11, Rn. 55; *Stich*, DVBl. 1959, 234 m.w.N.

274 *Wolff/Bachof/Stober*, VwR I, § 37, Rn. 17.

275 *Brandt*, Altlastenrecht, IV, Rn. 65.

276 BVerwGE 44, 339 (343 f.); 52, 16 (25); VGH Mannheim, UPR 1996, 239 (239); *Stich*, DVBl. 1959, 234 (236 f.).

277 So verlangte BVerwGE 6, 204 (206) Kenntnis oder fahrlässige Unkenntnis vom Bestehen des Recht, BVerwGE 44, 339 (343 f.) ließ die Frage ausdrücklich offen und BVerwGE 52, 16 (25) nennt unter den Voraussetzungen für den Eintritt der Verwirkung keine subjektiven Merkmale ohne allerdings ausdrücklich darauf zu verzichten.

und so beim Verpflichteten den falschen Eindruck zu vermeiden, sie werde von ihrer Befugnis keinen Gebrauch mehr machen.[279] Deshalb wird der Eintritt der Verwirkung vielfach davon abhängig gemacht, daß die Behörde ihr Recht einzuschreiten positiv kennt oder aus Fahrlässigkeit nicht kennt.[280] Aber auch dies genügt zum Schutz des Berechtigten noch nicht. Um Mißverständnisse über den Willen zur Geltendmachung des Rechts vermeiden zu können, muß der Berechtigte außerdem erkennen können, daß sein Verhalten beim Verpflichteten die Erwartung weckt, das Recht werde auch in Zukunft nicht ausgeübt.[281]

cc) Anwendbarkeit auf nicht verzichtbare Rechte

(1) Notwendigkeit der Einschränkung

Im öffentlich-rechtlichen Schrifttum wird – allerdings ohne Begründung – fast einhellig angenommen, daß eine Verwirkung nur bei verzichtbaren Rechten möglich ist.[282] Dem wird entgegengehalten, daß durch das Rechtsinstitut der Verwirkung die getroffenen Dispositionen desjenigen, der darauf vertraut hat, der Berechtigte werde sein Recht nicht mehr ausüben, geschützt werden. Auf dieses Vertrauen habe die Disponibilität des Rechts keinen Einfluß,[283] zumal auch bei nicht verzichtbaren Rechten eine freiwillige Nichtausübung des Rechts in das Belieben des Berechtigten gestellt sei.[284]

Für die Beschränkung der Verwirkung auf verzichtbare Rechte spricht aber, daß dieses Rechtsinstitut letztlich darauf beruht, in dem Verhalten des Berechtigten einen konkludenten Verzicht auf die zukünftige Ausübung seines Rechts zu sehen. Einer konkludenten Erklärung kommt regelmäßig dieselbe Wirkung zu wie einer

---

278 RGZ 134, 38 (41); BGHZ 25, 47 (53); *Böhmer*, BayVBl. 1956, 129 (131).

279 Vgl. hierzu auch *Stich*, DVBl. 1956, 325 (327).

280 BAG, NJW 1978, 724; *Heinrichs*, in: *Palandt*, BGB, § 242, Rn. 94; *Stich*, DVBl. 1959, 234 (237).

281 Im Ergebnis ebenso OVG Münster, NJW 1981, 598 (598 f.); *Canaris*, Die Vertrauenshaftung im Deutschen Privatrecht, S. 346 f.; *Roth*, in: MünchKomm, § 242, Rn. 325; *Teichmann*, in: *Soergel*, BGB, § 242, Rn. 337.

282 *Erichsen*, in: *Erichsen*, Allgemeines Verwaltungsrecht, § 11, Rn. 55; *Papier*, Altlasten und polizeirechtliche Störerhaftung, S. 45; *Schoeneck*, in: *Sanden/Schoeneck*, BBodSchG, § 10, Rn. 14; *Wolff/Bachof/Stober*, VwR I, § 37, Rn. 17.

283 *Ossenbühl*, Haftung des Gesamtrechtsnachfolgers, S. 79 f., *Ossenbühl*, NVwZ 1995, 547 (550).

284 *Roth*, in: MünchKomm, § 242, Rn. 328.

ausdrücklichen.[285] Wenn bei nicht verzichtbaren Rechten eine ausdrückliche Verzichtserklärung den Verzichtenden nicht bindet, muß dies daher auch für eine konkludente Erklärung gelten. Folglich ist eine Verwirkung nur bei disponiblen Rechten möglich.

(2) Verzichtbarkeit der Eingriffsbefugnisse des Bundes-Bodenschutzgesetzes

Die Anwendbarkeit des Rechtsinstituts der Verwirkung auf die Eingriffsbefugnisse des Bundes-Bodenschutzgesetzes ist mithin davon abhängig, ob die sich aus diesem Gesetz ergebenden Eingriffsbefugnisse der Behörde verzichtbar sind oder nicht. Für die Eingriffsbefugnisse des allgemeinen Polizei- und Ordnungsrechts wird eine Verzichtbarkeit von der herrschenden Meinung – ebenfalls ohne Begründung – verneint.[286]

Dem ist – jedenfalls für den Anwendungsbereich des Bundes-Bodenschutzgesetzes – nicht zu folgen. Mit § 13 Abs. 4 BBodSchG hat der Gesetzgeber ausdrücklich die Möglichkeit vorgesehen, Sanierungsverträge abzuschließen. In solchen Sanierungsvereinbarungen ist es aber üblich und unstreitig zulässig, daß die Behörde – um Beweisschwierigkeiten zu vermeiden oder einen schnelleren Abschluß des Verwaltungsverfahrens zu erreichen – auf die Inanspruchnahme bestimmter Störer ganz oder teilweise verzichtet.[287] Die Eingriffsbefugnisse der Behörde sind daher nach der eindeutigen Entscheidung des Gesetzgebers disponibel.

dd) Ergebnis zur Verwirkung

Eine Verwirkung des Rechts, einen Verursacher auf Sanierung einer Bodenverunreinigung in Anspruch zu nehmen, ist grundsätzlich möglich, allerdings an sehr enge Voraussetzungen geknüpft. So ist neben einer schutzwürdigen Disposition des Verpflichteten insbesondere erforderlich, daß die Behörde erkennen konnte, dieser werde ihr Verhalten so verstehen, daß sie auch in Zukunft nicht mehr gegen ihn einschreiten wolle. Hieran wird es insbesondere dann fehlen, wenn der Behör-

---

285 Medicus, Allgemeiner Teil des BGB, Rn. 335.

286 OVG NRW, UPR 1984, 279 (280); *Kloepfer*, Umweltrecht (1. Aufl.), § 12, Rn. 144; *Papier*, Altlasten und polizeirechtliche Störerhaftung, S. 45; *Schoeneck*, in: *Sanden/Schoeneck*, BBodSchG, § 10, Rn. 14; *Stelkens*, in: *Stelkens/Bonk/Sachs*, VwVfG, § 53, Rn. 22; a.A. VG Köln, NVwZ 1994, 927 (930); *Ossenbühl*, NVwZ 1995, 547 (547 f.); *Ossenbühl*, Haftung des Gesamtrechtsnachfolgers, S. 73 f.

287 VG Köln, NVwZ 1994, 927 (930); *Beckmann/Große-Hündfeld*, BB 1990, 1570 (1573); *Radtke*, in: *Holzwarth/Radtke/Hilger/Bachmann*, § 13 BBodSchG, Rn. 15.

de die Existenz der Bodenverseuchung nicht bekannt war. So liegen aber die meisten Fällen, in denen der Verpflichtete sich unter Hinweis auf die lange Zeit seit Entstehung der Altlast gegen seine Inanspruchnahme wehrt, so daß dem Rechtsinstitut der Verwirkung in der Praxis des Bodenschutzrechts nur sehr geringe Bedeutung zukommt.

C. Zustandsstörer

I. Anknüpfungspunkt der Zustandsverantwortlichkeit

1. Eigentümer

Mit § 4 Abs. 3 S. 1 Fall 3 BBodSchG wird die Verantwortlichkeit des Eigentümers eines Grundstücks für die auf diesem vorhandenen schädlichen Bodenveränderungen und Altlasten begründet. Entsprechende Regelungen finden sich im allgemeinen Polizei- und Ordnungsrecht aller Länder.[288] Wie dort ist der Begriff des Eigentums auch im Bundes-Bodenschutzgesetz rein zivilrechtlich zu verstehen.[289] Die Verantwortlichkeit als Zustandsstörer beginnt also mit dem Erwerb des Eigentums am Grundstück nach §§ 873, 925 BGB durch Einigung mit dem Berechtigten und Eintragung des Eigentumswechsel ins Grundbuch und endet grundsätzlich mit dem Verlust des Eigentums.[290]

Die unabhängig von eigener Verursachung eintretende Sanierungspflicht des Eigentümers ist Ausdruck der nach Art. 14 Abs. 2 GG bestehenden Sozialbindung des Eigentums. Denjenigen, der aufgrund seiner rechtlichen Stellung das Grundstück nutzen und wirtschaftliche Vorteile aus ihm ziehen kann, trifft gegenüber der

288 Vgl. § 7 Fall 1 PolG BW, Art. 8 Abs. 2 S. 1 BayPAG, § 14 Abs. 3 S. 1 BerlASOG, § 17 Abs. 1 S. 1 BbgOBG, § 6 Abs. 2 S. 1 BbgPolG; § 6 Abs. 2 S. 1 BremPolG, § 9 Abs. 1 S. 1 HambSOG, § 7 Abs. 2 S. 1 HessSOG, § 70 Abs. 1 SOG MV, § 7 Abs. 2 S. 1 NdsGefAG, § 5 Abs. 2 S. 1 PolG NRW, § 18 Abs. 1 S. 1 OBG NRW, § 5 Abs. 2 S. 1 RhPfPOG, § 5 Abs. 2 S. 1 SaarPolG, § 5 Fall 1 SächsPolG, § 8 Abs. 2 S. 1 SachsAnhSOG, § 219 Abs. 1 SchHVwG, § 11 Abs. 2 S. 1 ThürOBG, § 8 Abs. 2 S. 1 ThürPAG.
In den Ländern, in denen vor Inkrafttreten des Bundes-Bodenschutzgesetzes Spezialgesetze zum Bodenschutz existierten, enthielten diese ebenfalls eine entsprechende Vorschrift, vgl. § 10 Abs. 1 S. 1 Nr. 2 Fall 1 BodSchG BW, § 13 Abs. 5 S. 1 Fall 1 BerlBodSchG, § 12 Abs. 1 Nr. 5 HessAltlastG, § 10 Abs. 1 S. 1 Nr. 2 Fall 1 SächsEGAB, § 20 Abs. 1 S. 1 Nr. 5 ThürAbfAG.

289 *Oerder*, in: *Oerder/Numberger/Schönfeld*, BBodSchG, § 4, Rn. 19; *Schoeneck*, in: *Sanden/Schoeneck*, BBodSchG, § 4, Rn. 16.

Allgemeinheit die Verpflichtung, die Entstehung von Gefahren durch das Grundstück zu vermeiden.[291]

Die Haftung des Eigentümers für Bodenverseuchungen hat für die Behörde den Vorteil, daß sie zügig einen Verantwortlichen auf Sanierung des Grundstücks in Anspruch nehmen kann, da der Eigentümer eines Grundstücks meist problemlos aus dem Grundbuch zu ersehen ist. Die Ermittlung des Verursachers erfordert hingegen – insbesondere wenn die Entstehung einer Altlast schon lange zurückliegt und auf einem Grundstück nacheinander mehrere Unternehmen betrieben wurden – oft langwierige und kostspielige Ermittlungen und ist manchmal sogar ganz unmöglich.

2. Inhaber der tatsächlichen Gewalt

Auch die Verantwortlichkeit des Inhabers der tatsächlichen Gewalt nach § 4 Abs. 3 S. 1 Fall 4 BBodSchG hat ihr Vorbild in den Vorschriften der Länder über die Verantwortlichkeit im allgemeinen Polizei- und Ordnungsrecht.[292] Inhaber der tatsächlichen Gewalt ist, wer unmittelbar auf das Grundstück einwirken kann, ohne sich hierfür der Hilfe anderer bedienen zu müssen und ohne daß seiner Einwirkung tatsächliche Hindernisse entgegenstehen.[293]

Trotz der im Vergleich zu § 854 BGB nahezu wörtlich gleichen Formulierung ist der Begriff der tatsächlichen Gewalt also nicht mit dem Besitz im Zivilrecht identisch. Er ist einerseits weiter als dieser, indem er auch Personen mit unmittelbarer Zugriffsmöglichkeit auf das Grundstück erfaßt, die zivilrechtlich nicht Besitzer sind (Besitzdiener i.S.d. § 855 BGB) und andererseits enger, da Erbenbesitzer (§ 857 BGB) und mittelbare Besitzer (§ 868 BGB) zwar zivilrechtlich Besitzer,

---

290 Zu den Ausnahmen von dieser Regel vgl. § 4 Abs. 3 S. 4 Fall 2, Abs. 6 BBodSchG sowie unten, 3. Teil:E (S. 123).

291 BVerwG, DVBl. 1986, 360 (361); BVerwG, NVwZ 1991, 475 (475).

292 Vgl. § 7 Fall 2 PolG BW, Art. 8 Abs. 1 BayPAG, § 14 Abs. 1 BerlASOG, § 17 Abs. 2 S. 1 BbgOBG, § 6 Abs. 1 S. 1 BbgPolG; § 6 Abs. 1 BremPolG, § 9 Abs. 1 S. 3 Fall 1 HambSOG, § 7 Abs. 1 S. 1 HessSOG, § 70 Abs. 2 S. 1 SOG MV, § 7 Abs. 1 S. 1 NdsGefAG, § 5 Abs. 1 S. 1 PolG NRW, § 18 Abs. 2 S. 1 OBG NRW, § 5 Abs. 1 S. 1 RhPfPOG, § 5 Abs. 1 S. 1 SaarPolG, § 5 Fall 2 SächsPolG, § 8 Abs. 1 S. 1 SachsAnhSOG, § 219 Abs. 2 S. 1 SchHVwG, § 11 Abs. 1 ThürOBG, § 8 Abs. 1 ThürPAG.
Soweit es in den Ländern Spezialgesetze zum Bodenschutz gab, enthielten diese meist eine entsprechende Vorschrift, vgl. § 10 Abs. 1 S. 1 Nr. 2 Fall 2 BodSchG BW, § 13 Abs. 5 S. 1 Fall 2 BerlBodSchG, § 10 Abs. 1 S. 1 Nr. 2 Fall 2 SächsEGAB, § 20 Abs. 1 S. 1 Nr. 5 ThürAbfAG.

293 OVG NRW, DÖV 1977, 532; *Schoeneck*, in: *Sanden/Schoeneck*, BBodSchG, § 4, Rn. 19.

aber keine Inhaber der tatsächlichen Gewalt sind, weil ihnen eine unmittelbare Zugriffsmöglichkeit auf die Sache fehlt.[294] Eher als mit dem zivilrechtlichen Besitz ist der Begriff der tatsächlichen Gewalt daher mit dem strafrechtlichen Gewahrsam vergleichbar.[295]

3. Ausübung der tatsächlichen Gewalt ohne oder gegen den Willen des Eigentümers

Eigentlicher Anknüpfungspunkt für die Zustandsverantwortlichkeit des Eigentümers ist nicht sein Eigentum als solches, sondern die regelmäßig mit ihm verbundene tatsächliche und rechtliche Sachherrschaft, d.h. die Möglichkeit, auf die gefahrbringende Sache einzuwirken.[296] An einer solchen Einwirkungsmöglichkeit fehlt es aber ausnahmsweise, wenn ein anderer unter Ausschluß des Eigentümers über die Sache verfügt. Deshalb ordnen die meisten Polizeigesetze der Länder an, daß der Inhaber der tatsächlichen Gewalt, wenn er diese ohne oder gegen den Willen des Eigentümers ausübt, alleiniger Zustandsstörer ist.[297] Typischer Anwendungsfall dieser Vorschriften ist der Diebstahl einer Sache.

Da Grundstücke nicht gestohlen werden können, sind solche Konstellationen im Altlastenrecht wenig praktisch. Das dürfte der Grund dafür sein, daß es im Bundes-Bodenschutzgesetz an einer entsprechenden Regelung fehlt. Dennoch können auch Fälle eintreten, in denen der Inhaber der tatsächlichen Gewalt über ein Grundstück diese ohne oder gegen den Willen des Eigentümers ausübt. Zu denken ist etwa an Situationen, in denen Zweifel über die Eigentumslage bestehen, das Grundbuch unrichtig ist, die Zwangsverwaltung des Grundstücks angeordnet wurde usw. Da es

---

294 *Götz*, POR, Rn. 218; *Schoeneck*, in: *Sanden/Schoeneck*, BBodSchG, § 4, Rn. 18 f.; *Schenke*, in: *Steiner*, BesVwR, Rn. 181.

295 *Schoeneck*, in: *Sanden/Schoeneck*, BBodSchG, § 4, Rn. 18.
Zum Begriff des Gewahrsams vgl. BGHSt 16, 271 (272 ff.); *Geilen*, JR 1963, 446 (447 ff.); *Gössel*, ZStW 85 (1973), 591 (617 ff.), jeweils m.w.N.

296 BVerwG, DVBl. 1986, 360 (361) mit Anm. *Schenke* = JZ 1986, 896 mit Anm. *Karpen*; OVG Münster, DVBl. 1970, 392 (393 f.); OVG Münster, NJW 1980, 956; VGH Baden-Württemberg, VBlBW 1984, 380; *Friauf*, in: *Schmidt-Aßmann*, BesVwR, Rn. 86; *Götz*, NVwZ 1984, 211 (215).

297 Vgl. Art. 8 Abs. 2 S. 2 BayPAG, § 14 Abs. 3 S. 2 BerlASOG, § 17 Abs. 2 S. 2 BbgOBG, § 6 Abs. 2 S. 2 BbgPolG; § 6 Abs. 2 S. 2 BremPolG, § 9 Abs. 2 HambSOG, § 7 Abs. 2 S. 2 HessSOG, § 70 Abs. 2 S. 2 SOG MV, § 7 Abs. 2 S. 2 NdsGefAG, § 5 Abs. 2 S. 2 PolG NRW, § 18 Abs. 2 S. 2 OBG NRW, § 5 Abs. 2 S. 2 RhPfPOG, § 5 Abs. 2 S. 2 SaarPolG, § 8 Abs. 2 S. 2 SachsAnhSOG, § 219 Abs. 2 S. 2 Nr. 1 SchHVwG, § 11 Abs. 2 S. 2 Thür OBG, § 8 Abs. 2 S. 2 ThürPAG. In Baden-Württemberg und Sachsen fehlen entsprechende Regelungen.

dem Grundgedanken der Zustandshaftung widerspräche, jemanden als Zustandsstörer heranzuziehen, der aus tatsächlichen oder rechtlichen Gründen keinerlei Verfügungsmacht über die Sache besitzt,[298] kann der Eigentümer in diesen Fällen auch ohne besondere gesetzliche Regelungen, die ihn von der Verantwortlichkeit freistellen, nicht in Anspruch genommen werden.[299] Ihn trifft folglich keine Sanierungspflicht nach § 4 Abs. 3 S. 1 Fall 3 BBodSchG, solange ein anderer die tatsächliche Gewalt ohne oder gegen seinen Willen ausübt.

Die Zustandsverantwortlichkeit des Eigentümers lebt aber nicht sofort wieder auf, wenn die tatsächliche Gewalt nicht mehr ohne oder gegen seinen Willen ausgeübt wird. Nötig ist vielmehr, daß der Eigentümer die tatsächliche und rechtliche Möglichkeit zurückerlangt, über die Sache zu verfügen.[300] Dazu bedarf es keiner erneuten Besitzbegründung durch den Eigentümer. In aller Regel wird es genügen, wenn ihm bekannt wird, daß das seiner Einwirkung entgegenstehende Hindernis weggefallen ist und er wieder ungehinderten Zugriff auf sein Eigentum nehmen kann. Die Gegenansicht ist in sich widersprüchlich, wenn sie es einerseits für mit der Zustandshaftung für nicht vereinbar erklärt, Eigentümer, die nicht auf ihr Eigentum einwirken können, in Anspruch zu nehmen, andererseits die Zustandsverantwortlichkeit unabhängig von einer Einwirkungsmöglichkeit wieder aufleben läßt. Die praktische Bedeutung des Streits ist im Altlastenrecht aber gering, da der Verlust der tatsächlichen Gewalt durch den bisherigen Gewahrsamsinhaber hier meist mit einem äußeren Ereignis (z.B. einem Gerichtsurteil oder der Zustellung des Gerichtsbeschlusses über die Aufhebung der Zwangsverwaltung) einhergeht, durch das der Eigentümer von seiner wiedergewonnenen Verfügungsmacht erfährt.

---

298 Zu den im Bundesbodenschutzgesetz ausdrücklich vorgesehenen Ausnahmen von dieser Regel vgl. § 4 Abs. 3 S. 4 Fall 2, Abs. 6 BBodSchG, sowie unten,3. Teil:E (S. 123).

299 *Götz*, POR, Rn. 218; *Reiff/Wöhrle*, PolG BW, § 7, Rn. 7; *Mußmann*, in: *Belz/Mußmann*, PolG BW, § 7, Rn. 7; *Würtenberger/Heckmann/Riggert*, PolR, Rn. 298.

300 VG Hannover, DAR 1976, 167; a.A. die h.M., vgl. nur OVG Koblenz, DÖV 1989, 173 (174); VG Hannover, DVBl. 1971, 286; *Drews/Wacke/Vogel/Martens*, § 21, 2 b (S. 328); *Mußmann*, in: *Belz/Mußmann*, PolG BW, § 7, Rn. 9.

II. Grenzen der Zustandsverantwortlichkeit

1. Sachliche Grenzen

a) „Opferposition"

Die Kosten für die Beseitigung der Gefahr können den Wert des Grundstücks weit übersteigen. Wenn er diese Kosten allein tragen muß (z.B. weil der Verursacher nicht zu ermitteln oder in Konkurs gefallen ist), ist ein Grundstückseigentümer, der außer dem Grundstück kein weiteres nennenswertes Vermögen besitzt, häufig nicht in der Lage, seine Zahlungsunfähigkeit zu vermeiden. Insbesondere wenn der Eigentümer weder den Eintritt der Gefahr verhindern noch ihr Vorliegen beim Erwerb des Grundstücks erkennen konnte, wird dieses Ergebnis oft als unbillig empfunden. Die Frage, ob der Eigentümer auch in solchen Konstellationen verpflichtet ist, die Sanierungskosten in voller Höhe zu tragen, wurde in größerem Umfang erstmals nach dem Ende des Zweiten Weltkriegs in den sog. Kriegsruinenfällen praktisch. Hier haben die Gerichte noch nahezu einhellig entschieden, daß Grundstückseigentümer verpflichtet sind, die Kosten für die Beseitigung der von einer auf ihrem Grundstück befindlichen Kriegsruine ausgehenden Gefahren in voller Höhe zu tragen, auch wenn ihre finanziellen Mittel dazu nicht ausreichten.[301] In jüngster Zeit hat dieses Problem besonders bei der Sanierung altlastenverseuchter Grundstücke Bedeutung gewonnen. Die Frage, ob und ggf. wie der Eigentümer in diesen Fällen zu schützen ist, ist im Schrifttum kontrovers diskutiert worden.[302]

Im Bundes-Bodenschutzgesetz hat dieses Problem entgegen der ursprünglichen Absicht der Bundesregierung keine Regelung erfahren. Der Regierungsentwurf enthielt in § 25 Abs. 2 eine Befreiung des Grundstückseigentümers und des Inhabers der tatsächlichen Gewalt von der Pflicht, die Sanierungskosten zu tragen, wenn diese den Verkehrswert des Grundstücks übersteigen und er beim Erwerb des Eigentums weder das Vorhandensein der schädlichen Bodenveränderung oder

---

301 BVerwGE 10, 282 (283); BGHZ 16, 12 (15); OVG Münster, OVGE 5, 185; OVG Berlin, DÖV 1954, 214; a.A. VGH Freiburg, NJW 1952, 1311; VGH Freiburg, NJW 1956, 76.

302 *Brandt*, Altlastenrecht, IV, Rn. 68 ff.; *Breuer*, JuS 1986, 359; *Breuer*, NVwZ 1987, 751; *Drews/Wacke/Vogel/Martens*, § 21, 1 b α (S. 321); *Friauf*, in: *Schmidt-Aßmann*, BesVwR, Rn. 90 b ff.; *Friauf*, FS Wacke, S. 293; *Kirchhof*, DÖV 1976, 449; *Kränz*, Zustandsverantwortlichkeit im Recht der Gefahrenabwehr; *Schrader*, Altlastensanierung; *Ossenbühl*, DÖV 1976, 463; *Papier*, NVwZ 1986, 256; *Papier*, NWVBl. 1989, 322; *Papier*, Altlasten und polizeirechtliche Störerhaftung, S. 50 ff.; *Seibert*, DVBl. 1992, 664; *Spannowski*, DVBl. 1994, 560 jeweils m.w.N.

Altlast, noch die sie begründenden Umstände kannte oder kennen mußte.[303] Dem Bundesrat erschien dieser Vorschlag aber als nicht sachgerecht. Die Ländervertreter empfanden es als unbillig, daß die Haftungsfreistellung jedem Eigentümer unabhängig von seiner persönlichen, insbesondere finanziellen Situation zugute kommen bzw. versagt werden sollte. Auch befürchtete man, daß eine derart weitgehende Regelung zur Folge hätte, daß Länder und Gemeinden nicht in der Lage wären, die sie dann treffende Kostenlast zu tragen und deshalb eine Sanierung von Bodenverschmutzungen nicht im erforderlichen Umfang durchgeführt werden könnte.[304] Da eine Einigung auf eine sowohl vom Bundestag als auch vom Bundesrat als sachgerecht empfundene Formulierung nicht möglich war, wurde § 25 Abs. 2 EBBodSchG bei den Beratungen im Vermittlungsausschuß ersatzlos gestrichen.[305] Angesichts der vorhergehenden Diskussion ist aber davon auszugehen, daß der Gesetzgeber damit nicht die unbeschränkte Kostentragungspflicht des Eigentümers festschreiben wollte, sondern vielmehr beabsichtigt war, diese Frage der Diskussion in Rechtsprechung und Schrifttum zu überlassen.[306]

Insbesondere in der Literatur mehren sich die Stimmen, die eine unbegrenzte Inanspruchnahme des Zustandsstörers für verfassungswidrig halten. Die Zustandshaftung sei nur insoweit als Ausdruck der Sozialbindung des Eigentums mit Art. 14 GG vereinbar, wie dem vom Eigentümer zu tragenden Risiko ein wirtschaftlicher Vorteil gegenüberstehe. Gefordert wird daher eine verfassungskonforme Auslegung dahingehend, daß der Eigentümer nicht als Störer anzusehen ist, wenn er sich in einer Opferposition befindet.[307] Eine solche Opferposition soll immer dann vorliegen, wenn das Risiko, das sich in der Bodenverschmutzung verwirklicht hat, in die Risikosphäre der Allgemeinheit fällt oder aus anderen Gründen dem Eigentümer nicht zugerechnet werden kann,[308] und es ihm nicht möglich ist, sich wirksam

---

303 BT-Drs. 13/6701, S. 14.

304 BT-Drs. 13/6701, S. 58 f.

305 BT-Drs. 13/9637, S. 5.

306 *Riedel*, ZIP 1999, 94 (99); *Schoeneck*, in: *Sanden/Schoeneck*, BBodSchG, § 24, Rn. 13.

307 *Breuer*, JuS 1986, 359 (363); *Breuer*, NVwZ 1987, 751 (756); *Friauf*, in: *Schmidt-Aßmann*, BesVwR, Rn. 91 f.; *Friauf*, in: FS Wacke, S. 293 (300 ff.); *Kirchhof*, DÖV 1976, 449 (457); *Ossenbühl*, DÖV 1976, 463 (470); *Papier*, Rechtliche Probleme der Boden- und Grundwassersanierung, S. 39 ff.; *Papier*, DVBl. 1985, 873 (878); *Papier*, NVwZ 1986, 256 (261 f.); *Papier*, NWVBl. 1989, 322 (327); *Papier*, Altlasten und polizeirechtliche Störerhaftung, S. 50 ff.; *Schoeneck*, in: *Sanden/Schoeneck*, BBodSchG, § 24, Rn. 16; *Spannowski*, DVBl. 1994, 560 (562); *Steiner*, in: *Steiner*, BesVwR, Rn. 173 ff.

308 *Friauf*, in: *Schmidt-Aßmann*, BesVwR, Rn. 91 f.; *Friauf*, FS Wacke, S. 293 (301 f.); *Schenke*, DVBl. 1986, 362 (363 f.).

gegen dieses Risiko zu schützen.[309] Eine Opferposition wird aber dann verneint, wenn der Eigentümer das Risiko bewußt eingegangen ist, d.h. das Eigentum an dem Grundstück erworben hat, obwohl ihm entweder das Vorliegen der Bodenverschmutzung bekannt war oder er Umstände kannte, die den Schluß auf ihr Vorhandensein zuließen.[310]

Diese Begrenzung der Haftung des Eigentümers schon auf der Tatbestandsebene hat den Vorteil, dem Betroffenen den bestmöglichen - weil absoluten - Schutz gegen die Inanspruchnahme wegen für ihn nicht voraussehbarer Verschmutzungen des Grundstücks zu gewähren. Sie unterliegt aber auch erheblichen Bedenken. So ist bereits die Prämisse, dem Risiko, daß das Grundstück mit Altlasten verseucht ist, stehe kein entsprechender wirtschaftlicher Vorteil gegenüber, zumindest nicht zwingend. Die fortschreitende Industrialisierung hat nämlich nicht nur das Risiko der Verseuchung von Grundstücken mit Schadstoffen mit sich gebracht, sondern dem Grundstückseigentümer auch die Möglichkeit eröffnet, durch Errichten einer Fabrik aus dem Grundstück einen wesentlich höheren Gewinn zu erwirtschaften, als dies durch landwirtschaftliche Tätigkeit möglich wäre. Außerdem ist es denjenigen, die die Störereigenschaft des Eigentümers entfallen lassen wollen, bisher nicht gelungen, handhabbare Kriterien für die Abgrenzung zwischen den Risiken, die der Eigentümer zu tragen hat und denen, die die Allgemeinheit tragen muß, zu formulieren.[311] So ist nicht verständlich, warum der Eigentümer für Unwetterfolgen soll einstehen müssen, da diese Gefahr aus dem Grundstück hervorgehe, die Gefahr eines Unfalls auf der an dem Grundstück vorbeiführenden Straße aber nicht in den Risikobereich des Eigentümers fällt.[312] Hier wird offenbar in dem verständlichen Wunsch, den Eigentümer vor übermäßigen Belastungen zu bewahren, rein vom Ergebnis her argumentiert.

Nicht von der Hand zu weisen ist auch die Befürchtung, daß die Erklärung des Eigentümers zum Nichtstörer die Bekämpfung der von dem Grundstück ausgehenden Gefahren erschweren oder sogar ganz unmöglich machen würde.[313] Versuche, dieses Problem dadurch zu umgehen, daß der Eigentümer zwar formell Störer bleibt,

---

309 *Spannowski*, DVBl. 1994, 560 (563).

310 *Breuer*, NVwZ 1987, 751 (756); *Papier*, NWVBl. 1989, 322 (327); *Seibert*, DVBl. 1992, 664 (672). Vgl. auch BVerwG, NVwZ 1991, 475 (475), das die Frage, ob und wie die Verantwortlichkeit des Eigentümers einzuschränken ist, ansonsten aber offen läßt.

311 *Drews/Wacke/Vogel/Martens*, § 21, 1 b α (S. 321).

312 So aber *Friauf*, in: *Schmidt-Aßmann*, BesVwR, Rn. 91 f.

313 *Drews/Wacke/Vogel/Martens*, § 21, 1 b α (S. 321).

aber nicht auf Sanierung des Grundstücks, sondern nur auf entschädigungslose Duldung der Sanierung durch einen Dritten in Anspruch genommen werden kann,[314] sind von vornherein zum Scheitern verurteilt. Eine solche Rechtsfigur des „Halbstörers" ist mit dem System des Polizei- und Ordnungsrechts nicht vereinbar. Dieses unterscheidet nämlich zwischen voll verantwortlichen Störern und nur ausnahmsweise in Anspruch zu nehmenden Nichtstörern, denen im Falle ihrer Inanspruchnahme ein Entschädigungsanspruch zusteht. Die engen Voraussetzungen für die Inanspruchnahme von Nichtstörern und der Entschädigungsanspruch dürfen nicht dadurch umgangen werden, daß ein Nichtstörer kurzerhand zum zur entschädigungslosen Duldung verpflichteten Störer erklärt wird.

Im Bundes-Bodenschutzgesetz fehlt es schon an einer den Vorschriften des allgemeinen Polizei- und Ordnungsrechts[315] entsprechenden Norm, die unter bestimmten Bedingungen die Inanspruchnahme von Nichtstörern gestattet. Ein Rückgriff auf die landesrechtlichen Vorschriften ist aber nicht möglich,[316] so daß bereits keine Ermächtigungsgrundlage für die Inanspruchnahme des nicht ordnungspflichtigen Eigentümers bzw. Inhabers der tatsächlichen Gewalt zumindest auf Duldung der Sanierungsmaßnahmen vorliegt. In Betracht kämen allenfalls die zivilrechtlichen Vorschriften über Notstand und Selbsthilfe (§§ 228, 229, 904 BGB), deren Anwendung im öffentlichen Recht aber in aller Regel daran scheitern dürfte, daß die ordnungsrechtlichen Eingriffsbefugnisse nicht umgangen werden dürfen.[317] Selbst wenn man eine Inanspruchnahme des Eigentümers als Nichtstörer für zulässig hielte, droht eine wirksame Sanierung im Einzelfall noch an fehlenden finanziellen Mitteln der öffentlichen Hand für eine Sanierung aller schädlichen Bodenveränderungen und Altlasten, deren Verursacher aus tatsächlichen Gründen nicht in Anspruch genommen werden können und die sich auf einem Grundstück befinden, dessen Eigentümer nicht ordnungspflichtig ist, zu scheitern.[318]

---

314 *Hohmann*, DVBl. 1984, 997 (997 ff.); *Papier*, Rechtliche Probleme der Boden- und Grundwassersanierung, S. 41; *Papier*, Jura 1989, 505 (509).

315 Vgl. § 9 PolG BW, Art. 10 BayPAG, § 16 BerlASOG, § 18 BbgOBG, § 7 BbgPolG; § 7 BremPolG, § 10 HambSOG, § 9 HessSOG, § 71 SOG MV, § 8 NdsGefAG, § 6 PolG NRW, § 19 OBG NRW, § 7 RhPfPOG, § 6 SaarPolG, § 7 SächsPolG, § 10 SachsAnhSOG, § 220 SchHVwG, § 13 ThürOBG, § 10 ThürPAG.

316 Siehe oben 3. Teil:A (S. 47).

317 Vgl. nur *Erichsen*, in: *Erichsen*, Allgemeines Verwaltungsrecht, § 29, Rn. 14, m.w.N. zum insoweit vergleichbaren Problem der Geschäftsführung ohne Auftrag eines Hoheitsträgers für einen Privaten.

318 Vgl. hierzu nur die Stellungnahme des Bundesrats zu § 25 Abs. 2 EBBodSchG, BT-Drs. 13/6701, S. 58 f.

Eine verfassungskonforme Auslegung von § 4 Abs. 3 S. 1 Fall 3 und 4 BBodSchG dahingehend, daß ein Eigentümer oder Inhaber der tatsächlichen Gewalt über ein Grundstück, der sich in einer Opferposition befindet, nicht als Störer anzusehen ist, ist daher nicht geboten. Das bedeutet aber nicht, daß die Interessen eines besonders belasteten Eigentümers unberücksichtigt bleiben. Der richtige Platz für derartige Erwägungen ist aber die Rechtsfolgenseite, wo die unter Umständen existenzbedrohende Situation des Eigentümers bei der Ermessensprüfung im Rahmen der Anwendung des Grundsatzes der Verhältnismäßigkeit zu berücksichtigen ist.[319] Diese Lösung ermöglicht im Einzelfall eine angemessene Abwägung der Interessen von Allgemeinheit und Zustandsstörer.[320] Wenn neben dem sich in einer Opferposition befindenden Zustandsstörer ein solventer Verursacher ermittelt werden konnte, wird ermessensfehlerfrei regelmäßig nur die Entscheidung sein, ausschließlich den Handlungsstörer in Anspruch zu nehmen. Aber gerade wenn diese Möglichkeit nicht besteht, lassen sich durch die Behandlung der Frage im Rahmen der Prüfung der Verhältnismäßigkeit sachgerechtere Ergebnisse erzielen als durch die Erklärung des Eigentümers zum Nichtstörer. So ist unter Berücksichtigung der persönlichen und finanziellen Situation des Eigentümers auch eine Teilung der bei der Sanierung anfallenden Kosten möglich, während die Erklärung des Eigentümers zum Nichtstörer seine Inanspruchnahme vollständig ausschließt, solange er vom Vorhandensein der schädlichen Bodenveränderungen oder Altlasten nichts wissen konnte. Wenn das Nichtwissen des Eigentümers aber auch nur auf leicht fahrlässiger Fehlinterpretation der ihm bekannten Umstände beruht, hätte er sofort die Sanierungskosten in voller Höhe zu tragen.

Außerdem entspricht diese Lösung der im Gesetzgebungsverfahren im Prinzip von Bundestag und Bundesrat angestrebten Rechtslage. Die geplante Regelung zum Schutz des Eigentümers in § 25 Abs. 2 EBBodSchG setzte bei der Kostentragungspflicht und nicht schon bei der Bestimmung des Pflichtigen in § 4 Abs. 3 BBodSchG an, was darauf schließen läßt, daß die prinzipielle Verantwortlichkeit als Zustandsstörer bestehen bleiben sollte.

Ein wesentlicher Vorzug der Begrenzung der Haftung eines sich in einer Opferposition befindenden Eigentümers erst im Rahmen der Verhältnismäßigkeitsprüfung

---

[319] *Brandt*, Altlastenrecht, IV, Rn. 71; *Drews/Wacke/Vogel/Martens*, § 21, 1 b α (S. 321); *Kränz*, Zustandsverantwortlichkeit im Recht der Gefahrenabwehr, S. 220 ff.; *Schrader*, Altlastensanierung, S. 123; *Würtenberger/Heckmann/Riggert*, PolR, Rn. 642.

[320] *Brandt*, Altlastenrecht, IV, Rn. 71; *Drews/Wacke/Vogel/Martens*, § 21, 1 b α (S. 321).

ist, daß seine Inanspruchnahme zumindest auf Duldung der Sanierungsmaßnahmen keine dogmatischen Probleme bereitet, auch wenn ihm aufgrund der Umstände des Einzelfalls keine Pflicht zur Tragung der Sanierungskosten auferlegt werden kann.

Diesen Weg ist auch das Bundesverfassungsgericht mit seiner zu Recht viel beachteten[321] Entscheidung vom 16. Februar 2000[322] gegangen, die für die künftige Behandlung von Altlastenfällen in der Praxis von größter Bedeutung sein wird. Der Beschluß stellt zunächst klar, daß der Eigentümer als Folge der Sozialbindung des Eigentums grundsätzlich verpflichtet ist, die gesamten Sanierungskosten zu tragen.[323] Die Grenze des Zumutbaren hält das Gericht aber in der Regel für überschritten, wenn die anfallenden Sanierungskosten höher sind als der Wert des Grundstücks nach der Sanierung.[324] Diese Beschränkung der vom Eigentümer zu tragenden Kosten auf den Wert des sanierten Grundstücks stellt aber lediglich einen Richtwert dar, von dem im Einzelfall Abweichungen sowohl nach oben als auch nach unten möglich sind.

So kann eine diese Grenze überschreitende Belastung des Eigentümers verhältnismäßig sein, wenn dessen individuelles Interesse am Grundstück den Verkehrswert übersteigt.[325] Gleiches gilt, wenn der Eigentümer beim Erwerb des Grundstücks das Vorhandensein von Altlasten kannte oder zumindest wußte, daß das Grundstück in einer Weise (z.B. als Deponie) genutzt wurde, die das Vorhandensein von Altlasten nahelegt.[326] Auch fahrlässige Unkenntnis von solchen Tatsachen kann eine über den Grundstückswert hinausgehende Inanspruchnahme rechtfertigen, wobei besonders für die Höhe der zumutbaren Belastung der Grad der Fahrlässigkeit von Bedeutung ist.[327]

Eine Auferlegung von Sanierungskosten auf den Eigentümer in einer Höhe, die den Wert des Grundstücks nicht erreicht, kann nach Ansicht des Bundesverfassungsgerichts gleichfalls unzumutbar sein. Dies gilt insbesondere, wenn das Grundstück den wesentlichen Teil des Vermögens des Pflichtigen bildet, die Grundlage der privaten Lebensführung des Verantwortlichen und seiner Familie ist

---

321 Vgl. nur *Becker*, BBodSchG, § 4, Rn. 23; *Bickel*, NJW 2000, 2562; *Knopp*, BB 2000, 1373; *Müggenborg*, NVwZ 2001, 39; *Schwartmann*, DStR 2000, 1364.

322 BVerfGE 102, 1.

323 BVerfGE 102, 1 (20).

324 BVerfGE 102, 1 (20).

325 BVerfGE 102, 1 (20).

326 BVerfGE 102, 1 (21 f.).

und der Eigentümer eines Eigenheims das Grundstück unter Berücksichtigung seiner wirtschaftlichen Lage nicht halten kann.[328] Bei der vorzunehmenden Abwägung berücksichtigt das Bundesverfassungsgericht auch die Ursache der Verseuchung des Grundstücks. Für eine dem Eigentümer nicht zumutbare Belastung soll dabei sprechen, wenn Grund der Verseuchung ein Naturereignis, eine der Allgemeinheit zuzurechnende Ursache oder das Verhalten eines nicht nutzungsberechtigten Dritten war.[329]

Bis hierher ist die Entscheidung des Bundesverfassungsgerichts uneingeschränkt zu begrüßen. Sie stellt sachgerechte und in der Praxis handhabbare Kriterien auf, anhand derer im Einzelfall ein gerechter Ausgleich zwischen privaten und öffentlichen Interessen möglich ist. Insbesondere läßt die Lösung des Bundesverfassungsgerichts eine Teilung der Sanierungskosten zwischen Eigentümer und öffentlicher Hand zu. Die in der Literatur geäußerte Kritik, der Eigentümer sei faktisch gezwungen, durch die Sanierung des Grundstücks den Kaufpreis ein zweites Mal zu zahlen,[330] geht fehl. Sie übersieht, daß der Eigentümer nach erfolgter Sanierung das Grundstück verkaufen und so die aufgewandten Sanierungskosten zurückerhalten kann. Er ist daher – wenn er sich entscheidet, sich von dem Grundstück zu trennen – neben dem Verlust des Kaufpreises lediglich verpflichtet, einen Betrag in Höhe des Grundstückswertes als Kosten der Sanierung vorzufinanzieren. Auch dies kann den Eigentümer zwar vor erhebliche finanzielle Probleme stellen, ist ihm angesichts der Sozialbindung des Eigentums aber zuzumuten.

Nicht überzeugen kann hingegen der weitere Ausspruch des Bundesverfassungsgerichts, auch wenn dem Eigentümer eine über den Verkehrswert des zu sanierenden Grundstücks hinausgehende Kostenbelastung zuzumuten sei, könne nicht auf dessen gesamtes Vermögen zurückgegriffen werden. Vielmehr verlangt das Bundesverfassungsgericht nur den Einsatz von Vermögensbestandteilen, die in einem rechtlichen oder wirtschaftlichen Zusammenhang mit dem verseuchten Grundstück stehen, z.B. demselben land- oder forstwirtschaftlichen Betrieb oder sonstigen Unternehmen zuzuordnen sind.[331] Zwar ist dem Bundesverfassungsgericht zuzubilligen, daß eine unverhältnismäßige Beschränkung der Privatnützigkeit einer

---

327 BVerfGE 102, 1 (22).
328 BVerfGE 102, 1 (21).
329 BVerfGE 102, 1 (21).
330 *Bickel*, NJW 2000, 2562 (2562); *Müggenborg*, NVwZ 2001, 39 (41).
331 BVerfGE 102, 1 (22 f.).

durch Art. 14 Abs. 1 GG geschützten vermögenswerten Position nicht dadurch verhältnismäßig wird, daß der Eigentümer sie aufgrund seines sonstigen Vermögens ausgleichen und ertragen kann,[332] das Problem der Inanspruchnahme anderer Vermögensbestandteile als des Grundstücks stellt sich jedoch nur, wenn nach den eben geschilderten Kriterien eine über den Grundstückswert hinausgehende Belastung des Eigentümers zumutbar ist. In diesen Fällen fehlt es aber nach dem eigenen Ansatz des Bundesverfassungsgerichts an einer unverhältnismäßigen Beschränkung der Privatnützigkeit. Außerdem sind keine Gründe dafür ersichtlich, bei der Haftung für mit schädlichen Bodenveränderungen oder Altlasten belastete Grundstücke einen Grundstückseigentümer, der sein gesamtes Vermögen in einen Betrieb investiert hat, gegenüber einem anderen Grundstückseigentümer schlechter zu stellen, der mehrere Betriebe besitzt oder sein Geld teilweise in Aktien oder Wertpapieren angelegt hat.[333] Eine solche Unterscheidung dürfte vielmehr im Hinblick auf Art. 3 Abs. 1 GG nicht zu rechtfertigen sein.

Für die Praxis wichtige Folge der Entscheidung des Bundesverfassungsgerichts ist, daß eine Behörde, die gegenüber einem Grundstückseigentümer eine Sanierungsverfügung erläßt, sich zugleich Gedanken über die Kostentragungspflicht machen muß. Wenn sie hierbei anhand der oben geschilderten Kriterien zu dem Ergebnis kommt, daß der Pflichtige die Kosten nicht in voller Höhe zu tragen hat, muß sie dies im Bescheid aussprechen. In den Fällen, in denen die Behörde noch nicht absehen kann, ob der Eigentümer die Sanierungskosten allein zu tragen hat (z.B. weil sie deren Höhe noch nicht abschätzen kann oder noch nicht alle für die Entscheidung über die Kosten maßgeblichen Tatsachen bekannt sind), läßt das Bundesverfassungsgericht auch eine Verbindung der Sanierungsverfügung mit dem Vorbehalt einer gesonderten Entscheidung über die Kostentragung zu.[334] Ein solches Vorgehen birgt allerdings die Gefahr, daß der Eigentümer bis zu einer späteren Entscheidung über seine Kostentragungspflicht zahlungsunfähig geworden ist, weil die von ihm mit der Durchführung der Sanierung beauftragten Unternehmen kaum bereit sein werden, bis zum Abschluß eines möglicherweise jahrelangen Verwaltungsverfahrens auf ihren Werklohn zu warten.[335] Eine Trennung von Sanierungsverfügung und Entscheidung über die Kostentragung erscheint daher nur sinnvoll,

---

332 BVerfGE 102, 1 (23).
333 *Müggenborg*, NVwZ 2000, 39 (41).
334 BVerfGE 102, 1 (24).
335 *Bickel*, NJW 2000, 2562 (2562).

wenn zur Vermeidung größerer Schäden eine sofortige Sanierung unumgänglich ist oder der Sanierungspflichtige über ein so großes Vermögen verfügt, daß seine Zahlungsunfähigkeit ausgeschlossen erscheint.

b) Legalisierungswirkung von Genehmigungen

Die oben[336] für die Legalisierungswirkung einer Genehmigung zugunsten des Verursachers einer schädlichen Bodenveränderung oder Altlast dargestellten Grundsätze gelten für den Grundstückseigentümer und den Inhaber der tatsächlichen Gewalt entsprechend. Eine erteilte Genehmigung schließt demnach die Inanspruchnahme als Zustandsstörer nur aus, wenn das Verhalten, das zur Entstehung der Bodenverunreinigung geführt hat, von der Genehmigung umfaßt und seine gefährliche Folge zur Zeit der Genehmigungserteilung bereits bekannt war.

2. Zeitliche Grenzen

a) Verjährung

Eine Verjährung der Eingriffsbefugnisse gegenüber dem Zustandsstörer ist – unabhängig von den oben zur Haftung des Verursachers angestellten Erwägungen – ausgeschlossen. Verjährung setzt nämlich voraus, daß seit dem letzten die Haftung begründenden Ereignis ein längerer Zeitraum vergangen ist, in dem eine Inanspruchnahme zwar möglich gewesen wäre, aber nicht erfolgt ist. Da die Zustandshaftung an das bloße Eigentum bzw. die tatsächliche Sachherrschaft anknüpft, entsteht sie ständig neu, solange diese Sachlage andauert. Nach Beendigung der Eigentümerstellung bzw. der tatsächlichen Sachherrschaft ist hingegen eine Inanspruchnahme aus § 4 Abs. 3 S. 1 Fall 3 BBodSchG ausgeschlossen, so daß für eine Verjährung kein Raum ist.

b) Duldung und Verwirkung

Die engen Voraussetzungen, unter denen es aufgrund behördlicher Duldung oder Verwirkung von Eingriffsbefugnissen ausgeschlossen ist, einen Verursacher auf Sanierung von schädlichen Bodenveränderungen und Altlasten in Anspruch zu nehmen, wurden bereits dargestellt.[337] Diese Grundsätze gelten für den Handlungsstörer entsprechend, so daß insoweit nach oben verwiesen werden kann.

---

336 3. Teil:B.III.1 (S. 63).

337 Zur Duldung siehe 3. Teil:B.III.2.b) (S. 70), zur Verwirkung 3. Teil:B.III.2.c) (S. 71).

III. Altlastenfreistellungsklausel

In der DDR wurde dem Umweltschutz bis zur Wende kaum Bedeutung beigemessen. Geld zum Einbau von Filtern, zur Umstellung der Produktion auf umweltfreundlichere Verfahren oder für andere Schutzmaßnahmen war nicht vorhanden, und eine Schließung der nicht mehr dem neuesten Stand der Umwelttechnik entsprechenden Betriebe hätte die ohnehin angeschlagene Volkswirtschaft nicht verkraftet. Somit produzierten die maroden Anlagen unvermindert weiter. Daß dies nicht nur zu den ohne weiteres wahrnehmbaren Luft- und Wasserverschmutzungen, sondern auch zu erheblichen Bodenverunreinigungen geführt hat, versteht sich von selbst.[338] Um auf dem Weltmarkt konkurrenzfähig zu werden, waren nach der Wende erhebliche Investitionen in diese Unternehmen erforderlich, die nur mit der Hilfe westlicher Geldgeber aufgebracht werden konnten. Bei den Verhandlungen mit westdeutschen Unternehmen erwies sich jedoch die ungeklärte Altlastensituation als erhebliches Hindernis. Die potentiellen Investoren waren nicht bereit, die mit dem Erwerb der Produktionsanlagen verbundene Haftung als Zustandsstörer für die Sanierung der Altlasten zu übernehmen, da sie sehr große finanzielle Belastungen befürchteten. Um dennoch die dringend benötigten Investitionen zu erhalten, beschloß die Volkskammer am 29. Juni 1990 mit Art. 1 § 4 Abs. 3 URG die sogenannte Altlastenfreistellungsklausel, die es ermöglichte, Erwerber von Altanlagen von der Verantwortlichkeit für Altlasten zu befreien.[339] Diese Vorschrift galt mit geringfügigen Änderungen, die klarstellen sollten, daß auch Erwerber von nicht genehmigungsbedürftigen Anlagen die Freistellung von der Verantwortlichkeit beantragen können,[340] auch nach dem Beitritt der DDR zur Bundesrepublik als Landesrecht[341] fort.[342]

---

338 Vgl. zu den umweltpolitischen Versäumnissen in der DDR auch *Tettinger*, DtZ 1991, 40 (41).

339 Art. 1 § 4 Abs. 3 URG (GBl. I, S. 649) lautete:
„Erwerber von Altanlagen sind für die durch den Betrieb der Anlage vor dem 1. Juli 1990 verursachten Schäden nicht verantwortlich, soweit die zuständige Behörde im Einvernehmen mit dem Ministerium für Umwelt, Naturschutz, Energie und Reaktorsicherheit sie von der Verantwortlichkeit freistellt. Eine Freistellung kann erfolgen, wenn dies unter Abwägung der Interessen des Erwerbers, der Allgemeinheit und des Umweltschutzes geboten ist. Der Antrag auf Freistellung muß spätestens bis zum 31. Dezember 1991 gestellt sein. Die Haftung aufgrund privatrechtlicher Ansprüche bleibt unberührt."

340 *Schrader*, IUR 1991, 63 (64).

341 *Brandt*, Altlastenrecht, IV, Rn. 98; *Rehbinder*, DVBl. 1991, 421 (421); *Schrader*, IUR 1991, 63 (63 f.); a.A. das Bundesumweltministerium („partikulares Bundesrecht"), Deutsches Umweltrecht auf der Grundlage des Einigungsvertrages, S. 14.

Schon bald erwies sich aber, daß die Altlastenfreistellungsklausel ihr Ziel, Investoren Planungssicherheit zu verschaffen, nur bedingt erreichen konnte. So wurde nicht jedes gewerblich genutzte Grundstück erfaßt, sondern nur solche, die unter den Anlagenbegriff des § 3 Abs. 5 BImSchG fielen.[343] Umstritten war, ob auch Grundstückseigentümer, die während des Bestehens der DDR zwar faktisch an der Ausübung des Eigentumsrechts gehindert waren, denen das Eigentum aber nie formal entzogen wurde, eine Befreiung von der Haftung für Altlasten beantragen konnten.[344] Unklar war zudem die Anwendbarkeit der Altlastenfreistellungsklausel auf Investoren, die nicht die Anlage selbst, sondern die Mehrheit der Anteile an der Kapitalgesellschaft, in deren Eigentum die Anlage stand, erworben hatten.[345] Ob eine Freistellung von der Verantwortlichkeit für Altlasten möglich war oder nicht, war daher weitgehend von zufallsbedingten Äußerlichkeiten abhängig. Der Anwendungsbereich der Altlastenfreistellungsklausel wurde deshalb 1991 deutlich erweitert.[346] Nunmehr war eine Freistellung hinsichtlich aller gewerblich genutzten

---

342 Vgl. Art. 9 Abs. 2 i.V.m. Anlage II, Kapitel II Nr. 1, lit. b EV (BGBl. 1990 II, S. 885. Art. 1 § 4 Abs. 3 lautete nunmehr:
„Erwerber von Anlagen, die gewerblichen Zwecken dienen oder im Rahmen wirtschaftlicher Unternehmungen Verwendung finden, sind für die durch den Betrieb der Anlage vor dem 1. Juli 1990 verursachten Schäden nicht verantwortlich, soweit die zuständige Behörde im Einvernehmen mit der obersten Landesbehörde sie von der Verantwortlichkeit freistellt. Eine Freistellung kann erfolgen, wenn dies unter Abwägung der Interessen des Erwerbers, der Allgemeinheit und des Umweltschutzes geboten ist. Der Antrag auf Freistellung muß spätestens bis zum 31. Dezember 1991 gestellt sein. Die Haftung aufgrund privatrechtlicher Ansprüche bleibt unberührt."

343 *Rehbinder*, DVBl. 1991, 421 (427); *Schrader*, IUR 1991, 63 (64).

344 Dagegen zu Recht *Schrader*, IUR 1991, 63 (64 f.), der darauf hinweist, daß diese Fälle zwar vom Zweck der Norm erfaßt sind, der Wortlaut aber entgegensteht, da Art. 1 § 4 Abs. 3 URG wie alle Ausnahmevorschriften eng auszulegen ist. Im Ergebnis ebenso *Tettinger*, DtZ 1991, 40 (45); a.A. *Rehbinder*, DVBl. 1991, 421 (426).

345 Gegen die Anwendbarkeit *Schrader*, IUR 1991, 63 (65) mit derselben zutreffenden Begründung, a.A. *Rehbinder*, der eine Freistellung des Investors in Höhe des erworbenen Kapitalanteils für möglich hält.

346 Seither lautet Art. 1 § 4 Abs. 3 URG (BGBl. I, S. 766):
„Eigentümer, Besitzer oder Erwerber von Anlagen und Grundstücken, die gewerblichen Zwecken dienen oder im Rahmen wirtschaftlicher Unternehmungen Verwendung finden, sind für die durch den Betrieb der Anlage oder die Benutzung des Grundstücks vor dem 1. Juli 1990 verursachten Schäden nicht verantwortlich, soweit die zuständige Behörde im Einvernehmen mit der obersten Landesbehörde sie von der Verantwortung freistellt. Eine Freistellung kann erfolgen, wenn dies unter Abwägung der Interessen des Eigentümers, des Besitzers oder des Erwerbers, der durch den Betrieb der Anlage oder die Benutzung des Grundstücks möglicherweise Geschädigten, der Allgemeinheit und des Umweltschutzes geboten ist. Die Freistellung kann mit Auflagen versehen werden. Der Antrag auf Frei-

Grundstücke zulässig und nicht nur Erwerber, sondern auch Eigentümer und Besitzer von Freistellungsobjekten antragsberechtigt.

Damit ist der Anwendungsbereich der Vorschrift aber auch zugunsten solcher Betriebsinhaber eröffnet, die nach der ursprünglichen Konzeption der Altlastenfreistellungsklausel nicht in den Genuß der Befreiung von der Verantwortlichkeit für Bodenverschmutzungen kommen sollten. Vom heutigen Wortlaut werden nämlich auch die ehemals volkseigenen Betriebe erfaßt, die durch ihre veralteten Produktionsverfahren die Bodenverschmutzung selbst verursacht haben. Anhaltspunkte dafür, daß der Gesetzgeber durch die Erweiterung des Kreises möglicher Antragsteller von seiner ursprünglichen Konzeption abrücken wollte, sind indes nicht ersichtlich. Die Altlastenfreistellungsklausel dient also trotz der Ausweitung ihres Anwendungsbereichs weiterhin dem Ziel, Investoren in die ehemaligen Staatsbetriebe, die nicht zur Entstehung von Bodenverunreinigungen beigetragen haben, vom Risiko, für etwaige Sanierungskosten aufkommen zu müssen, zu entlasten. Die demnach erforderliche Einschränkung ist bei der von der Behörde durchzuführenden Abwägung vorzunehmen.[347] Dies ist ohne Schwierigkeiten möglich, da – wie *Brandt* überzeugend ausgeführt hat – die nach Art. 1 § 4 Abs. 3 URG in der Abwägung zu berücksichtigenden Belange ohnehin nicht gleichrangig nebeneinander stehen, sondern die Interessen des Antragstellers nur als Reflex des öffentlichen Interesses an einer Sanierung der Unternehmen in den neuen Bundesländern (und dem damit verbundenen wirtschaftlichen Aufschwung und der Schaffung bzw. Sicherung von Arbeitsplätzen) geschützt werden. Faktisch findet daher eine Abwägung zwischen dem öffentlichen Interesse an der wirtschaftlichen Entwicklung in Ostdeutschland und dem öffentlichen Interesse an einer möglichst wirksamen Bekämpfung von Umweltschäden statt.[348] Sofern ein Unternehmen die Ver-

---

stellung muß spätestens innerhalb eines Jahres nach Inkrafttreten des Gesetzes zur Beseitigung von Hemmnissen bei der Privatisierung von Unternehmen und zur Förderung von Investitionen gestellt sein. Im Falle der Freistellung treten an Stelle privatrechtlicher, nicht auf besonderen Titeln beruhender Ansprüche zur Abwehr benachteiligender Einwirkungen von einem Grundstück auf ein benachbartes Grundstück Ansprüche auf Schadensersatz. Die zuständige Behörde kann vom Eigentümer, Besitzer oder Erwerber jedoch Vorkehrungen zum Schutz vor benachteiligenden Einwirkungen verlangen, soweit diese nach dem Stand der Technik durchführbar und wirtschaftlich vertretbar sind. Im übrigen kann die Freistellung nach Satz 1 auch hinsichtlich der Ansprüche auf Schadensersatz nach Satz 4 sowie nach sonstigen Vorschriften erfolgen; auch in diesem Falle ist das Land Schuldner der Schadensersatzansprüche."

347 *Brandt*, Altlastenrecht, IV, Rn. 99.

348 *Brandt*, Altlastenrecht, IV, Rn. 103.

schmutzung selbst hervorgerufen hat, besteht ein größeres Interesse daran, es auf Sanierung in Anspruch zu nehmen, als bei Personen, die das Eigentum erst nach Entstehung der Altlast erworben haben. Auch werden die ehemaligen volkseigenen Betriebe nur selten über die nötigen finanziellen Mittel verfügen, um ihre Produktion derart modernisieren zu können, daß die bestehenden Arbeitsplätze gesichert oder gar neue geschaffen werden können. Hier wird daher meist das öffentliche Interesse an ihrer Inanspruchnahme auf Beseitigung der Altlasten überwiegen, so daß Anträge dieser Unternehmen auf Freistellung in aller Regel keine Aussicht auf Erfolg haben.

Da aber durchaus Fälle denkbar sind, in denen der Verursacher einer Altlast von der Haftung freigestellt wird (zu denken ist hier insbesondere an die oben angesprochene Fallgruppe, in der ein Investor nicht das gesamte Unternehmen, sondern nur die Mehrheit der Anteile an diesem erwirbt), stellt sich die Frage nach der Reichweite der Freistellung. Bezöge sich diese nur auf die Zustands-, nicht aber auf die Verhaltensverantwortlichkeit,[349] würde der mit ihr verfolgte Zweck, das Haftungsrisiko von Investoren zu senken, gerade nicht erreicht, spielt es für sie doch keine Rolle, ob sie als Zustands- oder Handlungsstörer in Anspruch genommen werden. Wenn die Abwägung der widerstreitenden Interessen ergeben hat, daß eine Haftungsfreistellung geboten ist, kann der Antragsteller daher auch nicht mehr als Verursacher der Bodenverunreinigung in Anspruch genommen werden. Damit eine Sanierung nicht völlig ausgeschlossen ist, trifft ihn aber noch die Pflicht, die Vornahme von Sanierungsmaßnahmen durch die Behörde zu dulden.[350]

In der Praxis hat die Altlastenfreistellungsklausel die an sie gestellten Erwartungen nicht erfüllen können. Zwar wurden viele Anträge auf Freistellung gestellt, die Behörden haben diesen aber nur sehr selten statt gegeben. Grund hierfür war offenbar die Befürchtung, daß angesichts der angespannten Haushaltslage die öffentliche Hand nicht imstande ist, die dann sie treffende Finanzierungslast für die erforderlichen Sanierungen zu tragen.[351]

---

349 So *Schrader*, IUR 1991, 63 (67).

350 *Brandt*, Altlastenrecht, IV, Rn. 105; *Michael/Thull*, BB 1990, Beilage 30 zu Heft 24, S. 1 (6); *Papier*, Rechtliche Probleme der Boden. und Grundwassersanierung, S. 71; *Rehbinder*, DVBl. 1991, 421 (427).

351 *Breuer*, DVBl. 1994, 890 (895) m.w.N.

D. Rechtsnachfolge

Die vielen Jahre, die seit der Entstehung der schädlichen Bodenveränderungen oder Altlasten vergangen sind, sind oft an den Verursachern und Eigentümern nicht spurlos vorübergegangen. Soweit es sich um natürliche Personen handelte, sind diese häufig verstorben und ihr Vermögen ist einschließlich aller Aktiva und Passiva auf einen oder mehrere Erben übergegangen, §§ 1922 Abs. 1, 1967 BGB. Unternehmen wurden vielfach aufgelöst oder sind im Wege der Gesamtrechtsnachfolge ganz oder teilweise in anderen juristischen Personen aufgegangen. Zu nennen sind hier insbesondere die Gesamtrechtsnachfolge bei Verschmelzung (§ 20 Abs. 1 Nr. 1, 2 UmwG) und Spaltung von Unternehmen (§ 131 Abs. 1 Nr. 1, 2 UmwG). Außerdem haben Grundstücke im Rahmen der normalen Geschäftstätigkeit oder durch Zwangsvollstreckung ihre Eigentümer gewechselt.

Zur effektiven Gefahrenabwehr erscheint es daher häufig angezeigt, den ehemaligen Eigentümer[352] oder den Rechtsnachfolger des Verursachers bzw. Eigentümers in Anspruch zu nehmen. Bei der Untersuchung, ob eine Inanspruchnahme des Rechtsnachfolgers zulässig ist, ist danach zu differenzieren, ob es sich um Einzel- oder Gesamtrechtsnachfolge handelt, ob der Rechtsvorgänger als Handlungs- oder Zustandsstörer verantwortlich war und ob zur Zeit des Rechtsübergangs schon ein Verwaltungsakt ergangen war, der die Verantwortlichkeit des Pflichtigen feststellt (sog. konkrete Polizeipflicht) oder nicht (sog. abstrakte Polizeipflicht).

I. Rechtsnachfolge in die Handlungsverantwortlichkeit

1. Gesamtrechtsnachfolge in die abstrakte Handlungsverantwortlichkeit

Die Gesamtrechtsnachfolge in die abstrakte Handlungsverantwortlichkeit ist – wie alle Rechtsnachfolgekonstellationen – in den Polizeigesetzen der Länder durchweg nicht geregelt. Die vor Inkrafttreten des Bundes-Bodenschutzgesetzes in einigen Ländern existierenden Spezialgesetze über die Sanierung von Altlasten mit besonderer Regelung des Kreises der Verantwortlichen ordneten hingegen meist die Sanierungspflicht des Gesamtrechtsnachfolgers des Verursachers an.[353] Der Bundes-

[352] Siehe dazu unten 3. Teil:E (S. 123).

[353] § 13 Abs. 1 Fall 3 BerlBodSchG, § 12 Abs. 1 Nr. 1, 2 HessAltlastG, § 20 Abs. 1 S. 1 Nr. 1, 2 ThürAbfAG, Ausnahmen waren das BodSchG BW und das SächsEGAB.

gesetzgeber ist einem auf die Initiative des Bundesrates[354] zurückgehenden Beschluß des Vermittlungsausschusses[355] gefolgt und hat eine entsprechende Regelung ins Bundes-Bodenschutzgesetz aufgenommen. Nach § 4 Abs. 3 S. 1 Fall 2 BBodSchG ist der Gesamtrechtsnachfolger des Verursachers einer schädlichen Bodenveränderung oder Altlast zur Sanierung verpflichtet. Dies gilt unabhängig vom Vorliegen weiterer Voraussetzungen wie etwa der Kenntnis oder zumindest der Möglichkeit der Kenntnis vom Vorliegen der Bodenverunreinigung zum Zeitpunkt des Rechtsübergangs.

a) Zeitlicher Anwendungsbereich

Fraglich ist, ob § 4 Abs. 3 S. 1 Fall 2 BBodSchG auch eingreift, wenn der Gesamtrechtsnachfolgetatbestand vor dem Inkrafttreten des BBodSchG bereits vollständig abgeschlossen war. Hiergegen wird angeführt, daß die Bundesregierung die Festlegung der Haftung des Gesamtrechtsnachfolgers nicht für einen bloß deklaratorischen Akt, also die Wiederholung der bisherigen Rechtslage, sondern vielmehr für einen konstitutiven Akt gehalten habe.[356] Dies kann aus mehreren Gründen nicht überzeugen. Zwar ging es dem Gesetzgeber darum, eine in Rechtsprechung und Literatur umstrittene Frage zu klären, dies stellt aber nicht notwendigerweise einen konstitutiven Akt dar. Ein solcher liegt vielmehr nur dann vor, wenn die durch die neue Vorschrift geschaffene Rechtslage von der bisherigen abweicht, d.h. vor Inkrafttreten des Bundes-Bodenschutzgesetzes keine Gesamtrechtsnachfolge in die abstrakte Handlungsverantwortlichkeit stattfand. Das ist hingegen nicht der Fall.[357] Aber selbst wenn es sich bei der Schaffung von § 4 Abs. 3 S. 1 Fall 2 BBodSchG um einen konstitutiven Akt gehandelt hätte, ließe dies noch keinen Rückschluß auf den zeitlichen Anwendungsbereich der Norm zu. Deklaratorische Normen können eine bisher schon geltende Rechtslage für die Zukunft klarstellen, wie auch konstitutive Normen die Rechtslage mit Wirkung für die Vergangenheit ändern können. Die Unterscheidung nach deklaratorischen und konstitutiven Akten ist daher für die Frage nach dem zeitlichen Anwendungsbereich von § 4 Abs. 3 S. 1 Fall 2 BBodSchG ohne Bedeutung.

---

354 Vgl. BT-Drs. 13/6701, S. 51 und BT-Drs. 13/8182, S. 3. Die Bundesregierung stand diesem Vorschlag ursprünglich ablehnend gegenüber (BT-Drs. 13/6701, S. 62 f.).

355 BT-Drs. 13/9637, S. 2.

356 *Spieth/Wolfers*, altlasten spektrum 1998, 75 (76) unter Berufung auf BT-Drs. 13/6701, S. 35.

357 Siehe dazu näher unten 3. Teil:D.I.1.b) (S. 94).

Entscheidend ist vielmehr ein systematisches Argument. Im Bundes-Bodenschutzgesetz sind nämlich an anderen Stellen besondere Regelungen erfolgt, wenn nur Tatbestände, die nach dem Inkrafttreten des Gesetzes am 1. März 1999 eingetreten sind, eine Sanierungspflicht begründen sollen.[358] Aus dem Fehlen einer entsprechenden Begrenzung in § 4 Abs. 3 S. 1 Fall 2 BBodSchG ist daher zu schließen, daß der Gesetzgeber bewußt auf eine Einschränkung des zeitlichen Anwendungsbereichs dieser Norm verzichtet hat.[359] Es werden daher auch Fälle der Gesamtrechtsnachfolge erfaßt, die schon vor dem Inkrafttreten des Bundes-Bodenschutzgesetzes vollständig abgeschlossen waren.[360]

b) Verfassungsrechtliche Zulässigkeit dieser Auslegung

Gegen diese Auslegung von § 4 Abs. 3 S. 1 Fall 2 BBodSchG werden vielfach unter dem Aspekt einer möglichen echten Rückwirkung verfassungsrechtliche Bedenken geltend gemacht.[361] Eine unzulässige echte Rückwirkung liegt aber dann nicht vor, wenn auch vor Inkrafttreten des BBodSchG eine Gesamtrechtsnachfolge in die abstrakte Handlungsverantwortlichkeit stattfand.[362]

Sofern die Gesamtrechtsnachfolge nach Inkrafttreten der jeweiligen Spezialgesetze zum Altlastenrecht in Berlin, Hessen oder Thüringen erfolgte, existierte bereits eine einschlägige Norm des Landesrechts, die die Verantwortlichkeit des Gesamtrechtsnachfolgers des Verursachers von Bodenverunreinigungen anordnete, so daß sich das Problem einer echten Rückwirkung nicht stellt. Für alle anderen Fälle der Gesamtrechtsnachfolge, die vor dem Inkrafttreten des Bundes-Bodenschutzgesetzes abgeschlossen waren (insbesondere auch für die vor Schaffung der Spezialgesetze in Berlin, Hessen und Thüringen erfolgten[363]), kommt es für die Frage, ob die Anwendung von § 4 Abs. 3 S. 1 Fall 2 BBodSchG auch auf diese eine unzulässige echte Rückwirkung darstellt, entscheidend auf die Rechtsla-

---

[358] Vgl. § 4 Abs. 5 S. 1, Abs. 6 S. 1 BBodSchG.

[359] *Becker*, DVBl. 1999, 134 (136); *v. Mutius/Nolte*, DÖV 2000, 1 (3 f.).

[360] Im Ergebnis ebenso *Becker*, DVBl. 1999, 134 (136); *Hilger*, in: *Holzwarth/Radtke/Hilger/Bachmann*, § 4 BBodSchG, Rn. 91; *Riedel*, ZIP 1999, 94 (97); a.A. *Oerder*, in: *Oerder/Numberger/Schönfeld*, BBodSchG, § 4, Rn. 17; *Schwartmann*, DStR 1999, 324 (326); *Spieth/Wolfers*, altlasten spektrum 1998, 75 (76).

[361] *Kahl*, Verw 33 (2000), 29 (47 f.); *Oerder*, in: *Oerder/Numberger/Schönfeld*, BBodSchG, § 4, Rn. 17; *Riedel*, ZIP 1999, 94 (97); *Schwartmann*, DStR 1999, 324 (326); *Schwartmann*, ZEV 2001, 101 (101); *Spieth/Wolfers*, altlasten spektrum 1998, 75 (76).

[362] VGH BW, VBlBW 2000, 154 (155); *Hilger*, in: *Holzwarth/Radtke/Hilger/Bachmann*, § 4 BBodSchG, Rn. 91.

ge vor dem 1. März 1999 an. Zu prüfen ist, ob auch ohne ausdrückliche Regelung der Auswirkungen der Gesamtrechtsnachfolge auf die Polizeipflicht in den Polizeigesetzen der Länder eine Inanspruchnahme des Gesamtrechtsnachfolgers in die abstrakte Handlungsverantwortlichkeit möglich war.

Es besteht Einigkeit, daß eine Rechtsnachfolge in Polizeipflichten nur erfolgen kann, wenn drei Voraussetzungen erfüllt sind: Der Rechtsvorgänger muß erstens zu einem bestimmten Verhalten verpflichtet gewesen sein, diese Pflicht muß zweitens übergangsfähig sein und drittens muß ein Übergangstatbestand vorliegen.[364]

aa) Pflicht des Rechtsvorgängers

Eine Vorschrift, die – ähnlich § 4 Abs. 3 S. 1 Fall 1 BBodSchG – dem Verursacher einer Bodenverschmutzung ausdrücklich die Pflicht auferlegt, diese zu beseitigen, oder hierfür gar bestimmte Maßnahmen oder Verfahren festlegt, findet sich im allgemeinen Polizei- und Ordnungsrecht keines Landes. Auch Spezialgesetze enthalten keine entsprechende Norm.

Eine Pflicht des Rechtsvorgängers zur Sanierung kann sich daher nur aus der polizei- und ordnungsrechtlichen Generalklausel ergeben. Diese verpflichtet den Verursacher aber auch nicht ausdrücklich zur Beseitigung der Gefahr für die öffentliche Sicherheit, sondern ordnet – je nach Formulierung in den verschiedenen Landesgesetzen – nur an, daß Maßnahmen gegen ihn zu richten sind bzw. er verantwortlich ist. Ob dies ausreicht, um eine konkrete Handlungspflicht des Verursachers zu begründen, wird unterschiedlich beurteilt. Dagegen wird angeführt, daß die bloße Stellung als Handlungsstörer nicht ausreicht, um vom Rechtsvorgänger ein bestimmtes Verhalten verlangen zu können. Dies sei vielmehr erst möglich, wenn eine Ordnungsverfügung ergangen ist, die dem Verursacher bestimmte Maßnahmen zur Gefahrenabwehr aufgibt. Erst dann bestehe eine konkrete Rechts-

---

363 Vgl. dazu *Erbguth/Stollmann*, UPR 1996, 281 (288).

364 *Erichsen*, in: *Erichsen*, Allgemeines Verwaltungsrecht, § 11, Rn. 48 ff.; *Michael/Thull*, BB 1990, Beilage 30 zu Heft 24, S. 1 (6); *Ossenbühl*, Haftung des Gesamtrechtsnachfolgers, S. 55; *Schoch*, JuS 1994, 1026 (1029 f.); *Stober*, NJW 1977, 123 (123); *Striewe*, ZfW 1986, 273 (286).

pflicht, die gleichsam als Verbindlichkeit nach den Vorschriften über die Rechtsnachfolge übergehen kann.[365]

Dabei wird aber nicht ausreichend zwischen dem Bestehen einer Pflicht und dem Recht der Behörde, diese durchzusetzen, unterschieden. Durch die Formulierung, der Verursacher sei für die Beseitigung der Gefahr verantwortlich bzw. Maßnahmen zur Gefahrenabwehr seien gegen ihn zu richten, wird auch ohne Ordnungsverfügung deutlich, daß den Verursacher schon mit der Entstehung einer Bodenverunreinigung die Verpflichtung trifft, die Gefahr zu beseitigen. Wie er dies tut, ist allerdings ihm überlassen. Er kann zwischen mehreren technischen Verfahren nach seinem Belieben auswählen und auch die Reichweite der Maßnahmen bestimmen, solange nur die Gefahr für die öffentliche Sicherheit beseitigt wird. Er ist also nicht auf das kostengünstigste Verfahren oder die Senkung der Schadstoffkonzentration im Boden gerade unter den Grenzwert festgelegt. Ein Verwaltungsakt hat in diesem Zusammenhang die Funktion, den Bürger auf die bestehende Pflicht aufmerksam zu machen, den ihn am wenigsten belastenden[366] Weg zur Erreichung des Sanierungsziels aufzuzeigen[367] und der Behörde für den Fall, daß der Bürger die Pflicht nicht erfüllt, einen vollstreckungsfähigen Titel zu verschaffen.[368] Wie weit die Behörde hierbei höchstens gehen kann, ist zudem durch die vielfältige und sehr differenzierte Rechtsprechung zu den Generalklauseln des Polizei- und Ordnungsrechts hinreichend voraussehbar.[369]

Der Rechtsvorgänger war daher auch vor Erlaß des Verwaltungsakts schon zur Sanierung verpflichtet.[370] Zwar konnte die Behörde diese ohne unanfechtbaren Verwaltungsakt noch nicht zwangsweise durchsetzen, doch ist das Fehlen eines Vollstreckungstitels für das Bestehen der Pflicht unerheblich.

---

365 *Friauf*, in: Schmidt-Aßmann, BesVwR, Rn. 82 b; *Papier*, NVwZ 1986, 256 (262); *Papier*, DVBl. 1996, 125 (127 f.); *Petersen*, NJW 1992, 1202 (1205). So unter verfehlter Berufung auf BVerfGE 102, 1 nunmehr auch *Knoche*, GewArch 2000, 448 (453 f.).

366 Dies folgt aus dem in der Ermessensentscheidung zu berücksichtigenden Grundsatz der Verhältnismäßigkeit.

367 *Striewe*, ZfW 1986, 273 (287).

368 VGH München, ZfW 1989, 147 (151).

369 *Michael/Thull*, BB 1990, Beilage 30 zu Heft 24, S. 1 (6); *Schrader*, Altlastensanierung, S. 129.

370 VGH München, ZfW 1989, 147 (151); *Becker*, BBodSchG, § 4, Rn. 21; *Bickel*, BBodSchG, § 4, Rn. 21; *Doerfert*, VerwRdsch 1999, 229 (230); *Kloepfer*, NuR 1987, 7 (17); *Michael/Thull*, BB 1990, Beilage 30 zu Heft 24, S. 1 (6); *Schrader*, Altlastensanierung, S. 128 ff.; *Stadie*, DVBl. 1990, 501 (505); *Striewe*, ZfW 1986, 273 (287 f.).

bb) Übergangsfähigkeit

Damit auch nach allgemeinem Polizei- und Ordnungsrecht Gesamtrechtsnachfolge in die abstrakte Handlungsverantwortlichkeit eintreten kann, muß diese Pflicht übergangsfähig sein. Das wurde lange mit dem Argument abgelehnt, bei der ordnungsrechtlichen Verantwortlichkeit handele es sich um die Konsequenz persönlicher Verhaltensweisen. Dieser enge Bezug zur Person des Handelnden schließe einen Übergang der Pflicht auf den Rechtsnachfolger aus.[371]

In den letzten Jahren hat sich aber gezeigt, daß diese Auffassung einer näheren Prüfung nicht standhält. Die Handlungen, die der Verursacher vornehmen muß, sind nämlich in aller Regel vertretbare Handlungen, d.h. sie können nicht nur vom Pflichtigen selbst, sondern auch von Dritten durchgeführt werden.[372] In vielen Fällen ist dies sogar unerläßlich, da der Störer nicht die nötigen Kenntnisse oder technischen Geräte besitzt, um die Gefahr wirksam bekämpfen zu können. Auch wenn der Bürger seiner Verpflichtung zur Sanierung nicht nachkommt, führt die Behörde selbst oder ein von ihr beauftragter Dritter die eigentlich dem Störer obliegenden Maßnahmen im Wege der Ersatzvornahme durch. In der vom Pflichtigen vorzunehmenden Handlung liegen daher keine Umstände vor, die ihre Höchstpersönlichkeit begründen und ihren Übergang auf den Rechtsnachfolger ausschließen könnten.

Auch die Tatsache, daß die Pflicht durch das persönliche Verhalten des Handlungsstörers entstanden ist, spricht für sich genommen nicht gegen die Möglichkeit des Übergangs auf den Rechtsnachfolger. Es ist vielmehr gerade im Zivilrecht typisch, daß Rechte und Pflichten durch persönliche Verhaltensweisen von Personen – meist einen Vertragsschluß oder eine unerlaubte Handlung – entstehen und mit deren Tod oder aus sonstigen Gründen im Wege der Gesamtrechtsnachfolge übergehen. Dennoch gibt es sowohl im Zivilrecht (z.B. das Rentenversprechen nach § 520 BGB und Unterhaltsansprüche nach § 1615 Abs. 1 BGB) als auch im öffentlichen Recht (z.B. Zwangsgelder[373] und bestimmte sozialrechtliche Ansprüche[374])

---

371 OVG Münster, OVGE 24, 91 (91 f.); *Drews/Wacke*, Allgemeines Polizeirecht, 7. Auflage 1961, § 13, 7. (S. 210); *Forsthoff*, VwR I, S. 192; *Hurst*, DVBl. 1963, 804 (805); Martens, JuS 1970, 188 (191); *Wachsmuth*, FS *Küchenhoff*, S.715 (721 ff.).

372 *Denninger*, in: *Lisken/Denninger*, Rn. E 114; *Drews/Wacke/Vogel/Martens*, § 19, 5 (S. 299); *Stadie*, DVBl. 1990, 501 (504).

373 OVG NRW, BRS 35, Nr. 217; VGH BW, BRS 35, Nr. 216; *Schenke*, GewArch 1976, 1 (8); *Stadie*, DVBl. 1990, 501 (504, Fn. 39).

374 Vgl. BVerwGE 25, 23 (26 f.); 30, 123 (124); 35, 48 (49), BVerwG, NJW 1987, 3212 (3212 f.).

Rechte und Pflichten, die nicht auf den Gesamtrechtsnachfolger übergehen. Entscheidend ist hierfür aber nicht, ob die Umstände, die zu der Entstehung des Anspruchs geführt haben, auch in der Person des Rechtsnachfolgers vorliegen.[375] Wesen der Gesamtrechtsnachfolge ist es nämlich, daß beim Rechtsvorgänger entstandene Verbindlichkeiten, ohne daß die Anspruchsvoraussetzungen auch in dessen Person vorliegen, auf den Rechtsnachfolger übergehen. Der Grund dafür, daß der Übergang einiger Rechte und Pflichten auf den Gesamtrechtsnachfolger ausgeschlossen ist, ist vielmehr, daß ein solcher Übergang ausnahmsweise mit dem Zweck der Verbindlichkeit nicht zu vereinbaren wäre.[376] So dienen in den oben genannten Fallgruppen, in denen eine Gesamtrechtsnachfolge ausgeschlossen ist, die Zahlungspflichten entweder dem Zweck, den persönlichen Lebensunterhalt des Berechtigten zu sichern oder der Beugung seines Willens. Beides ist nach dem Tod des Rechtsvorgängers nicht mehr nötig und möglich, so daß die Verbindlichkeiten den mit ihnen verfolgten Zweck nicht mehr erreichen können.

Bei der Pflicht des Handlungsstörers zur Gefahrbeseitigung liegt es aber anders. Das öffentliche Interesse an der wirksamen Bekämpfung der Gefahr für die öffentliche Sicherheit besteht auch nach dem Tod des ursprünglich Verpflichteten unvermindert fort. Soweit es sich bei den dem Verursacher obliegenden Pflichten um vertretbare Handlungen handelt, was bei der Verpflichtung zur Sanierung von Altlasten stets der Fall ist, sind daher keine Gründe ersichtlich, die einem Übergang der Sanierungspflicht auf den Gesamtrechtsnachfolger entgegenstehen.

cc) Übergangstatbestand

Ein eigener Übergangstatbestand für die öffentlich-rechtlichen Pflichten im Falle einer Gesamtrechtsnachfolge existiert nicht. Es besteht aber in Rechtsprechung und Schrifttum weitgehende Einigkeit, daß die Normen des Zivilrechts, die den Übergang des Vermögens auf den Gesamtrechtsnachfolger anordnen, jedenfalls analog auch auf öffentlich-rechtliche Ansprüche anwendbar sind.[377] Hiervon geht auch der

---

375 So aber *Ossenbühl*, Haftung des Gesamtrechtsnachfolgers, S. 60 ff., insbesondere S. 65, 67; *Papier*, DVBl. 1996, 125 (128).

376 So ausdrücklich *Knöpfle*, FS *Maunz*, S. 225 (230 ff.).

377 Für eine direkte Anwendung BVerwGE 3, 208 (210); 15, 234 (238); 30, 123 (124); BGH, NJW 1978, 2091; *Forsthoff*, VwR I, S. 192; *Edenhofer*, in: *Palandt*, BGB, § 1922, Rn. 12; *Knöpfle*, FS *Maunz*, S. 225 (236 f.); *Stadie*, DVBl. 1990, 501 (501 ff.).
Für eine analoge Anwendung BVerwGE 64, 105 (108); BGH, MDR 1971, 553; *Doerfert*, VerwRdsch 1999, 229 (230); *Drews/Wacke/Vogel/Martens*, § 19, 5 a (S. 300); *Erichsen*, in: *Erichsen*, Allgemeines Verwaltungsrecht, § 11, Rn. 51; *Schenke*, GewArch 1976, 1 (7).

Gesetzgeber aus, denn andernfalls wären die Normen des öffentlichen Rechts, die die Haftung des Erben für bestimmte öffentlich-rechtliche Verbindlichkeiten des Erblassers ausschließen (z.B. § 57 Abs. 2 S. 2 SGB I, § 101 OWiG), sinnlos.[378]

Der Übergang der Ordnungspflicht auf den Gesamtrechtsnachfolger ergibt sich daher bei der Gesamtrechtsnachfolge durch Erbschaft aus §§ 1922 Abs. 1, 1967 BGB, bei der Verschmelzung von Unternehmen aus § 20 Abs. 1 Nr. 1, 2 UmwG und für die Spaltung von Unternehmen aus § 131 Abs. 1 Nr. 1, 2 UmwG. In der altlastenrechtlichen Praxis eher selten sind andere Gesamtrechtsnachfolgetatbestände wie die Begründung einer Gütergemeinschaft (§ 1416 BGB) und das Ausscheiden des vorletzten Gesellschafters aus einer Personengesellschaft, das nach § 738 Abs. 1 S. 1 BGB (für die OHG i.V.m. § 105 Abs. 3 HGB) dazu führt, daß das Gesellschaftsvermögen auf den verbleibenden Gesellschafter übergeht.

dd) Ergebnis

Schon vor dem Inkrafttreten des Bundes-Bodenschutzgesetzes und der speziellen Altlastengesetze einiger Länder fand nach allgemeinem Polizei- und Ordnungsrecht eine Gesamtrechtsnachfolge in die abstrakte Handlungsverantwortlichkeit statt.[379] Dieses Ergebnis erscheint auch sachgerecht, da andernfalls erhebliche Mißbrauchsmöglichkeiten bestünden. So könnten Unternehmen durch geschickte gesellschaftsrechtliche Gestaltung regelmäßig Gesamtrechtsnachfolgetatbestände herbeiführen und sich so von eventuell in der Zwischenzeit entstandenen öffentlich-rechtlichen Verbindlichkeiten wegen der Verursachung von Bodenverunreini-

---

Peine, DVBl. 1980, 941 (946 f.); *Rumpf*, VerwArch 78 (1987), 269 (276 ff., 298 ff.) halten die Anwendung der Normen des Zivilrechts auf öffentlich-rechtliche Ansprüche hingegen für einen Verstoß gegen den Gesetzesvorbehalt. In diese Richtung tendiert auch *Ossenbühl*, Haftung des Gesamtrechtsnachfolgers, S. 58 ff.
Eingehend zu diesem Streit *Stadie*, DVBl. 1990, 501 (501 ff.).

378 *Stadie*, DVBl. 1990, 501 (502 f.).

379 Im Ergebnis ebenso OVG Münster, OVGE 37, 115 (120); VGH München, ZfW 1989, 147 (151); VG Köln, NVwZ 1994, 927 (929); *Kloepfer*, NuR 1987, 7 (17) = Altlasten und Umweltrecht, S. 17 (46); *Oldiges*, JA 1978, 541 (543); *Schlabach/Simon*, NVwZ 1992, 143 (145); *Schrader*, Altlastensanierung, S. 128 ff.; *Stadie*, DVBl. 1990, 501 (505); *Striewe*, ZfW 1986, 273 (287); a.A. *Friauf*, in: *Schmidt-Aßmann*, BesVwR, Rn. 82 b; *Ossenbühl*, Haftung des Gesamtrechtsnachfolgers, S. 60 ff.; *Papier*, DVBl. 1985, 873 (878 f.); *Papier*, NVwZ 1986, 256 (262); *Peine*, DVBl. 1980, 941 (947); *Schenke*, GewArch 1976, 1 (8); inkonsequent *Götz*, POR, Rn. 248, der eine Gesamtrechtsnachfolge in die abstrakte Handlungsverantwortlichkeit im Falle der Erbschaft ablehnt, in den Fällen der Umwandlung von Unternehmen aber bejaht.

gungen befreien.[380] Dies widerspräche nicht nur dem Grundsatz, daß die ordnungsrechtliche Haftung zeitlich unbeschränkt ist, sondern würde auch eine ungerechtfertigte Besserstellung juristischer gegenüber natürlichen Personen bedeuten, denen eine solche Entlastung nicht möglich wäre.

Die Anwendung von § 4 Abs. 3 S. 1 Fall 2 BBodSchG auf vor dem 1. März 1999 vollständig abgeschlossene Gesamtrechtsnachfolgetatbestände stellt daher keine echte Rückwirkung dar und ist folglich verfassungsrechtlich unbedenklich.

c) Einzelheiten zu den wichtigsten Arten der Gesamtrechtsnachfolge

aa) Vermögensübergang durch Erbschaft

Der mit dem Tod eines Menschen erfolgende Übergang seines Vermögens einschließlich aller Aktiva und Passiva auf den oder die Erben nach §§ 1922 Abs. 1, 1967 BGB ist die häufigste Form der Gesamtrechtsnachfolge in das Vermögen von natürlichen Personen. Neben möglichen Problemen bei der Bestimmung der Person des Erben, wirft dieser Fall der Rechtsnachfolge keine rechtlichen Schwierigkeiten auf. Aus der Anwendung des Erbrechts ergeben sich aber Besonderheiten. So kann der Erbe nicht nur den Eintritt der Gesamtrechtsnachfolge durch die Ausschlagung der Erbschaft nach §§ 1943 ff. BGB verhindern, sondern auch seine Haftung nach §§ 1975 ff. BGB auf den Wert des Nachlasses beschränken, indem er Antrag auf Eröffnung des Konkurses über den Nachlaß stellt (§ 1980 BGB) oder die Dürftigkeitseinrede nach § 1990 BGB erhebt. Macht der Erbe von dieser Möglichkeit Gebrauch, wird aus der unbeschränkten Haftung des Erblassers für die von ihm verursachten schädlichen Bodenveränderungen oder Altlasten eine wertmäßig beschränkte Haftung des Erben. Dadurch werden die Möglichkeiten der Behörde zu einer effektiven Bekämpfung der Gefahr aber im Ergebnis nicht verringert, denn sie konnte sowohl vor als auch nach dem Tod des Erblassers unbeschränkten Zugriff auf dessen Vermögen nehmen.

bb) Verschmelzung von Unternehmen

Rechtlich weitgehend unproblematisch gestaltet sich auch der Fall, in dem die Gesamtrechtsnachfolge durch die Verschmelzung von zwei oder mehr Rechtsträgern nach §§ 2 ff. UmwG eintritt. Hier wird der übernehmende Rechtsträger nach § 20

380 OVG Münster, OVGE 37, 115 (120); *Kloepfer*, NuR 1987, 7 (17) = Altlasten und Umweltrecht, S. 17 (46).

Abs. 1 Nr. 1 UmwG Gesamtrechtsnachfolger der übertragenden Rechtsträger, die nach § 20 Abs. 1 Nr. 2 S. 1 UmwG mit der Eintragung der Verschmelzung erlöschen. Der übernehmende Rechtsträger haftet daher sowohl für die von den übertragenden Rechtsträgern verursachten schädlichen Bodenveränderungen und Altlasten als Rechtsnachfolger gemäß § 4 Abs. 3 S. 1 Fall 2 BBodSchG, als auch – sofern er vor der Verschmelzung schon existierte – für die von ihm selbst hervorgerufenen Bodenverunreinigungen als Verursacher gemäß § 4 Abs. 3 S. 1 Fall 1 BBodSchG.

cc) Spaltung von Unternehmen

Nach dem Umwandlungsgesetz besteht die Möglichkeit, das Vermögen eines Rechtsträgers zu spalten und von den so entstehenden Vermögensteilen alle oder einige im Wege der Gesamtrechtsnachfolge auf andere Rechtsträger zu übertragen. Werden alle Vermögensteile übertragen und der übertragende Rechtsträger aufgelöst, spricht das Gesetz von Aufspaltung (§ 123 Abs. 1 UmwG), die Übertragung nur einiger Vermögensteile des weiter bestehenden Rechtsträgers wird als Abspaltung (§ 123 Abs. 2 UmwG) oder Ausgliederung (§ 123 Abs. 3 UmwG) bezeichnet.

Die Konsequenzen eines solchen Vorgangs für die Verantwortlichkeit für schädliche Bodenveränderungen oder Altlasten, die in einem der übertragenen Betriebsteile verursacht wurden, bedürfen der näheren Betrachtung. Ist die Sanierungspflicht nach § 4 Abs. 3 S. 1 Fall 2 BBodSchG auf den übernehmenden Rechtsträger übergegangen, der nun allein haftet, oder ist der bisherige Inhaber des Unternehmensteils – sofern er nicht aufgelöst wurde - weiterhin allein oder neben dem übernehmenden Rechtsträger verantwortlich? Trifft auch die Rechtsträger, die andere Unternehmensteile übernommen haben, deren Betrieb zur Entstehung der Bodenverunreinigung nicht beigetragen hat, eine Sanierungspflicht?

Mit der Vornahme der Handlung, die zur Entstehung der Bodenverseuchung geführt hat, entstand die Sanierungspflicht des zu dieser Zeit noch ungeteilten Rechtsvorgängers. Im Spaltungs- und Übernahmevertrag ist nach § 126 Abs. 1 Nr. 9 UmwG u.a. die Aufteilung der Gegenstände des Aktiv- und Passivvermögens festzulegen, wobei in aller Regel Forderungen und Verbindlichkeiten gemeinsam mit dem Betriebsteil übergehen werden, in dem sie begründet wurden. Mit der Eintragung der Spaltung gehen die einzelnen Vermögensteile, einschließlich aller

Verbindlichkeiten, entsprechend der im Spaltungs- und Übernahmevertrag vorgesehenen Aufteilung im Wege der Gesamtrechtsnachfolge auf die übernehmenden Rechtsträger über, § 131 Abs. 1 Nr. 1 S. 1 UmwG. Darunter fällt auch die öffentlich-rechtliche Pflicht zur Sanierung der vom ursprünglichen Unternehmen verursachten Bodenverseuchung, die nunmehr also den übernehmenden Rechtsträger trifft. Damit entfällt aber zugleich der Anknüpfungspunkt für die Inanspruchnahme des übertragenden Rechtsträgers, sofern dieser noch fortbesteht. Auch für die Inanspruchnahme der anderen Rechtsträger, die Teile des Vermögens des übertragenden Rechtsträgers übernommen haben, besteht kein Anknüpfungspunkt. Es haftet also der Rechtsträger, der den Vermögensteil übernommen hat, zu dem die Verpflichtung zur Sanierung gehört, allein.

An diesem Ergebnis werden in der Literatur gelegentlich nicht näher begründete Zweifel geäußert.[381] Hauptgrund hierfür dürfte sein, daß unbestreitbar Mißbrauchsmöglichkeiten bestehen. So führt die Aufteilung des Vermögens des übertragenden Rechtsträgers und bisherigen Schuldners schon für sich genommen dazu, daß die Haftungsmasse verringert wird, in die die Gläubiger die Zwangsvollstreckung betreiben können. Zudem bieten die dem einzelnen Rechtsnachfolger zur Verfügung stehenden Vermögenswerte geringere Möglichkeiten, Gewinne zu erwirtschaften, mit denen Verbindlichkeiten beglichen werden können.[382] Diese Nachteile treffen selbstverständlich nicht nur die Gläubiger, die zivilrechtliche Ansprüche gegen den übertragenden Rechtsträger haben, sondern erschweren auch die Durchsetzung der öffentlich-rechtlichen Verpflichtung zur Sanierung von schädlichen Bodenverunreinigungen und Altlasten. Hinzu kommt, daß die Vertragspartner bei der Aushandlung des Spaltungs- und Übernahmevertrags nach § 126 UmwG weitgehend frei sind.[383] Es ist also möglich, durch geschickte Vertragsgestaltung einen übernehmenden Rechtsträger, der u.U. nur zu diesem Zweck gegründet wurde, mit dem Großteil der Verbindlichkeiten des übertragenden Rechtsträgers zu belasten und so die Schuldenlast der übrigen beteiligten Unternehmen zu senken.[384]

---

381 *Hilger*, in: *Holzwarth/Radtke/Hilger/Bachmann*, § 4 BBodSchG, Rn. 90 f.; *Schwartmann*, DStR 1999, 324 (326); *Spieth/Wolfers*, altlasten spektrum 1998, 75 (76).

382 Vgl. hierzu *Hommelhoff*, in: *Lutter*, Verschmelzung, S. 118.

383 *Goutier*, in: *Goutier/Knopf/Tulloch*, Umwandlungsrecht, § 133 UmwG, Rn. 7; *Hommelhoff*, in: *Lutter*, Verschmelzung, S. 119; *Theuer*, DB 1999, 621 (621 ff.).

384 Entgegen *Knopp/Löhr*, Bundes-Bodenschutzgesetz in der betrieblichen und steuerlichen Praxis, Rn. 79; *Theuer*, DB 1999, 621 (622) ist eine solche Vertragsgestaltung nicht nach

Um diese Gefahren für die Gläubiger zu begrenzen, hat der Gesetzgeber in § 133 Abs. 1 S. 1 UmwG eine gesamtschuldnerische Haftung aller beteiligten Unternehmen für sämtliche Verbindlichkeiten des übertragenden Rechtsträgers, die vor dem Wirksamwerden der Spaltung begründet wurden, angeordnet. Dabei ist die Haftung der Rechtsträger, denen die Verbindlichkeit im Spaltungs- und Übernahmevertrag nicht zugewiesen wurde, allerdings auf fünf Jahre ab Eintragung der Spaltung begrenzt, § 133 Abs. 3 UmwG. Diese Frist bietet zwar gerade im Altlastenrecht, wo Zeiträume von Jahrzehnten an der Tagesordnung sind, nur einen sehr begrenzten Schutz, läßt aber die Beschränkung der Verpflichtung zur Sanierung auf den die Verbindlichkeit übernehmenden Rechtsträger als vertretbar erscheinen, wenn man außerdem berücksichtigt, daß dieser nicht nur mit dem übernommenen, sondern auch mit seinem eigenen Vermögen haftet.[385]

Zusammenfassend läßt sich also feststellen, daß nach der Spaltung eines Unternehmens während der ersten fünf Jahre sämtliche beteiligten Rechtsträger für eine vom übertragenden Rechtsträger verursachte schädliche Bodenveränderung oder Altlast als Gesamtschuldner haften. Nach Ablauf dieser Frist kann nur noch der übernehmende Rechtsträger auf Sanierung in Anspruch genommen werden, dem diese Verbindlichkeit im Spaltungs- und Übernahmevertrag zugewiesen ist. Alle anderen beteiligten Unternehmen, auch – soweit er noch existiert – der übertragende Rechtsträger, sind nicht mehr verantwortlich.[386]

dd) Zusammenschluß von Unternehmen vor dem 1. Januar 1995

Das Umwandlungsgesetz ist in seiner heute geltenden Fassung erst seit dem 1. Januar 1995 in Kraft. Es stellt den Abschluß einer mehr als ein Jahrhundert dauernden Rechtsentwicklung dar, die mit dem Inkrafttreten des Allgemeinen Deutschen Handelsgesetzbuchs von 1871 begann und von einer Vielzahl von Gesetzesänderungen geprägt war. Die Frage, ob und unter welchen Voraussetzungen ein Übergang eines Unternehmensteils von einer juristischen Person auf die andere vor 1995 zu einer Gesamtrechtsnachfolge geführt hat, kann daher nicht allgemeingültig

---

§ 138 Abs. 1 BGB nichtig. Vgl. hierzu die Ausführungen zu einer möglichen Nichtigkeit einer Dereliktion, 3. Teil:E.I.2.a)aa)(2) (S. 128).

385 Für im Geltungsbereich des Bundes-Bodenschutzgesetzes nicht anwendbar hält die Verjährungsvorschrift des § 133 Abs. 3 UmwG *Hilger*, in: *Holzwarth/Radtke/Hilger/Bachmenn*, § 4 BBodSchG, Rn. 90 i; wie hier *Wüterich*, in: *Landel/Vogg/Wüterich*, BBodSchG, § 4, Rn. 86.

386 Im Ergebnis ebenso *Giesberts/Frank*, DB 2000, 505 (505 f.).

beantwortet werden. Nötig ist vielmehr in jedem Einzelfall eine Prüfung der gewählten Vertragsgestaltung und der jeweils gültigen Rechtslage.[387]

Insbesondere in der Zeit zwischen dem Inkrafttreten des Handelsgesetzbuchs am 1. Januar 1900 und der Neuordnung des Aktienrechts 1937 stand den Vertragsparteien ein großer Gestaltungsspielraum offen. In dieser Zeit bestand mit §§ 304 ff. HGB a.F. einerseits die Möglichkeit, einen Zusammenschluß von Unternehmen im Wege der Gesamtrechtsnachfolge durchzuführen. Andererseits erlaubte § 303 HGB a.F. auch eine Vertragsgestaltung, bei der das bisherige Unternehmen liquidiert und sein Vermögen als ganzes auf die übernehmende juristische Person übertragen wird. Dieser Weg wurde von den Unternehmen meist bevorzugt, da hier § 419 BGB a.F. Anwendung fand, mit der Folge, daß die übernehmende Gesellschaft ihre Haftung für Verbindlichkeiten der liquidierten nach § 419 Abs. 2 BGB a.F. auf den Bestand des übernommenen Vermögens beschränken konnte.[388]

d) Grenzen der Haftung des Gesamtrechtsnachfolgers

aa) Beschränkungen aus der Person des Rechtsvorgängers

Da der Gesamtrechtsnachfolger in die Pflichtenstellung des Rechtsvorgängers eintritt, bestimmen sich auch der Inhalt und der Umfang seiner Verantwortlichkeit grundsätzlich nach der den Verursacher treffenden Pflicht. Die Haftung des Rechtsnachfolgers reicht daher nur soweit, wie auch sein Rechtsvorgänger hätte in Anspruch genommen werden können. Der neue Pflichtige kann sich also auf alle Umstände berufen, die noch vor der Vollendung des Gesamtrechtsnachfolgetatbestands eingetreten sind und zu einer Beschränkung der Haftung des Rechtsvorgängers geführt haben. Zu denken ist hier vor allem an einen vom Rechtsvorgänger mit der Behörde abgeschlossenen Sanierungsvertrag, aber auch eine Legalisierungswirkung der dem Verursacher erteilten Genehmigung und eine diesem gegenüber eingetretene Verjährung oder Verwirkung können die Haftung des Rechtsnachfolgers begrenzen.[389]

---

387 Zur Rechtsnachfolge in juristische Personen, die an der Entstehung von Rüstungsaltlasten beteiligt waren, vgl. *Jorczyk*, Rüstungs- und Kriegsaltlasten, S. 111 ff. Zu beachten ist hier aber, daß das Bundes-Bodenschutzgesetz auf den Umgang mit Kampfmitteln nicht anwendbar ist.

388 Siehe hierzu *Bickel*, BBodSchG, § 4, Rn. 23.

389 *Gerhold*, altlasten spektrum 1998, 107 (108); *Hilger*, in: *Holzwarth/Radtke/Hilger/Bachmann*, § 4 BBodSchG, Rn. 90; *Riedel*, ZIP 1999, 94 (97).

bb) Beschränkungen in der Person des Rechtsnachfolgers

(1) Opferposition

Die Haftung des Gesamtrechtsnachfolgers ist nach dem Wortlaut des § 4 Abs. 3 S. 1 Fall 2 BBodSchG zeitlich unbeschränkt und unabhängig von einer Kenntnis von der schädlichen Bodenveränderung oder Altlast. Auch ein mehrfacher Übergang der Verantwortlichkeit für ein und dieselbe Bodenverschmutzung ist möglich. Daher ist es besonders bei der Rechtsnachfolge in das Vermögen juristischer Personen durch Spaltung oder Verschmelzung denkbar, daß sich im Laufe vieler Jahre und mehrerer derartiger Vorgänge die Verantwortlichkeit für eine Vielzahl von schädlichen Bodenveränderungen und Altlasten in einer juristischen Person konzentriert, ohne daß dies beim Abschluß des Vertrages, der zum Eintritt der Gesamtrechtsnachfolge geführt hat, ohne weiteres erkennbar war. In der Literatur gibt es einige Stimmen, die die Situation des Gesamtrechtsnachfolgers deshalb für mit der eines Zustandsstörers vergleichbar halten, der den Eintritt der Gefahr weder verhindern, noch ihr Vorliegen beim Erwerb des Grundstücks erkennen konnte. Daher wird zum Schutz des Gesamtrechtsnachfolgers und unter dem Blickwinkel von Art. 14 GG eine entsprechende Anwendung der Modelle, die zur Einschränkung der Haftung des Zustandsverantwortlichen, der sich in einer sog. Opferposition befindet, diskutiert werden, befürwortet.[390]

Ein genereller Ausschluß der Verantwortlichkeit des Zustandsstörers auf der Tatbestandsebene scheint aus den oben dargelegten Gründen nicht geboten.[391] Eine solche Entlastung würde nicht nur zu zufälligen, vom Vorliegen oder Fehlen leichtester Fahrlässigkeit in der Person des Eigentümers abhängigen Ergebnissen führen, sondern hätte außerdem zur Folge, daß eine Sanierung des Grundstücks vollständig ausgeschlossen wäre, da eine Ermächtigungsgrundlage, die die Inanspruchnahme des Eigentümers als Nichtstörer auf Duldung der Sanierung durch die Behörde oder Dritte ermöglicht, im Bundes-Bodenschutzgesetz fehlt. Diese Überlegungen lassen sich ohne weiteres auf den Gesamtrechtsnachfolger des Verursachers übertragen.

Hinzu kommt, daß dieser im Regelfall weniger schutzbedürftig ist als ein Eigentümer, der, ohne vom Vorhandensein einer schädlichen Bodenveränderung oder

---

390 *Riedel*, ZIP 1999, 94 (979); *Spieth/Wolfers*, altlasten spektrum 1998, 75 (77).

391 3. Teil:C.II.1.a) (S. 79).

Altlast zu wissen, das Grundstück erworben hat. Im Gegensatz zum Eigentümer, der sich vor dem Erwerb des Grundstücks nur aus allgemein zugänglichen Quellen (wie z.B. Registern, in denen altlastverdächtige Flächen erfaßt sind oder dem Grundbuch, das über eine frühere industrielle Nutzung Auskunft geben kann) über mögliche Altlasten informieren kann, wird einem potentiellen Gesamtrechtsnachfolger während der Verhandlungen über einen Spaltungs- oder Verschmelzungsvertrag in aller Regel Einsicht in die Geschäftsunterlagen gewährt. Aus diesen ist aber wesentlich leichter ein Rückschluß auf eventuell durch den Betrieb verursachte schädliche Bodenveränderungen oder Altlasten möglich, als durch die einem Grundstückskäufer zugänglichen Informationen. Außerdem muß ein Gesamtrechtsnachfolger stets damit rechnen, daß ihm gegenüber Forderungen geltend gemacht werden, die noch von seinem Rechtsvorgänger begründet wurden und die ihm nicht bekannt waren. Dieses Risiko wird bei der Gestaltung des Vertrages, der den Eintritt der Gesamtrechtsnachfolge begründet, berücksichtigt, indem etwa für die Übertragung des Unternehmensteils eine geringere Gegenleistung vereinbart wird. Der Erwerber eines Grundstücks ist sich eines solchen Risikos aber in aller Regel nicht bewußt, so daß er im Kaufvertrag keine Vorsorge treffen kann.

Eine generelle Befreiung des Gesamtrechtsnachfolgers des Verursachers von der Haftung für bestimmte schädliche Bodenveränderungen oder Altlasten (etwa solche, die beim Eintritt des Gesamtrechtsnachfolgetatbestands nicht erkennbar waren oder für die schon sein Rechtsvorgänger nur als Rechtsnachfolger des Verursachers verantwortlich war) ist daher nicht angezeigt. Vorzugswürdig erscheint vielmehr – wie schon bei der Begrenzung der Haftung des Eigentümers wegen einer Opferposition – die Berücksichtigung im Einzelfall vorhandener Härten auf der Rechtsfolgenseite in der Verhältnismäßigkeitsprüfung.

(2) Beschränkung auf das übernommene Vermögen

In der Literatur wird außerdem gefordert, dem als Gesamtrechtsnachfolger des Verursachers in Anspruch Genommenen stets die Möglichkeit einzuräumen, seine Haftung auf den Wert des übernommenen Vermögens zu beschränken. Dies sei – unabhängig davon, ob der Gesamtrechtsnachfolgetatbestand eine solche Möglichkeit vorsieht oder nicht – geboten, da es an einem legitimierenden Zurechnungsgrund für eine Haftung des Gesamtrechtsnachfolgers auch mit seinem Eigenvermögen fehle. Mit der öffentlich-rechtlichen Verantwortlichkeit belastet sei nur das übernommene Vermögen, nicht aber der Gesamtrechtsnachfolger persönlich.[392]

Dem liegt ein grundlegendes Mißverständnis der Gesamtrechtsnachfolge zugrunde. Mit dem Eintritt des Gesamtrechtsnachfolgetatbestands gehen sämtliche Rechte und Pflichten des Rechtsvorgängers so, wie sie bei diesem bestanden, auf den Rechtsnachfolger über. Da der Rechtsvorgänger unbeschränkt für die Sanierungskosten einzustehen hatte, gilt dies grundsätzlich auch für seinen Rechtsnachfolger. Somit ist ein Rechtsgrund für dessen unbeschränkte Haftung gegeben. Eine Möglichkeit, sich dieser unbeschränkten Haftung zu entziehen, muß dem Gesamtrechtsnachfolger nur gewährt werden, wenn er keinen Einfluß auf den Eintritt der Gesamtrechtsnachfolge hatte. So liegt es etwa im Erbrecht. Hier hängt es allein vom Willen des Erblassers ab, wer Erbe und damit sein Gesamtrechtsnachfolger wird. Um zu verhindern, daß der Erbe einen finanziellen Verlust erleidet, weil der Nachlaß überschuldet ist, räumt der Gesetzgeber ihm hier die Möglichkeit ein, die Erbschaft auszuschlagen (§§ 1942 ff. BGB) oder seine Haftung auf den Wert des übernommenen Vermögens zu beschränken (§ 1975 BGB).[393]

In den meisten Fällen der Gesamtrechtsnachfolge ist die Situation des Erwerbers des Vermögens aber eine andere. Insbesondere bei der Verschmelzung und Spaltung von Unternehmen hatte er vor Abschluß des Vertrages die Gelegenheit, sich über die Chancen und Risiken des Geschäfts zu informieren und eine auch den Risiken angemessene Gegenleistung zu vereinbaren. Daß sich nun herausstellt, daß zu dem übernommenen Vermögen ein verseuchtes Grundstück gehört, dessen Sanierung mit erheblichen Kosten verbunden ist, ist Teil dieser übernommenen Risiken und rechtfertigt keine Begrenzung der Haftung. Eine solche kommt vielmehr auch im Anwendungsbereich des § 4 Abs. 3 S. 1 Fall 2 BBodSchG nur in Betracht, wenn die die Gesamtrechtsnachfolge begründenden Normen sie ausdrücklich zulassen.[394]

---

392 *Spieth/Wolfers*, NVwZ 1999, 355 (360).

393 A.A. *Schwartmann*, ZEV 2001, 101 (102).

394 Im Ergebnis ebenso *Hilger*, in: *Holzwarth/Radtke/Hilger/Bachmann*, § 4 BBodSchG, Rn. 90 a.

2. Gesamtrechtsnachfolge in die konkrete Handlungsverantwortlichkeit

a) Bedeutung

Die Gesamtrechtsnachfolge in die konkrete Handlungsverantwortlichkeit unterscheidet sich von der in die abstrakte Handlungsverantwortlichkeit dadurch, daß vor dem Eintritt des Gesamtrechtsnachfolgetatbestands ein Verwaltungsakt gegenüber dem Rechtsvorgänger ergangen ist, in dem dieser verpflichtet wurde, Sanierungsmaßnahmen zu ergreifen. Der Erlaß des Verwaltungsakts ändert nichts daran, daß auch hier Gesamtrechtsnachfolge in die Handlungsverantwortlichkeit eingetreten ist, so daß § 4 Abs. 3 S. 1 Fall 2 BBodSchG eine Inanspruchnahme des Rechtsnachfolgers ermöglicht. Die Behörde hat jedoch ein Interesse daran, den Verwaltungsakt, soweit er schon bestandskräftig geworden ist, auch gegen den Gesamtrechtsnachfolger des ursprünglichen Adressaten vollstrecken zu können. Wenn Widerspruch oder Klage gegen die Ordnungsverfügung erhoben wurde, ist der Behörde daran gelegen, das Verfahren, das oft schon Monate, manchmal sogar Jahre gedauert hat, mit dem Rechtsnachfolger im gegenwärtigen Verfahrensstadium fortsetzen zu können und nicht einen neuen Verwaltungsakt erlassen und das Verfahren bei identischer Tatsachenlage neu beginnen zu müssen. Die Frage, ob der Gesamtrechtsnachfolger des Verursachers in dessen durch den Verwaltungsakt bestimmte Pflichtenstellung eintritt, wird unter dem Stichwort der Gesamtrechtsnachfolge in die konkrete Handlungsverantwortlichkeit diskutiert.

b) Zulässigkeit des Rückgriffs auf die zum allgemeinen Polizei- und Ordnungsrecht entwickelten Regeln

Andere Rechtsnachfolgetatbestände als die Gesamtrechtsnachfolge in die abstrakte Handlungsverantwortlichkeit sind im Bundes-Bodenschutzgesetz nicht geregelt. Da sich auch im allgemeinen Polizei- und Ordnungsrecht der Länder keine Regelung dieser Fragen findet, stimmen Landesrecht und Bundes-Bodenschutzgesetz insofern in ihrem Schweigen überein Somit ist nach dem oben Gesagten[395] grundsätzlich der Meinungsstand des Polizei- und Ordnungsrechts auch für die Auslegung des Bundes-Bodenschutzgesetzes heranzuziehen.

Etwas anderes gilt nur, wenn der Bundesgesetzgeber mit § 4 Abs. 3 S. 1 Fall 2 BBodSchG eine abschließende Regelung der Auswirkungen von Rechtsnachfol-

---

[395] 3. Teil:A (S. 47).

getatbeständen auf die Pflichten nach diesem Gesetz geschaffen hat, die Anordnung der Haftung im Falle der Gesamtrechtsnachfolge in die abstrakte Handlungsverantwortlichkeit also so zu verstehen ist, daß in anderen Fällen der Rechtsnachfolge eine Sanierungspflicht des Rechtsnachfolgers nicht eintreten soll. Der Bundesrat, auf dessen Initiative die heutige Fassung von § 4 Abs. 3 S. 1 Fall 2 BBodSchG zurückgeht, wollte mit dieser Vorschrift lediglich den jahrelangen Streit in Rechtsprechung und Literatur für den Anwendungsbereich des Bundes-Bodenschutzgesetzes dahingehend entscheiden, daß eine Gesamtrechtsnachfolge in die abstrakte Handlungsverantwortlichkeit stattfindet.[396] Die Aussage, daß nur in dieser Konstellation eine Inanspruchnahme des Rechtsnachfolgers möglich sein soll, war damit ersichtlich nicht verbunden.[397] Der Grund dafür, daß nur diese eine Fallgruppe geregelt wurde, dürfte vielmehr darin liegen, daß sie in der bisherigen Praxis des Altlastenrechts am häufigsten aufgetreten ist, da die Behörde zur möglichst effektiven Sanierung der Bodenverseuchung in vielen Fällen versucht, unter mehreren vorhandenen Pflichtigen, den zahlungskräftigsten in Anspruch zu nehmen. Dies ist oft ein großes Industrieunternehmen als Rechtsnachfolger des Betriebes, der vor Jahrzehnten die Bodenverschmutzung verursacht hat und inzwischen aufgekauft wurde.

§ 4 Abs. 3 S. 1 Fall 2 BBodSchG stellt daher keine abschließende Regelung der Möglichkeiten, Rechtsnachfolger zur Sanierung von Bodenverschmutzungen in Anspruch zu nehmen, dar. Vielmehr kann hinsichtlich anderer Gesamtrechtsnachfolgetatbestände auf die im allgemeinen Polizei- und Ordnungsrecht entwickelten Regeln zurückgegriffen werden.[398]

c) Darstellung dieser Regeln

Für die Gesamtrechtsnachfolge in die konkrete Handlungsverantwortlichkeit kommt es demnach darauf an, ob eine übergangsfähige Pflicht des Rechtsvorgängers bestand und ein Übergangstatbestand eingetreten ist.

---

396 BT-Drs. 13/6701, S. 51; BT-Drs. 13/8182, S. 3.

397 Unklar *Doerfert*, der einerseits einen Gegenschluß zu § 4 Abs. 3 S. 1 Fall 2 BBodSchG für zulässig hält (VerwRdsch 1999, 229 (231)), andererseits aber auf den Stand von Rechtsprechung und Literatur zur allgemeinen Polizei- und Ordnungsrecht zurückgreifen will (S. 232).

398 Im Ergebnis ebenso *Frenz*, BBodSchG, § 4 Abs. 3, Rn. 64; *v. Mutius/Nolte*, DÖV 2000, 1 (7); *Schoeneck*, in: *Sanden/Schoeneck*, BBodSchG, § 4, Rn. 37; a.A. BVerwG, NVwZ 2000, 1179 (1181); HessVGH, DVBl. 2000, 210 (211 f.); *Vierhaus*, NZG 2000, 240 (241).

aa) Pflicht des Rechtsvorgängers

Nach dem oben Gesagten kann an der Existenz einer konkreten Verhaltenspflicht des Rechtsvorgängers kein Zweifel bestehen. Schon vor Erlaß einer Ordnungsverfügung war er zur Sanierung verpflichtet. Durch den Verwaltungsakt wurde diese Pflicht soweit konkretisiert, daß ihm nur noch ein bestimmter Weg zur Erreichung des Sanierungsziels verblieb.

bb) Übergangsfähigkeit

Auch hinsichtlich der Übergangsfähigkeit gilt im Ansatz das zur Gesamtrechtsnachfolge in die abstrakte Handlungsverantwortlichkeit Ausgeführte entsprechend. Die vom Rechtsvorgänger verlangten Sanierungsmaßnahmen sind stets vertretbare Handlungen. Insoweit steht einem Übergang auf den Gesamtrechtsnachfolger also nichts entgegen. Auch die Tatsache, daß es sich um die Konsequenzen einer persönlichen Verhaltensweise des Rechtsvorgängers handelt, stellt für sich genommen kein Hindernis für eine Gesamtrechtsnachfolge dar.

Die Besonderheit bei der Gesamtrechtsnachfolge in die konkrete Handlungsverantwortlichkeit liegt aber darin, daß in der Ermessensentscheidung, die dem Erlaß des Verwaltungsakts gegenüber dem Rechtsvorgänger zugrunde liegt, nicht nur die objektive Sachlage, d.h. in erster Linie die von der Bodenverschmutzung ausgehenden Gefahren für die verschiedenen Bodenfunktionen, sondern auch die individuellen Verhältnisse des Rechtsvorgängers berücksichtigt wurden. So wurde insbesondere geprüft, ob seine Inanspruchnahme angesichts seiner finanziellen und persönlichen Situation verhältnismäßig ist oder ob vorrangig andere Pflichtige heranzuziehen sind. Die persönliche Situation des Rechtsnachfolgers unterscheidet sich aber naturgemäß von der des Rechtsvorgängers. Da diese Unterschiede dazu führen können, daß der Verwaltungsakt, der gegenüber dem Rechtsvorgänger rechtmäßig war, gegenüber dem Rechtsnachfolger nicht mit demselben Inhalt hätte ergehen dürfen, fordert ein Teil des Schrifttums, daß eine erneute Überprüfung der Rechtmäßigkeit des Verwaltungsakts auch gegenüber dem neuen Adressaten erfolgen muß. Hierfür sei ein neues Verwaltungsverfahren erforderlich; die durch den ersten Verwaltungsakt begründeten konkreten Rechtspflichten des Rechtsvorgängers könnten deshalb nicht auf den Gesamtrechtsnachfolger übergehen.[399]

[399] *Oldiges*, JA 1978, 541 (543).

Dem ist aber entgegenzuhalten, daß die erneute Überprüfung nur in sehr seltenen Ausnahmefällen zu einer anderen Beurteilung der Sachlage führen wird. Wenn schon die finanzielle und sonstige persönliche Lage des Rechtsvorgängers eine Inanspruchnahme zuläßt, gilt das nämlich in aller Regel auch für den Gesamtrechtsnachfolger. Die finanzielle Lage des Rechtsnachfolgers ist fast immer besser als die des Rechtsvorgängers, da er neben dem im Wege der Gesamtrechtsnachfolge erworbenen Vermögen noch über sein eigenes verfügt. Auch sonstige persönliche Umstände, die eine Inanspruchnahme des Rechtsnachfolgers ausschließen, dürften kaum einmal auftreten, da der Rechtsvorgänger von der ihm auferlegten Pflicht nur äußerst selten weniger stark in seiner persönlichen Lebensführung betroffen ist als sein Gesamtrechtsnachfolger. Sollte dies aber doch einmal der Fall sein, bedarf es zum Schutz des Rechtsnachfolgers dennoch keines völlig neuen Verwaltungsverfahrens. Er kann die neue Tatsachenlage vielmehr ebenso wirksam gegen den gegenüber seinem Rechtsvorgänger erlassenen Verwaltungsakt geltend machen. Wenn das Widerspruchsverfahren noch nicht abgeschlossen ist, kann er dieses nutzen, um die eingetretenen Veränderungen geltend zu machen. Sollte der Verwaltungsakt schon unanfechtbar geworden sein, steht dem Rechtsnachfolger die Möglichkeit offen, ein Wiederaufgreifen des Verfahrens zu beantragen oder gegen ihn ergriffene Vollstreckungsmaßnahmen anzugreifen.[400] Diese Lösung hat für die Behörde den Vorteil, daß im Regelfall kein neues Verwaltungsverfahren durchgeführt werden muß. Der Rechtsnachfolger erleidet keine Nachteile, da er erreichen kann, daß die Behörde sich mit den veränderten Tatsachen befaßt und eine ihm nachteilige Entscheidung gerichtlich überprüfen lassen kann. Auch der Umstand, daß in die Behördenentscheidung zum Erlaß des Verwaltungsakts gegenüber dem Rechtsvorgänger dessen persönliche Verhältnisse eingegangen sind, steht der Übergangsfähigkeit der durch den Verwaltungsakt begründeten Pflicht somit nicht entgegen.

cc) Übergangstatbestand

Hinsichtlich des Übergangstatbestands kann nach oben verwiesen werden. Auch auf die durch eine Ordnungsverfügung konkretisierte Handlungspflicht des Verursachers einer schädlichen Bodenveränderung oder Altlast auf dessen Gesamtrechtsnachfolger sind die Vorschriften des Zivilrechts, die den Übergang der Rechte und Pflichten anordnen, jedenfalls entsprechend anwendbar.

---

400 BVerwG, DÖV 1971, 640 (641); OVG Saarlouis, BRS 22, Nr. 215 (S. 308).

dd) Ergebnis

Eine Gesamtrechtsnachfolge in die konkrete Handlungsverantwortlichkeit ist möglich.[401] Die Pflichten des Gesamtrechtsnachfolgers ergeben sich in diesen Fällen aus dem gegenüber dem Rechtsvorgänger erlassenen Verwaltungsakt.

d) Besonderheiten bei der Vollstreckung

Es besteht Einigkeit, daß im Falle der Gesamtrechtsnachfolge in die konkrete Verhaltensverantwortlichkeit Vollstreckungsmaßnahmen, die gegen den Rechtsvorgänger eingeleitet wurden, gegenüber dem Rechtsnachfolger nicht ohne weiteres fortgesetzt werden dürfen. Nötig ist vielmehr, daß die Vollstreckungsvoraussetzungen auch in der Person des Rechtsnachfolgers vorliegen. Das setzt zunächst voraus, daß der Verwaltungsakt dem Rechtsnachfolger nach § 43 Abs. 1 VwVfG bekannt gemacht wird.[402] Bevor eine Vollstreckungsmaßnahme ergriffen werden kann, muß das entsprechende Zwangsmittel außerdem dem Rechtsnachfolger gegenüber angedroht und festgesetzt werden, und zwar auch dann, wenn dies schon gegenüber dem Rechtsvorgänger geschehen ist.[403] Das ist schon deshalb nötig, um dem Rechtsvorgänger, der möglicherweise noch gar nichts von dem Verwaltungsakt weiß, die Gelegenheit zu geben, diesen freiwillig zu befolgen und so Vollstreckungsmaßnahmen überflüssig zu machen.

3. Einzelrechtsnachfolge in die abstrakte Handlungsverantwortlichkeit

Unter dem Stichwort der Einzelrechtsnachfolge in die abstrakte Handlungsverantwortlichkeit wird die Frage diskutiert, ob der Verursacher einer schädlichen Bodenveränderung oder Altlast die ihn nach § 4 Abs. 3 S. 1 Fall 1 BBodSchG treffende Sanierungspflicht auf einen anderen übertragen kann, solange diese noch nicht durch einen Verwaltungsakt nach § 10 BBodSchG konkretisiert wurde. Solche Vereinbarungen sind zwar isoliert denkbar, treten in der Praxis aber – wenn überhaupt – fast immer im Zusammenhang mit einem Kaufvertrag über eine Produktionsanlage auf, etwa wenn vereinbart wird, der Käufer übernehme alle zivil-

---

401 Im Ergebnis ebenso *Denninger*, in: *Lisken/Denninger*, Rn. E 114; *Friauf*, in: *Schmidt-Aßmann*, BesVwR, Rn. 82 b; *Schlabach/Simon*, NVwZ 1992, 143 (145); *Stadie*, DVBl. 1990, 501 (504); a.A. *Oldiges*, JA 1978, 541 (543); *Schenke*, GewArch 1976, 1 (7 f.); *Wachsmuth*, FS *Küchenhoff*, S. 715 (722).

402 *Denninger*, in: *Lisken/Denninger*, Rn. E 112.

403 OVG NRW, BRS 35, Nr. 217; VGH BW, BRS 35, Nr. 216; *Bickel*, BBodSchG, § 4, Rn. 25.

rechtlichen und öffentlich-rechtlichen Lasten aus dem bisherigen und künftigen Betrieb der Anlage.

a) Öffentlich-rechtliche Wirksamkeit

Die öffentlich-rechtliche Wirksamkeit einer solchen Vereinbarung hängt davon ab, ob eine übergangsfähige Rechtspflicht des Übertragenden und ein Übergangstatbestand vorliegen.

aa) Pflicht des Rechtsvorgängers

Wie schon bei der Gesamtrechtsnachfolge in die abstrakte Handlungsverantwortlichkeit ausgeführt, ist für die Entstehung einer hinreichend konkreten Pflicht des Rechtsvorgängers kein Verwaltungsakt nötig, in dem dem Verursacher bestimmte Sanierungsmaßnahmen vorgeschrieben werden. Vielmehr läßt sich bereits aus den Generalklauseln des allgemeinen Polizei- und Ordnungsrechts entnehmen, daß der Handlungsstörer die durch ihn verursachte Gefahr beseitigen muß. Dieses Ergebnis ist allerdings umstritten.

Mit dem Inkrafttreten des Bundes-Bodenschutzgesetzes hat sich der Streit für dessen Anwendungsbereich erledigt. Nunmehr ordnet § 4 Abs. 3 S. 1 Fall 1 BBodSchG ausdrücklich an, daß der Verursacher einer schädlichen Bodenveränderung oder Altlast verpflichtet ist, Sanierungsmaßnahmen zu ergreifen. Dies gilt nach dem eindeutigen Wortlaut der Vorschrift auch vor dem Erlaß einer Sanierungsverfügung nach § 10 BBodSchG. Seit dem 1. März 1999 können am Bestehen einer konkreten Pflicht des Verursachers einer Bodenverschmutzung zur Beseitigung der Gefahr somit keine Zweifel mehr bestehen.[404]

bb) Übergangsfähigkeit

Die Übergangsfähigkeit der abstrakten Ordnungspflicht des Handlungsstörers wurde bereits oben begründet. Auf diese Ausführungen sei hier verwiesen.[405]

cc) Übergangstatbestand

Als Rechtsgrund für den Übergang der Sanierungspflicht vom Verursacher auf den Einzelrechtsnachfolger kommt lediglich die zwischen dem Verpflichteten und dem vorgesehenen Rechtsnachfolger getroffene Vereinbarung in Betracht. Diese kann

---

404 Vgl. hierzu auch *Doerfert*, VerwRdsch 1999, 229 (231).

aber nur zu einer Verlagerung der Haftung als Handlungsstörer führen, wenn die Beteiligten die Befugnis besitzen, über die ordnungsrechtliche Verantwortlichkeit zu verfügen.

Dem Verpflichteten dieses Recht einzuräumen hieße, eine Schuldübernahme durch einen Vertrag zwischen Schuldner und Übernehmer ohne Mitwirkung des Gläubigers zuzulassen. Eine solche Möglichkeit ist der Rechtsordnung aber fremd, da der Gläubiger ein schutzwürdiges Interesse daran hat, daß sein Schuldner nicht durch einen anderen ersetzt wird, der möglicherweise weniger oder gar nicht zahlungsfähig ist. Deshalb gestattet das Zivilrecht eine Schuldübernahme nur unter Mitwirkung des Gläubigers (vgl. §§ 414 ff. BGB). Dieser Rechtsgedanke läßt sich auf das öffentliche Recht übertragen. Auch hier besteht die Gefahr, daß die Behörde eine Sanierungsverfügung gegen den Einzelrechtsnachfolger nicht vollstrecken kann, wenn dessen finanzielle Mittel nicht ausreichen, die oft sehr hohen Sanierungskosten zu tragen. Es besteht daher Einigkeit, daß der Pflichtige nicht die Dispositionsbefugnis über die polizeirechtliche Verantwortlichkeit besitzt, eine Einigung zwischen dem Verursacher und einem Dritten also nicht genügt, um einen Übergang der abstrakten Handlungsverantwortlichkeit zu bewirken.[406]

Das bedeutet aber nicht, daß die öffentlich-rechtlich wirksame Übernahme der abstrakten Handlungsverantwortlichkeit durch einen anderen schlechthin ausgeschlossen ist. Hierzu bedarf es aber – ebenso wie für eine Schuldübernahme im Zivilrecht eine Einigung mit dem Gläubiger nötig ist (§§ 414 ff. BGB) – einer Mitwirkung der Behörde. Typisches Handlungsinstrument ist die Sanierungsvereinbarung nach § 13 Abs. 4 BBodSchG, bei der eine Einbeziehung Dritter, d.h. nicht Sanierungspflichtiger, ausdrücklich vorgesehen ist.

dd) Ergebnis

Eine Vereinbarung über die Einzelrechtsnachfolge in die abstrakte Handlungsverantwortlichkeit zwischen dem Verursacher der schädlichen Bodenveränderung oder Altlast und einem Dritten entfaltet keine öffentlich-rechtliche Wirksamkeit. Hierzu ist vielmehr eine Sanierungsvereinbarung mit der Behörde nötig.

---

405 3. Teil:D.I.1.b)bb) (S. 97).

406 OVG NRW, DVBl. 1997, 570 (570); *Becker*, BBodSchG, § 4, Rn. 20; *Denninger*, in: *Lisken/Denninger*, Rn. E 110; *Kloepfer*, NuR 1987, 7 (17) = Altlasten und Umweltrecht, S. 17 (45); *Oldiges*, JA 1978, 541 (541 f.); *Papier*, DVBl. 1996, 125 (126); *Papier*, NVwZ 1986, 256 (262).

b) Zivilrechtliche Wirksamkeit

Das bedeutet aber nicht, daß die Vereinbarung zwischen einem Handlungsverantwortlichen und einem Dritten, dieser solle in die ordnungsrechtliche Verantwortlichkeit eintreten, rechtlich völlig unerheblich ist. Sie läßt sich nämlich fast immer so auslegen, daß der Übernehmende, wenn er schon nicht mit Wirkung gegenüber der Behörde in die Pflichtenstellung des Verursachers eintreten kann, zumindest im Innenverhältnis verpflichtet sein soll, die im Außenverhältnis gegenüber der Behörde dem Verursacher obliegenden Sanierungsmaßnahmen vorzunehmen. Gegen die zivilrechtliche Wirksamkeit eines solchen Freistellungsanspruchs bestehen keine Bedenken, da die Behörde keine Nachteile erleidet. Sie kann nach wie vor gegen den Verursacher vorgehen und wegen der Kosten der Sanierung in sein Vermögen vollstrecken. Die Gefahr, daß für die Kosten die Allgemeinheit aufkommen muß, wird also nicht erhöht.

4. Einzelrechtsnachfolge in die konkrete Handlungsverantwortlichkeit

Wenn die Vereinbarung zwischen dem Verursacher und dem Dritten über den Übergang der Verantwortlichkeit für die Sanierung der schädlichen Bodenveränderungen oder Altlasten erst getroffen wird, nachdem schon ein Verwaltungsakt gegen den Verursacher ergangen ist, spricht man von einer Einzelrechtsnachfolge in die konkrete Handlungsverantwortlichkeit. Die Antwort auf die Frage nach deren Zulässigkeit ergibt sich ohne weiteres aus den bisherigen Ausführungen.

Die durch einen Verwaltungsakt konkretisierte Sanierungspflicht des Verursachers einer Bodenverschmutzung ist eine übergangsfähige Rechtspflicht. Jedoch gelten die oben dargelegten Gründe, aus denen die Beteiligten nicht die Befugnis besitzen, ohne Mitwirkung der zuständigen Behörde über die abstrakte Handlungsverantwortlichkeit zu verfügen, für die konkrete Handlungsverantwortlichkeit entsprechend, besteht doch hier ebenso die Gefahr, daß eine Vollstreckung des Verwaltungsakts gegenüber dem Einzelrechtsnachfolger nicht möglich ist und die Allgemeinheit die Sanierungskosten tragen muß. Der Verursacher kann sich daher nicht durch eine Vereinbarung mit einem Dritten mit öffentlich-rechtlicher Wirkung von seiner durch Verwaltungsakt konkretisierten Sanierungspflicht befreien.[407] Zivilrechtlich steht aber der Wirksamkeit einer solchen Vereinbarung auch hier nichts entgegen.

II. Rechtsnachfolge in die Zustandsverantwortlichkeit

1. Gesamtrechtsnachfolge in die konkrete Zustandsverantwortlichkeit

Auch wenn die Inanspruchnahme als Störer auf der Stellung als Eigentümer des verseuchten Grundstücks oder Inhaber der tatsächlichen Gewalt über dieses beruhte, kann sich das Problem stellen, ob der Gesamtrechtsnachfolger des Adressaten der Sanierungsverfügung an diese gebunden ist. Eine solche Bindung setzt auch in den Fällen der Rechtsnachfolge in die Zustandsverantwortlichkeit voraus, daß eine übergangsfähige Pflicht des Rechtsvorgängers bestand und ein Übergangstatbestand eingetreten ist.

a) Pflicht des Rechtsvorgängers

Für die aus einem Verwaltungsakt resultierende Pflicht macht es keinen Unterschied, ob eine Inanspruchnahme als Handlungs- oder Zustandsstörer erfolgte. Auch der Zustandsstörer wird durch die Sanierungsverfügung verpflichtet, bestimmte Maßnahmen zur Beseitigung der schädlichen Bodenveränderung oder Altlast zu ergreifen.

b) Übergangsfähigkeit

Hinsichtlich der Übergangsfähigkeit sei nach oben verwiesen.[408] Die dem Zustandsstörer aufgegebene Pflicht unterscheidet sich weder in ihrem Inhalt noch in den vor Erlaß des Verwaltungsakts anzustellenden Erwägungen von der konkreten Verhaltensverantwortlichkeit. Die Gründe, die zur Annahme der Übergangsfähigkeit der konkreten Handlungsverantwortlichkeit geführt haben, lassen sich daher auf die konkrete Zustandsverantwortlichkeit übertragen.

c) Übergangstatbestand

Die Vorschriften des Zivilrechts, aus denen sich der Übergang der Rechte und Pflichten des Rechtsvorgängers auf den Gesamtrechtsnachfolger ergibt, sind nach dem oben Gesagten auf öffentlich-rechtliche Ansprüche jedenfalls entsprechend

---

[407] So die einhellige Meinung, vgl. nur *Denninger*, in: *Lisken/Denninger*, Rn. E 114, *Friauf*, in: *Schmidt-Aßmann*, BesVwR, Rn. 82 b; *Papier*, NVwZ 1986, 256 (262).

anwendbar. Auch die durch Verwaltungsakt konkretisierte Sanierungspflicht des Zustandsstörers geht daher auf den Gesamtrechtsnachfolger über.

d) Ergebnis

Eine gegenüber dem Eigentümer eines mit einer schädlichen Bodenveränderung oder Altlast belasteten Grundstücks oder dem Inhaber der tatsächlichen Gewalt über ein solches Grundstück ergangene Sanierungsverfügung entfaltet Bindungswirkung gegenüber dem Rechtsnachfolger.

2. Einzelrechtsnachfolge in die konkrete Zustandsverantwortlichkeit

Unter dem Stichwort der Einzelrechtsnachfolge in die konkrete Zustandsverantwortlichkeit werden vor allem Fälle diskutiert, in denen die zuständige Behörde eine Ordnungsverfügung gegen den Eigentümer eines verseuchten Grundstücks erlassen hat, eine Vollstreckung des Verwaltungsakts gegenüber dem ursprünglichen Adressaten aber unmöglich geworden ist, weil er das Grundstück vor oder kurz nach Vollstreckbarkeit der Sanierungsverfügung veräußert hat. Die Brisanz der Frage, ob eine Vollstreckung des Verwaltungsakts in diesen Fällen auch gegenüber dem Erwerber des Grundstücks möglich ist, ergab sich bisher aus den Fällen, in denen die Veräußerung erst im Hinblick auf die drohende Rechtskraft des letztinstanzlichen, die Klage gegen die Sanierungsverfügung abweisenden Urteils erfolgte. Wenn es hier eines neuen Verwaltungsakts gegenüber dem neuen Eigentümer des Grundstücks bedurfte, bestand die Gefahr, daß die Vollstreckung einer Sanierungsverfügung und damit die Beseitigung der Gefahr nicht nur für die – u.U. erneut jahrelange – Dauer des neuen Vewaltungsverfahrens, sondern durch mehrfache Veräußerungen des Grundstücks ewig verhindert wird.

Durch die Schaffung von § 4 Abs. 6 BBodSchG, der die Inanspruchnahme des ehemaligen Eigentümers ermöglicht, wurde ein solches Vorgehen jedoch wesentlich erschwert, so daß die Einzelrechtsnachfolge in die konkrete Zustandsverantwortlichkeit für den Anwendungsbereich des Bundes-Bodenschutzgesetzes viel von ihrer Brisanz verloren hat. Völlig ausgeschlossen sind Mißbrauchsversuche aber auch in Zukunft nicht, da die Inanspruchnahme des ehemaligen Eigentümers eine Duldungsverfügung gegen den neuen Eigentümer voraussetzt, gegen die Widerspruch und Klage zulässig sind. Es ist also denkbar, die Rechtskraft der Dul-

---

[408] 3. Teil:D.I.2.c)bb) (S. 110).

dungsverfügung so lange wie möglich hinauszuzögern, das Grundstück dann zu veräußern, so eine Duldungsverfügung gegen den dritten Eigentümer erforderlich zu machen usw. Da die Notwendigkeit einer Sanierung aber in aller Regel nicht zu bestreiten ist, wird es dem Eigentümer sehr schwer fallen, zu begründen, inwieweit ihn die Duldungsverfügung in seinen Rechten verletzt, und die Behörde und das Gericht werden sich entsprechend leicht tun, die sofortige Vollziehung der Duldungsverfügung anzuordnen bzw. zu bestätigen. Diese Probleme stellen sich aber nicht, wenn die konkrete Sanierungspflicht des Eigentümers auf seinen Einzelrechtsnachfolger übergeht.

a) Übergangsfähige Pflicht des Rechtsvorgängers

Nach dem oben Gesagten führt der Erlaß eines Verwaltungsakts gegenüber dem Rechtsvorgänger dazu, daß in seiner Person eine übergangsfähige Rechtspflicht zur Vornahme der in diesem angeordneten Sanierungsmaßnahmen entsteht.

b) Übergangstatbestand

Schwierigkeiten bereitet aber der Übergangstatbestand. Der zwischen dem bisherigen Eigentümer und dem Erwerber geschlossene Vertrag reicht – auch in den seltenen Fällen einer ausdrücklichen Vereinbarung, daß die aus dem Verwaltungsakt folgende Pflicht übergehen soll – für sich genommen nicht aus, da die Beteiligten aus den oben dargelegten Gründen nicht die Befugnis besitzen, ohne Mitwirkung der Behörde über ordnungsrechtliche Pflichten zu verfügen.

Die konkrete Sanierungspflicht könnte aber mit dem Eigentum an dem Grundstück kraft Gesetzes vom bisherigen auf den neuen Eigentümer übergegangen sein. Ein solcher Vorgang ist aus dem Baurecht bekannt, wo viele Landesbauordnungen anordnen, daß eine Baugenehmigung auch gegenüber dem Rechtsnachfolger des Antragstellers wirkt.[409] Eine Analogie zu diesen Vorschriften scheidet aber aus, da eine Baugenehmigung ein begünstigender, eine Sanierungsverfügung hingegen ein

409 Vgl. § 58 Abs. 2 LBO BW; § 62 Abs. 4 BerlBauO; § 74 Abs. 3 BbgBO; § 69 Abs. 2 S. 2 HambBauO; § 72 Abs. 2 BauO MV; § 75 Abs. 6 NdsBauO; § 75 Abs. 2 BauO NRW; § 68 Abs. 1 S. 2 RhPfBauO; § 96 Abs. 2 SaarLBO; § 70 Abs. 2 SächsBO; § 74 Abs. 2 SachsAnhBauO; § 78 Abs. 2 SchHLBO; § 70 Abs. 2 ThürBO. In Bayern, Bremen und Hessen fehlt eine solche Regelung.

belastender Verwaltungsakt ist, also keine Vergleichbarkeit von geregeltem und ungeregeltem Sachverhalt gegeben ist.[410]

Die wohl herrschende Ansicht in Rechtsprechung und Literatur stellt demgegenüber darauf ab, daß die Sanierungsverfügung den Eigentümer des Grundstücks nur wegen dieses Eigentums trifft. Eigenschaften in der Person träten im Vergleich dazu soweit zurück, daß man die durch Verwaltungsakt konkretisiere Zustandsverantwortlichkeit des Eigentümers des altlastenverseuchten Grundstücks als eine dingliche öffentliche Last verstehen könne, die an dem Grundstück haftet und seinen jeweiligen Eigentümer trifft.[411] Eine derartige Reduzierung der Ordnungsverfügung auf eine ausschließlich sachenrechtliche Zustandsregelung ist aber nicht möglich.[412] Vielmehr spielen vor allem bei der Entscheidung, ob überhaupt gegen einen Verantwortlichen eingeschritten werden soll oder ob vorrangig andere (Handlungs- oder Zustands-) Störer heranzuziehen sind bzw. die Behörde die Gefahr mit eigenen Mitteln zu beseitigen hat, die persönlichen Verhältnisse des Betroffenen eine wesentliche Rolle. Dies steht nach dem oben Gesagten für sich genommen einer Übergangsfähigkeit der Pflicht zwar nicht entgegen, hier treten aber weitere Umstände hinzu, die gegen einen solchen Übergang sprechen.

So brächte die Betrachtung einer gegen den Eigentümer eines belasteten Grundstücks gerichteten Sanierungsverfügung als dinglichen Verwaltungsakt für die Behörde nicht nur Vorteile. Mit dem Eigentumsübergang verlöre sie nämlich die Möglichkeit, den bisherigen Zustandsstörer in Anspruch zu nehmen, indem die Vollstreckung gegen diesen fortgesetzt und gegenüber dem neuen Eigentümer nur eine Duldungsverfügung erlassen wird. Damit hätte die Allgemeinheit das Risiko zu tragen, daß der Erwerber des Grundstücks die für die Sanierung nötigen finanziellen Mittel nicht besitzt. Der möglicherweise wesentlich zahlungskräftigere bisherige Eigentümer ginge der Behörde zwar nicht völlig als Schuldner verloren, da er als früherer Eigentümer des Grundstücks nach § 4 Abs. 6 BBodSchG sanierungspflichtig bleibt. Bis diese Verpflichtung im Wege der Verwaltungsvollstrek-

---

410 VGH Kassel, NJW 1976, 1910 (1910); *Schoch*, JuS 1994, 1026 (1032); *Stadie*, DVBl. 1990, 501(507); *Stober*, NJW 1977, 123 (124).

411 BVerwG, NJW 1971, 1624; OVG Koblenz, NVwZ 1985, 431 (431 f.); OVG NRW, DVBl. 1973, 226; VGH Kassel, NVwZ 1998, 1315 (1316); VGH Mannheim, NJW 1977, 861; VGH Mannheim, NJW 1979, 1565; *Götz*, POR, Rn. 248 ff.; *Schrader*, Altlastensanierung, S. 127 f.

412 *Drews/Wacke/Vogel/Martens*, § 19, 5 a (S. 300); *Schenke*, GewArch 1976, 1 (2); *Schoch*, JuS 1994, 1026 (1031).

kung durchgesetzt werden könnte, wäre aber der erneute Erlaß einer Sanierungsverfügung erforderlich, gegen die dem bisherigen Eigentümer wieder die Rechtsbehelfe Widerspruch und Klage zustünden. Dem Vorteil, den Rechtsnachfolger des Eigentümers ohne erneutes Verwaltungsverfahren auf Sanierung in Anspruch nehmen zu können, stünde also der Nachteil gegenüber, zur Inanspruchnahme des bisherigen Eigentümers und Adressaten des Verwaltungsakts ein weiteres Verwaltungsverfahren durchführen zu müssen. Das Ziel, ein erneutes Verwaltungsverfahren zu verhindern, das von der Rechtsprechung als entscheidender Grund für die Annahme der Dinglichkeit der gegenüber dem Zustandsstörer ergangenen Sanierungsverfügung genannt wird,[413] kann durch die Bejahung einer Einzelrechtsnachfolge in die konkrete Zustandsverantwortlichkeit also jedenfalls nicht vollständig erreicht werden.

Außerdem ergibt ein Vergleich mit anderen Pflichten, die unstreitig mit einem Grundstück verbunden sind und auf den neuen Eigentümer übergehen, daß diese Übergangsfähigkeit der Pflicht im Gesetz stets ausdrücklich angeordnet ist.[414] Eine solchen Anordnung fehlt aber für die durch Verwaltungsakt konkretisierte Sanierungspflicht des Eigentümers eines altlastenverseuchten Grundstücks.

Nach alledem handelt es sich bei dem die Pflicht des Zustandsstörers konkretisierenden Verwaltungsakt nicht um eine dingliche öffentlich-rechtliche Last. Ein Tatbestand, der den Übergang dieser Verpflichtung auf den Einzelrechtsnachfolger begründet, existiert daher nicht.

c) Ergebnis

Eine Einzelrechtsnachfolge in die konkrete Zustandsverantwortlichkeit findet folglich nicht statt.[415]

---

413 BVerwG, NJW 1971, 1624; VGH Mannheim, NJW 1979, 1565.

414 Vgl. nur § 1018 BGB für die Grunddienstbarkeit, § 1030 BGB für den Nießbrauch, § 1094 BGB für das dingliche Vorkaufsrecht, § 1105 BGB für Reallasten, § 1113 BGB für die Hypothek. Aus dem öffentlichen Recht sei nur auf die Baulast nach § 71 Abs. 1 S. 2 LBO BW; § 73 Abs. 1 S. 3 BerlBauO; § 85 Abs. 2 S. 2 BremLBO; § 79 Abs. 1 S. 2 HambBauO; § 81 Abs. 1 S. 2 HessBO; § 83 Abs. 1 S. 2 BauO MV; § 92 Abs. 1 S. 2 NdsBauO; § 83 Abs. 1 S. 3 BauO NRW; § 84 Abs. 1 S. 2 RhPfBauO; § 109 a Abs. 1 S. 2 SaarLBO; § 80 Abs. 1 S. 2 SächsBO; § 84 Abs. 1 S. 2 SachsAnhBauO; § 89 Abs. 1 S. 3 SchHLBO; § 80 Abs. 1 S. 2 ThürBO verwiesen. In Bayern und Brandenburg existiert eine solche Vorschrift nicht.

415 Im Ergebnis ebenso VGH Kassel, NJW 1976, 1910; *Drews/Wacke/Vogel/Martens*, § 19, 5 a (S. 300); *Schenke*, in: *Steiner*, BesVwR, Rn. 188; *Schoch*, JuS 1994, 1026 (1030); *Stadie*,

3. Rechtsnachfolge in die abstrakte Zustandsverantwortlichkeit

Der (Gesamt- oder Einzel-) Rechtsnachfolger des Zustandsverantwortlichen ist selbst Eigentümer des altlastenverseuchten Grundstücks oder Inhaber der tatsächlichen Gewalt über dieses. Mit dem Eintritt des Rechtsnachfolgetatbestands wird der neue Eigentümer oder Inhaber der tatsächlichen Gewalt also selbst zum Zustandsverantwortlichen. Er kann daher ebenso auf Sanierung der schädlichen Bodenveränderung oder Altlast in Anspruch genommen werden wie sein Rechtsvorgänger. Solange gegen den Rechtsvorgänger noch kein Verwaltungsakt ergangen ist, durch den er als Zustandsstörer zur Sanierung herangezogen wurde, macht es für die Behörde also keinen Unterschied, ob der neue Eigentümer als solcher oder als Rechtsnachfolger des bisherigen Eigentümers in Anspruch genommen wird. Deshalb besteht kein praktisches Bedürfnis nach einer Rechtsnachfolge in die abstrakte Zustandsverantwortlichkeit. Mit einem meist sehr knappen Hinweis auf diese Tatsache lehnt das Schrifttum die Möglichkeit einer Rechtsnachfolge in die abstrakte Zustandsverantwortlichkeit nahezu einhellig ab.[416] Diese Begründung greift aber zu kurz. Daß kein praktisches Bedürfnis für einen Übergang der Pflicht auf den Rechtsnachfolger besteht, besagt noch nichts darüber, ob ein solcher stattfindet. Hierfür ist vielmehr eine Prüfung der Voraussetzungen für die Rechtsnachfolge in Ordnungspflichten erforderlich. Zudem wird die weitere Untersuchung ergeben, daß die Frage, ob der Rechtsnachfolger des Zustandsverantwortlichen auch als solcher sanierungspflichtig ist, in Sonderfällen durchaus von praktischer Bedeutung ist.[417]

a) Gesamtrechtsnachfolge in die abstrakte Zustandsverantwortlichkeit

Ebenso wie der Verhaltensverantwortliche ist auch der Zustandsstörer schon vor Erlaß eines Verwaltungsakts zur Beseitigung der Gefahr verpflichtet. Das galt

---

DVBl. 1990, 501 (506 f.); *Stober*, NJW 1977, 123 (123 f.); a.A. BVerwG, NJW 1971, 1624; OVG Koblenz, NVwZ 1985, 431; OVG NRW, DVBl. 1973, 226; OVG Saarlouis, BRS 22, Nr. 215; VGH Kassel, NVwZ 1998, 1315 (1316); VGH Mannheim, NJW 1977, 861; VGH Mannheim, NJW 1979, 1565; *Götz*, POR, Rn. 248 ff.

416 *Brandt*, Altlastenrecht, IV, Rn. 74; *Breuer*, NVwZ 1987, 751 (756); *Doerfert*, VerwRdsch 1999, 229 (231 f.); *Drews/Wacke/Vogel/Martens*, § 19, 5 a (S. 299); *Friauf*, in: *Schmidt-Aßmann*, BesVwR, Rn. 88; *Götz*, POR, Rn. 247; *Kloepfer*, NuR 1987, 7 (18) = Altlasten und Umweltrecht, S. 17 (46); *Papier*, DVBl. 1985, 873 (878 f.); *Papier*, Altlasten und polizeirechtliche Störerhaftung, S. 59; *Papier*, JZ 1994, 810 (817); *Petersen*, NJW 1992, 1202 (1207); *Schrader*, Altlastensanierung, S. 127.

417 Siehe dazu unten, S. 140.

schon nach dem allgemeinen Polizei- und Ordnungsrecht und wird für den Anwendungsbereich des Bundes-Bodenschutzgesetzes durch § 4 Abs. 3 S. 1 Fall 3 und 4 eindeutig klargestellt. Eine Pflicht des Rechtsvorgängers bestand daher, und diese ist aus den oben genannten Gründen auch des Übergangs auf den Rechtsnachfolger fähig. Die Vorschriften des Zivilrechts, aus denen sich die Gesamtrechtsnachfolge ergibt, bewirken – wie oben dargelegt – jedenfalls in analoger Anwendung, daß die Pflicht auf den Gesamtrechtsnachfolger übergeht.

Eine Rechtsnachfolge in die abstrakte Zustandsverantwortlichkeit findet somit statt,[418] der neue Eigentümer kann daher sowohl als Zustandsverantwortlicher (wegen des eigenen Eigentums) als auch als Rechtsnachfolger des ehemaligen Zustandsstörers (wegen der eingetretenen Gesamtrechtsnachfolge) in Anspruch genommen werden. Praktische Bedeutung kommt dieser doppelten Verpflichtung aber nicht zu, da sich die beiden Pflichten weder in ihren Voraussetzungen noch in ihrer Reichweite unterscheiden.

b) Einzelrechtsnachfolge in die abstrakte Zustandsverantwortlichkeit

Auch die Frage nach der Möglichkeit einer Einzelrechtsnachfolge in die abstrakte Zustandsverantwortlichkeit läßt sich nach dem oben Ausgeführten ohne Schwierigkeiten beantworten. Schon vor ihrer Konkretisierung durch einen Verwaltungsakt bestand eine Pflicht des Zustandsverantwortlichen, die von der Bodenverunreinigung ausgehenden nachteiligen Auswirkungen auf die Bodenfunktionen zu beseitigen. Dem Übergang dieser Pflicht auf einen Rechtsnachfolger steht grundsätzlich nichts entgegen, es fehlt aber an einem Übergangstatbestand. Mangels Dispositionsbefugnis der Beteiligten kann eine Vereinbarung des bisherigen Eigentümers mit dem Erwerber den Übergang der Pflicht nicht bewirken. Auch der Eigentümerwechsel als solcher stellt keinen Übergangstatbestand dar, so daß eine Einzelrechtsnachfolge in die abstrakte Zustandsverantwortlichkeit nicht stattfindet.[419]

III. Ergebnis zur Rechtsnachfolge

Zusammenfassend läßt sich festhalten, daß der Gesamtrechtsnachfolger stets in die Sanierungspflicht des Rechtsvorgängers eintritt und zwar in dem verfahrensrechtlichen Stadium, in dem sie sich zum Zeitpunkt des Eintritts des Gesamtrechtsnach-

---

418 Im Ergebnis ebenso soweit ersichtlich nur *Stadie*, DVBl. 1990, 501 (504 f.).

419 Zu diesem Ergebnis kommt, allerdings mit der oben dargestellten abweichenden Begründung, auch die einhellige Meinung im Schrifttum, vgl. dazu die Nachweise in Fn. 416.

folgetatbestands befand. Dies ergibt sich für die Gesamtrechtsnachfolge in die abstrakte Handlungsverantwortlichkeit aus § 4 Abs. 3 S. 1 Fall 2 BBodSchG, für die übrigen Fälle der Gesamtrechtsnachfolge aus einem Rückgriff auf die zum allgemeinen Polizei- und Ordnungsrecht entwickelten Regeln.

Eine Einzelrechtsnachfolge in Sanierungspflichten ist demgegenüber nicht möglich. Unabhängig davon, ob es sich um Einzelrechtsnachfolge in die Handlungs- oder Zustandsverantwortlichkeit handelt oder ob die Pflicht schon durch einen Verwaltungsakt konkretisiert ist oder nicht, fehlt es an einem Tatbestand, der den Übergang der Pflicht vom bisher Verantwortlichen auf den Rechtsnachfolger bewirkt.

E. Ehemaliger Zustandsstörer

I. Derelinquent

Die Haftung als Zustandsstörer bedeutet für den Eigentümer eines mit einer Altlast oder schädlichen Bodenveränderung belasteten Grundstücks ein erhebliches finanzielles Risiko. Da er seine Haftung nicht auf den Wert des verseuchten Grundstücks beschränken kann, sondern vielmehr mit seinem ganzen Vermögen für die Sanierungskosten einstehen muß, kann es besonders bei kleinen, aber stark verschmutzten Grundstücken wirtschaftlich sinnvoll sein, sich des Grundstücks zu entledigen, wenn damit auch eine Befreiung von der Sanierungspflicht einhergeht. Hierfür bietet sich die Aufgabe des Eigentums an dem Grundstück an, die nach § 928 Abs. 1 BGB durch die Abgabe einer entsprechenden Erklärung vor dem Grundbuchamt und die Eintragung des Verzichts in das Grundbuch erfolgen kann. Mit dieser Eintragung endet das Eigentum, so daß der Anknüpfungspunkt für die Inanspruchnahme zur Sanierung nach § 4 Abs. 3 S. 1 Fall 3 BBodSchG entfällt. Ein Verantwortlicher, der nur aufgrund seines Eigentums an dem belasteten Grundstück in Anspruch genommen werden konnte, also die Altlast nicht selbst verursacht hat, müßte daher nach dem bisher Gesagten durch eine Dereliktion von seiner Sanierungspflicht frei werden.

Dieses Ergebnis wird aber überwiegend als unbillig empfunden, führt es doch dazu, daß der Behörde kein Zustandsstörer mehr als Sanierungspflichtiger zur Verfügung steht. Wenn der Verursacher der Bodenverschmutzung nicht ermittelt werden kann oder nicht zahlungsfähig ist, bleibt daher nur die Möglichkeit, daß die Behörde die schädliche Bodenveränderung oder Altlast auf eigene Kosten beseitigt. Um diese Konsequenzen zu vermeiden, ordnet das allgemeine Polizei- und Ordnungsrecht fast aller Bundesländer an, daß auch derjenige für eine Gefahr verantwortlich ist, der das Eigentum an der störenden Sache aufgegeben hat.[420] Auch die Bodenschutz- und Altlastengesetze der Länder enthielten überwiegend entsprechende Regelungen.[421] Nur in Baden-Württemberg und Sachsen fehlten solche Vorschriften. Mit § 4 Abs. 3 S. 4 Fall 2 BBodSchG hat der Bundesgesetzgeber die in den meisten Ländern geltende Rechtslage für den Anwendungsbereich des Bundes-Bodenschutzgesetzes übernommen und die Sanierungspflicht des Derelinquenten für schädliche Bodenveränderungen und Altlasten angeordnet.[422]

1. Zeitlicher Anwendungsbereich

Der Anwendungsbereich dieser Vorschrift ist nicht ausdrücklich auf Dereliktionen, die nach dem Inkrafttreten des Bundes-Bodenschutzgesetzes am 1. März 1999 erfolgten, beschränkt. Eine solche Beschränkung ergibt sich nach der Auffassung einiger Autoren aber aus der Benutzung des Präsens in § 4 Abs. 3 S. 4 Fall 2 BBodSchG.[423] In der Tat ist es auffällig, daß die Landesgesetze durchgängig davon sprechen, daß derjenige in Anspruch genommen werden kann, der das Eigentum *aufgegeben hat*, während § 4 Abs. 3 S. 4 Fall 2 BBodSchG die Sanierungspflicht desjenigen anordnet, der das Eigentum *aufgibt*.

Diese Formulierung kann aber nicht wörtlich gemeint sein. Zweck der Vorschrift ist es nämlich nicht, eine Sanierungspflicht des bisherigen Eigentümers für den Zeitraum der Eigentumsaufgabe zu begründen, denn bis zu deren Abschluß ist er noch Eigentümer des Grundstücks und als solcher sanierungspflichtig. Es geht vielmehr darum, die Haftung des Eigentümers über den Zeitpunkt des Eigentums-

---

420 Vgl. Art. 8 Abs. 3 BayPAG, § 14 Abs. 4 BerlASOG, § 17 Abs. 3 BrandPolG, § 6 Abs. 3 BremPolG, § 9 Abs. 1 S. 2 HambSOG, § 7 Abs. 3 HessSOG, § 70 Abs. 3 MVSOG, § 7 Abs. 3 NdsGefAG, § 5 Abs. 3 PolG NRW, § 18 Abs. 3 OBG NRW, § 5 Abs. 3 RhPfPOG, § 5 Abs. 3 SaarPolG, § 8 Abs. 3 SachsAnhSOG, § 219 Abs. 3 SchHVwG, § 11 Abs. 3 ThürOBG, § 8 Abs. 3 ThürPAG.

421 Vgl. § 13 Abs. 5 BerlBodSchG; § 12 Abs. 1 Nr. 6 HessAltlastG; § 20 Abs. 1 S. 1 Nr. 5 ThürAbfAG.

422 *Droese*, UPR 1999, 86 (89) will Eigentumsaufgabe und Dereliktion nicht gleichsetzen. Sie versteht Eigentumsaufgabe vielmehr als Oberbegriff für Dereliktion und Eigentumsübertragung. Erst aus einem Umkehrschluß zu § 4 Abs. 6 BBodSchG leitet sie her, daß der Anwendungsbereich von § 4 Abs. 3 S. 4 Fall 2 BBodSchG auf Dereliktionen beschränkt ist.

423 *Bickel*, BBodSchG, § 4, Rn. 33; *Droese*, UPR 1999, 86 (89).

verlustes hinaus auszudehnen.[424] Dann gibt er das Eigentum aber nicht mehr auf, sondern hat dies bereits getan. § 4 Abs. 3 S. 4 Fall 2 BBodSchG ist daher sprachlich verunglückt und so auszulegen, als hieße es – wie in den landesrechtlichen Vorschriften – statt „aufgibt" „aufgegeben hat". Die Benutzung des Präsens hat also für die Auslegung der Norm keine Bedeutung.

Ihr zeitlicher Anwendungsbereich ergibt sich vielmehr aus den oben[425] angestellten Erwägungen: Wenn das Bundes-Bodenschutzgesetz an mehreren Stellen ausdrücklich anordnet, daß die Sanierungspflicht nur eintreten soll, wenn die sie begründenden Umstände nach dem 1. März 1999 eingetreten sind, ist davon auszugehen, daß in allen anderen Fällen, in denen es an einer solchen zeitlichen Einschränkung fehlt, auch Sachverhalte erfaßt werden sollen, die vor dem Inkrafttreten des Gesetzes abgeschlossen waren. Da das Bundes-Bodenschutzgesetz keinen Raum für einen Rückgriff auf die Normen des allgemeinen Polizei- und Ordnungsrechts läßt, hätte eine Begrenzung des Anwendungsbereichs von § 4 Abs. 3 S. 4 Fall 2 BBodSchG auf nach dem 1. März 1999 erfolgte Dereliktionen zu Folge, daß Personen, die ihr Eigentum vor dem Inkrafttreten des Bundes-Bodenschutzgesetzes aufgegeben haben, mangels Ermächtigungsgrundlage nicht mehr zur Sanierung herangezogen werden könnten.[426] Für eine solche Haftungsfreistellung der ehemaligen Eigentümer, die bisher nach Landesrecht ordnungspflichtig waren, sind nicht nur keine Gründe ersichtlich, es ist auch nicht erkennbar, daß der Bundesgesetzgeber einen derartigen Schritt beabsichtigte. § 4 Abs. 3 S. 4 Fall 2 BBodSchG ordnet demnach die Sanierungsverantwortlichkeit aller Personen an, die in der Vergangenheit das Eigentum an einem altlastenverseuchten Grundstück aufgegeben haben.[427]

2. Verfassungsrechtliche Zulässigkeit

Dies ist unter dem Gesichtspunkt einer echten Rückwirkung in den Bundesländern unbedenklich, in denen auch vor dem Inkrafttreten des Bundes-Bodenschutzgesetzes der Derelinquent nach allgemeinem Polizei- und Ordnungsrecht oder aufgrund spezieller Altlasten- oder Bodenschutzgesetze zur Sanierung herangezogen werden konnte. In Baden-Württemberg und Sachsen fehlten aber Vorschriften, aus denen

---

424 So auch *Droese*, UPR 1999, 86 (89).

425 3. Teil:D.I.1.a) (S. 93).

426 *Droese*, UPR 1999, 86 (89).

427 Im Ergebnis ebenso *Becker*, BBodSchG, § 4, Rn. 23 a.

sich diese Möglichkeit ausdrücklich ergab, so daß sich hier die Frage einer echten Rückwirkung und deren verfassungsrechtlicher Zulässigkeit stellt.

a) Vorliegen einer echten Rückwirkung

Eine echte Rückwirkung[428] liegt vor, wenn ein vor Inkrafttreten des Gesetzes bereits vollständig abgeschlossener Sachverhalt durch das Gesetz veränderten Regeln unterworfen wird.[429] Ob die vor dem Inkrafttreten des Bundes-Bodenschutzgesetzes in Baden-Württemberg und Sachsen erfolgten Dereliktionen veränderten Regeln unterworfen werden, hängt davon ab, ob in diesen Ländern eine Dereliktion zum Erlöschen der Zustandsverantwortlichkeit führt, oder ob nach allgemeinem Polizei- und Ordnungsrecht auch ohne eine Vorschrift, die die Haftung des Derelinquenten anordnet, seine Inanspruchnahme weiterhin möglich ist.

aa) Zivilrechtliche Wirksamkeit

Damit eine Dereliktion die öffentlich-rechtliche Verantwortlichkeit des bisherigen Eigentümers beenden kann, muß sie zunächst zivilrechtlich wirksam sein. Andernfalls besteht trotz der Erklärung, das Eigentum aufgeben zu wollen, das Eigentum und damit der Anknüpfungspunkt für die Verantwortlichkeit als Zustandsstörer fort. Einwände gegen die zivilrechtliche Wirksamkeit der Dereliktion eines mit einer schädlichen Bodenverunreinigung oder Altlast belasteten Grundstücks werden unter Hinweis auf eine Nichtigkeit wegen eines Verstoßes gegen ein gesetzliches Verbot (§ 134 BGB) oder wegen einer Sittenwidrigkeit eines solchen Verhaltens (§ 138 BGB) geltend gemacht.

(1) Nichtigkeit nach § 134 BGB

Ausgangspunkt für den Versuch, die Dereliktion eines verseuchten Grundstücks zu einem Verstoß gegen ein gesetzliches Verbot und damit für nach § 134 BGB nich-

---

[428] Der zweite Senat des Bundesverfassungsgerichts verwendet statt „echter" und „unechter Rückwirkung" in seiner neueren Rechtsprechung die Begriffe „Rückbewirkung von Rechtsfolgen" und „tatbestandliche Rückanknüpfung", vgl. BVerfGE 72, 200 (241 ff.); 77, 370 (377); 78, 249 (283); 83, 89 (110). Im Ergebnis bedeutet dies aber keinen Unterschied zu der weiterhin vom ersten Senat vorgenommenen Differenzierung zwischen echter und unechter Rückwirkung, vgl. *Jarass*, in: *Jarass/Pieroth*, GG, Art. 20, Rn. 67; *Maurer*, HbStR III, § 60, Rn. 15; *Sachs*, in: *Sachs*, GG, Art. 20, Rn. 132; a.A. *Schmidt-Aßmann*, HbStR I, § 24, Rn. 86.

[429] BVerfGE 11, 139 (145 f.); 30, 250 (267); 30, 367 (386); 30, 392 (401); 57, 361 (391); 72, 175 (196).

tig zu erklären, ist die Erkenntnis, daß der Eigentümer eines Grundstücks verpflichtet ist, eine von seinem Grundstück ausgehende Gefahr zu beseitigen, auch wenn noch kein Verwaltungsakt ergangen ist, der diese Pflicht konkretisiert.[430] Wenn der Eigentümer verpflichtet ist, die Gefahr zu beseitigen, bedeutet dies umgekehrt, daß es ihm verboten ist, das Grundstück in seinem gefährlichen Zustand zu belassen.[431]

Im Zivilrecht ist anerkannt, daß Nichtigkeit nach § 134 BGB nicht nur im Falle der tatsächlichen Verletzung eines Verbotsgesetzes eintritt, sondern daß die Umgehung eines solchen Gesetzes ebenfalls zur Nichtigkeit führt.[432] In der Dereliktion des verschmutzten Grundstücks liegt nach *Schmidt-Jortzig* eine Umgehung des Verbots, das Grundstück in seinem gefährlichen Zustand zu belassen, so daß die gegenüber dem Grundbuchamt abgegebene Erklärung, das Eigentum an dem Grundstück aufgeben zu wollen, nach § 134 BGB nichtig sei.[433]

Zwar ist *Schmidt-Jortzig* darin zu folgen, daß es dem Eigentümer vor der Eigentumsaufgabe verboten war, sein Grundstück in gefährlichem Zustand zu belassen, seine Folgerung daraus ist aber nicht haltbar. Voraussetzung für dieses Verbot ist nämlich, daß der Derelinquent weiterhin zur Beseitigung der Gefahr verpflichtet ist, was wiederum voraussetzt, daß sein Eigentum an dem Grundstück als Anknüpfungspunkt für die Zustandsverantwortlichkeit fortbesteht. Im Ergebnis begründet *Schmidt-Jortzig* also den Fortbestand des Eigentums mit dem Bestehen einer Pflicht, die ihrerseits das Eigentum an dem Grundstück voraussetzt. Dies stellt einen Zirkelschluß dar.[434] § 134 BGB steht daher der Wirksamkeit der Dereliktion nicht entgegen.[435]

---

430 Siehe hierzu bereits oben, 3. Teil:D.I.1.b)aa) (S. 95) und 3. Teil:D.II.3.a) (S. 121).

431 *Schmidt-Jortzig*, FS *Scupin*, S. 819 (828).

432 BAGE 10, 65 (70); *Heinrichs*, in: *Palandt*, BGB, § 134, Rn. 28; *Mayer-Maly/Armbrüster*, in: MünchKomm, § 138, Rn. 53; *Schmidt-Jortzig*, FS *Scupin*, S. 819 (828).

433 *Schmidt-Jortzig*, FS *Scupin*, S. 819 (828).

434 *Jorczyk/Duesmann*, altlasten spektrum 1999, 71 (71 f.); *Stöckle/Röckseisen*, NJ 1993, 67 (68).

435 Im Ergebnis ebenso *Drews/Wacke/Vogel/Martens*, § 21, 2 c (S. 328, Fn. 63); *Jorczyk/Duesmann*, altlasten spektrum 1999, 71 (72); *Mehlich*, BWVP 1992, 154 (155); *Paintner*, JA 1990, 133 (135); *Schenke*, in: *Steiner*, BesVwR, Rn. 180; *Stöckle/Röckseisen*, NJ 1993, 67 (68).

(2) *Nichtigkeit nach § 138 Abs. 1 BGB*

Die Dereliktion des belasteten Grundstücks ist nur dann wegen eines Verstoßes gegen die guten Sitten nach § 138 Abs. 1 BGB nichtig, wenn die Vornahme des Rechtsgeschäfts gegen das Anstandsgefühl aller billig und gerecht Denkenden verstößt.[436] Um diese sehr unbestimmte Definition handhabbar zu machen, haben Literatur und Schrifttum eine Reihe von Fallgruppen entwickelt, in denen Sittenwidrigkeit gegeben ist. Hierunter fallen Rechtsgeschäfte, durch die der Handelnde sich unter Verstoß gegen die Rechtsordnung einen unangemessenen finanziellen Vorteil zu Lasten des Fiskus verschaffen will, wie z.B. Steuerhinterziehung oder Schmuggel.[437] Diese Fallgruppe halten Teile des Schrifttums auf die Aufgabe des Eigentums an einem mit einer schädlichen Bodenveränderung oder Altlast verseuchten Grundstück für anwendbar. Schließlich gehe es dem Derelinquenten darum, sich selbst von den Sanierungskosten zu entlasten, was zur Folge habe, daß die öffentlichen Kassen diese Aufwendungen zu tragen haben.[438] Das allein genügt aber nicht. Hinzukommen muß vielmehr, daß der Handelnde gegen die Rechtsordnung verstoßen hat. Dies ist hier aber nicht der Fall, denn während der Abgabenschuldner, der eine Steuerhinterziehung begeht, durch das Verdecken des die Zahlungspflicht begründenden Tatbestands die einschlägigen Steuergesetze verletzt, stellt die Dereliktion eines belasteten Grundstücks nach dem eben Ausgeführten keinen Verstoß gegen ein gesetzliches Verbot dar.

Vereinzelt wird versucht, die Sittenwidrigkeit der Dereliktion unmittelbar aus Art. 14 Abs. 2 GG herzuleiten. Diese Norm enthalte den allgemeinen Rechtsgedanken, daß derjenige, dem die Vorteile des Eigentums zustehen, auch die mit diesem verbundenen Nachteile tragen müsse. Eine auf einem Grundstück vorhandene Altlast sei die Folge einer vorherigen übermäßigen Nutzung des Grundstücks. Ein Eigentümer, dem diese übermäßigen Nutzungen zugute gekommen seien, indem er sie entweder selbst gezogen oder die von einem früheren Eigentümer gezogenen Nutzungen bei seinem Eigentumserwerb im Grundstück verkörpert gefunden habe,

---

436 Vgl. RGZ 80, 219 (221); BGHZ 10, 228 (232); 69, 295 (297); BAG, NJW 1976, 1958.

437 *Palm*, in: *Ermann*, BGB, § 138, Rn. 50, 84, 158; *Krüger-Nieland/Zöller*, in: RGRK, § 138, Rn. 150 ff.

438 *Mehlich*, BWVP 1992, 154 (155); *Schmidt-Jortzig*, FS *Scupin*, S. 819 (822).

handele daher sittenwidrig, wenn er durch die Dereliktion versuche, den mit diesen Vorteilen verbundenen Nachteilen zu entgehen.[439]

Hiergegen sprechen sowohl rechtsdogmatische als auch praktische Gründe. Art. 14 Abs. 2 GG ist nämlich in erster Linie an den Gesetzgeber gerichtet, dem es obliegt, Vorschriften zu schaffen, die Inhalt und Grenzen der Sozialpflichtigkeit des Eigentums festlegen. Nur in Ausnahmefällen können unmittelbar aus Art. 14 Abs. 2 GG Pflichten des Eigentümers abgeleitet werden.[440] Ob hier eine solche Ausnahme vorliegt, erscheint zumindest zweifelhaft. Selbst wenn man sich über diese Bedenken hinwegsetzt, muß ein Versuch, die Sittenwidrigkeit einer Dereliktion eines verseuchten Grundstücks davon abhängig zu machen, ob der durch die Verschmutzungshandlung erzielte wirtschaftliche Vorteil dem Derelinquenten zugute gekommen ist oder nicht, an praktischen Problemen scheitern. Da der Verursacher einer Bodenverschmutzung auch nach einer Dereliktion noch als solcher auf Sanierung in Anspruch genommen werden kann, sind nur die Fälle von praktischer Bedeutung, in denen der Derelinquent nicht Verursacher der Altlast war. Hier wäre also in jedem Einzelfall zu untersuchen, ob das durch den Verzicht auf Maßnahmen zum Bodenschutz ersparte Geld so in das Grundstück investiert worden ist, daß dem neuen Eigentümer daraus noch ein Vorteil entstanden ist. Das dürfte sich aber nach Jahren oder gar Jahrzehnten nicht mehr nachvollziehen lassen, insbesondere wenn – wie es fast immer der Fall sein wird – das durch die übermäßige Nutzung des Grundstücks erwirtschaftete Geld nicht die einzige Einkommensquelle des früheren Eigentümers war.[441] Schon aus diesem Grund kann es nicht überzeugen, die Nichtigkeit oder Wirksamkeit der Dereliktion von aus der Verschmutzung gezogenen Vorteilen abhängig zu machen.

Die Dereliktion eines mit einer schädlichen Bodenveränderung oder Altlast belasteten Grundstücks ist daher nicht nach § 138 Abs. 1 BGB wegen Verstoßes gegen die guten Sitten nichtig.[442]

---

439 *Stöckle/Röckseisen*, NJ 1993, 67 (68). Diesen Gesichtspunkt hält auch *Mehlich*, BWVP 1992, 154 (155) für wesentlich, ordnet ihn aber bei der Frage des Fortbestands der Zustandshaftung trotz zivilrechtlich wirksamer Dereliktion ein.

440 BVerfGE 21, 73 (83); *Jarass*, in: *Jarass/Pieroth*, GG, Art. 14, Rn. 50; *Siekmann*, in: *Siekmann/Duttge*, Staatsrecht I, Rn. 644; *Spannowski*, DVBl. 1994, 560 (562)

441 *Jorczyk/Duesmann*, altlasten spektrum 1999, 71 (72).

442 Im Ergebnis ebenso BayObLG, Rpfleger 1983, 308; *Jorczyk/Duesmann*, altlasten spektrum 1999, 71 (72); *Paintner*, JA 1990, 133 (135), sowie die h.M. in der zivilrechtlichen Literatur, vgl. nur *Hagen/Lorenz*, in: *Erman*, BGB, § 928, Rn. 1; *Heinrichs*, in: *Palandt*, BGB, § 928, Rn. 1.

(3) Ergebnis zur zivilrechtlichen Wirksamkeit

Die Aufgabe des Eigentums an einem mit einer Bodenverseuchung belasteten Grundstücks ist also zivilrechtlich wirksam. Für dieses Ergebnis spricht auch der Wortlaut der landesrechtlichen Vorschriften, die die Verantwortlichkeit des Derelinquenten für eine störende, herrenlose Sache anordnen.[443] Die Formulierung, verantwortlich sei derjenige, „der das Eigentum an der Sache aufgegeben hat", wäre – wie auch die ganze Vorschrift – sinnlos, wenn eine zivilrechtlich wirksame Dereliktion eines belasteten Grundstücks nicht möglich wäre.[444]

bb) Erlöschen der Zustandshaftung durch zivilrechtlich wirksame Dereliktion

Daß eine zivilrechtlich wirksame Dereliktion des verseuchten Grundstücks die öffentlich-rechtliche Haftung des bisherigen Eigentümers entfallen läßt, wird von einigen Stimmen im Schrifttum bestritten. Zur Begründung wird angeführt, die Zustandshaftung diene dem Zweck, eine gerechte Lasten- und Risikoverteilung zwischen dem Eigentümer eines Grundstücks und der Allgemeinheit herbeizuführen. Diese Risikoverteilung verschiebe der Eigentümer zu seinem Gunsten, wenn er die ihn treffende Sanierungspflicht durch die Aufgabe des Eigentums an dem Grundstück auf die Allgemeinheit abwälze.[445]

Mit der Entscheidung, die Sanierungspflicht an das Eigentum zu knüpfen, hat der Gesetzgeber das Bestehen öffentlich-rechtlicher Pflichten mit der zivilrechtlichen Eigentumslage verbunden.[446] Ob angesichts dieser eindeutigen Entscheidung des Gesetzgebers überhaupt Raum für eine Korrektur aufgrund von Billigkeits- und Zweckmäßigkeitserwägungen ist, erscheint zumindest fraglich, nötig wäre jedenfalls eine grobe Unbilligkeit des Ergebnisses bei strikter Anwendung der Gesetzeslage. Eine solche grobe Unbilligkeit läßt sich indes nicht feststellen. Auf die Frage, ob eine Eigentumsaufgabe die Zustandsverantwortlichkeit entfallen läßt, kommt es nämlich nur in den Fällen an, in denen der Derelinquent nicht zusätzlich als Verursacher der Bodenverschmutzung in Anspruch genommen werden kann. Er befindet sich also in aller Regel selbst in einer Opferposition, da er das Grund-

---

443 Diese Vorschriften sind in Fn. 420 und 421 aufgeführt.

444 *Jorczyk/Duesmann*, altlasten spektrum 1999, 71 (72).

445 OVG Bremen, DÖV 1989, 172; *Friauf*, in: *Schmidt-Aßmann*, BesVwR, Rn. 89; *Mehlich*, BWVP 1992, 154 (155).

446 *Schmidt-Jortzig*, FS *Scupin*, S. 819 (824); vgl. auch VGH BW, UPR 1996, 394; *Schoch*, JuS 1994, 1026 (1027).

stück erworben hat, ohne von seiner Verschmutzung zu wissen. Auch wenn es ihm durch Dereliktion des Grundstücks möglich ist, sich von der öffentlich-rechtlichen Sanierungspflicht zu befreien, erleidet er doch einen erheblichen wirtschaftlichen Verlust, da er für den von ihm für das Grundstück gezahlten Kaufpreis keinen Ausgleich erhält. Im Ergebnis kann der bisherige Eigentümer sich daher nicht vollständig von seiner Sanierungspflicht befreien, sondern seine Haftung lediglich auf den Wert des Grundstücks beschränken. Dies ist jedenfalls nicht so grob unbillig, daß eine Korrektur des Ergebnisses dringend geboten erscheint.[447]

Die zivilrechtlich wirksame Dereliktion führt daher zum Erlöschen der öffentlich-rechtlichen Sanierungspflicht des bisherigen Eigentümers.

cc) Inanspruchnahme des Derelinquenten als Handlungsstörer

Die Dereliktion führt in Baden-Württemberg und Sachsen auch nicht zur Entstehung eines anderen Anknüpfungspunkts für eine Sanierungspflicht des bisherigen Eigentümers. Sie stellt insbesondere nicht selbst einen Verstoß gegen die öffentliche Sicherheit unter dem Aspekt einer Verletzung der objektiven Rechtsordnung dar. Es wäre nämlich mit der Einheitlichkeit der Rechtsordnung unvereinbar, ein Verhalten, das sich zivilrechtlich als Ausübung eines Rechts darstellt, polizeirechtlich zu sanktionieren.[448]

dd) Ergebnis zum Vorliegen einer echten Rückwirkung

In Baden-Württemberg und Sachsen war es somit vor Inkrafttreten des Bundes-Bodenschutzgesetzes möglich, sich durch die Aufgabe des Eigentums an dem verseuchten Grundstück wirksam von der Sanierungspflicht zu befreien.[449] Soweit § 4 Abs. 3 S. 4 Fall 2 BBodSchG auch vor dem 1. März 1999 abgeschlossene Dereliktionen erfaßt, liegt daher ein Fall der echten Rückwirkung vor.

---

447 *Jorczyk/Duesmann*, altlasten spektrum 1999, 71 (72); *Paintner*, JA 1990, 133 (135).

448 So die einhellige Meinung in Rechtsprechung und Literatur, vgl. hierzu schon die Nachweise in Fn. 197.

449 Im Ergebnis ebenso VGH Mannheim, NVwZ-RR 1991, 27; VG Freiburg, DVBl. 1967, 787 (788); *Götz*, POR, Rn. 226; *Jorczyk/Duesmann*, altlasten spektrum 1999, 71 (73); *Paintner*, JA 1990, 133 (135); *Schoch*, JuS 1994, 1026 (1027); *v. Mutius*, Jura 1983, 298 (307); *Würtenberger/Heckmann/Riggert*, PolR, Rn. 608.

b) Verfassungsrechtliche Zulässigkeit

Das Bundesverfassungsgericht hat in ständiger Rechtsprechung eine echte Rückwirkung von Gesetzen für mit dem zu gewährleistenden Vertrauensschutz, den es aus dem Rechtsstaatsprinzip herleitet, grundsätzlich unvereinbar gehalten.[450] Gleichzeitig hat es einige Fallgruppen entwickelt, in denen eine echte Rückwirkung ausnahmsweise doch hinzunehmen ist.[451] Die verfassungsrechtliche Zulässigkeit der echten Rückwirkung, die § 4 Abs. 3 S. 4 Fall 2 BBodSchG hinsichtlich der vor dem 1. März 1999 in Baden-Württemberg und Sachsen vorgenommenen Dereliktionen entfaltet, hängt somit davon ab, ob hier eine dieser Fallgruppen einschlägig ist.

aa) Rechtslage unklar und verworren

Die echte Rückwirkung könnte zunächst deshalb gerechtfertigt sein, weil die bisherige Rechtslage in Baden-Württemberg und Sachsen unklar und verworren war.[452] Diese Fallgruppe beruht auf der Erwägung, daß sich ein schutzwürdiges Vertrauen des Bürgers auf die gegenwärtige Rechtslage gar nicht erst bilden kann, wenn deren Inhalt so unverständlich oder kompliziert ist, daß sich nicht ohne weiteres feststellen läßt, was überhaupt Gesetz ist.[453]

Ob die Dereliktion eines mit einer schädlichen Bodenveränderung oder Altlast belasteten Grundstücks die Sanierungspflicht des bisherigen Eigentümers entfallen läßt, wenn seine weitere Haftung nicht ausdrücklich im Gesetz angeordnet ist, ist seit langem umstritten. Allerdings kann nicht jede Auslegungsschwierigkeit oder jeder Meinungsstreit genügen, um die Rechtslage als unklar und verworren erscheinen zu lassen. Dies hätte angesichts der Vielzahl der zumindest in Einzelheiten umstrittenen Rechtsfragen zur Folge, daß das grundsätzliche Verbot echter Rückwirkungen leer liefe. Nötig ist daher, daß die Rechtslage so undurchsichtig

---

450 BVerfGE 13, 261 (271); 14, 288 (297); 15, 313 (324); 18, 429 (439); 21, 117 (131 f.); 22, 241 (248); 24, 220 (229); 30, 367 (387).

451 Zur Kritik an diesem kasuistischen Vorgehen des Bundesverfassungsgerichts siehe *Pieroth*, Rückwirkung und Übergangsrecht, S. 79 ff.; *Stern*, Staatsrecht I, § 20 IV g γ (S. 835 f.).

452 Zu dieser Fallgruppe vgl. BVerfGE 7, 129 (151 ff.); 11, 64 (77); 13, 261 (272); 24, 75 (100 f.); 30, 367 (388); 45, 142 (173 f.); 45, 142 (173 f.); 50, 177 (193 f.); 72, 200 (259); 88, 384 (404).

453 *Maurer*, HbStR III, § 60, Rn. 28.

war, daß ein klärendes Eingreifen des Gesetzgebers dringend geboten erschien.[454] Dabei ist es nicht ausreichend, daß überhaupt eine Klärung nötig war, das besondere Bedürfnis muß vielmehr für eine rückwirkende Klarstellung der Rechtslage bestehen.

Hier ist nicht erkennbar, daß das Fehlen einer Norm, die klarstellt, ob der bisherige Eigentümer eines verseuchten Grundstücks, auch nachdem er die Aufgabe des Eigentums erklärt hat, noch zur Sanierung herangezogen werden kann, in der Rechtspraxis in größerem Umfang zu Unklarheiten geführt hat. Wie die geringe Zahl von Gerichtsentscheidungen, die zu dieser Frage ergangen ist, zeigt, haben bisher nur sehr wenige Grundstückseigentümer versucht, sich durch Dereliktion von ihrer Sanierungspflicht zu befreien. Auch hat der Gesetzgeber in Baden-Württemberg in den mehr als zwanzig Jahren, die vergangen sind, seit mit § 5 Abs. 3 eine Vorschrift in den Musterentwurf eines Polizeigesetzes aufgenommen wurde,[455] die die Nachhaftung des Derelinquenten anordnet, keine Veranlassung gesehen, sein Polizeigesetz entsprechend zu ergänzen. Sachsen hat sogar noch 1994 ein neues Polizeigesetz erlassen[456] und dabei auf eine § 5 Abs. 3 ME PolG entsprechende Norm verzichtet.

Nach alledem hat das Fehlen einer Vorschrift über die Haftung des ehemaligen Eigentümers nach einer erfolgten Dereliktion in der Rechtspraxis nur sehr geringe Unklarheiten verursacht. Ein Bedürfnis für eine rückwirkende Klärung der Frage bestand daher nicht, so daß die echte Rückwirkung durch das Bundes-Bodenschutzgesetz nicht durch eine unklare, verworrene Rechtslage gerechtfertigt ist.

bb) Voraussehbarkeit der rückwirkenden Neuregelung

Das Vertrauen auf den Fortbestand der bisherigen Rechtslage ist aber von dem Zeitpunkt an zerstört, ab dem der Bürger mit dem Erlaß einer rückwirkenden Neuregelung rechnen muß. Daher hält das Bundesverfassungsgericht Gesetze, die echte Rückwirkung entfalten, insoweit für verfassungsrechtlich unbedenklich, wie

---

454 BVerfGE 50, 177 (194).

455 Die Aufnahme dieser Vorschrift in den Musterentwurf geht auf einen Beschluß der Innenministerkonferenz vom 25. November 1977 zurück.

456 SächsPolG in der Fassung der Bekanntmachung vom 15 August 1994, GVBl. S. 1541.

der Erlaß einer rückwirkenden Neuregelung für den Bürger voraussehbar war.[457] Wann Voraussehbarkeit in diesem Sinne gegeben ist, entscheidet das Bundesverfassungsgericht nicht ganz einheitlich. So hat es in einem Fall die öffentliche Ankündigung, eine Neuregelung schaffen zu wollen, für ausreichend gehalten.[458] In aller Regel läßt es aber die Einbringung einer Gesetzesinitiative in den Bundestag nicht genügen,[459] sondern sieht das Vertrauen des Bürgers in die bisherige Rechtslage erst dann als zerstört an, wenn das neue, diese Rechtslage rückwirkend ändernde Gesetz bereits vom Bundestag beschlossen wurde.[460]

Daß schon der Gesetzesbeschluß durch den Bundestag ausreichen soll, um das Vertrauen des Bürgers auf die bisherige Rechtslage zu zerstören, kann indes nicht überzeugen. So sind die Möglichkeiten für einen Bürger, von einem Bundestagsbeschluß zu erfahren, erheblich eingeschränkt. Solange das Gesetz noch nicht im Bundesgesetzblatt verkündet wurde, gibt es keine Quelle, aus der man sich zuverlässig und schnell über die Beschlüsse des Bundestags informieren kann.[461] Wenn der Gesetzesbeschluß aber noch nicht bekannt ist, muß der Bürger auch nicht mit einer rückwirkenden Änderung der Rechtslage rechnen. Aber selbst wer – etwa aus Presse oder Fernsehen – von dem Gesetzesbeschluß erfahren hat, kann deshalb noch nicht sicher sein, daß sich die Rechtslage tatsächlich in der Form ändern wird, wie der Bundestag beschlossen hat. Da das Gesetz erst in Kraft treten kann, wenn noch andere Verfassungsorgane, insbesondere der Bundesrat, mitgewirkt haben, ist es vielmehr durchaus wahrscheinlich, daß es noch zu Änderungen kommt, oder das Gesetz gar nicht in Kraft tritt.[462]

Wenn sich der Bürger nach der Rechtsprechung des Bundesverfassungsgerichts in der u.U. langen Phase zwischen der Beschlußfassung durch den Bundestag und der Verkündung des neuen Gesetzes im Bundesgesetzblatt[463] nicht mehr auf die alte

---

457 BVerfGE 1, 264 (280); 2, 237 (264 ff.); 3, 58 (150); 8, 274 (304); 13, 261 (272); 18, 429 (439); 30, 367 (387); 37, 363 (398); 45, 142 (173 f.); 72, 200 (260 ff.); 88, 384 (404); 89, 48 (67).

458 BVerfGE 81, 228 (239).

459 BVerfGE 30, 272 (287); 31, 222 (227); 72, 200 (260 f.).

460 BVerfGE 37, 363 (398); 72, 200 (260 f.); 89, 48 (67).

461 *Maurer*, HbStR III, § 60, Rn. 33.

462 *Maurer*, HbStR III, § 60, Rn. 34.

463 So hat etwa der Bundestag das Bundes-Bodenschutzgesetz am 12.06.1997 in dritter Lesung beschlossen (vgl. BT-Plenarprotokoll 13/181, S. 16317 C), aufgrund eines langwierigen Vermittlungsverfahrens wurde es aber erst am 24.03.1998, also mehr als neun Monate später, im Bundesgesetzblatt verkündet.

Rechtslage verlassen kann, stellt sich die Frage, ob in dieser Zeit seine Dispositionen gar nicht geschützt sind. Einzige Alternative wäre, sein Vertrauen auf die vom Bundestag beschlossene Gesetzesfassung zu schützen. Das kann dann aber, wenn diese im Vermittlungsausschuß noch wesentliche Änderungen erfährt, zur Folge haben, daß der Bürger sich auf eine Gesetzesfassung berufen kann, die niemals tatsächlich gegolten hat.[464]

Aus diesen Gründen scheint es angemessen, das Vertrauen des Bürgers auf die bisherige Rechtslage solange zu schützen, bis das neue Gesetz, das die rückwirkende Neuregelung enthält, im Bundesgesetzblatt veröffentlicht wurde. Erst dann ist tatsächlich voraussehbar, ob es zu einer Neuregelung kommt und welchen Inhalt diese haben wird. Auf das Bundes-Bodenschutzgesetz angewandt bedeutet das, daß Eigentümer von verseuchten Grundstücken in Baden-Württemberg und Sachsen erst ab dem 24. März 1998 damit rechnen mußten, daß ein Bodenschutzgesetz in Kraft treten wird, das ihnen rückwirkend die Möglichkeit nimmt, sich durch die Dereliktion ihres Grundstücks von der Verpflichtung zur Sanierung zu befreien. Der rückwirkenden Anwendung von § 4 Abs. 3 S. 4 Fall 2 BBodSchG auf Dereliktionen, die nach diesem Datum in Baden-Württemberg und Sachsen erfolgten, steht daher nichts entgegen.

c) Ergebnis zur verfassungsrechtlichen Zulässigkeit

Die Anwendung von § 4 Abs. 3 S. 4 Fall 2 BBodSchG auf vor dem Inkrafttreten des Bundes-Bodenschutzgesetzes erfolgte Dereliktionen ist in allen Bundesländern, in deren allgemeinem Polizei- und Ordnungsrecht oder speziellen Altlasten- oder Bodenschutzgesetzen eine entsprechende Vorschrift existierte, verfassungsrechtlich unbedenklich. In Baden-Württemberg und Sachsen jedoch, wo eine Inanspruchnahme des Derelinquenten vor dem 1. März 1999 nicht möglich war, steht der Anwendung von § 4 Abs. 3 S. 4 Fall 2 BBodSchG auf vor dem 24. März 1998 abgeschlossene Dereliktionen das verfassungsrechtliche Verbot echter Rückwirkungen entgegen. Dies führt aber nicht zur Nichtigkeit von § 4 Abs. 3 S. 4 Fall 2 BBodSchG. Vielmehr ist eine verfassungskonforme Auslegung dahingehend möglich, daß gegen ehemalige Eigentümer von verseuchten Grundstücken in Baden-Württemberg und Sachsen dann keine Sanierungsverfügung ergehen darf, wenn sie

---

[464] Vgl. dazu auch *Maurer*, HbStR III, § 60, Rn. 34.

ihr Eigentum an dem Grundstück vor der Verkündung des Bundes-Bodenschutzgesetzes im Bundesgesetzblatt am 24. März 1998 aufgegeben haben.

II. Veräußerer

Die Sanierungspflicht des bisherigen Eigentümers nach § 4 Abs. 3 S. 1 Fall 3 BBodSchG erlischt nach dem oben Gesagten grundsätzlich mit dem Verlust des Eigentums. Das allgemeine Polizei- und Ordnungsrecht der meisten Länder kennt als einzige Ausnahme hiervon die Dereliktion einer störenden Sache, die wegen der Konsequenz, daß der Behörde kein Zustandsverantwortlicher mehr zur Verfügung steht, als unbillig empfunden wird. Die Übertragung des Eigentums an einem belasteten Grundstück auf einen Dritten hat zwar gleichfalls zur Folge, daß der bisherige Eigentümer, der die Verschmutzung nicht verursacht hat, nicht mehr auf Sanierung in Anspruch genommen werden kann, an seine Stelle tritt aber der Grundstückserwerber, der mit dem Eigentumserwerb seinerseits als Zustandsstörer sanierungspflichtig wird. Wohl deshalb ist die Frage, ob es Konstellationen geben kann, in denen die Übereignung eines Grundstücks auf einen Dritten keine Befreiung von der Zustandsverantwortlichkeit zur Folge hat, im Schrifttum nicht diskutiert worden. Vielmehr wird einhellig angenommen, daß der bisherige Eigentümer nach der Eigentumsübertragung auf einen Dritten nicht mehr sanierungspflichtig ist.[465]

An diesem Ergebnis kann auch für die weitaus überwiegende Anzahl der Eigentumsübertragungen an Grundstücken kein Zweifel bestehen. Es sind aber Ausnahmefälle denkbar, in denen die Veräußerung eines Grundstücks praktisch dieselben Konsequenzen hat wie eine Dereliktion. Ein Grundstückseigentümer, der sich Sanierungskosten, die den Wert seines Grundstücks übersteigen, ausgesetzt sieht, und dem der Ausweg über eine Dereliktion des Grundstücks durch die Normen, die eine Haftung des Derelinquenten anordnen, versperrt ist, mag erwägen, sich des Grundstücks durch eine Veräußerung an einen Dritten zu entledigen. Falls der Erwerber bereits beim Erwerb des Grundstücks aus anderen Gründen zahlungsunfähig ist, steht von vornherein fest, daß es der Behörde nicht möglich sein wird, ihn auf Ersatz der Sanierungskosten in Anspruch zu nehmen. Insbesondere wenn nur

---

465 OVG Münster, DVBl. 1977, 257; VGH Mannheim, NVwZ-RR 1991, 27; VGH Mannheim, UPR 1996, 394; VGH München, NVwZ 1988, 942 (946); *Drews/Wacke/Vogel/Martens*, § 21, 2 c (S. 328); *Friauf*, in: *Schmidt-Aßmann*, BesVwR, Rn. 88; *Götz*, POR, Rn. 225; *Schoch*, JuS 1994, 1026 (1027).

ein symbolischer Kaufpreis vereinbart wurde oder die Veräußerung gar schenkweise erfolgte, wird die Ähnlichkeit zu den Fällen der Dereliktion eines verseuchten Grundstücks deutlich. Der bisherige Eigentümer hat in beiden Konstellationen keinen oder praktisch keinen Gegenwert für sein Grundstück erhalten und die Behörde kann (einmal aus rechtlichen, einmal aus tatsächlichen Gründen) niemanden als Eigentümer des Grundstücks auf Sanierung in Anspruch nehmen.

Ohne gesetzliche Regelung stellen sich daher im Falle der Übereignung eines mit einer schädlichen Bodenveränderung oder Altlast belasteten Grundstücks an einen zahlungsunfähigen Erwerber die Fragen entsprechend, die oben zur Dereliktion in Baden-Württemberg und Sachsen vor Inkrafttreten des Bundes-Bodenschutzgesetzes, d.h. vor Geltung einer die Nachhaftung des ehemaligen Eigentümers anordnenden Norm, diskutiert wurden.[466] Zu erwägen sind insbesondere eine Sittenwidrigkeit der Übereignung und des ihr zugrundeliegenden schuldrechtlichen Vertrags nach §§ 134 und 138 Abs. 1 BGB. Nach der hier vertretenen Auffassung greifen diese Bedenken aber nicht durch, so daß die Übereignung zivilrechtlich wirksam wäre und zu einer Befreiung von der öffentlich-rechtlichen Sanierungspflicht führen würde.

Soweit ersichtlich ist es in der Rechtspraxis erst einmal vorgekommen, daß der Eigentümer eines verseuchten Grundstücks sich durch dessen Veräußerung an einen mittellosen Dritten von der Sanierungspflicht befreien wollte.[467] Der Grund hierfür dürfte sein, daß es dem Eigentümer eines solchen Grundstücks nur selten gelingen wird, einen Erwerber zu finden, der bereit ist, auch seine letzte Chance auf finanzielle Gesundung aufzugeben und sich – ohne daß ihm dies einen eignen Vorteil bringt – mit einem stark verschmutzten Grundstück zu belasten. Dennoch hat es der Bundesgesetzgeber für erforderlich gehalten, mit § 4 Abs. 6 BBodSchG die Möglichkeit einer solchen Befreiung von der Zustandsverantwortlichkeit zu Lasten

---

466 Vgl. 3. Teil:E.I.2.a) (S. 126).

467 VGH BW, NVwZ 1996, 1036 (Verfahren nach § 80 Abs. 5 VwGO) und VGH BW, GewArch 1998, 301 (Hauptsacheverfahren) betrafen den Fall einer eingetragenen Genossenschaft, die ein mit Altlasten, deren Beseitigung bis zur Entscheidung durch das Gericht bereits 4,5 Millionen DM gekostet hatte, belastetes Grundstück veräußert hatte. Erwerber war eine Aktiengesellschaft mit Sitz in Basel, die mit einem Grundkapital von 50.000,- Schweizer Franken ausgestattet und ansonsten mittellos war. Das Gericht ist im Hauptsacheverfahren – im Gegensatz zu seiner eigenen Entscheidung im Verfahren nach § 80 Abs. 5 VwGO – zu der Auffassung gelangt, dieses Verhalten sei sittenwidrig. Vorinstanz: VG Freiburg, ZUR 1998, 42.

der Allgemeinheit zu versperren.[468] Eine ähnliche Vorschrift gab es bisher nur in Hessen.[469]

Die Auslegung von § 4 Abs. 6 BBodSchG bereitet erhebliche Schwierigkeiten, da der Gesetzgeber nicht eine generelle Haftung des Veräußerers angeordnet, sondern diese an sehr enge Voraussetzungen geknüpft hat. Damit sollte offenbar sichergestellt werden, daß einerseits alle ehemaligen Eigentümer sanierungspflichtig sind, die ihr Grundstück gerade im Hinblick auf bekannte oder vermutete schädliche Bodenveränderungen und Altlasten veräußert haben, andererseits aber frühere Eigentümer, die ihr Grundstück im Rahmen des normalen Geschäftsgangs übereignet haben, weiterhin mit dem Verlust des Eigentums von der Sanierungspflicht frei werden.

1. Erfaßte Eigentümerwechsel

Nach § 4 Abs. 6 S. 1 BBodSchG sind nur solche ehemaligen Grundstückseigentümer sanierungspflichtig, die ihr Eigentum durch Übertragung verloren haben. Fraglich ist bereits, wann eine Eigentumsübertragung in diesem Sinne vorliegt.

a) Veräußerung nach §§ 873, 925 BGB

Bei dem Eigentümerwechsel durch Einigung des Eigentümers mit dem Erwerber und Eintragung der Rechtsänderung im Grundbuch handelt es sich schon nach dem Wortlaut von § 873 Abs. 1 BGB um eine Übertragung des Eigentums an dem Grundstück. Wer sein Eigentum an einem mit einer schädlichen Bodenveränderung oder Altlast verseuchten Grundstück nach §§ 873, 925 BGB verloren hat, wird daher vom Anwendungsbereich des § 4 Abs. 6 BBodSchG erfaßt. Dies gilt unabhängig davon, ob die Übereignung aufgrund eines Kauf-, Schenkungs- oder sonstigen Vertrags erfolgte oder ob der Veräußerer eine angemessene Gegenleistung erhalten hat.

---

468 Eine amtliche Begründung zu § 4 Abs. 6 BBodSchG fehlt, da diese Vorschrift erst im Vermittlungsausschuß eingefügt wurde. Über den Zweck dieser Norm besteht aber im Schrifttum Einigkeit, vgl. nur *Riedel*, ZIP 1999, 94 (98); *Spieth/Wolfers*, altlasten spektrum 1998, 75 (79).

469 § 12 Abs. 1 Nr. 6 HessAltlastG.

b) Dereliktion

Auch eine Eigentumsaufgabe hat meist in letzter Konsequenz zur Folge, daß das Eigentum vom Derelinquenten auf einen anderen übergeht. Mit der Eintragung des Verzichts in das Grundbuch wird das Grundstück zwar zunächst herrenlos, dem Fiskus des Landes, in dem das Grundstück liegt, steht aber nach § 928 Abs. 2 BGB ein Recht zur Aneignung zu. Wenn der Fiskus oder ein Dritter, dem er das Recht zur Aneignung abgetreten hat, dieses wahrnimmt, wird er mit der Eintragung zum neuen Eigentümer des Grundstücks.

Dennoch handelt es sich bei einer Dereliktion im Ergebnis nicht um eine Eigentumsübertragung i.S.d. § 4 Abs. 6 BBodSchG. Eine solche setzt schon begrifflich voraus, daß das Verhalten des bisherigen Eigentümers unmittelbar nicht nur zum eigenen Verlust des Eigentums, sondern auch zur Begründung von Eigentum bei einem Erwerber führt. Das ist aber bei der Dereliktion gerade nicht der Fall. Damit ein anderer das Eigentum an dem Grundstück erwirbt, ist hier vielmehr noch eine weitere Willenserklärung erforderlich, auf die der Derelinquent keinen Einfluß nehmen kann und von der er bei der Eigentumsaufgabe nicht wissen kann, ob und von wem sie jemals abgegeben wird. § 4 Abs. 6 BBodSchG ist daher kein weiterer Rechtsgrund für die Inanspruchnahme eines Derelinquenten.

c) Gesamtrechtsnachfolge

Auch wenn das Eigentum an dem Grundstück im Wege der Gesamtrechtsnachfolge den Eigentümer gewechselt hat, kann sich die Frage stellen, ob der ehemalige Eigentümer nach § 4 Abs. 6 BBodSchG zur Sanierung verpflichtet ist. Eine Inanspruchnahme des früheren Eigentümers scheidet von vornherein aus, wenn dieser nach dem Eintritt der Gesamtrechtsnachfolge nicht mehr existiert, wie dies insbesondere bei der Aufspaltung von Unternehmen und der Gesamtrechtsnachfolge durch Erbschaft der Fall ist. Es gibt aber auch Arten der Gesamtrechtsnachfolge, die keinen Einfluß auf die Existenz des übertragenden Rechtsträgers haben. Neben dem im Altlastenrecht praktisch wichtigsten Fall der Abspaltung von Unternehmensteilen fällt hierunter etwa die Gesamtrechtsnachfolge bei Begründung einer Gütergemeinschaft nach § 1416 BGB. In diesen Fällen kann ein öffentliches Interesse daran bestehen, den Rechtsvorgänger zur Sanierung heranzuziehen, insbesondere wenn der Rechtsnachfolger, der als gegenwärtiger Eigentümer nach § 4

Abs. 3 S. 1 Fall 3 BBodSchG ordnungspflichtig ist, zahlungsunfähig, sein Rechtsvorgänger aber leistungsfähig ist.

Eine Anwendung von § 4 Abs. 6 BBodSchG auf solche Fälle scheint auf den ersten Blick naheliegend. Schließlich ist der Rechtsvorgänger der ehemalige Eigentümer des Grundstücks und hat das Eigentum durch ein Rechtsgeschäft mit dem Gesamtrechtsnachfolger verloren. Dennoch sprechen die besseren Argumente gegen eine Anwendung von § 4 Abs. 6 BBodSchG. Das zwischen dem ehemaligen Eigentümer und seinem Rechtsnachfolger abgeschlossene Rechtsgeschäft bezog sich nicht auf das Grundstück als solches, sondern als Teil einer Vermögensgesamtheit. Dementsprechend wurde auch nicht das Eigentum an dem Grundstück, sondern die Vermögensgesamtheit übereignet, was nur mittelbar eine Veränderung der Eigentumslage an dem verseuchten Grundstück zur Folge hatte.

Außerdem sind die Interessen der Allgemeinheit in den Fällen der Gesamtrechtsnachfolge durch die besonderen Instrumente des Umwandlungsrechts geschützt, das in § 133 Abs. 1 S. 1 UmwG eine auf fünf Jahre begrenzte, gesamtschuldnerische Haftung aller an einer Spaltung von Unternehmen beteiligten Rechtsträger für sämtliche vor dem Wirksamwerden der Spaltung begründeten Verbindlichkeiten des übertragenden Rechtsträgers anordnet. Nach dem oben Gesagten geht die abstrakte Zustandsverantwortlichkeit des Rechtsvorgängers mit dem Eintritt des Gesamtrechtsnachfolgetatbestands nicht unter, sondern auf den Gesamtrechtsnachfolger über.[470] Sie stellt also eine Verbindlichkeit i.S.d. § 133 Abs. 1 S. 1 UmwG dar, für die sowohl der bisherige Grundstückseigentümer als auch sein Gesamtrechtsnachfolger und alle anderen an der Abspaltung von Unternehmensteilen Beteiligten fünf Jahre als Gesamtschuldner haften. Die Allgemeinheit ist so ausreichend vor einem Mißbrauch der Gestaltungsmöglichkeiten des Gesellschaftsrechts zur Befreiung von einer Zustandshaftung für Bodenverschmutzungen geschützt.

Eine Anwendung von § 4 Abs. 6 BBodSchG auf einen Übergang des Grundstückseigentums im Wege der Gesamtrechtsnachfolge hätte außerdem einen Wertungswiderspruch zur Folge. Dann wäre es nämlich juristischen Personen möglich, sich durch eine Abspaltung von Unternehmensteilen und deren Übertragung auf einen anderen Rechtsträger im Wege der Gesamtrechtsnachfolge nach fünf Jahren von der Verantwortung für beim Betrieb des Unternehmens entstandene Bodenverschmutzungen als Handlungsstörer zu befreien, derweil § 4 Abs. 6 BBodSchG eine

Entlastung von der Sanierungspflicht als Zustandsstörer auf dem gleichen Weg ausschließt. Während der Verursacher einer schädlichen Bodenveränderung oder Altlast nicht in eine Opferposition geraten kann, kann die Inanspruchnahme des gutgläubigen Erwerbers eines unerkannt verseuchten Grundstücks im Einzelfall eine große Härte bedeuten. Eine Besserstellung des Handlungs- gegenüber dem Zustandsstörer ist daher mit dem Gerechtigkeitsgefühl nicht zu vereinbaren.

Die Herbeiführung eines Gesamtrechtsnachfolgetatbestands, die einen Übergang des Eigentums an einem mit einer schädlichen Bodenveränderung oder Altlast belasteten Grundstück zur Folge hat, stellt somit keine Übertragung des Eigentums i.S.d. § 4 Abs. 6 BBodSchG dar.

d) Beschränkung auf den letzten Eigentümer?

Droese will daraus, daß § 4 Abs. 6 S. 1 BBodSchG von *dem* früheren Eigentümer und nicht von *einem* früheren Eigentümer spricht, ableiten, daß nur der letzte und nicht jeder frühere Eigentümer, bei dem die Voraussetzungen vorliegen, nach dieser Norm in Anspruch genommen werden kann.[471] Dabei übersieht sie aber, daß das Bundes-Bodenschutzgesetz bei der Bestimmung der Verantwortlichen stets den bestimmten Artikel verwendet. So ist in § 4 Abs. 3 S. 1 BBodSchG von dem Verursacher, dem Grundstückseigentümer und dem Inhaber der tatsächlichen Gewalt die Rede. Insofern befindet sich das Bundes-Bodenschutzgesetz im Einklang mit den Gesetzen der Länder zum allgemeinen Polizei- und Ordnungsrecht. Daß die Benutzung des bestimmten Artikels im Landesrecht und in § 4 Abs. 3 S. 1 BBodSchG der Verantwortlichkeit von mehreren Miteigentümern oder Mitverursachern nicht entgegensteht, ist allgemein anerkannt.[472] Gründe, warum für mehrere frühere Eigentümer etwas anderes gelten soll, sind nicht ersichtlich. Daher sind mehrere frühere Eigentümer, die die Voraussetzungen von § 4 Abs. 6 BBodSchG erfüllen, nebeneinander sanierungspflichtig.[473]

---

470 3. Teil:D.II.3.a) (S. 121).

471 *Droese*, UPR 1999, 86 (91).

472 Vgl. nur *Brandt*, Altlastenrecht, IV, Rn. 48; *Friauf*, in: *Schmidt-Aßmann*, BesVwR, Rn. 72, 87; *Schoeneck*, in: *Sanden/Schoeneck*, BBodSchG, § 24, Rn. 29; *Vierhaus*, NJW 1998, 1262 (1267).

473 Im Ergebnis ebenso *Becker*, BBodSchG, § 4, Rn. 74; *Giesberts/Frank*, DB 2000, 505 (510); *Müggenborg*, NVwZ 2000, 50 (51).

e) Ergebnis

Der Begriff der Eigentumsübertragung in § 4 Abs. 6 BBodSchG ist eng auszulegen. Er umfaßt nur Veräußerungen nach §§ 873, 925 BGB. Die Sanierungspflicht ist dabei nicht auf den letzten ehemaligen Eigentümer beschränkt.

2. Maßgeblicher Zeitpunkt

Eine Eigentumsübertragung nach §§ 873, 925 BGB nimmt einen längeren Zeitraum in Anspruch. Die eigentliche Einigung zwischen den Parteien und deren notarielle Beurkundung können zwar sehr rasch erfolgen, langwierig ist aber das Verfahren, bis der Eigentumswechsel ins Grundbuch eingetragen wird. Wieviel Zeit hierfür erforderlich ist, hängt in erster Linie von der personellen Ausstattung und Arbeitsbelastung des Grundbuchamts, also von Faktoren, die die Parteien nicht beeinflussen können, ab.

Während der Vorgang der Eigentumsübertragung einen Zeitraum einnimmt, knüpft das Bundes-Bodenschutzgesetz in § 4 Abs. 6 S. 1 Rechtsfolgen an den Zeitpunkt der Eigentumsübertragung. So ist die Anwendbarkeit von § 4 Abs. 6 BBodSchG davon abhängig, ob die Eigentumsübertragung vor oder nach dem 1. März 1999 erfolgte, und sanierungspflichtig sind nur solche ehemaligen Eigentümer, die bei der Übertragung die schädliche Bodenveränderung oder Altlast kannten oder kennen mußten. Wenn der Veräußerer erst nach der Einigung über den Eigentumswechsel, aber noch vor seiner Eintragung im Grundbuch, bösgläubig wird, stellt sich die Frage, welche Teile des mehraktigen Vorgangs nach §§ 873, 925 BGB abgeschlossen sein müssen, damit eine Eigentumsübertragung i.S.d. § 4 Abs. 6 S. 1 BBodSchG vorliegt. Hierauf kommt es auch entscheidend an, wenn die Einigung vor und die Eintragung nach dem Inkrafttreten des Bundes-Bodenschutzgesetzes erfolgte. Vor allem in diesem Zusammenhang ist die Frage bisher von der Literatur erörtert worden.[474]

Dabei wird überwiegend darauf abgestellt, daß Übereignung zivilrechtlich Einigung und Eintragung bedeutet. Nötig sei daher, daß sowohl die Einigung als auch die Eintragung nach dem 1. März 1999 erfolgten.[475] Übertragen auf den zweiten

---

474 Vgl. *Giesberts/Frank*, DB 2000, 505 (510); *Knopp/Albrecht*, BB 1998, 1853 (1855); *Riedel*, ZIP 1999, 94 (98); *Schoeneck*, in: *Sanden/Schoeneck*, BBodSchG, § 4, Rn. 47; *Vierhaus*, NJW 1998, 1262 (1266).

475 *Giesberts/Frank*, DB 2000, 505 (510); *Knopp*, DVBl. 1999, 1010 (1011); *Knopp/Albrecht*, BB 1998, 1853 (1855); *Vierhaus*, NJW 1998, 1262 (1266).

Fall, in dem es auf den Zeitpunkt der Eigentumsübertragung ankommt, bedeutet das, daß der Veräußerer auch noch bei der Eintragung des Erwerbers als neuer Eigentümer gutgläubig hinsichtlich des Vorhandenseins schädlicher Bodenveränderungen und Altlasten sein muß, um einer Sanierungspflicht nach § 4 Abs. 6 BBodSchG zu entgehen.

Die Gegenansicht, die allein auf den Erfolg des Eigentumsübergangs abstellt und es ausreichen läßt, daß die Eintragung im Grundbuch nach dem Inkrafttreten des Bundes-Bodenschutzgesetzes erfolgte,[476] kommt lediglich hinsichtlich des zeitlichen Anwendungsbereichs von § 4 Abs. 6 BBodSchG zu abweichenden Ergebnissen. Ein Ausschluß der Verantwortlichkeit wegen guten Glaubens ist auch hiernach nur möglich, wenn der ehemalige Eigentümer noch bei der Eintragung seines Rechtsnachfolgers gutgläubig war.

Die eigentliche Bedeutung der Frage, wann eine Eigentumsübertragung i.S.d. § 4 Abs. 6 S. 1 BBodSchG vorliegt, wird in seiner Funktion liegen, den Zeitpunkt zu bestimmen, zu dem der Veräußerer bösgläubig gewesen sein muß, damit er auch nach dem Verlust des Eigentums auf Sanierung in Anspruch genommen werden kann. Hier muß daher der Schwerpunkt bei der Auslegung der Norm liegen. Der Wortlaut („sein Eigentum ... übertragen hat“) spricht dafür, daß es entscheidend auf eine Handlung des Eigentümers ankommt. Zweck des § 4 Abs. 6 S. 1 BBodSchG ist es, die weitere Haftung davon abhängig zu machen, daß der Veräußerer das Geschäft im Hinblick auf die vorhandene schädliche Bodenveränderung oder Altlast abgeschlossen hat, also ein Mißbrauch im oben dargelegten Sinne vorliegt. Maßgeblich müssen daher die Kenntnisse und Motivationen des Veräußerers zu dem Zeitpunkt sein, zu dem er das Geschehen so aus der Hand gegeben hat, daß es keiner weiteren Mitwirkung von seiner Seite mehr bedarf, damit das Eigentum an dem verseuchten Grundstück auf den Erwerber übergeht.[477] Denn eine Bösgläubigkeit hinsichtlich vorhandener Bodenverschmutzungen, die nach diesem Zeitpunkt eintritt, war für den Entschluß, das Grundstück zu veräußern, nicht maßgeblich, sagt also nichts über eine Absicht des bisherigen Eigentümers aus, sich auf Kosten der Allgemeinheit oder des Erwerbers von der Sanierungspflicht zu befreien.

---

476 *Frenz*, BBodSchG, § 4 Abs. 6, Rn. 14; *Müggenborg*, NVwZ 2000, 50 (50); *Oerder*, in: *Oerder/Numberger/Schönfeld*, BBodSchG, § 4, Rn. 24 f. *Schoeneck*, in: *Sanden/Schoeneck*, BBodSchG, § 4, Rn. 47.

477 Im Ergebnis ebenso *Bickel*, BBodSchG, § 4, Rn. 58.

Wann eine solche Bindung des Veräußerers eingetreten ist, bestimmt sich nach § 873 Abs. 2 BGB. Wichtigster Fall ist danach eine notarielle Beurkundung der Einigung der Beteiligten. Eine Bindung an die Erklärung tritt aber auch ein, wenn die Auflassungserklärung vor dem Grundbuchamt abgegeben bzw. bei diesem eingereicht wurde oder wenn der Veräußerer dem Erwerber eine Eintragungsbewilligung ausgehändigt hat. Ist einer dieser Umstände eingetreten, hängt es nicht mehr vom Willen des bisherigen Eigentümers ab, ob das Eigentum auf einen anderen übergeht, eine Kenntnis von einer Bodenverseuchung nach diesem Zeitpunkt kann folglich nicht mehr ursächlich für die Veräußerung sein.

Als Ergebnis läßt sich also festhalten, daß eine Eigentumsübertragung i.S.d. § 4 Abs. 6 S. 1 BBodSchG bereits dann vorliegt, wenn der Veräußerer nach § 873 Abs. 2 BGB an seine Erklärung gebunden ist.[478] Eine nach diesem Zeitpunkt eintretende Bösgläubigkeit schadet ihm nicht mehr. Für den zeitlichen Anwendungsbereich von § 4 Abs. 6 BBodSchG bedeutet das, daß nicht alle Übereignungen erfaßt werden, bei denen die Eintragung des neuen Eigentümers nach Inkrafttreten des Bundes-Bodenschutzgesetzes erfolgte. Entscheidend ist vielmehr, daß erst nach dem 1. März 1999 eine Bindung der Parteien an ihre Einigung über den Eigentumsübergang eingetreten ist.

Dieses Ergebnis darf nicht dahingehend mißverstanden werden, daß eine Haftungslücke entsteht, indem der Veräußerer zu dem nach § 873 Abs. 2 BGB maßgeblichen Zeitpunkt von seiner Sanierungspflicht als Zustandsstörer frei wird, der Erwerber aber erst mit der Eintragung in diese Position einrückt. Der bisherige Eigentümer bleibt vielmehr bis zur Eintragung des Erwerbers als neuer Eigentümer ins Grundbuch nach § 4 Abs. 3 S. 1 Fall 3 BBodSchG als solcher für die schädlichen Bodenveränderungen oder Altlasten verantwortlich. Nur für die Frage, ob er gutgläubig ist und damit überhaupt von der Sanierungspflicht frei wird und nicht nach dem Verlust des Eigentums weiterhin, nun nach § 4 Abs. 6 BBodSchG, in

---

478 Im Ergebnis ebenso *Becker*, BBodSchG, § 4, Rn. 68. Auf diesen Zeitpunkt stellt auch der VGH Kassel, NJW 1993, 611 für die Frage ab, wann ein Erwerb i.S.d. § 21 Abs. 1 Nr. 5 HessAbfAG vorliegt. Ähnlich *Wüterich*, in. *Landel/Vogg/Wüterich*, BBodSchG, § 4, Rn. 178, der den Antrag beim Grundbuchamt genügen läßt, und *Riedel*, ZIP 1999, 94 (98), die den Zeitpunkt der Eintragung der Vormerkung in das Grundbuch für maßgeblich hält. Hiergegen spricht aber, daß die Eintragung einer Vormerkung nicht Voraussetzung für einen Eigentumserwerb ist. In den Fällen, in denen der Erwerber auf eine solche verzichtet, bleibt also weiterhin unklar, wann eine Übertragung i.S.d. § 4 Abs. 6 S. 1 BBodSchG vorliegt.

Anspruch genommen werden kann, kommt es auf den Zeitpunkt der bindenden Erklärung an.[479]

3. Bösgläubigkeit des Veräußerers

Die Haftung nach § 4 Abs. 6 S. 1 BBodSchG trifft nur solche ehemaligen Eigentümer, die bei der Übertragung die schädliche Bodenveränderung oder Altlast kannten oder kennen mußten, also bösgläubig waren. Diese Einschränkung ist Ausdruck des Zwecks der Norm, Veräußerungen, die lediglich dem Ziel dienen, sich auf Kosten der Allgemeinheit von der Sanierungspflicht als Zustandsstörer zu befreien, zu unterbinden. Ein Eigentümer, der die Umstände, die zu seiner Verantwortlichkeit als Zustandsstörer führen, aber bei der Übereignung weder kannte noch kennen konnte, verfolgt naturgemäß keine solchen, vom Gesetzgeber als unredlich empfundenen Absichten, so daß für eine Fortdauer seiner Haftung nach Verlust des Eigentums an dem Grundstück kein Bedürfnis besteht.

Der Veräußerer hat nur dann Kenntnis von der schädlichen Bodenveränderung oder Altlast, wenn er positiv weiß, daß diese vorhanden ist.[480] Dabei ist unerheblich, woher dieses Wissen stammt. Soweit die Länder von der Ermächtigung in § 11 BBodSchG Gebrauch gemacht und die vorhandenen Erkenntnisse über Altlasten in einer Datenbank zusammengefaßt haben (sog. Altlastenkataster),[481] stellen diese eine wichtige Informationsquelle dar. Ein Grundstückseigentümer, dem bekannt ist, daß sein Grundstück dort als Altlast erfaßt ist, kennt die Verunreinigung. Aber auch die Ergebnisse eigener oder dem Eigentümer bekannter behördlicher Untersuchungen der Bodenqualität können ebenso zu einem positiven Wissen von einer schädlichen Bodenveränderung oder Altlast führen, wie Hinweise, die der Veräußerer bei seinem eigenen Erwerb des Grundstücks vom damaligen Eigentümer erhalten hat.

---

479 Vgl. VGH Kassel, NJW 1993, 611.

480 *Knopp*, DVBl. 1999, 1010 (1011); *Knopp/Albrecht*, BB 1998, 1853 (1855); *Schoeneck*, in: *Sanden/Schoeneck*, BBodSchG, § 4, Rn. 48.

481 Solche, in Einzelheiten oft recht unterschiedliche Vorschriften zur Erfassung von Altlasten enthalten § 23 AbfG BW, §§ 15 ff. BodSchG BW, Art. 1 ff. BayBodSchG, § 23 BerlBodSchG, §§ 31, 37 ff. BbgAbfG, § 10 HessAltlastG, § 23 AbfAlG MV, § 8 NdsBodSchG, §§ 5 ff. LBodSchG NRW, §§ 20 f. RhPfAbfWAG, §§ 35 f. SaarAWG, § 12 b SächsABG, §§ 28 f. SachsAnhAbfG, § 17 ThürAbfAG.
In Bremen, Hamburg und Schleswig-Holstein existieren bislang keine derartigen Vorschriften.

Der Begriff des Kennenmüssens ist auch hier i.S.d. Legaldefinition in § 122 Abs. 2 BGB als fahrlässige Unkenntnis zu verstehen.[482] Dabei handelt nach § 276 Abs. 1 S. 2 BGB fahrlässig, wer die im Verkehr erforderliche Sorgfalt außer acht läßt. Die Sanierungspflicht des ehemaligen Eigentümers nach § 4 Abs. 6 BBodSchG ist also davon abhängig, ob er bei Beachtung der im Verkehr erforderlichen Sorgfalt bis zur Eigentumsübertragung, d.h. dem nach § 873 Abs. 2 BGB maßgeblichen Zeitpunkt, vom Vorhandensein der schädlichen Bodenveränderung oder Altlast erfahren hätte. Zwar existiert keine Norm, die ausdrücklich festlegt, welche Sorgfaltsmaßstäbe der Eigentümer zu beachten hat, um sich nicht dem Vorwurf fahrlässigen Verhaltens auszusetzen, sowohl aus dem Bundes-Bodenschutzgesetz als auch aus dem Zivilrecht lassen sich aber Anhaltspunkte gewinnen.

Es wäre nicht haltbar, vom Verkäufer beim Abschluß eines Kaufvertrags zivilrechtlich die Aufklärung des Käufers über möglicherweise vorhandene Altlasten zu verlangen, wenn er diese nicht kennen muß. In den Fällen, in denen der Veräußerer nach zivilrechtlichen Grundsätzen zur Aufklärung seines Vertragspartners über Bodenverschmutzungen verpflichtet ist, muß er diese daher auch i.S.d. § 4 Abs. 6 S. 1 BBodSchG kennen.[483] Rechtsprechung und zivilrechtliche Literatur sind sich darin einig, daß eine solche Pflicht besteht, wenn dem Verkäufer Umstände bekannt sind, aus denen sich eine Belastung des Grundstücks ergeben kann.[484] Soweit ersichtlich, wurde dies stets bejaht, wenn dem Veräußerer bekannt war, daß das Grundstück früher als Deponie genutzt wurde und es wahrscheinlich war oder sogar feststand, daß auch Stoffe abgelagert wurden, die geeignet waren, zu einer Boden- oder Gewässerverunreinigung zu führen.[485] Entsprechendes muß gelten, wenn aus anderen Gründen eine erhebliche Wahrscheinlichkeit besteht, daß Giftstoffe in den Boden gelangt sein können, etwa weil es auf dem Grundstück zu einem Chemieunfall gekommen ist, Produktionsverfahren angewandt wurden, die sich im Nachhinein als besonders umweltschädlich herausgestellt haben, zu einer Zeit mit bodengefährlichen Stoffen umgegangen wurde, zu der ihre Gefährlichkeit noch nicht bekannt war usw.

---

482 *Becker*, BBodSchG, § 4, Rn. 66; *Jorczyk/Duesmann*, altlasten spektrum 1999, 71 (75).

483 *Knopp/Albrecht*, BB 1998, 1853 (1855); *Schoeneck*, in: *Sanden/Schoeneck*, BBodSchG, § 4, Rn. 48; *Vierhaus*, NJW 1998, 1262 (1266).

484 BGHZ 106, 323 (327 f.); 117, 363 (368 f.); BGH, NJW 1991, 2900 (2901); BGH, NJW 1995, 1549 (1550); OLG Köln, ZUR 1993, 281 (282 f.); OLG München, NJW 1995, 2566; LG Bochum, BB 1989, 651; *Knoche*, NJW 1995, 1985 (1989 ff.); *Schlemminger*, BB 1991, 1433 (1435); *Wagner*, ZUR 1993, 283 (283 f.).

Zum selben Ergebnis gelangt man, wenn man sich der Frage, wann es auf Fahrlässigkeit des Veräußerers beruht, daß er von vorhandenen Bodenverunreinigungen keine Kenntnis hat, über die Begriffe der Verdachtsflächen (§ 2 Abs. 4 BBodSchG) und altlastverdächtigen Flächen (§ 2 Abs. 6 BBodSchG) nähert.[486] Ein Eigentümer, der einen solchen, objektiv vorhandenen Verdacht nicht wahrnimmt, läßt die im Verkehr erforderliche Sorgfalt außer acht und handelt damit fahrlässig. Verdachtsflächen und altlastverdächtige Flächen setzen – ebenso wie eine zivilrechtliche Aufklärungspflicht – tatsächliche Anhaltspunkte dafür voraus, daß auf dem Grundstück eine schädliche Bodenveränderung oder Altlast vorhanden ist.[487] Die hierfür als Beispiel angeführten Umstände entsprechen den oben genannten.[488]

Ob eine Verdachtsfläche oder altlastverdächtige Fläche vorliegt (und damit auch zivilrechtlich eine Aufklärungspflicht besteht), läßt sich nicht immer aus behördlichen Datenbanken ersehen. Grund hierfür ist einerseits, daß nicht alle Länder die ihnen insoweit zur Verfügung stehenden Rechtsetzungsbefugnisse ausgenutzt haben, andererseits daß der Bund den Ländern mit §§ 11, 21 Abs. 2 BBodSchG nur das Recht zugestanden hat, altlastverdächtige Flächen und potentiell besonders gefährliche Verdachtsflächen zu erfassen. Eine Befugnis, auch Daten über Verdachtsflächen, die nur eine geringe Gefährdung befürchten lassen, zu erheben, steht den Ländern damit nicht zu.

Bei der Ermittlung, ob die Behörde Anzeichen für eine Verseuchung des Grundstücks hat, kann dem Eigentümer § 9 BBodSchG helfen. Dieser verpflichtet die Behörde, bei tatsächlichen Anhaltspunkten für schädliche Bodenveränderungen oder Altlasten eine Klärung des Verdachts herbeizuführen, indem sie entweder selbst die erforderlichen Untersuchungen durchführt (§ 9 Abs. 1 BBodSchG) oder diese von den nach § 4 Abs. 3, 5, 6 BBodSchG Sanierungspflichtigen durchführen läßt, was aber nur bei konkreteren Anhaltspunkten zulässig ist (§ 9 Abs. 2 BBodSchG).[489] Solche Untersuchungen sind für den Eigentümer eines Grundstücks – selbst wenn er nicht nach § 9 Abs. 2 BBodSchG zu ihrer Durchführung verpflichtet wird – kaum zu übersehen, so daß er auf diesem Weg von einem Verdacht der Behörde Kenntnis erlangt.

---

485 BGHZ 106, 323 (327 f.); BGH, NJW 1992, 1953 (1954); BGH, NJW 1995, 1549 (1550).
486 *Schoeneck*, in: *Sanden/Schoeneck*, BBodSchG, § 4, Rn. 48.
487 BT-Drs. 13/6701, S. 30; *Sanden*, in: *Sanden/Schoeneck*, BBodSchG, § 2, Rn. 65, 89.
488 BT-Drs. 13/6701, S. 30; *Sanden*, in: *Sanden/Schoeneck*, BBodSchG, § 2, Rn. 65.
489 Zu den sogenannten Gefahrerforschungseingriffen siehe bereits oben, 2. Teil:A.V (S. 41).

Einem Grundstückseigentümer, der bei der Veräußerung seines Grundstücks nach dem 1. März 1999 sichergehen will, daß er nach dem Verlust des Eigentums nicht wegen Bösgläubigkeit auf Sanierung vorhandener Bodenverschmutzungen in Anspruch genommen werden kann, ist daher folgendes Vorgehen anzuraten: Zunächst ist kritisch zu prüfen, ob er nicht von einer schädlichen Bodenveränderung oder Altlast weiß oder ihm zumindest Anhaltspunkte dafür bekannt sind, daß eine solche vorhanden ist. Wenn dies verneint wurde, sollte sichergestellt werden, daß auch bei der zuständigen Behörde keine Erkenntnisse über eine solche Verschmutzung vorliegen. Hierzu ist zu empfehlen, einen Antrag auf Auskunft bei einem eventuell vorhandenen Altlastenkataster zu stellen und Erkundigungen einzuholen, ob Untersuchungen nach § 9 BBodSchG eingeleitet wurden. Wenn alle diese Maßnahmen und Überlegungen zu dem Ergebnis führen, daß keine Anhaltspunkte für Bodenverseuchungen vorliegen und er sein Vorgehen durch entsprechende Unterlagen nachweisen kann, wird dem Veräußerer kein Vorwurf fahrlässigen Verhaltens zu machen sein, so daß seine Inanspruchnahme nach § 4 Abs. 6 BBodSchG ausgeschlossen ist. Wenn sich aber herausstellt, daß das Grundstück verseucht ist und der Veräußerer sich auch nicht auf die Ausschlußklausel des § 4 Abs. 6 S. 2 BBodSchG berufen kann,[490] kann er dem Fortbestand seiner Sanierungspflicht nach dem Verlust des Eigentums nur durch eine geschickte Vertragsgestaltung entgehen, für die aber enge Grenzen bestehen.[491]

4. Schutzwürdiges Vertrauen auf das Fehlen von Bodenverschmutzungen

Auch ein ehemaliger Eigentümer, der sein Grundstück nach dem 1. März 1999 übereignet hat und hierbei die schädliche Bodenveränderung oder Altlast kannte oder kennen mußte, ist nicht sanierungspflichtig, wenn er bei seinem eigenen Erwerb des Grundstücks darauf vertraut hat, daß solche Bodenverschmutzungen nicht vorhanden sind, und sein Vertrauen im Einzelfall schutzwürdig war, § 4 Abs. 6 S. 2 BBodSchG.

Erste Bedingung für den Haftungsausschluß ist also das Vertrauen des nunmehr ehemaligen Eigentümers zur Zeit seines eigenen Eigentumserwerbs. Für den Zeitpunkt, zu dem er vertraut haben muß, gelten die oben angestellten Überlegungen entsprechend. Zwar war der Eigentumserwerb erst mit der Eintragung der neuen

---

490 Zur Frage, wann dies der Fall ist sogleich, 3. Teil:E.II.4 (S. 148).

491 Diese Gestaltungsmöglichkeiten und ihre Grenzen werden unten, 3. Teil:E.II.5 (S. 153), erläutert.

Rechtslage ins Grundbuch vollendet, Zweck der Vorschrift ist aber der Schutz solcher Erwerber, die sich nicht darüber bewußt waren, daß sie mit dem Erwerb des Grundstücks auch eine öffentlich-rechtliche Verantwortlichkeit für auf diesem vorhandene schädliche Bodenveränderungen und Altlasten übernehmen, diesen Umstand also bei ihren Vertragsverhandlungen nicht berücksichtigen konnten. Eine solche Berücksichtigung ist spätestens dann ausgeschlossen, wenn das Vertrauen zerstört wurde, nachdem der Erwerber bereits an seine Einigung mit dem Veräußerer über den Eigentumsübergang gebunden war. Eine Bindung des Erwerbers tritt – ebenso wie die des Veräußerers – ein, wenn einer der in § 873 Abs. 2 BGB genannten Umstände vorliegt. Dieser Zeitpunkt hat demnach für die Haftung nach § 4 Abs. 6 BBodSchG eine doppelte Bedeutung. Einerseits ist er für die Bösgläubigkeit des Veräußerers maßgeblich, andererseits bestimmt er, ob der Erwerber in seinem Vertrauen auf das Fehlen von schädlichen Bodenveränderungen und Altlasten schutzwürdig ist, also im Falle einer späteren Weiterveräußerung des Grundstücks bei Vorliegen der weiteren Voraussetzungen in Anspruch genommen werden kann.

Ein Vertrauen des Veräußerers auf das Fehlen von Bodenverschmutzungen bei seinem eigenen Eigentumserwerb ist nur dann anzunehmen, wenn er sich vor Vertragsabschluß überhaupt Gedanken über eine mögliche Verseuchung des Grundstücks gemacht hat und hierbei zu der Auffassung gekommen ist, schädliche Bodenveränderungen oder Altlasten seien nicht vorhanden. Wenn sich der Veräußerer vor dem Eigentumserwerb nicht mit der Möglichkeit solcher Bodenbelastungen beschäftigt hat, kann schon rein sprachlich nicht davon die Rede sein, er habe auf ihr Nichtvorhandensein vertraut. Vielmehr liegt dann bloßes Nichtwissen vor.

Zur Beantwortung der Frage, wann ein danach vorhandenes Vertrauen schutzwürdig ist, bietet sich ein Vergleich mit dem Vertrauensschutz an, der dem Bürger vor Rücknahme und Widerruf ihn begünstigender Verwaltungsakte gewährt wird. So ist den in § 48 Abs. 2 S. 3 VwVfG aufgezählten Fällen, in denen sich der Begünstigte nicht auf Vertrauen berufen kann, gemeinsam, daß der Bürger die Rechtswidrigkeit des Verwaltungsakts entweder positiv kannte (insbesondere weil er sie durch falsche Angaben, Drohung, Bestechung usw. selbst herbeigeführt hat, Nr. 1, 2) oder infolge grober Fahrlässigkeit nicht kannte (Nr. 3). Das entspricht im Grundsatz der Rechtsprechung des Bundesverwaltungsgerichts für die Fälle, auf die das Verwaltungsverfahrensgesetz (noch) nicht anwendbar war. Hier wurde dem Adressaten eines Verwaltungsakts kein Vertrauensschutz gewährt, wenn er dessen

Rechtswidrigkeit kannte oder aus grober Fahrlässigkeit nicht kannte.[492] Teilweise ließ das Gericht eine Berufung auf Vertrauensschutz auch schon bei einfacher Fahrlässigkeit nicht zu.[493] Diese Frage hat der Gesetzgeber durch die Schaffung von § 48 Abs. 2 S. 3 Nr. 3 VwVfG nicht entschieden, denn einfache Fahrlässigkeit kann aufgrund der Abwägung nach § 48 Abs. 2 S. 1 VwVfG gleichfalls dazu führen, daß das Vertrauen des Bürgers nicht schutzwürdig ist.

Bei der Bestimmung der Maßstäbe für die Schutzwürdigkeit des Vertrauens nach § 4 Abs. 6 S. 2 BBodSchG ist zu beachten, daß ein wichtiger Grund für die Schaffung des Gesetzes war, Flächenrecycling zu ermöglichen, indem die Risiken bei der Nutzung schon früher wirtschaftlich genutzter Grundstücke für den Erwerber kalkulierbar gemacht und so die Anreize für die Nutzung noch unberührter Flächen minimiert werden.[494] Wenn zu strenge Anforderungen an die Schutzwürdigkeit des Vertrauens eines Grundstückserwerbers auf das Fehlen von schädlichen Bodenveränderungen und Altlasten gestellt werden, würde dieses Ziel unterlaufen, da Grundstückskäufer verstärkt auf bisher noch nicht wirtschaftlich genutzte Grundstücke zurückgreifen würden, um zu vermeiden, daß sie auch nach einer Weiterveräußerung des Grundstücks noch für auf diesem vorhandene Bodenverunreinigungen haften müssen. Es entspricht daher den Grundgedanken des Gesetzes, daß die Schutzwürdigkeit des Vertrauens nach § 4 Abs. 6 S. 2 BodSchG nur entfällt, wenn der Grundstückserwerber das Vorhandensein schädlicher Bodenveränderungen oder Altlasten aus grober Fahrlässigkeit nicht kannte.[495]

Ob die Schutzwürdigkeit des Vertrauens außerdem voraussetzt, daß der Erwerber eine sog. Vertrauensdisposition getroffen hat,[496] d.h. in seiner Entscheidung, das Grundstück zu erwerben, durch die Überzeugung, daß keine schädlichen Boden-

---

492 BVerwGE 10, 308 (309); 48, 87 (92 f.).

493 BVerwGE 8, 261 (271); 17, 335 (337).

494 Vgl. hierzu BT-Drs. 13/6701, S. 5 sowie oben, 1. Teil:A.III (S. 5).

495 Im Ergebnis ebenso *Becker*, BBodSchG, § 4, Rn. 71. *Schoeneck*, in: *Sanden/Schoeneck*, BBodSchG, § 4, Rn. 48 will die Schutzwürdigkeit des Vertrauens verneinen, wenn der Erwerber „trotz hinreichender Anhaltspunkte für eine Belastung „blind" auf Zusicherungen des damaligen Veräußerers vertraut hat." Dies dürfte im Ergebnis der hier vertretenen Ansicht entsprechen.

496 Das Vorliegen einer Vertrauensdisposition gehört zu den im Zivilrecht anerkannten Voraussetzungen einer Vertrauenshaftung, vgl. nur BGHZ 17, 13 (19); 64, 11 (18); *Canaris*, Die Vertrauenshaftung im Deutschen Privatrecht, S. 510 ff. Auch im öffentlichen Recht sind Vertrauensdispositionen als wesentlicher Aspekt bei der Beurteilung der Schutzwürdigkeit des Vertrauens anerkannt, wie sich etwa aus §§ 48 Abs. 2 S. 2, 49 Abs. 2 S. 1 Nr. 4 VwVfG entnehmen läßt.

veränderungen oder Altlasten vorhanden sind, beeinflußt worden ist, bedarf keiner Entscheidung. Es ist davon auszugehen, daß der Erwerber bei Kenntnis von Bodenverschmutzungen zumindest einen anderen Kaufpreis ausgehandelt oder von dem Geschäft ganz Abstand genommen hätte, so daß der Vertragsschluß zu den vereinbarten Bedingungen eine Vertrauensdisposition darstellt.

Das Vertrauen des späteren Veräußeres eines Grundstücks zur Zeit seines eigenen Eigentumserwerbs darauf, daß keine Bodenverschmutzungen vorhanden sind, kann sich nur auf die zu diesem Zeitpunkt gegebene Tatsachenlage beziehen. Dennoch scheint § 4 Abs. 6 S. 2 BBodSchG eine Sanierungspflicht des Veräußeres hinsichtlich aller – also auch der erst während des Eigentums des Veräußerers entstandenen – auf dem Grundstück vorhandenen schädlichen Bodenveränderungen und Altlasten auszuschließen, wenn dieser nur bei seinem Eigentumserwerb gutgläubig war. Diese Frage ist solange ohne praktische Bedeutung, wie der Veräußerer die während seines Eigentums entstandenen Kontaminationen selbst verursacht hat. In diesen Fällen ist seine Inanspruchnahme unabhängig vom Fortbestand des Eigentums nach § 4 Abs. 3 S. 1 Fall 1 BBodSchG möglich. Wenn die Verschmutzung aber von einem Dritten (z.B. einem Pächter des nunmehr ehemaligen Eigentümers) verursacht wurde, kommt es für die Sanierungspflicht des Veräußeres entscheidend darauf an, ob § 4 Abs. 6 S. 2 BBodSchG auch die Verantwortlichkeit für während des Eigentums entstandene schädliche Bodenveränderungen und Altlasten ausschließt.

Eine derart weite Auslegung der Norm widerspräche ihrem Zweck. § 4 Abs. 6 BBodSchG soll einerseits sicherstellen, daß sich der Eigentümer eines belasteten Grundstücks nicht durch eine nur zu diesem Zweck vorgenommene Veräußerung von der Sanierungspflicht befreien kann, andererseits aber Veräußerer, die keinen solchen, vom Gesetzgeber mißbilligten Zweck verfolgen, weiterhin mit dem Verlust des Eigentums von der Sanierungspflicht frei werden lassen. In diesem Zusammenhang dient § 4 Abs. 6 S. 2 BBodSchG dazu, einen ehemaligen Eigentümer vor einer Inanspruchnahme wegen solcher schädlichen Bodenveränderungen und Altlasten zu schützen, die zur Zeit seines Eigentumserwerbs zwar schon vorhanden, aber für ihn nicht erkennbar waren, so daß er diesen Umstand bei seinen Vertragsverhandlungen nicht berücksichtigen konnte. Die Gutgläubigkeit zur Zeit des eigenen Eigentumserwerbs sagt hingegen nichts darüber aus, ob sich die Veräußerung des Grundstücks im Hinblick auf nach diesem Zeitpunkt (d.h. während des Eigentums des späteren Veräußeres) entstandene schädliche Bodenveränderungen und Altlasten als mißbräuchlich darstellt. Hierfür ist vielmehr allein die nach § 4 Abs. 6 S. 1 BBodSchG zu beurteilende Gut- oder Bösgläubigkeit zur Zeit der Veräußerung maßgeblich. § 4 Abs. 6 S. 2 BBodSchG schließt daher die Inanspruchnahme eines ehemaligen Eigentümers nur hinsichtlich solcher Bodenverschmutzungen aus, die schon bei seinem Eigentumserwerb vorhanden waren.

Als Ergebnis läßt sich also festhalten, daß sich auf § 4 Abs. 6 S. 2 BBodSchG ehemalige Grundstückseigentümer berufen können, die sich schon beim Erwerb des Grundstücks Gedanken über eine mögliche Belastung mit schädlichen Bodenveränderungen oder Altlasten gemacht haben und damals zu der Überzeugung gekommen sind, solche seien nicht vorhanden. Dies gilt allerdings nur, wenn die Einschätzung nicht auf einer grob fahrlässigen Verkennung der wahren Tatsachenlage beruhte und die Kontamination zur Zeit des Eigentumserwerbs schon vorhanden war.

Grundstückserwerbern, die sichergehen wollen, daß sie nach einer Weiterveräußerung des Grundstücks nicht mehr nach § 4 Abs. 6 BBodSchG auf Sanierung eventuell vorhandener Verschmutzungen in Anspruch genommen werden können, ist ein ähnliches Vorgehen zu empfehlen wie Veräußerern in derselben Situation. Es sollte nicht nur der Vertragspartner nach ihm bekannten schädlichen Bodenverunreinigungen und Altlasten befragt, sondern auch – soweit vorhanden – das Altlastenkataster um Auskunft ersucht werden. Für eventuelle spätere Verwaltungsverfahren ist sicherzustellen, daß dieses Vorgehen lückenlos nachgewiesen werden kann. Ein solches umsichtiges Handeln birgt aber immer die Gefahr, daß tatsächlich Bodenverschmutzungen bekannt werden und der potentielle Erwerber sich vor die Frage gestellt sieht, entweder auf den Grundstückserwerb zu verzichten oder das Grundstück zwar zu erwerben, dabei aber zu wissen, daß ihn eine spätere Weiterveräußerung nicht von der Haftung für vorhandene Belastungen befreit.

Im Gegensatz zur Eigentumsübertragung i.S.d. § 4 Abs. 6 S. 1 BBodSchG muß der eigene Erwerb des späteren Veräußerers aber nicht durch Auflassung und Eintragung nach §§ 873, 925 BGB erfolgt sein. Erfaßt wird vielmehr jede Art des Eigentumserwerbs, also insbesondere auch durch Gesamtrechtsnachfolge im Wege der Aufspaltung von Unternehmen, der Abspaltung von Unternehmensteilen oder der Erbfolge. Die soeben für den Eigentumserwerb nach §§ 873, 925 BGB angestellten Überlegungen gelten grundsätzlich für die übrigen Erwerbsarten entsprechend. Insbesondere ist der Zeitpunkt, der über die Schutzwürdigkeit des Vertrauens entscheidet, derjenige, in dem der Erwerber an die Einigung mit dem bisherigen Eigentümer gebunden ist.[497]

5. Vertragliche Gestaltungsmöglichkeiten

Ein Veräußerer eines Grundstücks, der nach dem oben Gesagten auch nach der Übertragung des Eigentums noch nach § 4 Abs. 6 BBodSchG auf Sanierung in Anspruch genommen werden kann, hat ein erhebliches Interesse daran, dieses Risiko durch geeignete Vertragsgestaltung auszuschließen. Naheliegend ist hierzu zunächst eine zivilrechtliche Vereinbarung mit dem Erwerber, dieser habe sämtliche anfallenden Sanierungskosten allein zu tragen. Mangels Dispositionsbefugnis der Beteiligten über die ordnungsrechtliche Verantwortlichkeit hat eine solche Abrede aber keine öffentlich-rechtliche Wirkung. Sie bewirkt vielmehr nur, daß der Erwerber in Innenverhältnis verpflichtet ist, den Veräußerer von seiner Sanierungspflicht nach § 4 Abs. 6 BBodSchG freizustellen.[498] Damit trägt der Veräußerer insoweit das Insolvenzrisiko des Erwerbers. Um die Gefahr des Veräußerers, wegen Zahlungsunfähigkeit des Vertragspartners trotz einer entgegenstehenden schuldrechtlichen Vereinbarung im Innenverhältnis von der Behörde auf Tragung der Sanierungskosten in Anspruch genommen zu werden, zu verringern, bietet es sich an, für den Anspruch auf Übernahme der Kosten Sicherheiten zu vereinbaren.[499] Naheliegend ist die Einräumung einer Hypothek oder Grundschuld an dem zu übereignenden Grundstück, den Zweck erfüllen aber auch alle anderen im Zivilrecht bekannten Arten der Sicherung von Forderungen, also Bürgschaften, Sicherungsübereignungen usw.

Um auch öffentlich-rechtlich nicht mehr zur Sanierung verpflichtet zu sein, bleibt dem Veräußerer nur die Möglichkeit, sich um den Abschluß eines Sanierungsvertrags mit der Behörde zu bemühen. Um die Beseitigung der schädlichen Bodenveränderungen und Altlasten nicht zu gefährden, wird die Behörde aber nur dann dazu bereit sein, den Veräußerer aus seiner Sanierungspflicht vollständig zu entlassen,

---

[497] Zur Frage der Zurechnung des Kenntnisstandes des Erblassers zum Erben vgl. allgemein *Marotzke*, in: *Staudinger*, BGB, § 1922, Rn. 253 ff.; *Krämer*, NJW 1997, 2580, jeweils m.w.N. und speziell zu § 4 Abs. 6 S. 2 BBodSchG *Bickel*, BBodSchG, § 4, Rn. 70.

[498] Vgl. bereits oben, 3. Teil:D.I.3.a)cc) (S. 113), außerdem *Schwartmann*, DStR 1999, 324 (329).

[499] *Schwartmann*, DStR 1999, 324 (329); *Spieth/Wolfers*, altlasten spektrum 1998, 75 (80).

wenn sichergestellt ist, daß andere leistungsfähige Pflichtige zur Verfügung stehen.[500]

6. Verfassungsmäßigkeit von § 4 Abs. 6 BBodSchG

Die Vereinbarkeit von § 4 Abs. 6 BBodSchG mit dem Grundgesetz ist in der Literatur unter mehreren Aspekten bezweifelt worden.

a) Rückwirkung

Bei der hier vertretenen Ansicht, daß nur solche Veräußerer von § 4 Abs. 6 S. 1 BBodSchG erfaßt werden, die nach dem Inkrafttreten des Bundes-Bodenschutzgesetzes gemäß § 873 Abs. 2 BGB an ihre Einigung mit dem Erwerber über den Eigentumsübergang gebunden waren, stellt sich das Problem einer unzulässigen echten Rückwirkung nicht. Soweit damit auch Fälle betroffen sind, in denen der schuldrechtliche Vertrag schon vor dem 1. März 1999 abgeschlossen wurde, eine Bindung an die dingliche Einigung aber erst nach diesem Datum eingetreten ist, mußte der Bürger nach dem oben Gesagten[501] seit der Bekanntmachung des Bundes-Bodenschutzgesetzes im Bundesgesetzblatt am 24. März 1998 mit der neuen Regelung rechnen, so daß keine verfassungsrechtlichen Bedenken bestehen.

b) Vereinbarkeit mit Art. 14 GG

Besonders die Vereinbarkeit der Nachhaftung des ehemaligen Eigentümers eines mit einer schädlichen Bodenveränderung oder Altlast belasteten Grundstücks mit der verfassungsrechtlichen Gewährleistung des Eigentumsrechts durch Art. 14 GG, wird im Schrifttum vielfach bezweifelt.[502] Eine saubere Grundrechtsprüfung wird aber von keinem der genannten Autoren durchgeführt.

Zwar sind die Begriffe Eigentum im Zivilrecht und im Grundgesetz nicht identisch, da letzterer alle privatrechtlichen vermögenswerten Güter und Rechte um-

---

500 *Schwartmann*, DStR 1999, 324 (329); *Spieth/Wolfers*, altlasten spektrum 1998, 75 (80).

501 3. Teil:E.I.2.b)bb) (S. 133).

502 *Bickel*, BBodSchG, § 4, Rn. 33 f.; *Gerhold*, altlasten spektrum 1998, 107 (110); *Knopp*, DVBl. 1999, 1010 (1012 f.); *Müggenborg*, NVwZ 2000, 50 (51 f.); *Riedel*, ZIP 1999, 94 (98); *Schwartmann*, DStR 1999, 324 (328); *Spieth/Wolfers*, altlasten spektrum 1998, 75 (79), anders aber in NVwZ 1999, 355 (356) (Verstoß gegen Art. 2 Abs. 1 GG); *Würtenberger/Heckmann/Riggert*, PolR, Rn. 610.

faßt, die dem Berechtigten zur privaten Nutzung zugeordnet sind.[503] Sämtliche Gegenstände und Befugnisse, die dem zivilrechtlichen Eigentumsbegriff unterfallen, stellen aber jedenfalls auch Eigentum i.S.d. Art. 14 GG dar.[504] Anknüpfungspunkt für die Haftung in § 4 Abs. 6 BBodSchG ist das zivilrechtliche Eigentum an dem verseuchten Grundstück. Die aus dem allgemeinen Polizei- und Ordnungsrecht bekannte und sich für den Anwendungsbereich des Bundesbodenschutzgesetzes aus § 4 Abs. 3 S. 1 Fall 3 BBodSchG ergebende Zustandshaftung des Eigentümers wird über den Zeitpunkt der Veräußerung des Grundstücks hinaus verlängert. Der Schutzbereich des Art. 14 GG ist daher betroffen.

Art. 14 Abs. 1 S. 2 GG räumt dem Gesetzgeber die Befugnis ein, Inhalt und Schranken des Eigentums durch Gesetze zu bestimmen. Inhalts- und Schrankenbestimmungen in diesem Sinne sind Normen, die generell-abstrakt die Recht und Pflichten des Eigentümers für die Zukunft festlegen.[505] § 4 Abs. 6 BBodSchG regelt, welche Auswirkungen die Übertragung des zivilrechtlichen Eigentums auf die mit ihm verbundene ordnungsrechtliche Verantwortlichkeit hat. Er bestimmt also die zukünftigen Pflichten des Eigentümers, so daß es sich um eine Inhalts- und Schrankenbestimmung handelt. Nicht jede Inhalts- und Schrankenbestimmung stellt aber einen Eingriff in Art. 14 GG dar. Soweit sie lediglich den Schutzbereich des Grundrechts festlegt, kann sie nicht zugleich in diesen eingreifen.[506] Für ein in der Vergangenheit begründetes Eigentum stellen Verkürzungen der Eigentumsfreiheit, die das Eigentumsrecht für die Zukunft definieren, jedoch einen Eingriff dar.[507] Ein solcher Fall ist hier gegeben. Eigentümer, die das Eigentum vor dem Inkrafttreten des Bundes-Bodenschutzgesetzes erworben haben, konnten sich bisher durch eine Übereignung des Grundstück von der Sanierungspflicht für auf dem Grundstück vorhandene schädliche Bodenveränderungen und Altlasten befreien. Diese Möglichkeit wurde ihnen nun genommen, was eine Verschärfung der öffentlich-rechtlichen Pflichten des Eigentümers und damit eine Verkürzung der Eigentumsfreiheit darstellt.

---

503 BVerfGE 31, 229 (240); 51, 193 (218); 78, 58 (71); 83, 201 (208 f.); 89, 1 (6); *Jarass*, in: *Jarass/Pieroth*, GG, Art. 14, Rn. 7; *Papier*, in: *Maunz/Dürig*, GG, Art. 14, Rn. 56; *Wendt*, in: *Sachs*, GG, Art. 14, Rn. 22.

504 BVerfGE 1, 264 (278); 58, 300 (335 ff.); 70, 191 (199); 98, 17 (35); *Jarass*, in: *Jarass/Pieroth*, GG, Art. 14, Rn. 8.

505 BVerfGE 52, 1 (27); 58, 137 (144 f.); 58, 300 (330); 72, 66 (76).

506 *Siekmann*, in: *Siekmann/Duttge*, Staatsrecht I, Rn. 640; *Wieland*, in: *Dreier*, GG, Art. 14, Rn. 66.

507 *Pieroth/Schlink*, Staatsrecht II, Rn. 899.

Daß dieser Eingriff verfassungsrechtlich gerechtfertigt ist, wird vielfach mit dem Hinweis darauf bestritten, daß dem ehemaligen Eigentümer nach einer Übereignung des Grundstücks keine Nutzungsmöglichkeiten mehr zur Verfügung stünden, die die Haftung rechtfertigen könnten, so daß die Grenze der Sozialbindung des Eigentums überschritten sei.[508] Dem liegen zwei Fehlvorstellungen zugrunde. Zunächst wird auf den falschen Zeitpunkt abgestellt. Für die Frage, ob die Auferlegung einer Pflicht mit Art. 14 GG vereinbar ist, kann nur der Zeitpunkt entscheidend sein, zu dem sie dem Eigentümer auferlegt wurde. Dies ist der 1. März 1999 als Datum des Inkrafttretens des Bundes-Bodenschutzgesetzes bzw. wenn das Grundstück erst später erworben wurde dieser Zeitpunkt. Da von § 4 Abs. 6 BBodSchG nur solche ehemaligen Eigentümer erfaßt werden, die ihr Eigentum nach dem 1. März 1999 übertragen haben, waren die Verpflichteten bei der Auferlegung der Pflicht noch Eigentümer und als solche berechtigt, mit dem Grundstück nach Belieben zu verfahren. Ihnen standen also noch Nutzungsmöglichkeiten zu. Daß sie sich bis zu dem Zeitpunkt, zu dem sie nach § 4 Abs. 6 BBodSchG in Anspruch genommen werden können, sich die Pflicht also verwirklicht, entschieden haben, die wirtschaftlichen Vorteile des Eigentums durch Veräußerung zu realisieren und so die Nutzungsmöglichkeit verloren haben, ändert daran nichts.

Auch die dieser Auffassung stillschweigend zugrunde liegende Vorstellung, daß es dem Gesetzgeber unter dem Aspekt der Sozialbindung nur insoweit gestattet ist, in das Eigentum einzugreifen, wie der Eigentümer die ihn auferlegten Pflichten durch die Nutzung des Eigentums kompensieren kann, ist nicht haltbar. Art. 14 Abs. 2 GG gebietet vielmehr, die Interessen der Allgemeinheit und des Eigentümers in ein ausgewogenes Verhältnis zu bringen.[509] Dabei können die Interessen des Eigentümers im Einzelfall soweit in den Hintergrund treten, daß ihm eine wirtschaftliche Nutzung des Grundstücks ganz untersagt werden kann,[510] solange die Privatnützigkeit und die Gewährung von Verfügungsmacht als Kernbereich des Eigentumsrechts nicht aufgehoben werden.[511] Ob ein Eingriff aufgrund der Sozialpflichtigkeit des Eigentums nach Art. 14 Abs. 2 GG zulässig ist, kann daher nicht durch einen

---

508 *Gerhold*, altlasten spektrum 1998, 107 (110); *Knopp*, DVBl. 1999, 1010 (1013); *Spieth/Wolfers*, altlasten spektrum 1998, 75 (79).

509 BVerfGE 37, 132 (140); 52, 1 (29).

510 Vgl. hierzu die Rechtsprechung zur sogenannten Situationsgebundenheit des Eigentums: BVerwGE 49, 365 (368); 67, 84 (87); BGHZ 23, 30; 90, 4 (14 f.); 105, 15 (19 ff.).

511 BVerfGE 24, 367 (389 f.); 58, 300 (339); *Siekmann*, in: *Siekmann/Duttge*, Staatsrecht I, Rn. 640.

bloßen Vergleich der mit ihm verbundenen wirtschaftlichen Risiken mit den verbleibenden Chancen, sondern nur mit Hilfe einer umfassenden Verhältnismäßigkeitsprüfung ermittelt werden.[512]

Mit der Erweiterung der Haftung des Eigentümers durch § 4 Abs. 6 BBodSchG sollte vermieden werden, daß Grundstückseigentümer, die ihrer Pflicht, schädliche Bodenveränderungen oder Altlasten zu beseitigen, nicht nachkommen wollen, das Grundstück an nicht leistungsfähige Dritte veräußern und sich so von der Sanierungspflicht auf Kosten der Allgemeinheit befreien. Dies stellt einen legitimen Zweck dar. Die Anordnung einer Sanierungspflicht eines ehemaligen Eigentümers ist geeignet, dieses Ziel zu erreichen, kann sich doch der bisherige Eigentümer nun nicht mehr durch die bloße Übereignung des Grundstücks von seiner Sanierungspflicht befreien.

Erforderlich ist die Regelung dann, wenn es kein milderes, gleich geeignetes Mittel gibt, um das mit ihr verfolgte Ziel zu erreichen. § 4 Abs. 6 BBodSchG ordnet die Sanierungspflicht des ehemaligen Eigentümers nur unter den oben beschriebenen, engen Voraussetzungen an. Dies stellt gegenüber einem Verbot der Veräußerung belasteter Grundstücke oder einer Sanierungspflicht sämtlicher ehemaligen Eigentümer das mildere Mittel dar.

§ 4 Abs. 6 BBodSchG wäre aber dann nicht erforderlich, wenn sich das mit ihm verfolgte Ziel mit Hilfe der übrigen Vorschriften des Bodenschutzrechts genauso wirksam erreichen ließe. Dies ist nach einer im Schrifttum vertretenen Auffassung der Fall, da es auszuschließen sei, daß ohnehin finanzschwache Personen freiwillig ein Grundstück erwerben, wenn feststeht, daß sie dadurch mit erheblichen Sanierungskosten belastet werden, die sie nicht aufbringen können. Niemand schließe aus freien Stücken ein Geschäft ab, das für ihn zwangsläufig den Konkurs bedeute. Nötig sei hierfür vielmehr ein massiver Druck durch den Veräußerer, dem der Erwerber nicht widerstehen könne. Die Fälle, in denen der Veräußerer den Erwerber derart beherrsche, daß er ihn zu einer solchen Transaktion zwingen könne, würden aber bereits durch § 4 Abs. 3 S. 4 Fall 1 BBodSchG erfaßt.[513] Dem ist entgegenzuhalten, daß durchaus Situationen denkbar sind, in denen eine Person, die einsehen mußte, daß es ihr ohnehin nicht mehr möglich ist, ihre finanziellen Probleme zu

---

512 BVerfGE 8, 71 (80); 21, 150 (155); 25, 112 (117 f.); 50, 290 (339 ff.); 52, 1 (29 f.); 76, 220 (238 ff.); 79, 174 (198); 92, 262 (273).

513 *Spieth/Wolfers*, altlasten spektrum 1998, 75 (79); *Spieth/Wolfers*, NVwZ 1999, 355 (356).

meistern, bereit ist, Verwandte oder enge Freunde von der Last, die Kosten der Sanierung eines Grundstücks tragen zu müssen, befreien will.[514] Aber auch wenn der Erwerb des verseuchten Grundstücks tatsächlich auf wirtschaftlichem Zwang beruht, hat § 4 Abs. 6 BBodSchG neben der Sanierungspflicht aus § 4 Abs. 3 S. 4 Fall 1 BBodSchG eigenständige Bedeutung, da die Voraussetzungen einer Haftung nach § 4 Abs. 6 BBodSchG oftmals einfacher nachzuweisen sind als das Vorliegen einer Einstehenspflicht nach § 4 Abs. 3 S. 4 Fall 1 BBodSchG.[515]

Der Erforderlichkeit von § 4 Abs. 6 BBodSchG läßt sich zudem nicht entgegenhalten, daß auch Veräußerungen erfaßt werden, die andere Zwecke verfolgen als die Umgehung der ordnungsrechtlichen Verantwortlichkeit.[516] Zwar wäre es für den Bürger weniger belastend, wenn die Sanierungspflicht nur solche ehemaligen Eigentümer träfe, denen im Einzelfall eine Absicht, die ordnungsrechtlichen Vorschriften, die ihre Verantwortlichkeit für die Bodenverschmutzungen anordnen, zu umgehen, nachgewiesen werden kann. Weil es sich bei dieser Absicht aber um ein rein subjektives Merkmal handelt, ist ein solcher Nachweis oftmals nicht zu führen. Daher wäre eine solche Regelung zur Erreichung des mit § 4 Abs. 6 BBodSchG verfolgten Ziels weniger geeignet.

Da redliche Eigentümer bei der Veräußerung eines mit schädlichen Bodenveränderungen oder Altlasten belasteten Grundstücks ohnehin ihren Vertragspartner über die Verseuchung aufklären (wozu sie zivilrechtlich auch verpflichtet sind) und mit diesem eine Vereinbarung über die Kostentragung für die Sanierung treffen werden, stellt die Neuregelung keine wesentliche Belastung des Grundstücksverkehrs dar.[517] Das Risiko, selbst auf Sanierung in Anspruch genommen zu werden, kann ein Veräußerer durch den Abschluß einer Sanierungsvereinbarung mit der Behörde oder eine angemessene Sicherung von schuldrechtlichen Ansprüchen gegen den Erwerber auf Freistellung von diesen Kosten ausschließen. Angesichts der erheblichen Mißbrauchsrisiken, die durch die Nachhaftung des ehemaligen Eigentümers vermieden werden, ist die Regelung daher auch angemessen.[518]

---

514 *Jorczyk/Duesmann*, altlasten spektrum 1999, 71 (75).

515 *Jorczyk/Duesmann*, altlasten spektrum 1999, 71 (75).

516 So aber *Dombert*, NJW 2001, 927 (929 f.); *Spieth/Wolfers*, NVwZ 1999, 355 (356).

517 A.A. *Spieth/Wolfers*, altlasten spektrum 1998, 75 (79 f.); *Spieth/Wolfers*, NVwZ 1999, 355 (357).

518 A.A. *Dombert*, NJW 2001, 927 (930 ff.).

Der Eingriff in Art. 14 GG durch die Anordnung eine Haftung ehemaliger Eigentümer im Falle einer Veräußerung des verseuchten Grundstücks nach dem 1. März 1999 ist somit verhältnismäßig und folglich verfassungsrechtlich gerechtfertigt. § 4 Abs. 6 BBodSchG ist daher mit Art. 14 GG vereinbar.

Die oben[519] ausführlich geschilderten, aus Art. 14 GG abgeleiteten, sachlichen Grenzen der Zustandsverantwortlichkeit aufgrund einer „Opferposition" des Pflichtigen spielen im Rahmen des § 4 Abs. 6 BBodSchG keine Rolle. Eine solche Beschränkung der Zustandshaftung kommt nur in Betracht, wenn der Sanierungspflichtige die Verseuchung des Bodens nicht kannte und diese Unkenntnis nicht auf Fahrlässigkeit beruht. In diesen Fällen ist er aber gutgläubig, so daß bereits dem Grunde nach keine Sanierungspflicht aus § 4 Abs. 6 BBodSchG besteht.

c) Vereinbarkeit mit Art. 3 Abs. 1 GG

Auch die Vereinbarkeit von § 4 Abs. 6 BBodSchG mit dem allgemeinen Gleichheitssatz des Art. 3 Abs. 1 GG wird im Schrifttum gelegentlich mit dem Hinweis bestritten, ehemalige Eigentümer und beliebige Dritte wiesen keine wesentlichen Unterschiede auf. Beide könnten auf das Grundstück keinen Einfluß nehmen und aus ihm keinen Nutzen ziehen.[520] Dem ist insofern zuzustimmen, als beide Personengruppen tatsächlich unterschiedlich behandelt werden. Ein Verstoß gegen Art. 3 Abs. 1 GG läge darin aber nur, wenn diese Ungleichbehandlung verfassungsrechtlich nicht gerechtfertigt wäre.

Ob eine Ungleichbehandlung verfassungsrechtlich gerechtfertigt ist, hat das Bundesverfassungsgericht lange ausschließlich mit der sogenannten „Willkürformel" beantwortet, die unter der Weimarer Reichsverfassung von *Leibholz*[521] entwickelt wurde. Danach darf wesentlich Gleiches nicht willkürlich ungleich behandelt werden.[522] In der neueren Rechtsprechung verwendet das Bundesverfassungsgericht auch die sogenannte „Neue Formel", nach der ein Verstoß gegen Art. 3 Abs. 1 GG vorliegt, wenn zwei Personengruppen ungleich behandelt werden, obwohl zwischen ihnen keine Unterschiede von solcher Art und solchem Gewicht bestehen,

---

519 3. Teil:C.II.1.a) (S. 79 ff.).

520 *Gerhold*, altlasten spektrum 1998, 107 (110); *Knopp*, DVBl. 1999, 1010 (1013); *Schwartmann*, DStR 1999, 324 (328).

521 *Leibholz*, Die Gleichheit vor dem Gesetz, S. 72 ff.

522 BVerfGE 1, 14 (52); 4, 144 (155); 23, 98 (106 f.); 42, 64 (72); 49, 148 (165); 76, 256 (329); 78, 249 (287).

daß sie die Ungleichbehandlung rechtfertigen können.[523] Dabei ersetzt die „Neue Formel" die „Willkürformel" nicht, sondern tritt als Ergänzung neben sie.[524]

Die Einzelheiten bei der Anwendung der „Neuen Formel" und ihr Verhältnis zur „Willkürformel" sind noch nicht vollständig geklärt. So ist unklar, ob in jedem Einzelfall, abhängig davon, ob eine personen- oder sachbezogene Ungleichbehandlung vorliegt, nur eine von beiden anzuwenden ist[525] oder beide Formeln zu verbinden sind.[526] Auch ob die „Neue Formel" die strenge Anwendung des Grundsatzes der Verhältnismäßigkeit verlangt[527] oder nicht[528] ist umstritten. Eine Entscheidung dieser Fragen ist hier aber nicht erforderlich, da die Ungleichbehandlung durch § 4 Abs. 6 BBodSchG auch nach der Auffassung, die hieran die strengsten Anforderungen stellt, gerechtfertigt ist, also einer strengen Verhältnismäßigkeitsprüfung standhält. Insoweit kann auf die zu Art. 14 GG durchgeführte Prüfung verwiesen werden. § 4 Abs. 6 BBodSchG ist daher mit Art. 3 Abs. 1 GG vereinbar.[529]

d) Ergebnis zur Verfassungsmäßigkeit von § 4 Abs. 6 BBodSchG

Entgegen den im Schrifttum geäußerten verfassungsrechtlichen Bedenken verstößt § 4 Abs. 6 BBodSchG weder gegen Art. 14 noch gegen Art. 3 Abs. 3 GG. Auch das grundsätzliche Verbot rückwirkender Gesetze steht der Gültigkeit der Norm nicht entgegen.

---

523 BVerfGE 55, 72 (88); 68, 287 (301); 81, 156 (205); 81, 228 (236); 82, 126 (146); 84, 133 (157); 84, 197 (199); 84, 348 (359); 85, 191 (210); 87, 1 (36); 87, 234 (255); 88, 5 (12); 91, 289 (401).

524 BVerfGE 88, 87 (96); 89, 15 (22); 89, 365 (375); *Osterloh*, in: *Sachs*, GG, Art. 3, Rn. 25.

525 BVerfGE 55, 72 (89); 60, 329 (346); 88, 5 (12); 88, 87 (97); 89, 15 (23); 91, 389 (401). Dieses Differenzierungskriterium kritisieren *Osterloh*, in: *Sachs*, GG, Art. 3, Rn. 27 ff.; *Sachs*, JuS 1997, 124 (128 f.).

526 BVerfGE 71, 39 (58); 76, 256 (329 f.); *Herzog*, in: *Maunz/Dürig*, GG, Art. 3, Anh. 10 schlägt eine grundsätzliche Anwendung der „Neuen Formel" vor und will die Willkürformel nur noch verwenden, wo für die Ungleichbehandlung überhaupt keine Argumente vorgebracht werden können.

527 So *Jarass*, NJW 1997, 2545 (2548 ff.); *Osterloh*, in: *Sachs*, GG, Art. 3, Rn. 14 ff.

528 So *Sachs*, JuS 1997, 124 (129).

529 Im Ergebnis ebenso *Frenz*, BBodSchG, § 4 Abs. 6, Rn. 4; *Hilger*, in: *Holzwarth/Radtke/Hilger/Bachmann*, § 4 BBodSchG, Rn. 113 a ff.

F. Einstehenspflicht für juristische Personen

Handels- und Gesellschaftsrecht bieten Gesellschaften und Gesellschaftern vielfältige Möglichkeiten, ihr finanzielles Risiko zu minimieren, indem sie ihre Haftung für durch eine unternehmerische Tätigkeit entstehende Verbindlichkeiten begrenzen. So haftet den Gläubigern einer Aktiengesellschaft oder GmbH nur das Gesellschaftsvermögen (§ 1 Abs. 1 S. 2 AktG, § 13 Abs. 2 GmbHG). Um zu verhindern, daß den Gläubigern der juristischen Person hierdurch übermäßige Nachteile entstehen, wurde zugleich ein sehr differenziertes System von Schutzmechanismen geschaffen. So wurden Mindestbeträge für das Grundkapital einer AG (€ 50.000,-, § 7 AktG) bzw. das Stammkapital einer GmbH (€ 25.000,-, § 5 Abs. 1 GmbHG) festgelegt und umfangreiche Vorkehrungen getroffen, damit dieses Kapital den Gläubigern erhalten bleibt (§§ 9 ff. GmbHG, 46 ff. AktG). Diese Vorschriften sind aber nicht in allen Fällen geeignet, einen ausreichenden Schutz der Gesellschaftsgläubiger zu bewirken. Deshalb wurde im Gesellschaftsrecht zusätzlich die sogenannte Durchgriffshaftung entwickelt, die in bestimmten Fallkonstellationen gestattet, neben der juristischen Person entgegen §§ 1 Abs. 1 S. 2 AktG, 13 Abs. 2 GmbHG auch ihre Gesellschafter in Anspruch zu nehmen.

I. Einstehenspflicht für den Zustandsstörer

An diese zivilrechtliche Rechtslage knüpft das Bundes-Bodenschutzgesetz an, wenn es in § 4 Abs. 3 S. 4 Fall 1 die Sanierungspflicht desjenigen anordnet, der aus handels- oder gesellschaftsrechtlichem Rechtsgrund für eine juristische Person einzustehen hat, der ein Grundstück, das mit einer schädlichen Bodenveränderung oder Altlast belastet ist, gehört. Ziel war es, so eine Harmonisierung der zivilrechtlichen und ordnungsrechtlichen Pflichten der Gesellschafter zu erreichen.[530]

1. Anknüpfungspunkt

§ 4 Abs. 3 S. 4 Fall 1 BBodSchG macht die Sanierungspflicht desjenigen, der für eine Gesellschaft einzustehen hat, davon abhängig, daß das belastete Grundstück der juristischen Person gehört. Der Begriff „gehören" ist in der juristischen Fachsprache nicht eindeutig besetzt. Dementsprechend besteht Streit über seine Ausle-

---

530 BT-Drs. 13/6701, S. 51.

gung. Einigkeit herrscht noch darüber, daß das Grundstück seinem zivilrechtlichen Eigentümer i.S.d. § 4 Abs. 3 S. 4 Fall 1 BBodSchG gehört.[531]

Unklar ist hingegen, ob auch davon gesprochen werden kann, das Grundstück gehöre einer juristischen Person, wenn sie lediglich Inhaberin der tatsächlichen Gewalt über dieses ist. Dies wird vom überwiegenden Teil des Schrifttums abgelehnt. Eine solche weite Auslegung sei vom Wortlaut nicht mehr gedeckt.[532] Dabei wird allerdings verkannt, daß „gehören" kein technischer Begriff ist, sondern dem täglichen Sprachgebrauch entnommen wurde. Dieser unterscheidet nicht dogmatisch streng zwischen Besitz und Eigentum, sondern verwendet diese Begriffe oft synonym. Der Wortlaut steht daher einer Einstehenspflicht auch in den Fällen, in denen die juristische Person nur Inhaberin der tatsächlichen Sachherrschaft über ein verseuchtes Grundstück ist, nicht entgegen.[533] Für eine Einbeziehung dieser Fälle in den Anwendungsbereich von § 4 Abs. 3 S. 4 Fall 1 BBodSchG spricht zudem die historische Auslegung, war es doch erklärter Wille des Gesetzgebers, auch insoweit eine Sanierungspflicht zu schaffen.[534]

Dies wird durch systematische Überlegungen bestätigt. Es entspricht den Traditionen des allgemeinen Polizei- und Ordnungsrechts, Eigentümer und Inhaber der tatsächlichen Gewalt hinsichtlich der öffentlich-rechtlichen Verantwortlichkeit grundsätzlich gleichzustellen. Dem ist das Bundes-Bodenschutzgesetz mit § 4 Abs. 3 S. 1 Fall 3 und 4 im Ansatz gefolgt. Solange sich aus dem Gesetzeswortlaut nicht eindeutig das Gegenteil ergibt,[535] ist daher anzunehmen, daß Eigentümer und

---

531 *Droese*, UPR 1999, 86 (87); *Giesberts/Frank*, DB 2000, 505 (508); *Knopp/Albrecht*, BB 1998, 1853 (1856); *Riedel*, ZIP 1999, 94 (97, Fn. 29); *Schmitz-Rode/Bank*, DB 1999, 417 (417); *Schoeneck*, in: *Sanden/Schoeneck*, BBodSchG, § 4, Rn. 40; *Spieth/Wolfers*, altlasten spektrum 1998, 75 (78); *Spieth/Wolfers*, NVwZ 1999, 355 (357).

532 *Droese*, UPR 1999, 86 (87); *Knopp/Albrecht*, BB 1998, 1853 (1856); *Müggenborg*, NVwZ 2001, 1114 (1114 f.); *Riedel*, ZIP 1999, 94 (97, Fn. 29); *Schmitz-Rode/Bank*, DB 1999, 417 (417); *Spieth/Wolfers*, altlasten spektrum 1998, 75 (78); *Spieth/Wolfers*, NVwZ 1999, 355 (357).

533 So auch *Giesberts/Frank*, DB 2000, 505 (508), die die Einbeziehung des Inhabers der tatsächlichen Gewalt in den Anwendungsbereich des § 4 Abs. 3 S. 4 Fall 1 BBodSchG aber mit der Begründung ablehnen, hierbei handele es sich um eine eng auszulegende Ausnahmevorschrift.

534 BT-Drs. 13/6701, S. 51.

535 Eindeutig nur den (ehemaligen) Eigentümer eines Grundstücks erfassen § 4 Abs. 3 S. 4 Fall 2 und § 4 Abs. 6 BBodSchG. Eine Anwendung dieser Vorschrift auf ehemaligen Inhaber der tatsächlichen Gewalt – etwa ehemalige Pächter – scheidet daher auch dann aus, wenn die Kündigung des Pachtvertrags im Hinblick auf die vorhandenen schädlichen Bodenveränderungen oder Altlasten erfolgte, das Verhalten des ehemaligen Inhabers der tat-

Inhaber der tatsächlichen Gewalt hinsichtlich der Sanierungspflichten wegen einer auf einem Grundstück vorhandenen schädlichen Bodenveränderung oder Altlast gleich zu behandeln sind. § 4 Abs. 3 S. 4 Fall 1 BBodSchG verpflichtet folglich auch denjenigen zur Sanierung , der für eine juristischer Person, die die tatsächliche Gewalt über das belastete Grundstück hat, einstehen muß.

2. Zeitlicher Anwendungsbereich

Im Gegensatz zur Anordnung der Sanierungspflicht desjenigen, der sein Eigentum an dem Grundstück aufgibt in § 4 Abs. 3 S. 4 Fall 2 BBodSchG, ist die Verwendung des Präsens in § 4 Abs. 3 S. 4 Fall 1 BBodSchG ernst zu nehmen. Eine Sanierungspflicht trifft daher nur Personen, die zur Zeit der Inanspruchnahme aus handels- oder gesellschaftsrechtlichem Rechtsgrund für eine juristische Person einzustehen haben, der gegenwärtig ein mit einer schädlichen Bodenveränderung oder Altlast verseuchtes Grundstück gehört.[536] Unerheblich ist also, ob die juristische Person das Eigentum bzw. die tatsächliche Sachherrschaft vor oder nach dem Inkrafttreten des Bundes-Bodenschutzgesetzes erworben hat oder seit wann die Bedingungen für eine Einstehenspflicht erfüllt sind. Entscheidend ist allein, daß diese Voraussetzungen zur Zeit der Inanspruchnahme noch gegeben sind.

3. Einstehenspflicht

Bei der Formulierung von § 4 Abs. 3 S. 4 Fall 1 BBodSchG ging es dem Gesetzgeber in erster Linie darum, eine Möglichkeit für die ordnungsrechtliche Inanspruchnahme der Personen zu schaffen, die zivilrechtlich nach den Regeln der Durchgriffshaftung für Gesellschaftsschulden einstehen müssen.[537] Der Gesetzeswortlaut beschränkt die Anwendung der Vorschrift aber nicht auf diese ungeschriebenen Fälle, in denen es den Gesellschaftern versagt wird, sich auf die Trennung von Gesellschafts- und Eigenvermögen zu berufen. Dennoch wird diese unübersichtliche, auch für Gesellschaftsrechtler kaum noch zu überblickende Kasuistik den Schwerpunkt bei der Anwendung von § 4 Abs. 3 S. 4 Fall 1 BBodSchG bilden.

---

sächlichen Gewalt sich also wertungsmäßig von dem eines ehemaligen Eigentümers in den vom Gesetz erfaßten Fällen nicht unterscheidet.

536 *Hilger*, in: *Holzwarth/Radtke/Hilger/Bachmann*, § 4 BBodSchG, Rn. 97; *Riedel*, ZIP 1999, 94 (98); *Schwartmann*, DStR 1999, 324 (327).

537 BT-Drs. 13/6701, S. 51.

a) Sphärenvermischung

Unter dem Schlagwort einer Durchgriffshaftung werden zunächst die Fälle einer sogenannten Sphärenvermischung diskutiert. Für diese ist charakteristisch, daß das Erfordernis hinreichender Trennung der Vermögensmassen verschiedener Rechtssubjekte nicht beachtet wird.[538] Das hat zur Folge, daß die Gläubiger nicht wissen, gegenüber welchem Rechtsträger sie ihre Forderungen geltend machen müssen bzw. welche Gegenstände ihnen für eine Zwangsvollstreckung zur Verfügung stehen. Üblicherweise werden zwei Formen der Sphärenvermischung unterschieden:

aa) Haftungsbegründende Sphärenvermischung

Die haftungsbegründende Sphärenvermischung zeichnet sich dadurch aus, daß beim rechtsgeschäftlichen Handeln nicht deutlich wird, für welches Rechtssubjekt gehandelt wird, so daß sich im Nachhinein nicht mehr feststellen läßt, in wessen Namen Forderungen begründet wurden bzw. gegen welchen Rechtsträger Gläubiger ihre Ansprüche richten müssen.[539] Dies kommt insbesondere vor, wenn mehrere Unternehmen unter nahezu identischer Firma betrieben werden und eine Person für beide rechtsgeschäftlich tätig wird. Hier ist es den verschiedenen Rechtsträgern versagt, sich auf die Trennung der verschiedenen Vermögensmassen zu berufen, so daß im Ergebnis beide juristischen Personen sowohl für die eigenen als auch für die von dem anderen Rechtsträger begründeten Verbindlichkeiten haften.[540]

bb) Gegenständliche Sphärenvermischung

Bei der gegenständlichen Sphärenvermischung besteht Unsicherheit darüber, welche Gegenstände welchem Rechtssubjekt zuzuordnen sind.[541] Deshalb ist unklar, welche Vermögenswerte den Gläubigern für eine eventuelle Zwangsvollstreckung zur Verfügung stehen. Solche Unklarheiten entstehen insbesondere bei kleinen Gesellschaften (z.B. Einmann-GmbHs), wenn die Gesellschafter es versäumen, ihr Privatvermögen räumlich vom Gesellschaftsvermögen zu trennen und auch nicht

---

538 *Schmidt*, GesR, § 9 IV 2 (S. 242); *Wiedemann*, GesR, § 4 III 1 a (S. 224).

539 BGH, NJW-RR 1986, 456 (457); BGH, WM 1990, 600 (601 f.) (unter dem Gesichtspunkt einer Vertrauenshaftung); *Schmidt*, GesR, § 9 IV 2 b (S. 244); *Schmidt*, BB 1985, 2074 (2075).

540 *Schmidt*, GesR, § 9 IV 2 b (S. 244); *Schmidt*, JuS 1987, 425 ff.; *Wiedemann*, GesR, § 4 III 1 a (S. 224).

541 BGHZ 95, 330 (334); 125, 366 (368); BGH, BB 1985, 77; *Schmidt*, GesR, § 9 IV 2 a (S. 242); *Schmidt*, BB 1985, 2074 (2075); *Wiedemann*, GesR, § 4 III 1 a (S. 224).

auf andere Weise (z.B. durch eine eindeutige Buchführung) festzustellen ist, wer Eigentümer des jeweiligen Gegenstands ist.

Rechtsfolge der gegenständlichen Sphärenerweiterung ist grundsätzlich nur eine gegenständliche Haftungserweiterung, d.h. der Gesellschafter wird mit dem Einwand, der Gegenstand, dessen Eigentümer nicht festgestellt werden kann, gehöre zu seinem Privatvermögen und stehe deshalb Gesellschaftsgläubigern zur Zwangsvollstreckung nicht zur Verfügung, nicht gehört.[542] Nur wenn eine Unterscheidung von Gesellschafts- und Privatvermögen allgemein unmöglich ist, kann es zu einer unbegrenzten Haftung der Gesellschafter kommen.[543] Nötig ist hierfür aber, daß die allgemeine gegenständliche Sphärenvermischung dem Gesellschafter zuzurechnen ist, d.h. er insbesondere den sie begründenden Sachverhalt kannte oder dieser Sachverhalt evident war.[544]

b) Qualifiziert faktischer Konzern

Von einer qualifiziert faktischen Konzernabhängigkeit einer Gesellschaft spricht man, wenn die Gesellschaft zwar tatsächlich in einen Konzern integriert worden ist und von dem herrschenden Unternehmen geleitet wird, aber kein förmlicher Beherrschungs- oder Gewinnabführungsvertrag geschlossen wurde.[545] Die Interessen von abhängiger und herrschender Gesellschaft müssen hier nicht immer übereinstimmen. Letzterer mag vielmehr daran gelegen sein, eigene Verluste zu vermeiden und diese bei der beherrschten Gesellschaft entstehen zu lassen, indem sie etwa die abhängige Gesellschaft zum Abschluß von Verträgen zu einem vom Marktpreis zu ihren Gunsten abweichenden Konzernverrechnungspreis veranlaßt. Zwar existieren im Gesellschaftsrecht (Treuepflichtverletzung, Kapitalerhaltungsrecht) und im Zivilrecht (insbesondere Deliktsrecht) zahlreiche Schutznormen, die die Gesellschaft und ihre Gläubiger vor Schädigungen durch Gesellschafter bewahren

---

542 BGHZ 95, 330 (333 f.); *Schmidt*, GesR, § 9 IV 2 a (S. 243); *Schmidt*, BB 1985, 2074 (2075).

543 BGHZ 95, 330 (333 f.); *Schmidt*, GesR, § 9 IV 2 a (S. 243 f.); *Schmidt*, BB 1985, 2074 (2076).

544 *Mertens*, in: *Hachenburg*, GmbHG, Anh. § 13, Rn. 49; *Schmidt*, GesR, § 9 IV 2 a (S. 243 f.); *Schmidt*, ZIP 1994, 837 (840); BGHZ 125, 366 (368 ff.) verlangt außerdem, daß der in Anspruch genommene Gesellschafter ein gewises Maß an Einflußmöglichkeit auf die Gesellschaft hat.

545 BGHZ 122, 123 (130 f.); *Hilger*, in: *Holzwarth/Radtke/Hilger/Bachmann*, § 4 BBodSchG, Rn. 104; *Hüffer*, GesR, S. 361; *Schmidt*, GesR, § 9 IV 3 b (S. 247); *Schwartmann*, DStR 1999, 324 (328).

sollen, diese reichen aber nicht aus, wenn es zu einer so großen Zahl von Einflußnahmen kommt, daß sich nicht mehr beziffern läßt, ob und gegebenenfalls in welcher Höhe eine Maßnahme zu einer Schmälerung des Vermögens der beherrschten Gesellschaft geführt hat.[546]

Soweit zwischen herrschendem und abhängigem Unternehmen ein förmlicher Beherrschungs- oder Gewinnabführungsvertrag besteht, hat der Gesetzgeber mit § 302 AktG, der das herrschende Unternehmen grundsätzlich verpflichtet, Jahresfehlbeträge des beherrschten Unternehmens auszugleichen, und § 303 AktG, wonach das herrschende Unternehmen nach Beendigung des Beherrschungsverhältnisses für Forderungen gegen das beherrschte Unternehmen Sicherheit leisten muß, Schutznormen geschaffen. Im übrigen, insbesondere im Recht der GmbH, fehlen derartige Vorschriften. Dennoch sind sich Rechtsprechung und Schrifttum weitgehend einig, daß auch insoweit ein Schutzbedürfnis besteht und deshalb §§ 302, 303 AktG entsprechend anzuwenden sind.[547]

Voraussetzung für die entsprechende Anwendung von §§ 302, 303 AktG ist zuerst das Bestehen eines Konzernverhältnisses, d.h. ein einzelner Gesellschafter muß nach den Mehrheitsverhältnissen die Gesellschaft beherrschen.[548] Die sich daraus ergebende Konzernleitungsmacht muß das herrschende Unternehmen (d.h. der Mehrheitsgesellschafter) zum Nachteil des abhängigen Unternehmens mißbraucht haben.[549] Dies muß zu einer Schädigung des beherrschten Unternehmens geführt haben, die sich nicht in Einzeleingriffen mit bezifferbarer Schmälerung des Vermögens der abhängigen Gesellschaft erschöpft.[550]

---

546 BGHZ 122, 123 (127).

547 BGHZ 95, 330 (339 ff.); 122, 123 (127); *Emmerich*, AG 1987, 1 (5 f.); *Hüffer*, GesR, S. 353 f.; *Lutter*, ZIP 1985, 1425 (1434); *Schmidt*, GesR, § 9 IV 3 (S. 245 ff.).

548 BGHZ 95, 300 (335 f.); BAG, ZIP 1999, 24 (27); *Schmidt*, GesR, § 9 IV 3 b (S. 245 f.); *Turiaux/Knigge*, BB 1999, 377 (380 f.).

549 Nach BGHZ 95, 330 (339 ff); 122, 123 (130 f.); BAG, ZIP 1999, 24 (27) wird ein solcher Mißbrauch der Konzernleitungsmacht widerleglich vermutet. *Lutter*, ZIP 1985, 1425 (1434); *Schmidt*, ZIP 1986, 146 (148) verlangen demgegenüber, daß der Mißbrauch dem herrschenden Unternehmen positiv nachgewiesen wird, während *Priester*, ZIP 1986, 137 (142); *Emmerich*, AG 1987, 1 (5) ihn unwiderleglich vermuten.

550 BGHZ 95, 330 (339 ff.); 122, 123 (127); BAG, ZIP 1999, 24 (27); *Turiaux/Knigge*, BB 1999, 377 (381). Wenn sich die Schädigung auf Einzeleingriffe mit jeweils bezifferbarer Minderung des Gesellschaftsvermögens beschränkt, reichen die gesetzlich ausdrücklich geregelten Ansprüche der Gesellschaft (z.B. aus Deliktsrecht) zu ihrem Schutz aus.

Liegen diese Voraussetzungen vor, ist Rechtsfolge grundsätzlich entsprechend § 302 AktG ein Anspruch des beherrschten Unternehmens gegen das herrschende Unternehmen im Innenverhältnis auf Ausgleich der ihm entstandenen Verluste. Nur wenn die Innenhaftung nicht realisiert werden kann (z.B. weil das beherrschte Unternehmen zahlungsunfähig geworden und die Eröffnung des Konkursverfahrens mangels Masse abgelehnt worden ist), kommt ein direkter Anspruch der Gläubiger der abhängigen Gesellschaft gegen das herrschende Unternehmen in Betracht.[551]

Eine qualifiziert faktische Konzernabhängigkeit führt demnach meist nur zu einer Innenhaftung des herrschenden Unternehmens. Ob eine solche Innenhaftung ein Einstehenmüssen i.S.d. § 4 Abs. 3 S. 4 Fall 1 BBodSchG bedeutet, erscheint auf den ersten Blick zweifelhaft, ist Rechtsfolge dieser Norm doch gerade eine Haftung im Außenverhältnis. Die Regelung im Bundes-Bodenschutzgesetz ist aber im Hinblick auf das Schrifttum und insbesondere die Rechtsprechung zur Haftung des herrschenden Unternehmens im qualifiziert faktischen Konzern ergangen. Diese Haftung bezeichnet der Bundesgerichtshof mit dem Begriff des Einstehenmüssens.[552] Es ist davon auszugehen, daß der Gesetzgeber diesen Sprachgebrauch bei der Formulierung von § 4 Abs. 3 S. 4 Fall 1 BBodSchG übernommen hat, zumal er gerade auch die Fälle der qualifizierten Konzernabhängigkeit erfassen wollte.[553] Auch eine auf das Innenverhältnis beschränkte Haftung stellt daher ein Einstehenmüssen dar und löst die Sanierungspflicht nach § 4 Abs. 3 S. 4 Fall 1 BBodSchG aus.[554]

c) Unterkapitalisierung von Gesellschaften

Die dritte und letzte unter dem Stichwort der Durchgriffshaftung diskutierte Fallgruppe ist die Unterkapitalisierung von Gesellschaften. Eine solche liegt vor, wenn eine Gesellschaft zwar mit dem gesetzlich vorgeschriebenen Mindestkapital ausgestattet ist, dieses aber objektiv außer Verhältnis zum satzungsmäßigen Geschäftszweck und der hierfür erforderlichen Betriebsausstattung steht, also offensichtlich

---

551 *Hilger*, in: *Holzwarth/Radtke/Hilger/Bachmann*, § 4 BBodSchG, Rn. 107; *Lutter*, ZIP 1985, 1425 (1435); *Schmidt*, GesR, § 9 IV 23 b (S. 246); offen gelassen von BGHZ 122, 123 (130).

552 BGHZ 122, 123 (128).

553 BT-Drs. 13/6701, S. 51.

554 A.A. *Spieth/Wolfers*, NVwZ 1999, 355 (358), zweifelnd *Schwartmann*, DStR 1999, 324 (328).

nicht geeignet ist, den Gläubigern der Gesellschaft im Konkursfall als ausreichende Sicherheit zu dienen.[555] Es ist anzunehmen, daß diese Fallgruppe bei der Anwendung von § 4 Abs. 3 S. 4 Fall 1 BBodSchG besondere Bedeutung gewinnen wird, da die Sanierung von schädlichen Bodenveränderungen und Altlasten oft erhebliche Kosten verursacht, die leicht Millionenhöhe erreichen. Eine Gesellschaft, die nur mit dem gesetzlichen Mindestkapital von € 25.000,- (bei der GmbH) bzw. € 50.000,- (bei der AG) ausgestattet ist, wird solche Summen in der Regel nicht aufbringen können, so daß derartige Gesellschaften meist unterkapitalisiert sind, wenn abzusehen ist, daß größere Sanierungsmaßnahmen auf sie zukommen. Überwiegend werden zwei Formen der Unterkapitalisierung unterschieden:

aa) Nominelle Unterkapitalisierung

Bei der nominellen Unterkapitalisierung wird der über das gesetzliche Mindestkapital hinausgehende Finanzbedarf der Gesellschaft zwar gedeckt, dies geschieht aber nicht durch Eigen-, sondern durch Fremdkapital, d.h. durch Kredite der Gesellschafter an die Gesellschaft.[556] Mit einem solchen Verhalten setzen sich die Gesellschafter in Widerspruch zu den Grundsätzen ordnungsgemäßer Eigenkapitalbildung. Es erscheint daher unangemessen, die Forderungen der Gesellschafter gegen die Gesellschaft mit denen der sonstigen Gläubiger gleichzusetzen. Vielmehr entspricht es dem Gerechtigkeitsgefühl, daß die Forderungen der Fremdgläubiger vorgehen, insbesondere im Konkurs.[557]

Der Auffassung ist auch der Gesetzgeber und hat deshalb mit §§ 32 a, b GmbHG für die GmbH und GmbH & Co KG Vorschriften geschaffen, die diese Rechtsfolge anordnen. Das Problem kapitalersetzender Gesellschafterdarlehen stellt sich aber nicht nur bei diesen Gesellschaftsformen, sondern immer dann, wenn zwischen Eigen- und Fremdkapital zu unterscheiden ist, also insbesondere auch bei AG und e.V.[558] Daher sind stets dann, wenn Gesellschafter der Gesellschaft Kredite ge-

---

555 BGHZ 68, 312; *Droese*, UPR 1999, 86 (88); *Knopp/Albrecht*, BB 1998, 1853 (1856); *Schwartmann*, DStR 1999, 324 (327); *Ulmer*, in: *Hachenburg*, GmbHG, Anh. § 30, Rn. 16; *Vierhaus*, NJW 1998, 1262 (1265); *Wiedemann*, GesR, § 4 III 1 b (S. 224 f.).

556 *Schmidt*, GesR, § 9 IV 4 a (S. 248); *Ulmer*, in: *Hachenburg*, GmbHG, Anh. § 30, Rn. 21.

557 *Schmidt*, GesR, § 18 III 4 b (S. 532).

558 BGHZ 90, 381 (385 ff.); RG, JW 1939, 355 (355 f.); *Immenga*, ZIP 1983, 1405 (1406 f.); *Junker*, ZHR 156 (1992), 394 (399 ff.); *Schmidt*, GesR, § 18 III 4 a (S. 530); a.A. *Claussen*, ZHR 147 (1983), 195 (201 f.); *Menzel*, AG 1982, 197 (205); *Westermann*, ZIP 1982, 379 (387 f.).

währt haben, die Kapitalersatzfunktion hatten,[559] diese Darlehen Dritten gegenüber als Eigenkapital zu behandeln.[560] Wann Darlehen Kapitalersatzfunktion haben, ist noch nicht abschließend geklärt. Häufig wird formuliert, dies sei dann der Fall, wenn die Gesellschaft von dritter Seite keine Kredite mehr zu marktüblichen Konditionen erhalten könnte.[561] Dies dürfte im Ergebnis regelmäßig mit der Umschreibung in § 32 a Abs. 1 S. 1 GmbHG übereinstimmen, daß ordentliche Kaufleute Eigenkapital zugeführt hätten.

Hervorzuheben ist allerdings, daß die Rechtsfolge bei nomineller Unterkapitalisierung nicht eine unbegrenzte Haftung der Gesellschafter für die Verbindlichkeiten der Gesellschaft, sondern nur die Behandlung der der Gesellschaft als Darlehen überlassenen Gelder als Eigenkapital ist. Da das Bundes-Bodenschutzgesetz mit § 4 Abs. 3 S. 4 Fall 1 ausdrücklich an die zivilrechtliche Haftung anknüpft, ist es auch an deren Reichweite und Grenzen gebunden. In den Fällen nomineller Unterkapitalisierung tritt daher keine Sanierungspflicht der Gesellschafter ein, so daß diesen gegenüber auch keine Sanierungsverfügung nach § 10 BBodSchG ergehen kann. Die Beschränkung der Kapitalzuführung durch die Gesellschafter auf Fremdkapital führt vielmehr auch im öffentlichen Recht nur dazu, daß das für eine Zwangsvollstreckung in die Gesellschaft zur Verfügung stehende Kapital erhöht wird.

bb) Materielle Unterkapitalisierung

Die materielle Unterkapitalisierung unterscheidet sich von der nominellen Unterkapitalisierung dadurch, daß hier die notwendige Kapitalzuführung ganz unterbleibt, die Gesellschafter der Gesellschaft die benötigten Mittel also auch nicht darlehensweise zur Verfügung stellen.[562] Hinsichtlich der Rechtsfolgen sind zwei Ausprägungen der materiellen Unterkapitalisierung danach zu unterscheiden, ob dem Gesellschafter eine individuelle Gläubigerschädigung angelastet werden kann oder nicht.

---

559 BGHZ 90, 381 (386 ff.); *Schmidt*, GesR, § 18 III 4 c aa (S. 533). Zur Zurechnung von Krediten durch Angehörige des Gesellschafters oder verbundene Unternehmen vgl. *Schmidt*, GesR, § 37 IV 3 a (S. 1155 ff.).

560 BGHZ 31, 258 (268 ff.); 67, 171 (174 f.); 75, 334 (336 f.); 76, 326 (329); 90, 381 (388 f.); RG, JW 1939, 355 (356); *Schmidt*, GesR, § 18 III 4 d (S. 533 f.); *Ulmer*, in: *Hachenburg*, GmbHG, Anh. § 30, Rn. 19; *Ulmer*, FS *Duden*, S. 661 (672 ff.).

561 *Lutter/Hommelhoff*, ZGR 8 (1979), 31 (39 f.); *Ulmer*, in: *Hachenburg*, GmbHG, Anh. § 30, Rn. 9; *Ulmer*, FS *Duden*, S. 661 (670).

562 *Schmidt*, GesR, § 9 IV 4a (S. 248 f.); *Ulmer*, in: *Hachenburg*, GmbHG, Anh. § 30, Rn. 21.

(1) Individuelle Gläubigerschädigung

Wenn die materielle Unterkapitalisierung eine individuelle Schädigung eines einzelnen Gläubigers der Gesellschaft zur Folge hatte, kann dieser regelmäßig Ansprüche gegen die Gesellschafter oder Geschäftsführer aus dem kodifizierten Recht geltend machen. Eines Rückgriffs auf die ungeschriebenen Regeln des Durchgriffs bedarf es insoweit nicht.[563] In Betracht kommen insbesondere Ansprüche des Gesellschaftsgläubigers gegen den Gesellschafter aus § 823 Abs. 2 BGB in Verbindung mit verschiedenen Schutznormen, wie z.B. § 92 AktG, § 64 GmbHG, §§ 130 a, b, 177 a HGB (bei Fortführung eines Unternehmens trotz Konkursreife),[564] § 263 StGB, § 826 BGB und dem Rechtsinstitut der culpa in contrahendo.[565]

Rechtsfolge ist insoweit also nicht eine generelle Haftung der Gesellschafter für alle Verbindlichkeiten der Gesellschaft, sondern eine Verpflichtung nur gegenüber einzelnen Gläubigern, soweit diesen ein individueller Schaden entstanden ist. Eine Inanspruchnahme der Gesellschafter nach § 4 Abs. 3 S. 4 Fall 1 BBodSchG läßt sich folglich mangels genereller Einstehenspflicht hieraus allenfalls sehr bedingt ableiten.

(2) Keine individuelle Gläubigerschädigung

Wenn dem Gesellschafter keine individuelle Gläubigerschädigung angelastet werden kann und somit keine der oben genannten geschriebenen Normen dem Gläubiger einen Schadensersatzanspruch gewährt, kann es nach nahezu einhelliger Ansicht zu einer unbegrenzten Haftung des Gesellschafters für alle Verbindlichkeiten der juristischen Person nach Durchgriffsregeln kommen.[566] Einzelheiten sind aber umstritten.

---

563 *Schmidt*, GesR, § 9 IV 4 b (S. 249).

564 BGHZ 29, 100 (104); 75, 96 (106); 100, 19; 126, 181.

565 Hieraus ergeben sich Ansprüche, wenn unter Verdeckung der Zahlungsunfähigkeit eines Unternehmens noch Geschäfte abgeschlossen werden, vgl. BGHZ 87, 27; BGH, NJW 1983, 676 ff.; Kort, DB 1990, 921 (921 f.); Schmidt, ZIP 1988, 1497 (1503 f.).

566 BGH, NJW 1979, 2104 (2105); *Emmerich*, in: *Scholz*, GmbHG, § 13, Rn. 95; *Schmidt*, GesR, § 9 IV 4 c (S. 250 ff.); *Stimpel*, FS *Goerdeler*, S. 601 (607 ff.); *Ulmer*, in: *Hachenburg*, GmbHG, Anh. § 30, Rn. 64; *Vierhaus*, NJW 1998, 1262 (1266); *Wiedemann*, GesR, § 10 IV 3 b (S. 570 ff.).

Diskutiert wird insbesondere, ob die Haftung der Gesellschafter ein Verschulden voraussetzt,[567] oder ob der objektive Tatbestand der Unterkapitalisierung genügt.[568] *Droese* will diese Frage für den Anwendungsbereich des Bundes-Bodenschutzgesetzes von den klassischen Fällen des Haftungsdurchgriffs trennen. Hier gehe es letztlich um den Schutz der Umwelt und der Grundlage allen, auch des menschlichen Lebens, und damit um Interessen der Allgemeinheit, während in den klassischen Fällen nur das Vermögen einzelner Gläubiger betroffen sei. Das besondere Gewicht dieser Schutzgüter müsse zur Folge haben, daß – unabhängig von den im Gesellschaftsrecht entwickelten Regeln – im Anwendungsbereich des § 4 Abs. 3 S. 4 Fall 1 BBodSchG schon der objektive Tatbestand der Unterkapitalisierung zur Haftung des Gesellschafters führe.[569] Dies kann nicht überzeugen. Zwar ist die besondere Bedeutung des Umweltschutzes nicht zu bestreiten, der Gesetzgeber hat die Sanierungspflicht nach § 4 Abs. 3 S. 4 Fall 1 BBodSchG aber – wie sich aus dem insoweit eindeutigen Wortlaut ergibt – gerade von der handels- bzw. gesellschaftsrechtlichen Rechtslage abhängig machen wollen. Eine Sanierungspflicht tritt daher nur dann ein, wenn die allgemeinen Voraussetzungen für einen Durchgriff vorliegen.

Für das Erfordernis eines Verschuldens wird angeführt, ohne dieses Korrektiv ließe sich nicht ermitteln, wann eine Unterkapitalisierung vorliege, da es keine allgemeinen Regeln über das betriebswirtschaftlich notwendige Eigenkapital gebe.[570] Diese Schwierigkeiten lassen sich aber dadurch vermeiden, daß nicht jede, sondern nur eine qualifizierte, d.h. krasse Unterkapitalisierung zur Haftung der Gesellschafter führt.[571]

Entscheidend ist vielmehr eine andere Überlegung: Grund für die prinzipielle Beschränkung der Haftung der Gesellschafter durch § 1 Abs. 1 S. 2 AktG, § 13 Abs. 2 GmbHG ist die Garantiefunktion des Stammkapitals. Wo von vornherein feststeht, daß dieses nicht ausreichen kann, verliert dieser Haftungsausschluß seine

---

567 BGH, NJW 1979, 2104 (2105); *Emmerich*, in: *Scholz*, GmbHG, § 13, Rn. 95; *Schmidt*, ZIP 1988, 1497 (1506 f.).

568 BSG, NJW 1984, 2117 (2119); *Droese*, UPR 1999, 86 (88); *Stimpel*, FS *Goerdeler*, S. 601 (612); *Ulmer*, in: *Hachenburg*, GmbHG, Anh. § 30, Rn. 52, *Wiedemann*, GesR, § 10 IV 3 b (S. 571 ff.).

569 *Droese*, UPR 1999, 86 (88).

570 *Schmidt*, GesR, § 9 IV 4 c aa (S. 251).

571 *Stimpel*, FS *Goerdeler*, S. 601 (608).

Berechtigung.[572] Ob dies der Fall ist, hängt aber nicht von einem Verschulden oder gar einer Schädigungsabsicht der Gesellschafter, sondern allein von den objektiven Gegebenheiten ab. Deshalb genügt der objektive Tatbestand der qualifizierten Unterkapitalisierung zur Begründung einer Durchgriffshaftung.

Die praktische Bedeutung dieser Frage ist aber zumindest für das Altlastenrecht gering. Die Unterkapitalisierung ergibt sich hier meist daraus, daß die Gesellschaft Eigentümerin eines mit einer schädlichen Bodenverunreinigung oder Altlast belasteten Grundstücks ist oder die tatsächliche Sachherrschaft über eine solches Grundstück inne hat, und absehbar ist, daß die Kapitalausstattung der Gesellschaft bei weitem nicht ausreicht, um die erforderlichen Sanierungsmaßnahmen zu finanzieren. Wenn die Sanierungsbedürftigkeit des Grundstücks und die dabei anfallenden Kosten bekannt sind (sind sie es nicht, steht das vorhandene Kapital nicht objektiv im Widerspruch zum Geschäftszweck und es liegt keine Unterkapitalisierung vor), werden sie auch den Gesellschaftern der Eigentümerin kaum verborgen bleiben, so daß diese die von der Gegenansicht geforderten subjektiven Voraussetzungen für eine Durchgriffshaftung erfüllen.

Umstritten ist außerdem, ob eine solche Haftung sich grundsätzlich auf das Innenverhältnis beschränkt (mit Ausnahmen beim masselosen Konkurs), der Gesellschafter also nur der Gesellschaft gegenüber zur Zahlung verpflichtet ist,[573] oder der Gesellschafter auch im Außenverhältnis, also gegenüber den Gesellschaftsgläubigern, haften muß.[574] Dies bedarf hier aber keiner Entscheidung, da nach dem oben Gesagten[575] nicht nur eine Haftung im Außenverhältnis, sondern auch eine bloße Verpflichtung im Innenverhältnis ein Einstehenmüssen i.S.d. § 4 Abs. 3 S. 4 Fall 1 BBodSchG darstellt, also eine Sanierungspflicht nach sich zieht.

Vielfach werden die Voraussetzungen einer Unterkapitalisierung zwar schon bei der Gründung der Gesellschaft vorliegen, denkbar ist aber auch, daß die juristische Person ursprünglich mit ausreichendem Eigenkapital ausgestattet war und dieses erst im Laufe der Geschäftstätigkeit außer Verhältnis zum Geschäftszweck gerät.

---

572 *Ulmer*, in: *Hachenburg*, GmbHG, Anh. § 30, Rn. 52; *Wiedemann*, GesR, § 10 IV 3 b (S. 571 ff.).

573 *Emmerich*, in: *Scholz*, GmbHG, § 13, Rn. 95; *Schmidt*, GesR, § 9 IV 4 b bb (S. 251); *Schmidt*, BB 1985, 2074 (2077 f.), *Schmidt*, JZ 1985, 301 (303 ff.); *Stimpel*, FS *Goerdeler*, S. 601 (613).

574 *Nirk*, FS *Stimpel*, S. 443 (457 ff.); *Ulmer*, in: *Hachenburg*, GmbHG, Anh. § 34, Rn. 63.

575 Vgl. S. 167.

Gründe hierfür können etwa eine deutlich verschlechterte Wirtschaftslage, eine Geschäftserweiterung, die erheblicher Investitionen bedarf, grundlegende Änderungen in der Gesellschaftsstruktur oder – speziell auf das Bodenschutzrecht bezogen – der Erwerb eines mit einer schädlichen Bodenveränderung oder Altlast verseuchten Grundstücks oder die Erkenntnis, daß ein Grundstück, das im Eigentum der Gesellschaft steht, derart belastet ist, sein. Auch eine nachträgliche Unterkapitalisierung kann eine Durchgriffshaftung der Gesellschafter begründen. Dies gilt allerdings nicht ohne weiteres, sondern nur, wenn die Gesellschafter auf den Eintritt der Unterkapitalisierung nicht mit einer Liquidation der Gesellschaft oder einer Kapitalerhöhung reagieren, sondern die Gesellschaft wie bisher weiterführen.[576]

d) Geschriebene Fälle einer Einstehenspflicht

Die bisher behandelten Fälle einer Einstehenspflicht der Gesellschafter für die juristische Person beruhen auf einer Rechtsfortbildung durch Rechtsprechung und Schrifttum. Der Wortlaut von § 4 Abs. 3 S. 4 Fall 1 BBodSchG umfaßt aber nicht nur diese, meist unter dem Stichwort einer Durchgriffshaftung diskutierten, ungeschriebenen Konstellationen einer Verantwortlichkeit der Gesellschafter für Gesellschaftsschulden. Die Norm ordnet vielmehr die Sanierungspflicht des Hintermanns in allen Fällen der Einstehenspflicht für juristische Personen an und unterscheidet dabei nicht, ob diese Pflicht auf geschriebenem oder ungeschriebenem Recht beruht. Sanierungspflichtig ist daher auch derjenige, dessen Haftung für Gesellschaftsschulden das Handels- oder Gesellschaftsrecht ausdrücklich anordnet.

Solche Anordnungen finden sich in so vielen Vorschriften, daß sich an dieser Stelle eine vollständige Aufzählung verbietet. Genannt seien nur die Haftung der Handelnden bei Geschäftsaufnahme vor Eintragung der juristischen Person ins Handelsregister (§§ 11 Abs. 2 GmbHG, 41 Abs. 1 S. 2 AktG), die Haftung bei Firmenfortführung (§ 25 HGB) und die umfangreichen Normen zur Sicherung des Grundkapitals der Gesellschaft (§§ 9 ff. GmbHG, 46 ff. AktG). Hierher gehört auch die oben schon angesprochene Verpflichtung aller an einer Unternehmensspaltung beteiligten Rechtsträger aus § 133 Abs. 1 S. 1 UmwG, fünf Jahre lang ge-

[576] *Knopp/Albrecht*, BB 1998, 1853 (1857); *Riedel*, ZIP 1999, 94 (98); *Schwartmann*, DStR 1999, 324 (328); *Schmidt*, GesR, § 9 IV 4 c bb (S. 251); *Ulmer*, in: *Hachenburg*, GmbHG, Anh. § 30, Rn. 22; *Vierhaus*, NJW 1998, 1262 (1266).

samtschuldnerisch für die Verbindlichkeiten des übertragenden Rechtsträgers einzustehen, die vor dem Wirksamwerden der Spaltung begründet wurden.

4. Verfassungsrechtliche Zulässigkeit

Wie gegen die meisten anderen Erweiterungen der ordnungsrechtlichen Verantwortlichkeit durch das Bundes-Bodenschutzgesetz werden auch gegen § 4 Abs. 3 S. 4 Fall 1 BBodSchG verfassungsrechtliche Bedenken geäußert. Es handele sich um eine unzulässige echte Rückwirkung, da in der Vergangenheit bereits abgeschlossene Vorgänge des Handels- und Gesellschaftsrechts verschärften Anforderungen unterworfen würden. Soweit die oben dargestellten Voraussetzungen einer Einstehenspflicht schon vor dem Inkrafttreten des Bundes-Bodenschutzgesetzes vorgelegen haben, konnte der Gesellschafter nicht auf Sanierung der auf dem Grundstück der juristischen Person vorhandenen schädlichen Bodenveränderungen oder Altlasten in Anspruch genommen werden. Am 1. März 1999 habe sich dies durch das Inkrafttreten des Bundes-Bodenschutzgesetzes geändert, ohne daß es dazu weiterer Handlungen des Gesellschafters bedurft hätte.[577]

Daran ist richtig, daß es vor dem 1. März 1999 nicht möglich war, den nun nach § 4 Abs. 3 S. 4 Fall 1 BBodSchG Sanierungspflichtigen auf Beseitigung der Bodenverunreinigungen in Anspruch zu nehmen. Zivilrechtlich mußte er aber auch vor diesem Datum schon für die durch die Sanierung entstehenden Kosten einstehen, ist es für die oben geschilderten Pflichten doch ohne Bedeutung, ob die Verpflichtung der Gesellschaft aus dem öffentlichen oder Zivilrecht stammt.[578] Zwar bestand diese Verpflichtung nicht immer im Außenverhältnis gegenüber den Gesellschaftsgläubigern, sondern vielfach nur im Innenverhältnis gegenüber der Gesellschaft selbst, dies ändert aber nichts daran, daß der heute nach § 4 Abs. 3 S. 4 Fall 1 BBodSchG Verantwortliche auch schon vor dem Inkrafttreten des Bundes-Bodenschutzgesetzes letztlich für die Sanierungskosten aufkommen mußte. Auch soweit der Gesellschafter durch Verwaltungsakt nicht nur auf Ersatz der Kosten für eine durch die Behörde durchgeführte Sanierung, sondern unmittelbar auf Sanie-

---

577 *Gerhold*, in: Bodenschutz und Planungsrecht, S. 15 (19). Auch *Giesberts/Frank*, DB 2000, 505 (510) und *Müggenborg*, NVwZ 2001, 1114 (1120) halten § 4 Abs. 3 S. 4 Fall 1 BBodSchG im Wege verfassungskonformer Auslegung nur auf solche Altlasten für anwendbar, die nach dem 1. März 1999 entstanden sind.

578 BSG, NJW 1984, 2117; BSG, NJW-RR 1995, 730; BSG, NJW-RR 1997, 94; OVG Lüneburg, MDR 1996, 1024; *Turiaux/Knigge*, BB 1999, 377 (378); *Vierhaus*, NJW 1998, 1262 (1265).

rung in Anspruch genommen wird, steht es ihm frei, diese nicht selbst durchzuführen, sondern einen Dritten damit zu beauftragen, was in aller Regel sogar nötig sein wird, da er selbst nicht die erforderlichen Kenntnisse und technischen Mittel besitzt. Ihn trifft daher auch in diesem Fall im Ergebnis nur die Verpflichtung, die Sanierungskosten zu tragen.

Durch die gesetzliche Neuregelung hat sich also nicht der Umfang der Verantwortlichkeit desjenigen, der für die juristische Person, der das belastete Grundstück gehört, einzustehen hat, sondern allenfalls der Gläubiger geändert. Der nun nach § 4 Abs. 3 S. 4 Fall 1 BBodSchG Verpflichtete wird durch das Bundes-Bodenschutzgesetz also nicht schlechter gestellt als bisher, so daß keine echte Rückwirkung vorliegt. Die Norm ist folglich verfassungsrechtlich unbedenklich.

5. Bewertung der Vorschrift

Die Haftungserweiterung durch § 4 Abs. 3 S. 4 Fall 1 BBodSchG ist in nahezu allen Veröffentlichungen zum Bundes-Bodenschutzgesetz umfassend erörtert worden. Auch der Gesetzgeber verfolgte mit ihr kein geringeres Ziel als einen Gleichklang von zivilrechtlichen und öffentlich-rechtlichen Pflichten der Gesellschafter herzustellen.[579] Bei näherem Hinsehen zeigt sich aber, daß die praktische Bedeutung der Vorschrift gering ist.[580]

Nach dem soeben Ausgeführten mußte der nun nach § 4 Abs. 3 S. 4 Fall 1 BBodSchG Verantwortliche auch schon nach der bisherigen Rechtslage letztlich die der juristischen Person auferlegten Sanierungskosten tragen. Zwar kann der Hintermann jetzt unmittelbar durch Verwaltungsakt auf Sanierung in Anspruch genommen werden, da ihm jedoch fast immer die Möglichkeiten zu einer eigenhändigen Durchführung dieser Arbeiten fehlen, ändert dies nichts daran, daß der nach § 4 Abs. 3 S. 4 Fall 1 BBodSchG Verantwortliche – wie bisher auch – im Ergebnis lediglich die Kosten der Sanierung durch einen Dritten übernehmen muß.

Abzuwarten bleibt, ob es den für die Ausführung des Bundes-Bodenschutzgesetzes zuständigen Behörden gelingt, die komplizierten, auch für Gesellschaftsrechtler kaum noch zu durchschauenden Regeln der Durchgriffshaftung ohne größere Schwierigkeiten anzuwenden. Möglicherweise wird die praktische Erfahrung zei-

---

579 BT-Drs. 13/6701, S. 51.

580 *Vierhaus*, NJW 1998, 1262 (1265) geht aber wohl zu weit, wenn er davon spricht, die Norm habe nur deklaratorische Bedeutung.

gen, daß der Gesetzgeber besser die Voraussetzungen für eine Einstehenspflicht i.S.d. § 4 Abs. 3 S. 4 Fall 1 BBodSchG unmittelbar in dieser Norm geregelt hätte. So wäre zu verhindern gewesen, daß die aus dem Gesellschaftsrecht bekannten Streitigkeiten über diese Voraussetzungen einer schnellen Behördenentscheidung und damit einer raschen Beseitigung schädlicher Bodenveränderungen und Altlasten entgegenstehen.

II. Einstehenspflicht für den Handlungsstörer

Die Frage einer Inanspruchnahme der hinter der Gesellschaft stehenden natürlichen Personen kann sich nicht nur dann stellen, wenn die juristische Person aufgrund ihres Eigentums an dem Grundstück oder ihrer Stellung als Inhaberin der tatsächlichen Gewalt über dieses als Zustandsstörer nach § 4 Abs. 3 S. 1 Fall 3 oder 4 BBodSchG sanierungspflichtig ist. Vielmehr erscheint es konsequent, unter den gleichen Voraussetzungen auch die Personen in Anspruch zu nehmen, die für eine juristische Person einzustehen haben, die die schädliche Bodenveränderung oder Altlast verursacht hat und deshalb als Handlungsstörerin nach § 4 Abs. 3 S. 1 Fall 1 BBodSchG ordnungspflichtig ist.

Diesen Weg ist der Gesetzgeber aber nicht gegangen. Der Anwendungsbereich von § 4 Abs. 3 S. 4 Fall 1 BBodSchG ist vielmehr auf solche Personen beschränkt, die für eine Gesellschaft einzustehen haben, der das belastete Grundstück gehört. Eine entsprechende Vorschrift, die einen Durchgriff durch eine als Handlungsstörerin verantwortliche juristische Person ermöglicht, existiert nicht.[581] Daraus läßt sich aber nicht folgern, daß die hinter einer als Handlungsstörerin verantwortlichen Gesellschaft stehenden Personen nie eine Sanierungspflicht hinsichtlich dieser Bodenverschmutzungen trifft. Eine solche kann sich nämlich aus allgemeinen Regeln ergeben.

1. Inanspruchnahme der Gesellschafter als Verursacher

Die Gesellschafter und Geschäftsführer einer juristischen Person können zunächst selbst als Verursacher nach § 4 Abs. 3 S. 1 Fall 1 BBodSchG sanierungspflichtig sein. Das setzt nach dem oben Gesagten voraus, daß sie durch ihr eigenes Verhalten eine herausgehobene Bedingung für den Eintritt der schädlichen Bodenverän-

[581] A.A. Pützenbacher, NJW 1999, 1137 (1139), der § 4 Abs. 3 S. 4 Fall 1 BBodSchG entgegen seinem eindeutigen Wortlaut und ohne Begründung auch insoweit für einschlägig hält.

derung oder Altlast gesetzt haben.[582] Für die Verantwortlichkeit als Handlungsstörer ist unbedeutend, ob der Handelnde auch nach den Regeln des Zivilrechts persönlich für die Folgen seines Tuns einstehen muß oder ob insoweit ein anderer verpflichtet wird. Daher können auch Gesellschafter und Geschäftsführer, die für eine juristische Person handeln, durch dieses Verhalten statt oder neben der Gesellschaft persönlich ordnungspflichtig werden.[583] Hierbei handelt es sich aber nicht um eine Aufhebung der Trennung zwischen Gesellschafter und Gesellschaft, also insbesondere nicht um eine Durchgriffshaftung, sondern um eine getrennte Untersuchung der Verantwortlichkeit von Gesellschaft und handelnden Gesellschaftern. Diese Prüfung kann zu dem Ergebnis führen, daß die Gesellschaft verantwortlich ist, der Gesellschafter aber nicht und umgekehrt. Eine Sanierungspflicht der hinter der Gesellschaft stehenden Personen kann sich insbesondere in zwei Konstellationen ergeben:

In der ersten nimmt der Gesellschafter selbst die Handlung vor, die ein Eindringen von Giftstoffen in den Boden bewirkt und so unmittelbar zur Entstehung der schädlichen Bodenveränderung oder Altlast führt. Dadurch erfüllt er alle Voraussetzungen einer Verursachung i.S.d. § 4 Abs. 3 S. 1 Fall 1 BBodSchG, ist also persönlich sanierungspflichtig. Die Gesellschaft wird daneben nur dann zum Handlungsstörer, wenn ihr das Verhalten ihres Organs zuzurechnen ist, der Handelnde also insbesondere nicht als Privatperson, sondern in seiner Eigenschaft und im Rahmen seiner Befugnisse als Gesellschafter bzw. Geschäftsführer gehandelt hat.

In der zweiten Fallgruppe nimmt der Gesellschafter die zur Bodenverschmutzung führende Handlung zwar nicht selbst vor, hat aber dennoch als Hintermann die wesentliche Ursache für ihre Entstehung gesetzt. Dies sind die bereits oben angesprochenen Fälle, in denen der Handelnde – mag er auch rechtlich selbständig sein – zumindest faktisch an die Weisungen eines Hintermanns gebunden ist, der ihm auch detaillierte Anweisungen erteilt hat.[584] Hier stand der weitere Geschehensablauf schon mit der Erteilung der Weisung fest, so daß diese als herausgehobene

---

582 Vgl. 3. Teil:B.I.3 (S. 54).

583 VGH Baden-Württemberg, NJW-RR 1987, 615 (616 f.); Hessischer VGH, UPR 1995, 198 (198); *Drews/Wacke/Vogel/Martens*, § 19, 4 a (S. 294); *Friauf*, in: *Schmidt-Aßmann*, BesVwR, Rn. 82 a. Hierauf stellt wohl auch *Schoeneck*, in: *Sanden/Schoeneck*, BBodSchG, § 4 Rn. 40 ab, wenn er davon spricht, die zivilrechtlichen Haftungserweiterungen könnten schon unmittelbar bei der Bestimmung des Verursachers berücksichtigt werden. A.A. offenbar *Vierhaus*, NJW 1998, 1262 (1266).

584 Vgl. 3. Teil:B.I.3.b)ee) (S. 59).

Bedingung für die Bodenverschmutzung anzusehen ist, auch wenn noch das voraussehbare Verhalten des Abhängigen hinzutreten mußte. Diese Konstellation kommt den oben dargelegten Fällen einer Einstehenspflicht am nächsten. Besonders im qualifiziert faktischen Konzern liegt es nahe, daß die herrschende Gesellschaft dem abhängigen Unternehmen detailliert ein bestimmtes Vorgehen vorschreibt, das die Organe der beherrschten Gesellschaft aufgrund der tatsächlichen Machtverhältnisse in der Gesellschaft ausführen müssen. Anknüpfungspunkt bleibt aber auch hier stets die konkrete Weisung und nicht das qualifizierte Konzernverhältnis als solches.

2. Inanspruchnahme der Gesellschafter aufgrund der Einstehenspflicht

Wenn eine Inanspruchnahme der Gesellschafter als Verursacher im Einzelfall nicht möglich ist, können Sanierungsverfügungen nur gegen die Gesellschaft gerichtet werden. Ein solcher Verwaltungsakt veranlaßt die Gesellschaft entweder dazu, ein Unternehmen mit der Reinigung des Erdreichs zu beauftragen, oder die Behörde erteilt im Wege der Ersatzvornahme einen solchen Auftrag und erlegt dem sanierungspflichtigen Unternehmen die Kosten auf. Beide Möglichkeiten führen im Ergebnis dazu, daß die juristische Person mit einer Zahlungspflicht belastet ist. Für Zahlungspflichten trifft aber den Gesellschafter aus einem der oben dargelegten Gründe eine Einstehenspflicht und dies unabhängig davon, ob die Verbindlichkeit der Gesellschaft aus dem öffentlichen oder privaten Recht stammt. Auch ohne eine Norm, die die Sanierungspflicht desjenigen anordnet, der für den Handlungsstörer einzustehen hat, muß dieser daher zumindest mittelbar für die Sanierungskosten aufkommen.

III. Einstehenspflicht für den ehemaligen Zustandsstörer

Die letzte Konstellation, in der sich die Frage nach der Sanierungspflicht der Personen, die für eine juristische Person einstehen müssen, stellt, sind die Fälle, in denen die juristische Person ein belastetes Grundstück veräußert oder das Eigentum an ihm aufgegeben hat. Eine ausdrückliche Regelung dieser Fallgruppe ist nicht erfolgt. Eine Sanierungspflicht der Gesellschafter könnte sich hier aber aus einer Kombination der Norm, die den Fortbestand der Verantwortlichkeit der juristischen Person anordnet (§ 4 Abs. 3 S. 4 Fall 2 oder § 4 Abs. 6 BBodSchG), mit § 4 Abs. 3 S. 4 Fall 1 BBodSchG ergeben. Diese drei Vorschriften dienen dem gemeinsamen Zweck, zu verhindern, daß der Zustandsstörer sich durch die vom Gesetzgeber als mißbräuchlich empfundene Beseitigung des Anknüpfungspunkts für seine Verantwortlichkeit von der Sanierungspflicht befreien kann. Der Gesetzgeber hält schon das Vorliegen einer dieser Voraussetzungen für ausreichend, entgegen der aus dem allgemeinen Polizei- und Ordnungsrecht bekannten Grundregel, die auch in § 4 Abs. 3 S. 1 Fall 3 und 4 BBodSchG ihren Ausdruck gefunden hat, daß mit der tatsächlichen Sachherrschaft bzw. dem Eigentum auch die Verantwortlichkeit des Zustandsstörers endet, einen Fortbestand der Sanierungspflicht anzuordnen. Dies muß erst recht gelten, wenn nicht nur eine, sondern zwei der mißbilligten Verhaltensweisen in einem Sachverhalt zusammentreffen. Es entspricht also dem Zweck von § 4 Abs. 3 S. 4 Fall 1, 2 und Abs. 6 BBodSchG, denjenigen, der für den noch ordnungspflichtigen ehemaligen Eigentümer einzustehen hat, auf Sanierung in Anspruch zu nehmen.

Gegen ein solches Vorgehen steht aber der Wortlaut des § 4 Abs. 3 S. 4 Fall 1 BBodSchG, wonach eine Inanspruchnahme des Einstehenspflichtigen nur möglich ist, wenn das Grundstück der juristischen Person gehört. Zwar hat sich schon an anderer Stelle gezeigt, daß die Verwendung des Präsens durch den Gesetzgeber durch Auslegung zu korrigieren war,[585] dort hätte ein wörtliches Verständnis der Norm aber dazu geführt, daß diese nie anwendbar gewesen wäre. Hier liegt der Fall insoweit anders, als § 4 Abs. 3 S. 4 Fall 1 BBodSchG auch bei wörtlichem Verständnis einen sinnvollen, seinem Zweck entsprechenden, Anwendungsbereich besitzt. Zudem ergeben sich auch aus den Gesetzesmaterialien keine Anhaltspunkte dafür, daß auch ein Durchgriff durch den ehemaligen Zustandsstörer möglich sein sollte.[586] Die Vorschrift ist daher wörtlich zu nehmen. Die Inanspruchnahme von Personen, die für eine juristische Person einzustehen haben, ist nur solange möglich, wie die Gesellschaft noch Eigentümerin des Grundstücks oder Inhaberin der tatsächlichen Gewalt über es ist.[587] Eine Kombination von § 4 Abs. 3 S. 4 Fall 2 oder § 4 Abs. 6 BBodSchG mit § 4 Abs. 3 S. 4 Fall 1 BBodSchG ist daher nicht zulässig.[588]

Fraglich ist, ob es möglich ist, die bei der Einstehenspflicht für den Handlungsstörer angestellten Überlegungen entsprechend anzuwenden und den Einste-

---

585 Siehe oben, 3. Teil:E.I.1 (S. 124).
586 BT-Drs. 13/6701, S. 51.
587 *Kobes*, NVwZ 1998, 786 (790); *Oerder*, in: *Oerder/Numberger/Schönfeld*, BBodSchG, § 4, Rn. 28; *Spieth/Wolfers*, altlasten spektrum 1998, 75 (78).
588 A.A. *Turiaux/Knigge*, BB 1999, 377 (378).

henspflichtigen selbst als Derelinquenten oder Veräußerer nach § 4 Abs. 3 S. 4 Fall 2 bzw. § 4 Abs. 6 BBodSchG auf Sanierung in Anspruch zu nehmen. Dagegen spricht, daß die Begriffe des Veräußerers und Derelinquenten nach dem oben Gesagten zivilrechtlich zu verstehen sind. Auch im ordnungsrechtlichen Sinne gibt das Eigentum daher nicht auf bzw. veräußert ein Grundstück, wer die Entscheidung hierüber getroffen oder die Abgabe der entsprechenden Willenserklärung herbeigeführt hat. Veräußerer und Derelinquent kann vielmehr nur sein, wer zuvor als Eigentümer des betreffenden Grundstücks im Grundbuch eingetragen war. Dies war in den hier behandelten Fällen aber die juristische Person und nicht derjenige, der für sie einzustehen hat.

Eine unmittelbare Inanspruchnahme von Personen, die für eine Gesellschaft einzustehen haben, die Eigentümerin eines mit einer schädlichen Bodenverunreinigung oder Altlast belasteten Grundstücks war und nach wie vor nach § 4 Abs. 3 S. 4 Fall 2 oder § 4 Abs. 6 BBodSchG sanierungspflichtig ist, ist demnach nicht möglich. Auch hier bewirkt die Einstehenspflicht aber, daß die Gesellschafter für die die Gesellschaft aufgrund ihrer Verpflichtung treffenden Zahlungspflichten aufzukommen haben.

G. Kritik an der Erweiterung des Kreises der Sanierungspflichtigen

Der Ausdehnung des Kreises der Sanierungspflichtigen über die „klassischen" Verantwortlichen (Handlungs- und Zustandsstörer) hinaus liegt kein einheitliches, in sich geschlossenes Konzept des Gesetzgebers zugrunde. Vorrangiges Ziel war es, die Staatskasse durch das Schließen aller erkannten Lücken, die eine Befreiung von der Sanierungsverantwortlichkeit als Handlungs- oder Zustandsstörer ermöglichten, zu entlasten. Dies stellt eine, im wesentlichen auf den Bundesrat zurückgehende, grundlegende Abweichung vom ursprünglichen Ansatz im Gesetzentwurf der Bundesregierung dar, der nur die Sanierungspflicht der traditionellen Ordnungspflichtigen vorsah.[589] Die Regelung über die Sanierungspflichtigen hat somit erkennbar Kompromißcharakter. Bei den einzelnen Änderungen und Ergänzungen war nicht immer vorrangig, ob sie sich zu einem logischen Gesamtbild zusammenfügen, sondern wofür sich im Einzelfall politische Mehrheiten finden ließen. § 4 Abs. 3 bis 6 BBodSchG weisen daher neben einigen begrüßenswerten Klarstellun-

---

589 Vgl. BT-Drs. 13/6701, S. 9.

gen und Ergänzungen auch rechtspolitisch zweifelhafte Wertungen und logische Brüche auf.

Die Anordnung der Sanierungspflicht des Gesamtrechtsnachfolgers in die abstrakte Handlungsverantwortlichkeit durch § 4 Abs. 3 S. 1 Fall 2 BBodSchG entspricht der bisherigen, wenn auch umstrittenen Rechtslage. Diese Klarstellung ist im Prinzip zu begrüßen, wird so doch die durch die jahrelange Diskussion entstandene Unsicherheit beseitigt. Zugleich wurde aber dadurch, daß die übrigen – ebenso streitigen – Konstellationen der Rechtsnachfolge nicht geregelt wurden, neue Unsicherheit geschaffen. Damit war der Streit vorprogrammiert, ob mit § 4 Abs. 3 S. 1 Fall 2 BBodSchG die Haftung von Rechtsnachfolgern im Bodenschutzrecht abschließend geregelt ist.

Die Sanierungspflicht des Derelinquenten (§ 4 Abs. 3 S. 4 Fall 2 BBodSchG) ist aus dem Polizei- und Ordnungsrecht nahezu aller Länder bekannt. Sie soll verhindern, daß der Ordnungspflichtige sich durch ein einseitiges Rechtsgeschäft aus seiner öffentlich-rechtlichen Verantwortung befreien kann, ohne daß der Behörde zugleich ein neuer Pflichtiger zur Verfügung steht. Diesen Gedanken führt § 4 Abs. 6 BBodSchG konsequent fort, indem er unter engen Voraussetzungen die Sanierungspflicht desjenigen anordnet, der ein Grundstück veräußert hat. Eine Veräußerung kann nämlich faktisch zur Folge haben, daß der Behörde wie bei der Dereliktion kein Zustandsstörer zur Verfügung steht, insbesondere wenn der Erwerber des Grundstücks zahlungsunfähig ist. Die Nähe zur Dereliktion wird in diesen Fällen besonders deutlich, wenn für die Übereignung des Grundstücks nur ein symbolischer Kaufpreis vereinbart wird.

Mit guten Gründen bezweifelt werden kann aber, ob derartige Geschäfte tatsächlich einen zu unterbindenden Mißbrauch zivilrechtlicher Befugnisse darstellen. Der Eigentümer eines Grundstücks, der dieses für einen symbolischen Kaufpreis veräußert oder das Eigentum an ihm aufgibt, erhält die Befreiung von der ordnungsrechtlichen Verantwortlichkeit nicht umsonst, sondern um den Preis des Verlustes des Grundstücks. Im Ergebnis kann er daher auf diesem Weg lediglich die Beschränkung seiner Haftung auf den Wert des Grundstücks erreichen. Dies gelingt auch nur dann, wenn sein Eigentum der einzige Anknüpfungspunkt für seine Sanierungspflicht ist, er die Verschmutzung des Grundstücks also insbesondere nicht selbst verursacht hat. Diese Begrenzung der Haftung des Zustandsstörers halten

Teile der Literatur sogar für verfassungsrechtlich geboten.[590] Auch wenn dem im Ergebnis nicht zu folgen ist, zeigt dies doch, daß von einer groben Unbilligkeit keine Rede sein kann.

Wenn der Gesetzgeber in der Beseitigung des Anknüpfungspunkts für die Ordnungspflicht als Zustandsstörer jedoch einen Mißbrauch rechtlicher Befugnisse sieht, den es durch entsprechende gesetzliche Regelungen zu bekämpfen gilt, muß er diese Auffassung auch konsequent umsetzen. Die bisherigen gesetzlichen Regelungen beschränken sich jedoch auf eine Befreiung aus der Zustandsverantwortlichkeit durch den Eigentümer. Zustandsstörer ist hingegen auch, wer die tatsächliche Gewalt über ein Grundstück ausübt. Diesen Anknüpfungspunkt für die Sanierungspflicht zu beseitigen, ist meist einfacher, als ein Grundstück zu veräußern bzw. das Eigentum an ihm aufzugeben. Um die tatsächliche Gewalt über ein Grundstück zu verlieren, genügt in aller Regel die Kündigung eines Miet- oder Pachtverhältnisses. Wenn der Inhaber der tatsächlichen Gewalt die Kenntnis, daß sich auf seinem Grundstück schädliche Bodenveränderungen oder Altlasten befinden und ihm eine Inanspruchnahme zu deren Sanierung droht, zum Anlaß für eine Kündigung des Vertrages nimmt, ist dieses Verhalten mit dem eines Eigentümers, der sein Grundstück veräußert oder das Eigentum an ihm aufgibt, vergleichbar. Im Gegensatz zum Eigentümer, der durch dieses Vorgehen sein Grundstück verliert, ist die Kündigung des Vertrages für den Inhaber der tatsächlichen Gewalt mit keinerlei wirtschaftlichen Nachteilen verbunden. Obwohl der Vorwurf mißbräuchlichen Verhaltens hier mindestens ebenso nahe liegt wie beim Eigentümer, der den Anknüpfungspunkt für seine Sanierungspflicht beseitigt, fehlt es insoweit an einer gesetzlichen Regelung.

Neuland hat das Bundes-Bodenschutzgesetz mit der durch § 4 Abs. 3 S. 4 Fall 1 BBodSchG angeordneten Sanierungspflicht desjenigen, der für den Zustandsstörer einzustehen hat, betreten. Auf den ersten Blick einleuchtend ist die damit verfolgte Absicht, eine Harmonisierung von zivilrechtlichen und ordnungsrechtlichen Pflichten zu erreichen. Ein Bedürfnis für eine solche Angleichung besteht aber bei näherem Hinsehen nicht. Die zivilrechtlichen Vorschriften, aus denen sich eine Einstehenspflicht für den Zustandsstörer ergibt, verpflichten den Hintermann auch, öffentlich-rechtliche Zahlungspflichten der juristischen Person, für die er einzustehen hat, zu erfüllen. Die Neuerung durch § 4 Abs. 3 S. 4 Fall 1 BBodSchG be-

---

[590] Siehe hierzu bereits oben 3. Teil:C.II.1.a) (S. 79).

schränkt sich also im Ergebnis darauf, daß der Einstehenspflichtige nunmehr statt der juristischen Person auf Sanierung in Anspruch genommen werden kann. Hierzu ist er aber in der Regel aufgrund fehlender Qualifikation oder technischer Geräte ohnehin nicht selbst in der Lage, so daß entweder er oder die Behörde einen Dritten mit der Sanierung beauftragen muß. Der in Anspruch Genommene hat dann die Kosten für die Tätigkeit des Dritten zu übernehmen. Hierzu war der Hintermann aber auch bisher schon verpflichtet, wenn die Sanierungsverfügung gegenüber der juristischen Person ergangen ist, für die er einzustehen hat.

Die Durchgriffshaftung, deren Übertragung ins Ordnungsrecht § 4 Abs. 3 S. 4 Fall 1 BBodSchG in erster Linie beabsichtigt, ist außerdem so kompliziert, daß sie schon für Gesellschaftsrechtler kaum zu durchschauen ist. Daß die für den Vollzug des Bundes-Bodenschutzgesetzes zuständigen Behörden mit der Anwendung dieses Rechtsinstituts weniger Schwierigkeiten haben, ist nicht zu erwarten. Zudem war der Gesetzgeber bei der Anordnung der Sanierungspflicht desjenigen, der für eine juristische Person einzustehen hat, nicht konsequent. Wenn ein Bedürfnis für ein solches Rechtsinstitut besteht, dann nicht nur in den Fällen, in denen die juristische Person als Zustandsstörerin sanierungspflichtig ist, sondern auch, wenn sie diese Pflicht als Verursacherin der Bodenverschmutzung oder ehemalige Zustandsstörerin trifft. Derartige Regelungen fehlen im Bundes-Bodenschutzgesetz nicht nur, ihre Einführung wurde im Gesetzgebungsverfahren noch nicht einmal erwogen.

H. Störermehrheiten

I. Auswahl zwischen mehreren Verpflichteten

Die Vielzahl von Anknüpfungspunkten, die der Gesetzgeber im Bundes-Bodenschutzgesetz für eine Sanierungspflicht geschaffen hat, hat zur Folge, daß in vielen Fällen mehrere Personen zur Sanierung derselben schädlichen Bodenveränderung oder Altlast verpflichtet sind. Ob dann alle Verantwortlichen gleichrangig zur Sanierung verpflichtet sind und die Behörde in ihrer Entscheidung, gegen wen sie eine Sanierungsverfügung erläßt, frei ist oder ob es feste Regeln gibt, die die Inanspruchnahme eines bestimmten Störers gebieten, ist im Bundes-Bodenschutzgesetz nicht ausdrücklich geregelt.

1. Rangfolge bei der Inanspruchnahme?

Für eine Rangfolge zwischen mehreren Verantwortlichen spricht die Aussage in den Gesetzesmaterialien, daß die im Bundes-Bodenschutzgesetz gewählte Reihenfolge der Nennung der Verpflichteten im Regelfall auch die Rangfolge der Verpflichtung bestimmt.[591] Demnach wäre

- zunächst der Verursacher einer Bodenverschmutzung, dann
- dessen Gesamtrechtsnachfolger,
- der Grundstückseigentümer,
- der Inhaber der tatsächlichen Gewalt über das Grundstück,
- derjenige, der aus handels- oder gesellschaftsrechtlichem Rechtsgrund für eine juristische Person einzustehen hat, der das Grundstück gehört,
- der Derelinquent und zuletzt
- der Veräußerer eines Grundstücks sanierungspflichtig.

Eine derartige Festlegung der Rangfolge der Sanierungspflicht durch den Gesetzgeber ist nicht von vornherein abwegig,[592] müßte sich aber aus dem Gesetzestext oder zumindest der Gesetzesbegründung eindeutig ersehen lassen. Das ist hier aber nicht der Fall, da es in den Gesetzesmaterialien auch heißt, für die Frage, welcher von mehreren Störern in Anspruch zu nehmen sei, sei danach zu entscheiden, wie die Verschmutzung am schnellsten und effektivsten beseitigt werden kann.[593] Da keineswegs zwingend ist, daß der Verursacher einer Altlast diese auch am schnellsten und effektivsten beseitigen kann, ist die Gesetzesbegründung insoweit widersprüchlich. Ein eindeutiger Wille des Gesetzgebers, mit der Reihenfolge der Nennung der verschiedenen Anknüpfungspunkte für eine Sanierungspflicht auch eine Rangfolge der Verpflichtung festzulegen, ist daher nicht erkennbar.[594]

Außerdem war in dem Entwurf zum Bundes-Bodenschutzgesetz, aus dessen Begründung die oben zitierten Textstellen stammen, der Kreis der Verantwortlichen noch auf den Verursacher einer schädlichen Bodenveränderung oder Altlast, den Grundstückseigentümer und den Inhaber der tatsächlichen Gewalt über ein Grundstück begrenzt. Im weiteren Verlauf des Gesetzgebungsverfahrens wurde der Kreis

---

591 BT-Drs. 13/6701, S. 35.

592 So aber *Vierhaus*, NJW 1998, 1262 (1266, Fn. 47) mit der Begründung, der Gesetzgeber habe schließlich irgendeine Reihenfolge wählen müssen.

593 BT-Drs. 13/6701, S. 35.

594 *Schoeneck*, in: *Sanden/Schoeneck*, BBodSchG, § 4, Rn. 50.

der Sanierungspflichtigen – meist auf Initiative des Bundesrats – auf die oben genannten Personen ausgedehnt. Dafür, daß bei der Einarbeitung der neuen Verantwortlichkeiten in den Gesetzestext darauf geachtete wurde, zugleich eine Rangfolge der Sanierungspflicht festzulegen, gibt es keine Anhaltspunkte. Eine eventuell ursprünglich vorhandene Anordnung der die Haftung begründenden Tatbestände in der Reihenfolge der Verpflichtung wäre somit im weiteren Gesetzgebungsverfahren ausgehöhlt worden.

Dagegen, daß der Verursacher einer schädlichen Bodenveränderung oder Altlast vor einem Zustandsstörer in Anspruch zu nehmen ist, sprechen auch Existenz und Inhalt des Ausgleichsanspruchs in § 24 Abs. 2 BBodSchG, der zwischen mehreren Verantwortlichen eine Lastenverteilung entsprechend der jeweiligen Verursachungsbeiträge herbeiführen soll.[595] Wenn bekannte Verursacher einer Bodenverseuchung stets in Anspruch zu nehmen wären, hätte dieser nur einen sehr geringen Anwendungsbereich, nämlich den Ausgleich zwischen mehreren Verursachern derselben Bodenverschmutzung. Ausgleichsansprüche von Zustandsstörern gegen Verursacher kämen nur in Betracht, wenn eine Sanierung ohne behördliche Anordnung erfolgt ist. Der potentiell wesentlich größere Anwendungsbereich von Ansprüchen eines von der Behörde auf Sanierung in Anspruch genommenen Zustandsstörers gegen den Verursacher wäre der Norm verschlossen, obwohl gerade in diesem Zusammenhang bisher die Möglichkeiten und Notwendigkeit eines Ausgleichs in Rechtsprechung und Literatur diskutiert wurden.[596] Dabei ist es gerade Zweck der Vorschrift, Zustandsstörer von ihrer Verantwortlichkeit freizustellen.[597]

Nach alledem besteht im Falle des Vorhandenseins mehrerer Pflichtiger keine vom Bundes-Bodenschutzgesetz vorgegebene Rangfolge bei der Inanspruchnahme.[598]

---

595 Dazu näher unten, 1. Teil:H.II (S. 187).

596 Vgl. BGH, NJW 1981, 2457 (2457 f.); BGH, WM 1987, 54 (55); BGH, BB 1990, 1227 (1228); OLG Düsseldorf, NVwZ 1989, 993 (997); VGH München, NJW 1993, 81 (81); *Haller*, ZUR 1996, 21 (26); *Kloepfer/Thull*, DVBl. 1989, 1121 (1125 ff.); *Papier*, DVBl. 1985, 873 (879); *Pohl*, NJW 1995, 1645 (1648); *Schwachheim*, NVwZ 1988, 225 (225 ff.).

597 BT-Drs. 13/6701, S. 46.

598 *Frenz*, BBodSchG, § 4 Abs. 3, Rn. 122; *Hilger*, in: *Holzwarth/Radtke/Hilger/Bachmann*, § 4 BBodSchG, Rn. 93; *Gerhold*, altlasten spektrum 1998, 107 (111); *Oerder*, in: *Oerder/Numberger/Schönfeld*, BBodSchG, § 4, Rn. 29; *Schoeneck*, in: *Sanden/Schoeneck*, BBodSchG, § 4, Rn. 50; *Vierhaus*, NJW 1998, 1262 (1266); *Vierhaus*, NZG 2000, 240 (242 f.); zweifelnd *Eilers/Geisler*, BB 1998, 2411 (2413 f.).

2. Kriterien für die Auswahl

Daher stehen der Behörde tatsächlich mehrere Pflichtige zur Verfügung, von denen sie einen als Adressat einer Sanierungsverfügung auswählen muß. Da das Bundes-Bodenschutzgesetz nach dem oben Gesagten hierfür keine besonderen Regeln festlegt, ist nach den aus dem allgemeinen Polizei- und Ordnungsrecht bekannten Kriterien vorzugehen.

Dort werden für diese Entscheidung noch ganz vereinzelt feste Regeln wie „Handlungs- vor Zustandsstörer" oder „Doppelstörer vor einfachem Störer" vertreten.[599] Dagegen spricht - neben den oben dargelegten Gründen - , daß vorrangiges Ziel des Einschreitens der Behörde nicht ist, die materiellen Gerechtigkeitserwägungen am besten entsprechende Lösung zu finden, sondern die von der schädlichen Bodenveränderung oder Altlast ausgehende Gefahr wirksam zu bekämpfen.

Dementsprechend besteht in Rechtsprechung und Literatur weitgehende Einigkeit, daß bei der Auswahl zwischen mehreren Störern entscheidend darauf abzustellen ist, durch wessen Inanspruchnahme eine möglichst schnelle und effektive Gefahrenbekämpfung möglich ist.[600] Das kann auch dann, wenn der Verursacher bekannt ist, dazu führen, daß nicht er, sondern ein Zustandsstörer auf Sanierung in Anspruch genommen wird. Dies ist etwa der Fall, wenn der Verursacher die erforderlichen finanziellen Mittel für eine Sanierung nicht besitzt, sich längere Zeit im Ausland aufhält oder so schwer krank ist, daß er die von ihm geforderten Maßnahmen nicht einleiten kann usw. Das bedeutet aber nicht, daß das Verursacherprinzip und die ihm zugrunde liegenden Gerechtigkeitserwägungen keine Berücksichtigung finden. Vielmehr ist dann, wenn durch die Inanspruchnahme von Handlungs- und Zustandsstörer eine gleich effektive Bekämpfung der Gefahr er-

---

599 *Scholler/Broß*, POR, 3. Auflage, S. 212, relativiert in *Scholler/Schloer*, POR, 4. Auflage, S. 263 f.

600 OVG Lüneburg, OVGE 33, 403 (407 f.); VGH München, NVwZ 1989, 681 (683); VGH Baden-Württemberg, NVwZ 1993, 1014 (1016); OVG Münster, DVBl. 1964, 683 (684); OVG Münster, DVBl. 1971, 828 (829); OVG Hamburg, DVBl. 1953, 542; *Becker*, BBodSchG, § 4, Rn. 34; *Denninger*, in: *Lisken/Denninger*, Rn. E 119; *Drews/Wacke/Vogel/Martens*, § 19, 6 c (S. 304); *Götz*, POR, Rn. 253 ff.; *Hilger*, in: *Holzwarth/Radtke/Hilger/Bachmann*, § 4 BBodSchG, Rn. 93; *Kothe*, UPR 1999, 96 (97); *Neun*, NJ 1999, 123 (126); *Vierhaus*, NZG 2000, 240 (242 f.); zum HessAltlastG VGH Kassel, NVwZ 1992, 1101 (1102 f.).
Auch aus verfassungsrechtlichen Gründen ist es nicht geboten, den Handlungs- stets vor dem Zustandsstörer in Anspruch zu nehmen, vgl. BVerfGE 102, 1 (19).

reicht werden kann, der Verwaltungsakt vorrangig gegen den Verursacher zu richten.[601]

II. Ausgleichsanspruch nach § 24 Abs. 2 BBodSchG

Demnach ist es nicht selten, daß die Behörde Personen zur Sanierung einer schädlichen Bodenveränderung oder Altlast heranzieht, die diese nicht verursacht haben, während der bekannte Verursacher nicht auf Zahlung der Sanierungskosten in Anspruch genommen wird. Dieses Ergebnis ist mit materiellen Gerechtigkeitserwägungen nicht zu vereinbaren. Ein dem Verursacherprinzip und dem Gerechtigkeitsgefühl entsprechendes Ergebnis kann in diesen Fällen nur mit Hilfe eines Ausgleichsanspruchs des Zustandsverantwortlichen gegen den Verursacher erreicht werden.[602]

Ob ohne besondere gesetzliche Regelung im Innenverhältnis mehrerer Störer ein solcher Ausgleichsanspruch besteht, ist nach wie vor umstritten.[603] In einigen Ländern wurden in den letzten Jahren gesetzliche Ausgleichsansprüche geschaffen, die sich hinsichtlich des Kreises der Berechtigten und Verpflichteten und der Anspruchsvoraussetzungen jedoch teils erheblich unterscheiden.[604] Auch der Bundesgesetzgeber hat die Ansprüche im Innenverhältnis mehrerer Störer nicht Rechtsprechung und Schrifttum überlassen, sondern mit § 24 Abs. 2 BBodSchG eine Anspruchsgrundlage für Ausgleichszahlungen geschaffen.

---

601 OVG Lüneburg, OVGE 33, 403 (407 f.); OVG Münster, DVBl. 1964, 683 (684); Becker, BBodSchG, § 4, Rn. 35; *Drews/Wacke/Vogel/Martens*, § 19, 6 c (S. 304); *Götz*, POR, Rn. 260.

602 *Schoeneck*, in: *Sanden/Schoeneck*, BBodSchG, § 4, Rn. 51; zum HessAltlastG VGH Kassel, NVwZ 1992, 1101 (1103).

603 Dafür: VGH München, NJW 1993, 81 (81); *Haller*, ZUR 1996, 21 (26); *Kloepfer/Thull*, DVBl. 1989, 1121 (1125 ff.); *Pohl*, NJW 1995, 1645 (1648 f.).
Dagegen: BGH, NJW 1981, 2457 (2457 f.); BGH, WM 1987, 54 (55); BGH, BB 1990, 1227 (1228); OLG Düsseldorf, NVwZ 1989, 993 (997); *Papier*, DVBl. 1985, 873 (879); *Schwachheim*, NVwZ 1988, 225 (225 ff.).

604 Vgl. §§ 24 Abs. 4, 33 Abs. 2 BbgAbfG; § 12 Abs. 2 S. 2 HessAltlastG; § 25 RhPfAbfWAG; § 20 Abs. 1 S. 4, 5 ThürAbfAG; zu diesen Vorschriften *Herbert*, NVwZ 1994, 1061. § 18 Abs. 1 BerlBodSchG enthielt einen Anspruch desjenigen, der ein Grundstück saniert hat, gegen den Grundstückseigentümer auf Herausgabe des so erlangten Wertzuwachses, dazu *Körner/Vierhaus*, LKV 1996, 345 (350 f.). § 10 Abs. 5 S. 3 SächsEGAB ordnet an, daß zwischen mehreren Verpflichteten ein Gesamtschuldverhältnis besteht, mit der Folge, daß die Ausgleichsvorschriften des BGB anwendbar sind.

1. Voraussetzungen eines Anspruchs

Ein solcher Anspruch setzt nach § 24 Abs. 2 S. 1 BBodSchG voraus, daß sowohl der Inhaber des Anspruchs als auch der Anspruchsgegner Verpflichtete nach dem Bundes-Bodenschutzgesetz sind. Dabei muß die Verpflichtung nicht aus den in § 24 Abs. 1 S. 1 BBodSchG genannten Normen herrühren. Vielmehr sind Verpflichtungen aus sämtlichen Vorschriften des Bundes-Bodenschutzgesetzes und den zu ihm ergangenen untergesetzlichen und landesrechtlichen Regelwerken geeignet, Ausgleichsansprüche nach § 24 Abs. 2 BBodSchG auszulösen.[605]

Auch ist das Bestehen eines Anspruchs nicht davon abhängig, daß die Behörde eine Sanierungsverfügung erlassen hat oder überhaupt tätig geworden ist.[606] Entscheidend ist allein, daß der Anspruchsinhaber aufgrund einer der genannten Vorschriften zu einem bestimmten Verhalten verpflichtet ist oder war. Dementsprechend müssen dem Berechtigten auch die Kosten, deren Ersatz er mit Hilfe des Ausgleichsanspruchs geltend macht, noch nicht entstanden sein. Vielmehr kann er – im Rahmen der durch das Zivil- und Zivilprozeßrecht gezogenen Grenzen – auch einen Anspruch auf Freistellung von den künftigen Sanierungskosten geltend machen.[607]

2. Umfang des Anspruchs

a) Gesetzlicher Regelfall

Der Umfang des zu leistenden Ausgleichs hängt nach § 24 Abs. 2 S. 2 1. HS BBodSchG davon ab, inwieweit der Verpflichtete die Bodenverunreinigung verursacht hat. Wer nur aufgrund seines gegenwärtigen oder ehemaligen Eigentums an dem Grundstück oder seiner tatsächlichen Sachherrschaft über das Grundstück sanierungspflichtig war, zur Entstehung der schädlichen Bodenverunreinigung oder Altlast aber selbst nichts beigetragen hat, ist demnach im Innenverhältnis zwischen

---

605 *Schoeneck*, in: *Sanden/Schoeneck*, BBodSchG, § 24, Rn. 24.

606 *Fluck*, UPR 2001, 253 (253 f.); *Frenz*, NVwZ 2000, 647 (648); *Knopp/Löhr*, Bundes-Bodenschutzgesetz in der betrieblichen und steuerlichen Praxis, Rn. 157; *Landel*, in: *Landel/Vogg/Wüterich*, BBodSchG, § 24, Rn. 23; *Schoeneck*, in: *Sanden/Schoeneck*, BBodSchG, § 24, Rn. 25; *Schönfeld*, NVwZ 2000, 648 (649 f.); *Schwartmann*, DStR 1999, 324 (329); *Vierhaus*, NJW 1998, 1262 (1267); a.A. Knoche, NVwZ 1999, 1198 (1198 f.); Knoche, GewArch 2000, 448 (454 f.); *Wagner*, BB 2000, 417 (421 f.); differenzierend *Schlette*, VerwArch 91 (2000), 41 (70 f.).

607 *Riedel*, ZIP 1999, 94 (100); *Schoeneck*, in: *Sanden/Schoeneck*, BBodSchG, § 24, Rn. 25.

den Verantwortlichen von sämtlichen Kosten freizustellen.[608] Solche Personen können also, solange ein leistungsfähiger Verursacher zur Verfügung steht, nur Gläubiger, nicht aber Schuldner eines Anspruchs aus § 24 Abs. 2 BBodSchG sein.[609]

Auch zwischen mehreren Verursachern ist ein Ausgleich entsprechend ihrer Verantwortung für das Entstehen der Bodenverschmutzung vorzunehmen. Dabei wird es sich aber häufig als sehr schwierig erweisen, nach Jahren oder gar Jahrzehnten genau festzustellen, welchen Anteil welches Verhalten an der Entstehung der schädlichen Bodenverunreinigung oder Altlast hatte.[610] Dies gilt insbesondere dann, wenn dieselbe Produktionsanlage nacheinander von mehreren Personen betrieben wurde, also nicht nur dieselben Stoffe in den Boden gelangt sind, sondern dies auch auf dieselbe Weise und an derselben Stelle geschah.

Zweck des § 24 Abs. 2 BBodSchG ist es aber nicht, einen allgemeinen Schadenersatzanspruch zugunsten eines Zustandsstörers gegen einen Handlungsstörer zu schaffen. Vielmehr geht es darum, die materiellen Ungerechtigkeiten, die dadurch entstehen können, daß die Behörde bei der Auswahl zwischen mehreren Verpflichteten nicht nach dem Verursacherprinzip vorgeht, sondern hauptsächlich auf die Effektivität der Gefahrenabwehr abstellt, zu kompensieren. Ein Ausgleichsanspruch scheidet daher aus, wenn der Verursacher im Außenverhältnis gegenüber der Behörde nicht verpflichtet war.[611] Grund hierfür kann etwa sein, daß die Eingriffsbefugnisse gegenüber dem Verursacher verwirkt wurden, ein Sanierungsvertrag abgeschlossen wurde, in dem dieser von seiner Verantwortlichkeit freigestellt wurde oder sein Verhalten von der Legalisierungswirkung einer Genehmigung gedeckt war.

---

608 BT-Drs. 13/6701, S. 46, *Frenz*, NVwZ 2000, 647 (647 f.); *Landel*, in: *Landel/Vogg/Wüterich*, BBodSchG, § 24, Rn. 23; *Riedel*, ZIP 1999, 94 (99); *Sandner*, NJW 2001, 2045 (2050); *Schoeneck*, in: *Sanden/Schoeneck*, BBodSchG, § 24, Rn. 29; *Vierhaus*, NJW 1998, 1262 (1267); a.A. *Vierhaus*, in: *Fluck*, KrW-/Abf-/BodSchR, § 24 BBodSchG, Rn. 126, der einen Ausgleichsanspruch nur Verantwortlichen zubilligen will, die selbst einen Beitrag zum Entstehen der schädlichen Bodenveränderung oder Altlast geleistet haben. Das ist mit dem Schutzzweck von § 24 Abs. 2 BBodSchG nicht vereinbar.

609 *Kothe*, UPR 1999, 96 (98); *Pützenbacher*, NJW 1999, 1137 (1140).

610 *Kothe*, UPR 1999, 96 (98 f.); *Pützenbacher*, NJW 1999, 1137 (1140); *Schoeneck*, in: *Sanden/Schoeneck*, BBodSchG, *Vierhaus*, NJW 1998, 1262 (1267).

611 *Bickel*, BBodSchG, § 24, Rn. 13.

b) Ausfall eines zum Ausgleich Verpflichteten

Der bisher beschriebene Mechanismus zum Ausgleich zwischen mehren Verantwortlichen nach dem Maß des jeweiligen Anteils an der Entstehung der Bodenverseuchung reicht aber nur solange zum Schutz der übrigen Verantwortlichen aus, wie alle Verursacher einer schädlichen Bodenverunreinigung oder Altlast bekannt und zahlungsfähig sind. Ist dies aber nicht der Fall, würde eine strenge Anwendung dieser Grundsätze dazu führen, daß derjenige, der auf seine Kosten eine Sanierung durchgeführt hat, den ihm zustehenden Ersatz nicht oder nicht vollständig erlangt. Um die so entstehenden Ungleichgewichte bei der Kostentragung möglichst gering zu halten, enthält § 24 Abs. 2 S. 2 2. HS BBodSchG eine Verweisung auf § 426 Abs. 1 S. 2 BGB. Demnach ist der Betrag, der von einem Verursacher nicht erlangt werden kann, von den übrigen zum Ausgleich Verpflichteten zu tragen.

Auch diese Pflicht zum Verlustausgleich trifft nicht jeden Verantwortlichen im gleichen Maße. Vielmehr haben die übrigen zum Ausgleich Verpflichteten den Ausfall entsprechend ihren Anteilen an der ursprünglichen Ausgleichspflicht zu tragen.[612] Dies hat zur Folge, daß Personen, die bisher intern völlig von der Verantwortung freizustellen waren, weiterhin keine Lasten zu tragen haben, solange noch ein Verpflichteter vorhanden ist, der auch ohne den Ausfall des einen Zahlungspflichtigen bisher schon neben diesem Schuldner eines internen Ausgleichsanspruchs gewesen wäre. Der Ausfall eines Verursachers trifft also zunächst allein die übrigen Verursacher der schädlichen Bodenveränderung oder Altlast, die die nur als Zustandsstörer Verantwortlichen weiterhin von allen Sanierungskosten freizustellen haben. Wenn allerdings von sämtlichen Verursachern der Bodenverschmutzung der auf sie entfallende Betrag nicht erlangt werden kann, verbleiben nur Verpflichtete, die bisher intern keine Lasten zu tragen hatten. Ihr Anteil an der Verpflichtung ist also identisch, so daß in diesem Fall alle den Ausfall der Verursacher zu gleichen Teilen tragen müssen, d.h. jeder von ihnen für denselben Anteil der Sanierungskosten einzustehen hat. In diesem Ausnahmefall können daher auch Personen, die zu der Entstehung der Bodenverseuchung nichts beigetragen haben, Schuldner des Ausgleichsanspruchs nach § 24 Abs. 2 BBodSchG sein.[613]

---

612 Vgl. *Larenz*, Schuldrecht I, § 37 III (S. 644); *Selb*, in: MünchKomm, § 426, Rn. 12.

613 *Fluck*, UPR 2001, 253 (254 ff.); *Sandner*, NJW 2001, 2045 (2048 ff.); a.A. *Schoeneck*, in: *Sanden/Schoeneck*, BBodSchG, § 24, Rn. 29; *Schönfeld*, in: *Oerder/Numberger/Schönfeld*, BBodSchG, § 24, Rn. 12 f.

c) Abweichende Vereinbarungen

Die gesetzlichen Vorschriften über die im Innenverhältnis zwischen mehreren Störern bestehende Ausgleichspflicht sind nicht zwingend. § 24 Abs. 2 S. 2 1. HS BBodSchG läßt vielmehr ausdrücklich zu, daß der Umfang der Ausgleichspflicht durch Vereinbarungen abweichend geregelt wird. Damit wollte der Gesetzgeber offenbar dem Einwand Rechnung tragen, daß zwingende öffentlich-rechtliche Ausgleichsansprüche zwischen mehreren Verantwortlichen geeignet sind, einen zwischen den Parteien in einem Grundstückskaufvertrag vereinbarten Gewährleistungsausschluß zu unterlaufen.[614]

Um das Risiko, nach der Veräußerung eines Grundstücks noch für die Sanierung einer auf diesem befindlichen schädlichen Bodenveränderung oder Altlast einstehen zu müssen, zu verringern, ist dem Verkäufer eines Grundstücks zu raten, auf der Aufnahme einer Klausel in den Kaufvertrag, die eine Ausgleichspflicht nach § 24 Abs. 2 BBodSchG ausschließt, zu bestehen.[615] Zu betonen ist aber, daß eine solche Vertragsklausel dem Verkäufer keine absolute Sicherheit bietet. Eine Ausgleichspflicht im Innenverhältnis kommt nämlich ohnehin nur dann in Betracht, wenn der Veräußerer auch nach dem Verlust des Eigentums an dem Grundstück sanierungspflichtig bleibt. Auf diese öffentlich-rechtliche Verpflichtung (meist aus § 4 Abs. 6 BBodSchG) hat eine privatrechtliche Vereinbarung nach dem oben Gesagten keine Auswirkungen. Der Grundstücksveräußerer kann daher – trotz einer Vereinbarung mit seinem Vertragspartner, daß er nicht zum Ausgleich nach § 24 Abs. 2 BBodSchG verpflichtet sei – von der Behörde weiterhin auf Sanierung der Bodenverschmutzung in Anspruch genommen werden. Auch anderen ausgleichsberechtigten Personen gegenüber kann eine solche Vereinbarung wegen des Verbots von Verträgen zu Lasten Dritter[616] keine Wirkung entfalten. Ein mit dem Grundstückserwerber vereinbarter Ausschluß eines Ausgleichsanspruchs nach § 24 Abs. 2 BBodSchG kann den Veräußerer daher nur insoweit von der Pflicht zur vollständigen oder teilweisen Tragung der Sanierungskosten befreien, wie der Er-

---

614 Diesen Einwand erhebt etwa *Gerhold*, altlasten spektrum 1996, 57 (58).

615 *Knopp/Albrecht*, BB 1998, 1853 (1857); *Schoeneck*, in: *Sanden/Schoeneck*, BBodSchG, § 24, Rn. 30; *Vierhaus*, NJW 1998, 1262 (1267). Formulierungsvorschläge für solche kaufvertraglichen Regelungen macht *Pützenbacher*, NJW 1999, 1137 (1141).

616 Zu diesem zivilrechtlichen Grundsatz vgl. allgemein nur *Larenz*, Schuldrecht I, § 17 IV (S. 233 f.) m.w.N.

werber die finanziellen Mittel besitzt, seine schuldrechtliche Verpflichtung, ihn von diesen Kosten freizustellen, zu erfüllen.[617]

3. Rechtsnatur

Die Rechtsnatur des Ausgleichsanspruchs ist in zweifacher Hinsicht umstritten. Dabei ist die Frage, ob es sich um einen öffentlich-rechtlichen[618] oder zivilrechtlichen Anspruch[619] handelt, ohne jede praktische Bedeutung. Mit der Anordnung in § 24 Abs. 2 S. 6 BBodSchG, daß für Streitigkeiten über den Ausgleichsanspruch der ordentliche Rechtsweg eröffnet ist, hat der Gesetzgeber nämlich die einzige Situation, in der es auf die Einordnung des Anspruchs als öffentlich-rechtlich oder zivilrechtlich ankommt, entschieden.

Auch für die tägliche Anwendung des Gesetzes ist allerdings wichtig, ob es sich bei dem Ausgleichsanspruch zwischen mehreren Ausgleichspflichtigen um ein Gesamtschuldverhältnis handelt oder jeder Schuldner nur auf seinen Anteil in Anspruch genommen werden kann. Im ersten Fall könnte der Gläubiger eines Ausgleichsanspruchs von jedem Schuldner die volle Summe verlangen, während er andernfalls gezwungen wäre, sich getrennt an jeden seiner Schuldner zu wenden. Zur Beantwortung der Frage, ob mehrere zum Ausgleich Verpflichtete dem Berechtigten gesamtschuldnerisch haften, bietet es sich an, die im Zivilrecht für den Ausgleich im Innenverhältnis zwischen mehreren Gesamtschuldnern entwickelten Regeln entsprechend anzuwenden. Ihre direkte Anwendung scheitert zwar daran, daß die Sanierungspflichtigen der Behörde gegenüber nicht als Gesamtschuldner verpflichtet waren, konnte diese doch nicht, wie es § 421 S. 1 BGB für eine Gesamtschuld voraussetzt, die Leistung nach ihrem Belieben von jedem Schuldner verlangen, sondern war an die oben dargelegten Auswahlkriterien gebunden.[620] Angesichts der vergleichbaren Interessenlagen (in beiden Fällen weicht die Haftung im Außenverhältnis von der im Innenverhältnis ab, und es liegt nicht in der Macht der Verpflichteten, wer von ihnen in Anspruch genommen wird) und der

---

617 Im Ergebnis ebenso *Becker*, BBodSchG, § 24, Rn. 7 a.

618 *Herbert*, NVwZ 1994, 1061 (1063); *Vierhaus*, NJW 1998, 1262 (1267).

619 *Haller*, ZUR 1996, 21 (24), *Oerder*, NVwZ 1992, 1031 (1038); *Schoeneck*, in: *Sanden/Schoeneck*, BBodSchG, § 24, Rn. 27; *Wagner*, BB 2000, 417 (428).

620 BGH, NJW 1981, 2457 (2458); *Schwachheim*, NVwZ 1988, 225 (226); vgl. auch – allerdings teilweise mit abweichender Begründung – die Nachweise in Fn. 603 zur Ablehnung eines Ausgleichsanspruchs im Innenverhältnis ohne besondere gesetzliche Regelung; a.A. *Bickel*, BBodSchG, § 24, Rn. 7; VGH München, NJW 1993, 81 (81).

Tatsache, daß § 24 Abs. 2 BBodSchG teilweise auf die Regelung des Gesamtschuldnerausgleichs verweist, erscheint aber eine entsprechende Anwendung der zu diesen Normen entwickelten Regeln angezeigt.

Hier ist anerkannt, daß jeder im Innenverhältnis zum Ausgleich Verpflichtete nur auf seinen jeweiligen Anteil haftet, der Berechtigte sich also an sämtliche Ausgleichspflichtigen wenden muß.[621] Insbesondere von der Rechtsprechung wird aber vertreten, daß dies ausnahmsweise nicht gilt, wenn der Berechtigte intern völlig freizustellen ist. Ihm sollen die zum Ausgleich Verpflichteten gesamtschuldnerisch haften.[622] Dogmatische Gründe für eine unterschiedliche Qualifizierung des im Innenverhältnis bestehenden Ausgleichsanspruchs danach, ob der Berechtigte ganz oder nur teilweise von seiner Verpflichtung freizustellen ist, sind aber nicht ersichtlich. Daher kann auch hier jeder Verpflichtete nur auf den Anteil an den Kosten in Anspruch genommen werden, auf den er im Innenverhältnis haftet.[623]

Auf den Ausgleichsanspruch nach § 24 Abs. 2 BBodSchG angewandt bedeutet das, daß sich der Berechtigte stets an alle Verpflichteten wenden muß, um den gesamten ihm zustehenden Ausgleich zu erhalten. Auch in den häufigen Fällen, in denen der Berechtigte intern gar nicht haftet, kann er nicht einen Verpflichteten als Gesamtschuldner auf die gesamte Summe in Anspruch nehmen. Die dem Berechtigten dadurch entstehenden Nachteile sind aber gering, da eine schädliche Bodenveränderung oder Altlast meist nur von einer und fast nie von einer Vielzahl von Personen verursacht wurde.

4. Verjährung

Der Ausgleichsanspruch verjährt nach § 24 Abs. 2 S. 3 BBodSchG in drei Jahren. Für den Fristbeginn nennt § 24 Abs. 2 S. 4 BBodSchG zwei Anknüpfungspunkte: Wenn die Maßnahmen, auf deren Kosten sich der Ausgleichsanspruch bezieht, von der Behörde selbst ausgeführt wurden, beginnt die Dreijahresfrist mit der Beitreibung der Kosten zu laufen (Alt. 1). Im übrigen, d.h. wenn der Bürger die erforderlichen Maßnahmen selbst durchgeführt hat, beginnt die Verjährungsfrist mit der

---

621 Vgl. nur RGZ 92, 143 (146); BGHZ 6, 3 (25); *Heinrichs*, in: *Palandt*, BGB, § 426, Rn. 6; *Larenz*, Schuldrecht I, § 37 III (S. 644); *Selb*, in: MünchKomm, § 426, Rn. 12.

622 So ohne Begründung BGHZ 17, 214 (222) unter Berufung auf RGZ 136, 275 (285). Auch hier findet sich aber keine Begründung dieser Ansicht, sondern lediglich ein verfehlter Hinweis auf RGZ 92, 143 (146).

623 *Heinrichs*, in: *Palandt*, BGB, § 426, Rn. 6; mit ausführlicher Begründung *Selb*, in: MünchKomm, § 426, Rn. 12.

Beendigung der Maßnahme (Alt. 2). Darauf, ob der Verpflichtete die Maßnahmen aufgrund einer behördlichen Verfügung oder aus eigener Initiative getroffen hat, kommt es insoweit nicht an.

Diese Grundregel wird von § 24 Abs. 2 S. 4 a.E. BBodSchG dahingehend eingeschränkt, daß der Lauf der Verjährungsfrist erst dann beginnt, wenn der Ausgleichsberechtigte von der Person des Ersatzpflichtigen Kenntnis hat. Ob sich diese Einschränkung auf beide Alternativen[624] oder nur auf die zweite Fallgruppe[625] bezieht, ist dem Wortlaut des Gesetzes nicht eindeutig zu entnehmen. Für ihre Anwendung auf beide Alternativen wird angeführt, es sei kein Grund für die unterschiedliche Behandlung der Fallgruppen erkennbar.[626] Ein solcher Grund ist aber, einen Anreiz für die Verantwortlichen zu schaffen, die nach dem Bundes-Bodenschutzgesetz erforderlichen Maßnahmen zu treffen, bevor sich die zuständige Behörde gezwungen sieht, diese selbst auszuführen. Wenn die Einschränkung, daß die Verjährung erst mit der Kenntnis von der Person des Ausgleichspflichtigen beginnt, nur auf die Fälle bezieht, in denen der Bürger selbst tätig geworden ist, bedeutet dies für den Verpflichteten, daß er größere Aussichten hat, seine Ausgleichsansprüche erfolgreich geltend zu machen, wenn er die Maßnahmen selbst ausführt. Daß der Bürger sich aufgrund dieser Aussicht entschließt, es nicht zur behördlichen Ausführung der notwendigen Sanierungsmaßnahmen kommen zu lassen, sondern vorher selbst tätig zu werden, liegt im öffentlichen Interesse, da so nicht nur eine schnellere Sanierung verseuchter Grundstücke erreicht, sondern auch der Verwaltungsaufwand gesenkt wird. Hinzu kommt, daß der Gesetzgeber, wenn er die Einschränkung auf beide Alternativen hätte beziehen wollen, diese Absicht leicht dadurch hätte deutlich machen können, daß er die Einschränkung nicht in § 24 Abs. 2 S. 4 BBodSchG, sondern in S. 5 geregelt hätte. Nach alledem ist die Einschränkung nur auf die zweite Alternative zu beziehen.

Demnach läßt sich für die Verjährung des Ausgleichsanspruchs festhalten, daß eine dreijährige Verjährungsfrist zu laufen beginnt, wenn die Behörde, nachdem sie eine Maßnahme selbst durchgeführt hat, die Kosten beitreibt oder wenn in den übrigen Fällen der Bürger die Maßnahme beendet und Kenntnis von der Person des Ausgleichspflichtigen hat. Ohne Rücksicht auf eine solche Kenntnis verjähren Ansprüche aber jedenfalls in 30 Jahren, § 24 Abs. 2 S. 5 BBodSchG.

---

624 *Schoeneck*, in: *Sanden/Schoeneck*, BBodSchG, § 24, Rn. 33.
625 *Schwartmann*, DStR 1999, 324 (329).
626 *Schoeneck*, in: *Sanden/Schoeneck*, BBodSchG, § 24, Rn. 33.

5. Zeitlicher Anwendungsbereich

Anknüpfungspunkt für den Ausgleichsanspruch nach § 24 Abs. 2 BBodSchG sind Verpflichtungen nach dem Bundes-Bodenschutzgesetz. Diese entstehen nur dann, wenn nach dem Inkrafttreten dieses Gesetzes noch eine schädliche Bodenveränderung oder Altlast vorlag. Sofern Sanierungsmaßnahmen vor dem 1. März 1999 erfolgreich abgeschlossen wurden, bestanden zu keinem Zeitpunkt Pflichten nach dem Bundes-Bodenschutzgesetz, sondern nur nach den jeweils einschlägigen Landesgesetzen. In diesen Fällen hängt das Bestehen eines Ausgleichsanspruchs davon ab, ob im Landesrecht eine Vorschrift existierte, die einen solchen Anspruch gewährte. Wo dies nicht der Fall war, kommt es entscheidend auf den oben angesprochenen Streit an, ob auch ohne gesetzliche Regelung im Innenverhältnis zwischen mehreren Störern Ausgleichsansprüche bestehen.[627] § 24 Abs. 2 BBodSchG ist nur auf Sanierungen anwendbar, die nach dem 1. März 1999 abgeschlossen wurden, da es nur hier zu einer Verpflichtung nach dem Bundes-Bodenschutzgesetz gekommen ist.[628]

---

627 Vgl. dazu die Nachweise in Fn. 603.

628 Im Ergebnis ebenso *Pützenbacher*, NJW 1999, 1137 (1140); *Pützenbacher*, NJW 2001, 490 (490); *Vierhaus*, NJW 1998, 1262 (1267), *Würtenberger/Heckmann/Riggert*, PolR, Rn. 619; a.A. *Schönfeld*, in: *Oerder/Numberger/Schönfeld*, BBodSchG, § 24, Rn. 20 und Wagner, BB 2000, 417 (427), die die Vorschrift auch dann für unanwendbar halten, wenn vor dem 01. März 1999 eine unanfechtbare Sanierungsverfügung vorlag; wieder anders *Mohr*, UPR 2001, 258 (258 f.), der auch vor dem 01. März 1999 abgeschlossene Sanierungsmaßnahmen für von der Vorschrift erfaßt hält.

4. Teil: Inhalt der Sanierungspflicht

A. Grundregel

Nach § 4 Abs. 3 S. 1 BBodSchG sind der Boden, Altlasten und durch schädliche Bodenveränderungen oder Altlasten verursachte Verunreinigungen von Gewässern so zu sanieren, daß dauerhaft keine Gefahren, erheblichen Nachteile oder erheblichen Belästigungen für den einzelnen oder die Allgemeinheit entstehen.

I. Begriff der Sanierung

Das Bundes-Bodenschutzgesetz enthält in § 2 Abs. 7 eine Legaldefinition der Sanierung. Der Begriff ist danach weit zu verstehen. Er umfaßt neben Dekontaminations- (Nr. 1) auch Sicherungsmaßnahmen (Nr. 2) und Maßnahmen zur Beseitigung oder Verminderung schädlicher Veränderungen der Beschaffenheit des Bodens (Nr. 3).

1. Dekontaminationsmaßnahmen

Dekontaminationsmaßnahmen nach § 2 Abs. 7 Nr. 1 BBodSchG zeichnen sich dadurch aus, daß die im Boden befindlichen Schadstoffe beseitigt oder wenigstens vermindert werden. Ziel ist es, die Gefahren an der Quelle und im kontaminierten Umfeld durch Umwandlungs- und Trennoperationen endgültig zu beseitigen.[629] Mit Hilfe welcher technischen Verfahren dies zu geschehen hat, legt das Gesetz nicht fest. Auch § 5 Abs. 1 S. 1 BBodSchV verlangt lediglich, daß es sich um technisch und wirtschaftlich durchführbare Verfahren handelt, die ihre praktische Eignung zur umweltverträglichen Beseitigung oder Verminderung der Schadstoffe gesichert erscheinen lassen. Damit werden einerseits Verfahren ausgeschlossen, mit denen sich das angestrebte Sanierungsziel technisch gar nicht oder nur mit geringer Wahrscheinlichkeit erreichen läßt, andererseits aber auch solche, die zwar vom technischen Standpunkt her eine erfolgreiche Dekontamination erwarten lassen, aber mit so erheblichen Kosten verbunden sind, daß ihre erfolgreiche Durchführung aus diesem Grund ausgeschlossen erscheint.[630]

---

629 BT-Drs. 13/6701, S. 20.

630 Einen Überblick über die nach dem gegenwärtigen Stand der Technik zur Dekontamination geeignet erscheinenden Verfahren bietet *SRU*, Sondergutachten Altlasten II, BT-Drs. 13/380, Tz. 498 ff., 563 ff. Vgl. auch Anlage 2.

Auch die modernsten technischen Verfahren sind fast nie in der Lage, die Schadstoffe vollständig aus dem Boden zu entfernen. Erreichbar sind aber häufig Wirkungsgrade von über 95 %.[631] Diese begrenzten technischen Möglichkeiten sind der Grund dafür, daß nach § 2 Abs. 7 Nr. 1 BBodSchG die Beseitigung und die Verminderung von Schadstoffen im Boden als Dekontaminationsmaßnahmen gleichgestellt sind. Zudem haben geringfügige Schadstoffbelastungen, die im Boden zurückbleiben, vielfach keine oder nur sehr geringe Auswirkungen auf die geschützten Bodenfunktionen, während weitergehende Dekontaminationsmaßnahmen selbst zu Umweltbelastungen führen können.[632]

Fraglich ist, ob auch die bloße Umlagerung ausgekofferter, kontaminierter Bodenmassen eine taugliche Dekontaminationsmaßnahme ist. Da ein solches Vorgehen keine Entfernung der Schadstoffe aus dem Boden, sondern lediglich ihre Verlagerung (und damit auch eine Verlagerung der von ihnen ausgehenden Gefahren) bewirkt, trägt es zur Erreichung des Ziels einer möglichst sauberen Umwelt nicht bei.[633] Das Bundes-Bodenschutzgesetz verfolgt aber nicht vorrangig das Ziel einer möglichst sauberen Umwelt, sondern will sämtliche Funktionen des Bodens nachhaltig sichern oder wiederherstellen, § 1 S. 1 BBodSchG. Hierzu gehören neben den natürlichen Funktionen nach § 2 Abs. 2 Nr. 1 BBodSchG auch die Nutzungsfunktionen des Bodens (§ 2 Abs. 2 Nr. 3 BBodSchG). Wenn demgemäß – je nach Nutzung – unterschiedliche Anforderungen an die Qualität des Bodens gestellt werden,[634] ist kein Grund ersichtlich, der prinzipiell gegen einen Austausch von Boden zwischen einem leicht belasteten Grundstück, das als Kinderspielplatz genutzt wird, und einem unbelasteten Industriegrundstück spricht. Ein ähnlicher Weg, die für die jeweilige Nutzung erforderliche Bodenqualität zu erreichen, besteht darin, stark und weniger stark oder gar nicht verschmutztes Erdreich zu vermischen. Daß der Gesetzgeber ein solches Vorgehen nicht grundsätzlich mißbilligt, läßt sich § 13 Abs. 5 BBodSchG und § 5 Abs. 6 BBodSchV entnehmen, wonach

---

631 BT-Drs. 13/6701, S. 30; *SRU*, Sondergutachten Altlasten II, BT-Drs. 13/380, Tz. 267.

632 *Radtke*, in: *Holzwarth/Radtke/Hilger/Bachmann*, § 2 BBodSchG, Rn. 47.

633 Wohl hauptsächlich aus diesem Grund lehnt *Sanden*, in: *Sanden/Schoeneck*, BBodSchG, § 2, Rn. 100 die Qualifizierung eines solchen Vorgehens als Dekontaminationsmaßnahme nach § 2 Abs. 7 Nr. 1 BBodSchG ab. Kritisch auch *Frenz*, BBodSchG, § 2, Rn. 112; *SRU*, Sondergutachten Altlasten II, BT-Drs. 13/380, Tz. 19.

634 Zu den Auswirkungen der Bodennutzung auf die Beantwortung der Frage, ob eine schädliche Bodenveränderung oder Altlast vorliegt, bereits oben, 2. Teil:A.III (S. 39). Die Bedeutung der Bodennutzung für die Anforderungen an die Sanierung wird unten, 4. Teil:A.II.2 (S. 204), näher dargestellt.

eine Umlagerung von Erdreich sogar innerhalb des von den Sanierungsmaßnahmen betroffenen Grundstücks zulässig ist. Die prinzipielle Zulässigkeit eines solchen Vorgehens besagt aber noch nichts über seine Einordnung als Dekontaminationsmaßnahme. Hierfür ist vielmehr vom Wortlaut des § 2 Abs. 7 Nr. 1 BBodSchG auszugehen und zu fragen, ob die Umlagerung von belastetem Erdreich oder seine Vermischung mit unbelastetem Boden eine Beseitigung oder Verminderung von Schadstoffen zur Folge hat.

Gegenstand einer Sanierung ist stets die konkrete schädliche Bodenveränderung oder Altlast. Durch die Umlagerung von belastetem Boden auf ein anderes Grundstück werden die Schadstoffe vollständig vom Grundstück entfernt und damit in bezug auf die zu sanierende schädliche Bodenveränderung beseitigt. Eine Vermischung des belasteten Erdreichs mit unbelastetem hat demgegenüber keinen Einfluß auf die auf dem jeweiligen Grundstück vorhandene absolute Schadstoffmenge, sondern führt durch die Verteilung lediglich zu einer Verringerung der Schadstoffkonzentrationen. Grund für die Anordnung der Sanierungspflicht sind die Gefahren, die von den im Boden vorhandenen Schadstoffen ausgehen. Die Gefährlichkeit der Schadstoffe bestimmt sich aber nicht nach der absoluten im Erdreich vorhandenen Schadstoffmenge, sondern hängt von der Konzentration der Stoffe im Boden ab.[635] Eine Vermischung von unbelastetem mit belastetem Boden senkt gerade diese Konzentrationen und vermindert damit die von der Verschmutzung ausgehende Gefahr, so daß der Zweck der Sanierung erreicht wird. Eine solche Vermischung führt daher zu einer Verminderung der Schadstoffe i.S.d. § 2 Abs. 7 Nr. 1 BBodSchG. Sowohl die Umlagerung ausgekofferter, kontaminierter Bodenmassen als auch die Vermischung von stark belastetem mit gering oder gar nicht belastetem Erdreich sind daher Dekontaminationsmaßnahmen i.S.d. Bundes-Bodenschutzgesetzes.[636]

2. Sicherungsmaßnahmen

Eine Sanierung kann nach § 2 Abs. 7 Nr. 2 BBodSchG auch durch Sicherungsmaßnahmen erfolgen. Im Gegensatz zu Dekontaminationsmaßnahmen verbleiben die Schadstoffe hier im Erdreich. Die von ihnen ausgehenden Risiken werden da-

---

635 Deshalb legt die Bundes-Bodenschutz- und Altlastenverordnung die Maßnahme- und Prüfwerte auch nicht in absoluten Zahlen, sondern anhand der Konzentration bestimmter Stoffe im Erdreich fest.

durch bekämpft, daß die Ausbreitung der Schadstoffe im Boden verhindert oder vermindert wird. Dies wird regelmäßig durch den Einschluß der Verunreinigungen mittels baulicher Anlagen geschehen.[637]

Da die Schadstoffe im Boden verbleiben, ist es möglich, daß auch lange nach einer durchgeführten Sicherung von ihnen noch einmal Gefahren ausgehen. Ob Sicherungsmaßnahmen als endgültige Maßnahmen oder nur als Zwischenlösung geeignet sind, ist dementsprechend von der Haltbarkeit und Zuverlässigkeit der zur Eindämmung errichteten Bauwerke abhängig. Nur wenn diese imstande sind, ihren Zweck langfristig zu erfüllen, kommen sie nach § 2 Abs. 7 Nr. 2 BBodSchG als Sanierungsmaßnahmen und damit als Dauerlösungen in Betracht. Dies ist auch sinnvoll, denn nur unter dieser Voraussetzung machen Sicherungsmaßnahmen die negativen Auswirkungen von Schadstoffen im Boden dauerhaft beherrschbar[638] und sind insoweit mit Dekontaminationsmaßnahmen nach § 2 Abs. 7 Nr. 1 BBodSchG vergleichbar.

Wann eine Sicherungsmaßnahme in diesem Sinne langfristig wirksam ist, legt weder das Bundes-Bodenschutzgesetz selbst, noch die auf seiner Grundlage ergangene Verordnung fest. Zu eng ist sicherlich die Auslegung von *Bickel*, der nur solche Maßnahmen als langfristig wirksam betrachtet, die vom technischen Standpunkt her ewig halten und nur durch menschliche Einwirkungen zerstört werden können, also keiner regelmäßigen Kontrolle bedürfen.[639] Richtig ist zwar, daß der in § 4 Abs. 3 S. 1 BBodSchG verwandte Begriff „dauerhaft“ als Synonym für langfristig benutzt wird,[640] allein hieraus läßt sich aber das von *Bickel* gefundene Ergebnis nicht ableiten. Vielmehr ist „langfristig“ in seiner Bedeutung schon sprachlich nicht mit „ewig“ identisch. Hinzu kommt, daß keine vom Menschen errichtete bauliche Konstruktion unbegrenzt haltbar ist, so daß die Vorschrift bei strenger Anwendung des von *Bickel* vertretenen Kriteriums nie anwendbar wäre. Außerdem ergibt eine historische Auslegung von § 2 Abs. 7 Nr. 2 BBodSchG, daß es dem Gesetzgeber nicht darum ging, mit der Einführung des Erfordernisses der Langfri-

---

636 Für die Vermischung im Ergebnis ebenso *Radtke*, in: *Holzwarth/Radtke/Hilger/Bachmann*, § 2 BBodSchG, Rn. 49.

637 Einen Überblick über die nach dem gegenwärtigen Stand der Technik als Sicherungsmaßnahmen geeignet erscheinenden Verfahren bietet *SRU*, Sondergutachten Altlasten II, BT-Drs. 13/380, Tz. 474 ff. Vgl. auch Anlage 2.

638 Dieses Kriterium geht auf *SRU*, Sondergutachten Altlasten II, Rn. 20 zurück.

639 *Bickel*, BBodSchG, § 2, Rn. 35.

640 *Bickel*, BBodSchG, § 2, Rn. 35, § 4, Rn. 36.

stigkeit alle Sicherungsmaßnahmen als Dekontaminationsmaßnahmen auszuschließen, deren technisches Versagen theoretisch denkbar ist. Vielmehr sollte es genügen, wenn ein technisches Versagen im konkreten Einzelfall durch regelmäßige Kontrollen und die Durchführung erforderlicher Nachbesserungen mit hinreichender Sicherheit ausgeschlossen werden kann.[641]

Wenn demnach schon keine ewige, so verlangt der Begriff „langfristig" doch eine Haltbarkeit der getroffenen Maßnahmen für einen erheblichen Zeitraum. Eine allgemeine Aussage darüber, wie lang dieser Zeitraum sein muß, ist nicht möglich. Vielmehr ist jeder Einzelfall gesondert zu beurteilen. Aus der Gleichstellung mit Dekontaminationsmaßnahmen läßt sich aber entnehmen, daß, wenn aus den oben genannten Gründen schon nicht alle, so doch zumindest der Hauptteil der erforderlichen Arbeiten bei der eigentlichen Sanierungsmaßnahme erfolgen und nicht auf einen späteren Zeitpunkt verschoben werden soll. Daraus folgt, daß der absehbare Aufwand für Kontrollen und Nachbesserungen möglichst gering gehalten werden muß und Nachbesserungsarbeiten umso unwahrscheinlicher und seltener sein müssen, je größer der mit ihnen verbundene Aufwand wäre.[642] Eine Sicherungsmaßnahme, von der absehbar ist, daß sie nicht zumindest einige Jahre ihren Zweck, die Ausbreitung der im Boden vorhandenen Schadstoffe zu verhindern oder zu vermindern, erfüllen kann, wird allenfalls in Ausnahmefällen als langfristig zu bezeichnen und als Sanierungsmaßnahme tauglich sein.[643]

3. Maßnahmen zur Beseitigung oder Verminderung schädlicher Veränderungen des Bodens

Die Sanierung von schädlichen Bodenveränderungen und Altlasten, die nicht auf einer Belastung des Bodens mit Schadstoffen beruhen, kann nur durch Maßnahmen zur Beseitigung oder Verminderung schädlicher Veränderungen des Bodens nach § 2 Abs. 7 Nr. 3 BBodSchG erfolgen. Die von dieser Vorschrift erfaßten Maßnahmen sind ebenso vielfältig wie die Ursachen der unerwünschten Bodenbeschaffenheit, deren Beseitigung sie dienen. So kann ein Ausgleich von Beeinträchtigungen der physikalischen Bodenbeschaffenheit etwa durch Abstützen eines infolge von Erosion ins Rutschen geratenen Hanges erfolgen[644] und die biologische Bodenbe-

---

[641] BT-Drs. 13/6701, S. 30 f.

[642] Ähnlich *Radtke*, in: *Holzwarth/Radtke/Hilger/Bachmann*, § 2 BBodSchG, Rn. 51.

[643] *Radtke*, in: *Holzwarth/Radtke/Hilger/Bachmann*, § 2 BBodSchG, Rn. 51.

[644] *Sanden*, in: *Sanden/Schoeneck*, BBodSchG, § 2, Rn. 107.

schaffenheit dadurch verbessert werden, daß einer Bodenentwässerung entgegengewirkt wird.[645] Eine schädliche Beeinträchtigung der chemischen Bodenbeschaffenheit, die nicht auf dem Vorhandensein von Schadstoffen im Boden beruht, ist etwa eine für das Leben auf und in dem Boden nachteilige Veränderung des pH-Werts. Ihr Ausgleich ist daher eine Sanierungsmaßnahme i.S.d. § 2 Abs. 7 Nr. 3 BBodSchG.[646]

4. Verhältnis der Maßnahmen zueinander

Entgegen dem Vorschlag der Fraktion von Bündnis 90/Die Grünen[647] schreibt das Bundes-Bodenschutzgesetz keinen Vorrang der Dekontamination vor sonstigen Sanierungsmaßnahmen vor. Vielmehr stehen nach § 2 Abs. 7 BBodSchG alle Formen von Sanierungsmaßnahmen gleichrangig nebeneinander.

Der Grund hierfür ist, daß Dekontaminationsmaßnahmen den übrigen Sanierungsmaßnahmen zwar häufig überlegen sind, aber nicht in jedem Einzelfall das optimale Vorgehen gegen schädliche Bodenveränderungen oder Altlasten darstellen. Für Dekontaminationen spricht, daß sie in höherem Maße und zeitlich unbegrenzt die Gewähr für die Vermeidung künftiger Umweltrisiken bieten, zumal Sicherungsmaßnahmen – wie alle Bauwerke – nur begrenzt haltbar sind.[648] Andererseits stellt aber die bloße Anwesenheit einer Stoffansammlung im Boden noch kein permanentes Gefahrenmoment dar,[649] während denkbar ist, daß durch Abgrabungsarbeiten im Rahmen von Dekontaminationsmaßnahmen Schadstoffe erst mobilisiert und hierdurch zusätzliche Gefahren geschaffen werden.[650] Zudem verbleiben aus technischen Gründen auch nach einer Dekontaminationsmaßnahme stets noch Restverschmutzungen im Boden, die ebenfalls eine Gefahr darstellen[651] und weitere Sanierungs-, insbesondere Sicherungsmaßnahmen erforderlich machen können. Die am besten geeignete Sanierungsmaßnahme läßt sich daher nicht allgemein (etwa im Sinne eines generellen Vorrangs von Dekontaminationen) bestimmen, sondern ist in jedem Einzelfall aufgrund der jeweils vorhandenen Ge-

---

645 Bodenschutzkonzeption der Bundesregierung, BT-Drs. 10/2977, S. 35 ff.
646 *Sanden*, in: *Sanden/Schoeneck*, BBodSchG, § 2, Rn. 108.
647 BT-Drs. 13/5203, Art. 1, § 8 Abs. 1 S. 2.
648 *SRU*, Sondergutachten Altlasten I, BT-Drs. 11/6191, Tz. 458.
649 *SRU*, Sondergutachten Altlasten I, BT-Drs. 11/6191, Tz. 458; *Radtke*, in: *Holzwarth/Radtke/Hilger/Bachmann*, § 2 BBodSchG, Rn. 54.
650 *Hilger*, in: *Holzwarth/Radtke/Hilger/Bachmann*, § 4 BBodSchG, Rn. 125; *Riedel*, UPR 1999, 92 (93).
651 *SRU*, Sondergutachten Altlasten I, BT-Drs. 11/6191, Tz. 463.

fährdungssituation neu zu ermitteln. Häufig wird es nicht ausreichen, nur Maßnahmen nach § 2 Abs. 7 Nr. 1 oder Nr. 2 BBodSchG zu treffen, sondern eine Verbindung verschiedenen Sanierungsmaßnahmen erforderlich sein.[652]

II. Umfang der zu treffenden Maßnahmen

1. Maßstab des § 4 Abs. 3 S. 1 BBodSchG

§ 4 Abs. 3 S. 1 BBodSchG legt das Sanierungsziel in Anlehnung an die Definition der schädlichen Bodenveränderungen und Altlasten fest. Während es dort auf die Eignung zur Herbeiführung von Gefahren, erheblichen Nachteilen oder erheblichen Belästigungen für den einzelnen oder die Allgemeinheit ankommt, ist für den Erfolg einer Sanierung entscheidend, daß die Entstehung dieser negativen Effekte dauerhaft ausgeschlossen ist. Ziel der Sanierung ist demnach die Herbeiführung eines „Zustands bodenschutzrechtlicher Unbedenklichkeit."[653] Für die Beurteilung, ob die durchgeführten Sanierungsmaßnahmen erfolgreich waren, sind also die oben,[654] bei der Behandlung der Frage, wann eine schädliche Bodenveränderung oder Altlast vorliegt, dargestellten Erwägungen entsprechend anzustellen. Auf diese sei hier verwiesen. Anhaltspunkt für den Erfolg der durchgeführten Maßnahmen sind – soweit vorhanden – die Maßnahme- und Prüfwerte der BBodSchV. Sind die dort festgelegten Schadstoffkonzentrationen unterschritten, ist die Gefahr beseitigt, während ihre Überschreitung den Fortbestand der Gefahr indiziert.[655]

Das Erfordernis des dauerhaften Ausschlusses von negativen Effekten in § 4 Abs. 3 S. 1 BBodSchG ist im Zusammenhang mit § 2 Abs. 7 Nr. 2 BBodSchG zu sehen. Gemeint sind im dort beschriebenen Sinne langfristig wirksame Maßnahmen, d.h. solche, die keiner kurzfristigen Nachbesserungen oder fortlaufender Ergänzungen bedürfen.[656]

---

652 *Radtke*, in: *Holzwarth/Radtke/Hilger/Bachmann*, § 2 BBodSchG, Rn. 54.

653 *Schoeneck*, in: *Sanden/Schoeneck*, BBodSchG, § 4, Rn. 21.

654 2. Teil:A.I.2 (S. 29).

655 *Hilger*, in: *Holzwarth/Radtke/Hilger/Bachmann*, § 4 BBodSchG, Rn. 122; *Oerder*, in: *Oerder/Numberger/ Schönfeld*, BBodSchG, § 4, Rn. 39.

656 *Hilger*, in: *Holzwarth/Radtke/Hilger/Bachmann*, § 4 BBodSchG, Rn. 121.

2. Nutzungsabhängigkeit

a) Konzeption des § 4 Abs. 4 BBodSchG

Durch § 4 Abs. 4 BBodSchG wird der Grundsatz der nutzungsbezogenen Sanierung festgeschrieben. Eine Sanierung nach dem Bundes-Bodenschutzgesetz verfolgt demnach nicht nur nicht das – aus technischen Gründen ohnehin nicht erreichbare – Ziel einer Wiederherstellung des Zustands des Bodens, der vor der Verschmutzung bestand, sondern soll auch keine völlige Wiederherstellung aller Bodenfunktionen bewirken. Durch die Verknüpfung der im Einzelfall durchzuführenden Sanierungsmaßnahmen mit der Nutzung des Grundstücks wollte der Gesetzgeber der Tatsache Rechnung tragen, daß die auf dem Grundstück vorgenommenen Tätigkeiten entscheidenden Einfluß darauf haben, wie sich die von den schädlichen Bodenveränderungen und Altlasten ausgehenden Gefahren tatsächlich auf die Schutzgüter des Gesetzes, insbesondere die menschliche Gesundheit auswirken.[657] So halten sich auf industriell genutzten Grundstücken nur selten die besonders schutzbedürftigen Kleinkinder und älteren Menschen auf. Folglich ist auch die Gefahr, daß der verunreinigte Boden von spielenden Kindern verschluckt wird, hier erheblich geringer als auf Kinderspielflächen oder in Wohngebieten. Zudem ist der Zeitraum, in dem die Menschen den Schadstoffen ausgesetzt sind, stark von der Nutzung des Grundstücks abhängig.

Ausschlaggebend für die bei der Sanierung zu erfüllenden Anforderungen ist nicht die tatsächliche oder vom Eigentümer gewünschte, sondern nach § 4 Abs. 4 S. 1 BBodSchG in erster Linie die planungsrechtlich zulässige Nutzung des Grundstücks. Diese ergibt sich vor allem aus Bebauungsplänen, aber auch aus Planfeststellungsbeschlüssen und Plangenehmigungen etwa nach § 31 KrW-/AbfG, § 17 FStrG oder § 14 WaStrG.[658] Nur wo es an planungsrechtlichen Regelungen über die zulässige Nutzung fehlt, ist nach § 4 Abs. 4 S. 2 BBodSchG auf die Prägung des Gebiets abzustellen, wobei auch die absehbare Entwicklung bei der Bestimmung des Schutzbedüfnisses zu berücksichtigen ist. Da auch §§ 29 ff. BauGB planungsrechtliche Vorschriften über die Grundstücksnutzung enthalten, existieren im Bauplanungsrecht stets Regelungen der zulässigen Grundstücksnutzung,[659] so daß

---

657 BT-Drs. 13/6701, S. 35.

658 Eine Auflistung der im Einzelfall möglicherweise einschlägigen Pläne bietet *Becker*, BBodSchG, § 4, Rn. 51.

659 *Hilger*, in: *Holzwarth/Radtke/Hilger/Bachmann*, § 4 BBodSchG, Rn. 138.

der praktische Anwendungsbereich von § 4 Abs. 4 S. 2 BBodSchG verhältnismäßig gering ist.

Folge des engen Nutzungsbezugs der Sanierungspflicht ist, daß in den Fällen, in denen die tatsächliche von der planungsrechtlich zulässigen Nutzung abweicht, und die unzulässige Nutzung aufgrund der auf dem Grundstück vorhandenen schädlichen Bodenveränderungen oder Altlasten zu einer Gefahr führt, grundsätzlich nicht die Gefahr zu bekämpfen (dies ginge über die vom Pflichtigen zu erfüllenden Anforderungen hinaus), sondern die dem Planungsrecht widersprechende Nutzung zu verhindern ist. Nur wenn ausnahmsweise ein solches Vorgehen keinen Erfolg verspricht (z.B. weil Kinder sich durch Zäune und Warnhinweise nicht davon abhalten lassen, auf dem verseuchten Gelände zu spielen), kann eine Beseitigung der Gefahr geboten sein.[660]

Da die Mehrzahl der Grundstücke in Deutschland nicht der Natur überlassen ist, sondern vom Menschen zum Wohnen und für landwirtschaftliche oder industrielle Zwecke genutzt wird, hat ein strenger Nutzungsbezug der Sanierungspflicht zur Folge, daß die natürlichen Funktionen des Bodens bei der Festlegung der Sanierungsanforderungen oft keine oder nur eine sehr untergeordnete Rolle spielen. Viele industriellen Zwecken dienende Grundstücke können auch dann noch gefahrlos genutzt werden, wenn die auf ihnen vorhandenen Verschmutzungen so erheblich sind, daß der Boden keinerlei natürliche Funktionen i.S.d. § 2 Abs. 2 Nr. 1 BBodSchG mehr erfüllen kann. Um die so drohende Entstehung von Opferflächen zu verhindern, ordnet § 4 Abs. 4 S. 1 BBodSchG a.E. an, daß die an der Nutzung des Grundstücks orientierte Festlegung des Sanierungsziels mit dem Schutz der natürlichen Funktionen des Bodens nach § 2 Abs. 2 Nr. 1 BBodSchG und seinen Funktionen als Archiv der Natur- und Kulturgeschichte nach § 2 Abs. 2 Nr. 2 BBodSchG vereinbar sein muß. Damit wird allerdings kein absoluter Vorrang dieser Bodenfunktionen festgeschrieben,[661] sondern nur ein vollständiges Zurückweichen der natürlichen Bodenfunktionen im Einzelfall durch die Festschreibung ökologischer Mindeststandards verhindert.[662] Dementsprechend ist die Vorschrift eng auszulegen und kann nur in besonders gelagerten Ausnahmefällen zu einer Durchbrechung der Grundkonzeption des § 4 Abs. 4 BBodSchG von einer maß-

---

660 *Hilger*, in: *Holzwarth/Radtke/Hilger/Bachmann*, § 4 BBodSchG, Rn. 139.

661 So aber *Bickel*, BBodSchG, § 4, Rn. 38.

662 *Schoeneck*, in: *Sanden/Schoeneck*, BBodSchG, § 4, Rn. 54.

geblich an der Nutzung orientierten Sanierung aufgrund ökologischer Erwägungen führen.

b) Nutzungsänderungen

Im Laufe der Jahre sind die planungsrechtlich zulässige Nutzung eines Grundstücks und die Prägung des Gebiets Wandlungen unterworfen. Angesichts der engen Bindung der durchzuführenden Sanierungsmaßnahmen an die Grundstücksnutzung kann eine solche Änderung der planungsrechtlichen oder tatsächlichen Verhältnisse zur Folge haben, daß die Anforderungen an die durchzuführende Sanierung steigen. In diesen Fällen stellt sich die Frage, ob die Sanierungspflichtigen die gesamten Kosten der nun aufwendigeren und teureren Sanierung tragen müssen, oder ob ihre Verpflichtung auf den Betrag beschränkt ist, der bei einem Fortbestand der bisherigen Nutzung aufzubringen gewesen wäre. Denkbar ist auch, daß schon Sanierungsmaßnahmen durchgeführt wurden, die die Bodenqualität soweit verbessert haben, daß der bisherigen Nutzung nichts im Wege stand. Unklar ist hier, ob die Pflichtigen erneut zur Sanierung verpflichtet sind, um auch die neue Nutzung des Grundstücks zu ermöglichen.

aa) Änderung der planungsrechtlich zulässigen Nutzung

Nach dem oben Gesagten hat eine Änderung der tatsächlichen Nutzung, die mit den planungsrechtlichen Vorgaben nicht zu vereinbaren ist, grundsätzlich keinen Einfluß auf den Inhalt der Sanierungspflicht. Vielmehr ist, solange keine Änderung der Planung erfolgte, jede abweichende Nutzung zu untersagen, wenn mit ihr Gefahren verbunden sind. Schwierigkeiten ergeben sich aber auch dann, wenn eine neue Nutzung dadurch ermöglicht werden soll, daß die planungsrechtlichen Vorgaben verändert werden, denn die Tatsache, daß das beplante Gelände mit einer schädlichen Bodenveränderung oder Altlast belastet ist, ist nicht ohne Bedeutung für die Planungsentscheidung. So steht etwa auf dem praktisch besonders wichtigen Gebiet der Bauleitplanung § 1 Abs. 5 S. 2 Nr. 1 BauGB der rechtmäßigen Verabschiedung eines Bebauungsplans grundsätzlich entgegen, wenn die nach dem neuen Bebauungsplan vorgesehene Nutzung mit den vorhandenen Bodenverschmutzungen nicht vereinbar ist, da ihre Verwirklichung mit Gefahren für die menschliche Gesundheit verbunden wäre. Dieser bauplanerische Belang ist allein durch Abwägung nicht zu überwinden.[663] Das führt zu der Situation, daß eine weitergehende Sanierung des Grundstücks, als sie die gegenwärtige Nutzung erfordert, aufgrund von § 4 Abs. 4 S. 1 BBodSchG nicht erzwungen werden kann, solange die vorgesehene neue Nutzung nicht durch eine Änderung des Bebauungsplans zugelassen wurde, eine Änderung des Bebauungsplans aber aufgrund von § 1 Abs. 5 S. 2 Nr. 1 BauGB an der noch nicht erfolgten Sanierung scheitert.

Wenn es der Gemeinde aber gelingt, rechtlich sicherzustellen, daß die in dem neuen Bebauungsplan vorgesehene Nutzung nicht erfolgt, bevor die Gefahren für die menschliche Gesundheit durch Sanierung beseitigt wurden, steht § 1 Abs. 5 S. 2 Nr. 1 BauGB einer rechtmäßigen neuen Beplanung des verseuchten Geländes nicht entgegen. Die Gemeinde muß also innerhalb oder außerhalb des neuen Bebauungsplans Umstände schaffen, die bewirken, daß vor Abschluß der Sanierung kein Anspruch auf Zulassung einer Nutzung geltend gemacht werden kann, die mit der gegenwärtigen Bodenbeschaffenheit nicht vereinbar ist.[664] Die Möglichkeit, Festsetzungen in Bebauungsplänen unter Bedingungen zu stellen, sieht das Gesetz nicht vor. Die Gemeinde kann die Entstehung eines Anspruchs auf Zulassung der neuen Nutzung schon vor einer Sanierung daher nicht dadurch verhindern, daß sie das Inkrafttreten des Bebauungsplans von der Durchführung von Sanierungsmaßnahmen abhängig macht.[665]

Besser geeignet sind zu diesem Zweck Instrumente außerhalb des Bebauungsplans. Zu nennen ist hier zunächst der Abschluß eines öffentlich-rechtlichen Vertrags mit dem Eigentümer des belasteten Grundstücks, in dem dieser sich verpflichtet, den sich aus dem neuen Bebauungsplan ergebenden Anspruch auf Zulassung einer geänderten Nutzung des Grundstücks erst dann geltend zu machen, wenn die auf diesem vorhandenen schädlichen Bodenveränderungen oder Altlasten soweit saniert wurden, daß sie der geplanten Nutzung nicht mehr entgegenstehen. An der Vereinbarkeit eines solchen Vertrages mit §§ 54 ff. VwVfG bestehen keine Zweifel. Der Nachteil eines solchen Vorgehens ist aber, daß ein öffentlich-rechtlicher Vertrag nur zwischen den Parteien wirkt, die ihn abgeschlossen haben. Wenn das Grundstück veräußert wird, bevor die notwendigen Sanierungsmaßnahmen durchgeführt wurden, kann die Gemeinde einen Antrag des neuen Eigentümers auf Genehmi-

---

663 BGH, NJW 1989, 976 (977); *Schink*, NJW 1990, 351 (354 f.); *Steiner*, FS *Weyreuther*, S. 137 (140).

664 *Steiner*, FS *Weyreuther*, S. 137 (140).

665 *Steiner*, FS *Weyreuther*, S. 137 (147 f.).

gung der nach dem neuen Bebauungsplan vorgesehenen Nutzung nicht unter Hinweis auf den mit seinem Rechtsvorgänger abgeschlossenen Vertrag verweigern.[666] Eine Wirkung der Vereinbarung gegenüber jedermann kann die Gemeinde aber dadurch erreichen, daß sie sich vom Grundstückseigentümer eine Baulast einräumen läßt.[667] Auf diesem Weg läßt sich der Zulassungsanspruch sowohl des die Baulast einräumenden Grundstückseigentümers als auch seines eventuellen Rechtsnachfolgers suspendieren, bis die notwendigen Sanierungsmaßnahmen durchgeführt wurden. Einer Gemeinde, die ein belastetes Grundstück neu beplanen will, ist daher dieses Vorgehen zu empfehlen.[668]

Möglich ist auch, nur einen Hinweis auf das Erfordernis einer Sanierung des Grundstücks vor der Aufnahme der neuen Grundstücksnutzung in den Erläuterungsbericht zum Bebauungsplan aufzunehmen oder die Fläche nach § 9 Abs. 5 Nr. 3 BauGB als erheblich mit umweltgefährdenden Stoffen belastet zu kennzeichnen. Beide Vorgehensweisen führen zwar zu keiner Beschränkung der materiellen Planaussagen, so daß der durch die Ausweisung des Grundstücks für eine neue Nutzung begründete Zulassungsanspruch fortbesteht.[669] Auf diesem Weg kann die Gemeinde aber die rechtliche Sicherstellung, daß vor der Aufnahme der nach dem neuen Bebauungsplan zulässigen Grundstücksnutzung zunächst eine Sanierung erfolgt, aus dem Verfahren zur Aufstellung des Bebauungsplans ausklammern und dem Baugenehmigungsverfahren überlassen. Hier kann die zuständige Behörde diese Sicherstellung mit Hilfe der bauordnungsrechtlichen Generalklausel erreichen, indem sie die Erteilung einer Baugenehmigung ganz verweigert, solange keine Sanierung des Grundstücks erfolgt ist, oder die Baugenehmigung nur unter der Bedingung der Durchführung von Sanierungsmaßnahmen erteilt. Ein solches Vorgehen weist gegenüber dem oben dargelegten Weg über die Einräumung einer Baulast aber gewichtige Nachteile auf. Zunächst handelt es sich um eine bedenkliche Verlagerung der Verantwortung für die plangemäße Nutzbarkeit des Grundstücks von der Gemeinde als Planungsträger auf die Baugenehmigungsbehörde.[670]

---

666 *Steiner*, FS *Weyreuther*, S. 137 (148 f.).

667 Zu den Vorschriften des Landesrechts über Baulasten siehe bereits oben, Fn. 414.

668 *Steiner*, FS *Weyreuther*, S. 137 (148 f.).

669 Für die Ausweisung des Grundstücks nach § 9 Abs. 5 Nr. 3 BauGB als erheblich mit umweltgefährdenden Stoffen belastet ebenso *Steiner*, FS *Weyreuther*, S. 137 (147).

670 Für die Zulässigkeit eines solchen Vorgehens dennoch OVG Rheinland-Pfalz, BauR 1991, 295 (297); OVG Rheinland-Pfalz, BRS 42, Nr. 4; *Schink*, NJW 1990, 351 (355); kritisch *Steiner*, FS *Weyreuther*, S. 137 (150 f.). Auch BGH, NJW 1989, 976 (977) bezeichnet es als die Aufgabe des Planungsträgers, die künftige Wohnbevölkerung vor Umweltbelastun-

Außerdem ist die Gemeinde häufig nicht selbst für die Durchführung des Baugenehmigungsverfahrens zuständig, so daß sie nur mittelbar (durch die Verweigerung ihres Einvernehmens nach § 36 Abs. 1 S. 1 BauGB) darauf Einfluß nehmen kann, daß eine Baugenehmigung tatsächlich nur dann erteilt wird, wenn bereits eine Sanierung erfolgte oder diese zumindest sichergestellt ist. Auch in einem möglichen verwaltungsgerichtlichen Verfahren, mit dem der Grundstückseigentümer die vorbehaltlose Erteilung einer Baugenehmigung erstreiten will, ist die Position der Behörde günstiger, wenn der Weg über eine Baulast gewählt wurde. Während sie in diesem Fall nur deren Vorliegen beweisen muß, bedarf es ansonsten eines umfangreichen tatsächlichen Vorbringens und regelmäßig der Einholung von Sachverständigengutachten, um das Gericht vom Vorhandensein der schädlichen Bodenveränderung oder Altlast und deren negativen Auswirkungen auf das beantragte Vorhaben und damit von der Rechtmäßigkeit des die Baugenehmigung verweigernden Verwaltungsakts zu überzeugen.

Die Gemeinde ist demnach – trotz § 1 Abs. 5 S. 2 Nr. 1 BauGB und der aus ihm folgenden rechtlichen Schwierigkeiten – in der Lage, die planungsrechtlich zulässige Nutzung eines verseuchten Grundstücks auch dann rechtswirksam zu ändern, wenn zur Zeit der Änderung des Bebauungsplans noch das Vorhandensein der schädlichen Bodenveränderungen oder Altlasten der Verwirklichung der neuen Festsetzungen entgegensteht. Es stellt sich daher die Frage, welche Auswirkungen ein solches Vorgehen auf die nach dem Bundes-Bodenschutzgesetz bestehenden Pflichten hat.

Nach § 4 Abs. 4 S. 1 BBodSchG ist die planungsrechtlich zulässige Nutzung des belasteten Grundstücks für den Umfang der zu treffenden Sanierungsmaßnahmen ausschlaggebend. Dabei unterscheidet das Gesetz nicht danach, ob die Nutzung sich seit der Entstehung der schädlichen Bodenverunreinigungen oder Altlasten geändert hat oder nicht und ob dies gegebenenfalls vor oder nach der Entdeckung der Bodenverschmutzungen geschehen ist. Unerheblich ist auch, ob schon einmal Sanierungsmaßnahmen durchgeführt wurden. Eine strikte Anwendung des Gesetzeswortlauts ergibt daher, daß nach einer Änderung der planungsrechtlich zulässigen Nutzung neu zu prüfen ist, ob – gemessen an der neuen Nutzung – eine schädliche Bodenveränderung oder Altlast vorliegt. Ist das der Fall, ist diese von den

---

gen und Gefahren zu schützen, die von dem Grund und Boden des Plangebiets selbst ausgehen.

nach dem Bundes-Bodenschutzgesetz Sanierungspflichtigen so zu sanieren, daß bei der nun nach dem Planungsrecht vorgesehenen Nutzung dauerhaft keine Gefahren, erheblichen Nachteile oder erheblichen Belästigungen für den einzelnen oder die Allgemeinheit entstehen.[671]

Die Sanierungspflichtigen werden es aber besonders dann als unbillig empfinden, das Grundstück so sanieren zu müssen, daß es für die vorgesehene neue Nutzung verwendbar ist, wenn sie schon vor der Änderung der planerischen Festsetzungen für das Grundstück einmal von der Behörde auf Sanierung in Anspruch genommen wurden. Dies nicht nur deshalb, weil sie glaubten, bereits mit der ersten Sanierung ihre Verantwortung für die Bodenverschmutzungen vollständig erfüllt zu haben, sondern auch, weil die Erreichung des nun von ihnen geforderten Sanierungsziels im Rahmen einer einzigen Maßnahme meist wesentlich kostengünstiger gewesen wäre, als die ihnen nun aufgegebene Durchführung in zwei Schritten.

Aus der Tatsache, daß gegen ihn bereits einmal eine Sanierungsverfügung ergangen ist, durfte der Pflichtige aber nicht ohne weiteres schließen, er werde wegen derselben schädlichen Bodenveränderung oder Altlast nicht erneut in Anspruch genommen.[672] Vielmehr kann der gegen ihn ergangene Verwaltungsakt bei verständiger Würdigung nur so ausgelegt werden, bei der gegenwärtigen Tatsachenlage halte die Behörde die angeordneten Sanierungsmaßnahmen für erforderlich und ausreichend und werde keine weitergehenden Maßnahmen verlangen. Davon, daß die Behörde sich damit aber zugleich die Möglichkeit nehmen wollte, bei veränderter Tatsachenlage (z.B. Entdeckung weiterer Verunreinigungen auf dem Grundstück, neuen wissenschaftlichen Erkenntnissen über die Gefährlichkeit der im Boden verbliebenen Schadstoffe oder auch geänderten Anforderungen an die Bodenqualität aufgrund von Nutzungsänderungen) den Pflichtigen erneut in Anspruch zu nehmen, ist nicht auszugehen. Eine solche Auslegung der Sanierungsverfügung hätte u.U. zur Folge, daß der Behörde bei erneutem Auftreten einer Gefahr keine Verantwortlichen mehr für eine Inanspruchnahme zur Verfügung stünden, so daß die öffentliche Hand die Sanierungskosten selbst tragen müßte. Daß mit dem Erlaß eines Verwaltungsakts eine so weitreichende Entscheidung für den Staatshaushalt verbunden sein sollte, ist regelmäßig nicht anzunehmen.

---

671 Vgl. auch *Oerder*, in: *Oerder/Numberger/Schönfeld*, BBodSchG, § 4, Rn. 45.

672 *Tomerius*, ZUR 1999, 78 (82).

Die Möglichkeit einer mehrfachen Inanspruchnahme bedeutet für den Sanierungspflichtigen auch keine unbillige Härte. Wenn er bei der ersten gegen ihn ergangenen Verfügung sichergehen wollte, nicht erneut in Anspruch genommen werden, stand es ihm frei, bei der zuständigen Behörde darauf hinzuwirken, daß diese ihm gegenüber eine Zusicherung i.S.d. § 38 VwVfG abgibt oder mit ihm eine Sanierungsvereinbarung abschließt, wonach er auch bei veränderter Tatsachenlage nicht erneut zur Sanierung herangezogen wird. Weigert sich die Behörde, auf dieses Begehren des Pflichtigen einzugehen, muß er sich entscheiden, ob er nur die im Verwaltungsakt von ihm geforderten Sanierungsmaßnahmen durchführt und damit das Risiko eingeht, später noch einmal in Anspruch genommen zu werden, oder ob er sofort das Grundstück so optimal saniert, daß es für alle und nicht nur die gegenwärtig planungsrechtlich zulässigen Nutzungen geeignet ist. Das letztgenannte Vorgehen ist zwar zunächst mit höheren Kosten verbunden, erweist sich aber dann als ökonomisch sinnvoll, wenn es später tatsächlich zu einer Änderung der planungsrechtlich zulässigen Nutzung kommt. In einem solchen Fall erneut mit Sanierungsmaßnahmen beginnen zu müssen, verursacht in aller Regel insgesamt wesentlich höhere Kosten, als wenn das Grundstück in einem Zug saniert worden wäre.

Es der Behörde zu versagen, nach einer Änderung der planungsrechtlich zulässigen Nutzung eines mit einer schädlichen Bodenveränderung oder Altlast belasteten Grundstücks von einem bereits einmal in Anspruch genommenen Pflichtigen zu verlangen, daß dieser weitere Sanierungsmaßnahmen trifft, um bei der neuen Nutzung von den verbliebenen Bodenverschmutzungen ausgehende Gefahren zu beseitigen, hätte außerdem wesentliche Einschränkungen der Planungshoheit der Gemeinde zur Folge. Diese wäre zwar rechtlich nicht gehindert, auf dem oben beschriebenen Weg den Bebauungsplan zu ändern, seine praktische Umsetzung wäre aber nur möglich, wenn zuvor die verbliebenen Bodenverschmutzungen beseitigt würden. Kann hierzu der Pflichtige nicht herangezogen werden, muß die Gemeinde das Grundstück entweder selbst sanieren oder eine Sanierung durch einen Dritten sicherstellen. Angesichts der meist erheblichen Sanierungskosten und der schlechten Finanzlage der Kommunen wird es der Gemeinde nur sehr schwer möglich sein, auf diesem Weg eine Sanierung zu erreichen, so daß sie zwar nicht rechtlich, aber faktisch daran gehindert wäre, ihre Planungshoheit auf solchen Grundstücken auszuüben. Dies ist umso belastender, als die Gemeinde nicht unbedingt selbst für den Erlaß der Sanierungsverfügung zuständig ist und es angesichts von § 4 Abs. 4 S. 1 BBodSchG nicht möglich ist, von dem Verantwortlichen schon in dem vor einer Änderung des Bebauungsplans erlassenen ersten Verwaltungsakt Maßnahmen zu fordern, die im Hinblick auf eine mögliche spätere Änderung der planungsrechtlichen Vorgaben weiter reichen, als es die gegenwärtige Nutzung erfordert.

Daher ist – unabhängig davon, ob bereits eine Sanierung des Grundstücks erfolgt ist oder nicht – im Falle einer Änderung der planungsrechtlich zulässigen Nutzung der Sanierungsbedarf neu zu ermitteln. Zur Durchführung von im Hinblick auf die neue Nutzung eventuell erforderlichen (zusätzlichen) Sanierungsmaßnahmen sind grundsätzlich die nach dem Bundes-Bodenschutzgesetz Sanierungspflichtigen heranzuziehen. Etwas anderes gilt nur, wenn diese aufgrund einer Zusicherung oder einer Sanierungsvereinbarung darauf vertrauen durften, nicht (erneut) zur Sanierung herangezogen zu werden.

bb) Nutzungsänderung bei Fehlen planungsrechtlicher Vorgaben

Aus den bisher angestellten Überlegungen ergibt sich auch, wie zu verfahren ist, wenn sich nicht die planungsrechtlich zulässige Nutzung, sondern die nach § 4 Abs. 4 S. 2 BBodSchG ausnahmsweise für den Umfang der erforderlichen Sanierungsmaßnahmen maßgebliche Prägung des Gebiets ändert. Auch in diesen Fällen, in denen es an einer planungsrechtlich maßgeblichen Regelung über die Nutzung des Grundstücks fehlt, ist anhand der nun vorhandenen Prägung des Gebiets das erforderliche Schutzbedürfnis neu zu bestimmen. Gelangt man hierbei zu dem Ergebnis, daß die vorhandene Bodenqualität den nun bestehenden Anforderungen nicht entspricht, sind die nach dem Bundes-Bodenschutzgesetz für die schädliche Bodenveränderung oder Altlast Verantwortlichen verpflichtet, die notwendigen Sanierungsmaßnahmen durchzuführen. Dies gilt auch hier unabhängig davon, ob gegen sie bereits einmal eine Sanierungsverfügung ergangen ist oder nicht.

3. Gewässersanierung

Nach § 4 Abs. 3 S. 1 BBodSchG sind nicht nur die schädlichen Bodenveränderungen und Altlasten selbst, sondern auch die durch sie verursachten Verunreinigungen von Gewässern zu sanieren. Gemeint sind damit Gewässer, die nicht unmittelbar, also etwa durch Einleitung verunreinigter Abwässer verschmutzt wurden, sondern deren mißbilligter Zustand eine Folge von Bodenverschmutzungen ist. In der Praxis wird es zu einer Gewässerverunreinigung infolge schädlicher Bodenveränderungen oder Altlasten meist dadurch kommen, daß Regen oder Grundwasser im Boden vorhandene Schadstoffe ausschwemmt.

In der Literatur wurde in jüngster Zeit bestritten, daß das Grundwasser, unabhängig davon, ob es für die öffentliche Wasserversorgung genutzt wird oder nicht, Schutz genießt.[673] Aus dem Wasserhaushaltsgesetz ließen sich nicht unmittelbar Anforderungen für den Schutz jedes einzelnen Gewässers ableiten, vielmehr sei das im Einzelfall zu gewährleistende Schutzniveau erst durch die Vollzugspraxis der Wasserbehörde zu ermitteln.[674] Dies kann indessen nicht überzeugen. Aus der Gesamtbetrachtung von §§ 1 a Abs. 1, 6, 19 b Abs. 2, 19 g Abs. 1, 26, 34 WHG läßt sich die Grundentscheidung des Gesetzgebers für einen umfassenden Gewässerschutz entnehmen.[675] Außerdem gebietet die überragende Bedeutung sauberen Trinkwassers für sämtliches Leben, daß die Möglichkeit, heute noch nicht benötigte Gewässer in Zukunft für die Trinkwassergewinnung zu erschließen, nicht beeinträchtigt werden darf.[676] Daher waren schon vor dem Inkrafttreten des Bundes-Bodenschutzgesetzes alle und nicht nur die bewirtschafteten Gewässer geschützt.[677] Für den Anwendungsbereich des Bundes-Bodenschutzgesetzes kommt verstärkend hinzu, daß § 4 Abs. 3 S. 1 BBodSchG die Sanierungspflicht nicht von einer Nutzung des Gewässers abhängig macht, während das Gesetz an anderer Stelle[678] ausdrücklich den Grundsatz der nutzungsbezogenen Sanierung verfolgt. Ein Gegenschluß zu diesen Normen ergibt daher, daß die Anforderungen des Bundes-Bodenschutzgesetzes auch für (noch) nicht bewirtschaftete Gewässer gelten.[679]

Für die Durchführung der Sanierung von durch schädliche Bodenveränderungen oder Altlasten hervorgerufenen Gewässerverunreinigungen enthält § 4 Abs. 3 S. 1 BBodSchG nur die Vorgabe, daß dauerhaft keine Gefahren, erheblichen Nachteile oder erheblichen Belästigungen für den einzelnen oder die Allgemeinheit entstehen dürfen. Ansonsten verweist § 4 Abs. 4 S. 3 BBodSchG hinsichtlich der bei der Sanierung von Gewässern zu erfüllenden Anforderungen auf das Wasserrecht. Das

---

673 *Salzwedel*, in: *Lühr*, Altlastenbehandlung, S. 27 (38 f.); *Sondermann/Terfehr*, altlasten spektrum 1998, 97 (101 f.).

674 *Salzwedel*, in: *Lühr*, Altlastenbehandlung, S. 27 (39, 56 f., 63).

675 *Riedel*, UPR 1999, 92 (94); *Schulz*, ZUR 1995, 194 (195 f.).

676 *Bach/Zehrfeld*, ZUR 1996, 242 (243 f.); *Schulz*, ZUR 1995, 194 (196).

677 BVerwG, DÖV 1974, 207 (209); BVerwG, NVwZ 1989, 1061; *Bach/Zehrfeld*, ZUR 1996, 242 (243 f.); *Riedel*, UPR 1999, 92 (94); *Schoeneck*, in: *Sanden/Schoeneck*, BBodSchG, § 4, Rn. 55; *Schulz*, ZUR 1995, 194 (196).

678 Vgl. nur den soeben ausführlich behandelten § 4 Abs. 4 BBodSchG.

679 Im Ergebnis ebenso *Oerder*, in: *Oerder/Numberger/Schönfeld*, BBodSchG, § 4, Rn. 48.

Bundes-Bodenschutzgesetz entscheidet folglich über das „Ob" der Sanierung von durch Bodenverschmutzungen hervorgerufenen Gewässerverunreinigungen und stellt für den Erlaß entsprechender Sanierungsverfügungen mit § 4 Abs. 3 S. 1 i.V.m. § 10 die Ermächtigungsgrundlage zur Verfügung,[680] überläßt dem Wasserrecht aber die Entscheidung über das „Wie" der Sanierung.[681]

B. Besonderheiten bei Belastungen durch Schadstoffe

Für die in der Praxis häufigste Gruppe von schädlichen Bodenverunreinigungen und Altlasten, nämlich solche, die durch Schadstoffe entstanden sind, enthalten § 4 Abs. 3 S. 2 und 3 BBodSchG ergänzende Regelungen.

I. Grundstruktur der Spezialregelung

Der Gesetzgeber ordnet für diese Fälle ein Stufenverhältnis an. Grundsätzlich sind nach § 4 Abs. 3 S. 2 BBodSchG die von Bodenverunreinigungen durch Schadstoffe ausgehenden Gefahren durch Sanierung zu bekämpfen. Nur wo dies ausnahmsweise unmöglich oder unzumutbar ist, läßt S. 3 sonstige Schutz- und Beschränkungsmaßnahmen zu. Durch diese Regelungen werden die oben dargelegten Grundregeln über die Sanierung schädlicher Bodenveränderungen und Altlasten aber nicht vollständig verdrängt, sondern nur ergänzt. So knüpft § 4 Abs. 3 S. 2 BBodSchG an S. 1 an und § 4 Abs. 4 BBodSchG bezieht sich auf den gesamten Abs. 3 und damit auch auf die Spezialregeln über die Behandlung von durch Schadstoffe verursachten Bodenverunreinigungen. Die oben dargestellten Sanierungsziele und insbesondere der für die Durchführung von Sanierungsmaßnahmen maßgebliche Nutzungsbezug sind also auch insoweit einschlägig.

II. Das Stufenverhältnis im einzelnen

1. Vorrangig zu ergreifende Maßnahmen

Als im Falle von schädlichen Bodenveränderungen oder Altlasten vorrangig einzusetzende Mittel nennt § 4 Abs. 3 S. 2 BBodSchG mit Dekontaminations- und Sicherungsmaßnahmen zwei der drei in § 2 Abs. 7 BBodSchG als Sanierungsmaßnahmen definierten Vorgehensweisen. Die dort unter Nr. 3 genannten Maßnahmen zur Beseitigung oder Verminderung schädlicher Veränderungen der Beschaffenheit

---

680 *Riedel*, UPR 1999, 92 (93 f. und Fn. 13); a.A. *Vierhaus*, NJW 1998, 1262 (1264).

681 *Riedel*, UPR 1999, 92 (93 f.); *Schoeneck*, in: *Sanden/Schoeneck*, BBodSchG, § 4, Rn. 22.

des Bodens beziehen sich ohnehin nicht auf die Bekämpfung der negativen Folgen von Schadstoffen im Boden, so daß es folgerichtig ist, daß sie in diesem Zusammenhang nicht erwähnt werden.

Mangels gegenteiliger Anhaltspunkte ist davon auszugehen, daß der Begriff der Dekontamination auch in diesem Zusammenhang i.S.d. Legaldefinition in § 2 Abs. 7 Nr. 1 BBodSchG zu verstehen ist. Ob auch mit den in § 4 Abs. 3 S. 2 BBodSchG erwähnten Sicherungsmaßnahmen die von § 2 Abs. 7 Nr. 2 BBodSchG erfaßten gemeint sind, ist allerdings weniger leicht zu beantworten. Zwar wiederholt § 4 Abs. 3 S. 2 BBodSchG die Legaldefinition der Sicherungsmaßnahmen fast wörtlich, erwähnt aber nur Maßnahmen, die die Ausbreitung von Schadstoffen langfristig verhindern und nicht auch solche, die eine Ausbreitung nur vermindern. Dafür, daß diese Beschränkung des Begriffs wörtlich gemeint ist, spricht, daß andernfalls die Wiederholung der Legaldefinition überflüssig wäre. Diese dient gerade dazu, daß der Gesetzgeber einen Begriff, den er im Gesetz mehrfach im gleichen Sinne verwendet, nur einmal definieren muß. Wenn die in § 4 Abs. 3 S. 2 BBodSchG gemeinten Sicherungsmaßnahmen mit den in § 2 Abs. 7 Nr. 2 BBodSchG definierten übereinstimmen, hätte es daher genügt, wenn der Gesetzgeber nur den Begriff Sicherungsmaßnahmen verwandt hätte, wie er es im Falle der Dekontaminationsmaßnahmen auch getan hat. Ein Anlaß für eine bloße Wiederholung der Definition ist dann nicht ersichtlich. Andererseits wird aber, wenn man den Wortlaut des § 4 Abs. 3 S. 2 BBodSchG ernst nimmt, die Legaldefinition der Sicherungsmaßnahmen in § 2 Abs. 7 Nr. 2 BBodSchG sinnlos. Warum sollte der Gesetzgeber dort Sicherungsmaßnahmen als eine bestimmte Form des Umgangs mit schadstoffbelasteten Böden definieren, wenn er auf diese Definition an der Stelle des Gesetzes, an der er die Sanierung solcher schädlichen Bodenveränderungen und Altlasten regelt, nicht zurückgreift? Aus den Gesetzesmaterialien läßt sich dann auch entnehmen, daß der unterschiedliche Wortlaut der Vorschriften auf einem Redaktionsversehen beruht. In dem ursprünglichen Entwurf der Bundesregierung für ein Bundes-Bodenschutzgesetz stimmten § 4 Abs. 3 S. 2 und § 2 Abs. 7 Nr. 2 BBodSchG in ihrer Definition der Sanierungsmaßnahmen wörtlich überein. An beiden Stellen wurden nur solche Maßnahmen erfaßt, die die Ausbreitung von Schadstoffen langfristig verhindern, nicht aber auch solche, die die Ausbreitung nur vermindern.[682] Die Gesetz gewordene Änderung des Wortlauts von § 2 Abs. 7 Nr. 2 BBodSchG geht auf einen Vorschlag des Bundesrates zurück. Dieser wollte mit der Ausdehnung des Begriffs der Sicherungsmaßnahmen klarstellen, daß Sicherungsmaßnahmen – wie auch Dekontaminationsmaßnahmen – zwar einen hohen Wirkungsgrad erzielen, den Schadstoffaustritt aber fast nie vollständig begrenzen können.[683] Diese Argumentation überzeugte die Bundesregierung, die dem Änderungsvorschlag zustimmte.[684] Dabei wurde übersehen, daß § 4 Abs. 3 S. 2 BBodSchG eine wörtlich entsprechende Formulierung enthält, was angesichts der Funktion einer Legaldefinition ja auch außergewöhnlich ist. Anhaltspunkte dafür, daß der Gleichlaut dieser Vorschriften beseitigt werden sollte, sind jedenfalls nicht vorhanden. Der Begriff der Sicherungsmaßnahmen in § 4 Abs. 3 S. 2 BBodSchG ist daher im Sinne der Legaldefinition zu verstehen. Erfaßt werden somit auch solche Sicherungsmaßnahmen, die die Ausbreitung von Schadstoffen nicht völlig verhindern, sondern nur vermindern.

Konsequenz dieser Auslegung ist allerdings, daß § 4 Abs. 3 S. 2 BBodSchG überflüssig ist, da er nur eine Selbstverständlichkeit regelt. Er bestimmt, daß zur Sanierung von Bodenverunreinigungen durch Schadstoffe die Sanierungsmaßnahmen i.S.d. § 2 Abs. 7 BBodSchG in Betracht kommen, die sich auf Schadstoffe beziehen, nämlich Dekontaminations- und Sicherungsmaßnahmen. Durch das Redaktionsversehen ist er nicht dazu geeignet, der Rechtsklarheit zu dienen, sondern bewirkt genau das Gegenteil, indem er Raum für Auslegungsstreitigkeiten bietet.

2. Subsidiäre Maßnahmen

Für den Fall, daß die auf der ersten Stufe angeordneten Sanierungsmaßnahmen nicht möglich oder unzumutbar sind, ordnet § 4 Abs. 3 S. 3 BBodSchG subsidiär sonstige Schutz- und Beschränkungsmaßnahmen an.

a) Begriff

Eine Legaldefinition dieses Begriffs enthält § 2 Abs. 8 BBodSchG. Danach sind Schutz- und Beschränkungsmaßnahmen sonstige (also nicht Sanierungs-) Maßnahmen, die Gefahren, erhebliche Nachteile oder erhebliche Belästigungen für den einzelnen oder die Allgemeinheit verhindern oder vermindern. Bekämpft werden also die negativen Folgen einer schädlichen Bodenveränderung oder Altlast, ohne daß diese saniert wird. Dazu werden die Akzeptoren von den mit der Bodenver-

---

682 Vgl. BT-Drs. 13/6701, S. 8 f.
683 BT-Drs. 13/6701, S. 49 (Nr. 10).
684 BT-Drs. 13/6701, S. 62 (Nr. 4).

schmutzung verbundenen Gefahren ferngehalten,[685] wozu sich insbesondere die im Gesetz als Beispiel für Schutz- und Beschränkungsmaßnahmen genannten Nutzungsbeschränkungen anbieten. Bei landwirtschaftlich genutzten Grundstücken kommt hierzu vor allem eine Anpassung der Bewirtschaftung der Böden in Betracht, § 5 Abs. 5 S. 1 BBodSchV. Dazu werden nur noch Pflanzen angebaut, in denen sich die im Boden vorhandenen Schadstoffe möglichst wenig anreichern können oder die nach der Ernte in einer Weise weiterverarbeitet werden, daß die in der Pflanze enthaltenen Giftstoffe nicht in das Endprodukt gelangen oder dessen Verwendung eine Aufnahme durch den Menschen ausschließt.

Als sonstige Schutz- und Beschränkungsmaßnahmen kommen auch Maßnahmen in Betracht, die zwar die Ausbreitung der Schadstoffe verhindern oder vermindern, diesen Erfolg aber nicht langfristig gewährleisten können und deshalb keine Sanierungsmaßnahmen i.S.d. Definition von Sicherungsmaßnahmen in § 2 Abs. 7 Nr. 2 BBodSchG sind.[686] Zu erwägen sind außerdem eine Umzäunung des belasteten Geländes und die Anbringung von Warnhinweisen, um zu verhindern, daß Menschen das Grundstück betreten und mit den Schadstoffen in Kontakt kommen.[687]

Alle diese Maßnahmen ändern aber nichts am Vorliegen einer schädlichen Bodenveränderung oder Altlast. Dementsprechend führen sie nicht zu einem Abschluß des Verfahrens.[688] Vielmehr ist, wenn die Gründe, die zur Unmöglichkeit oder Unzumutbarkeit der Sanierung geführt haben, später wegfallen, trotz vorher ergriffener Schutz- und Beschränkungsmaßnahmen noch eine Sanierung durchzuführen.

b) Voraussetzungen für die Zulässigkeit

§ 4 Abs. 3 S. 3 BBodSchG läßt Schutz- und Beschränkungsmaßnahmen anstelle von Sanierungsmaßnahmen nur dann zu, wenn die Durchführung von Dekontaminations- und Sicherungsmaßnahmen unmöglich oder unzumutbar ist.

aa) Unmöglichkeit von Sanierungsmaßnahmen

Unmöglichkeit in diesem Sinne liegt jedenfalls dann vor, wenn die Durchführung von Sanierungsmaßnahmen objektiv und dauerhaft ausgeschlossen ist,[689] sei es,

---

685 *SRU*, Sondergutachten Altlasten II, BT-Drs. 13/380, Tz. 18.
686 *Bickel*, BBodSchG, § 2, Rn. 46.
687 *Sanden*, in: *Sanden/Schoeneck*, BBodSchG, § 2, Rn. 111.
688 *Bickel*, BBodSchG, § 2, Rn. 46.
689 *Schoeneck*, in: *Sanden/Schoeneck*, BBodSchG, § 4, Rn. 25.

weil ein geeignetes technisches Verfahren noch nicht entwickelt wurde oder weil es zwar existiert, im konkreten Einzelfall aber nicht einsetzbar ist, da z.B. die nötigen Gerätschaften nicht an den in unwegsamem Gelände gelegenen Einsatzort gebracht wegen können. Ausreichend ist aber auch eine vorübergehende Unmöglichkeit, die sich daraus ergeben kann, daß die gebotenen Sanierungsmaßnahmen längere Zeit in Anspruch nehmen, zum Schutz der betroffenen Rechtsgüter aber ein sofortiges Handeln erforderlich ist.[690] Bis die Sanierungsmaßnahmen abgeschlossen sind und ihre Wirkung entfalten können, dienen hier Schutz- und Beschränkungsmaßnahmen als Übergangslösung.

Die subjektive Unmöglichkeit (oder auch Unvermögen), die im Zivilrecht nach § 275 Abs. 2 BGB der objektiven Unmöglichkeit gleichgestellt ist, wird hingegen von § 4 Abs. 3 S. 3 BBodSchG nicht erfaßt. Da die Durchführung von Sanierungsmaßnahmen meist spezielle Gerätschaften und Kenntnisse erfordert, ist es typisch, daß der Pflichtige diese nicht selbst durchführen kann, sondern hiermit einen Spezialisten beauftragen muß. Diese Fälle auch als Unmöglichkeit i.S.d. § 4 Abs. 3 S. 3 BBodSchG zu verstehen, hätte zur Folge, daß praktisch nie Sanierungsmaßnahmen durchgeführt werden müßten und damit der Zweck des Bundes-Bodenschutzgesetzes, beeinträchtigte Bodenfunktionen wiederherzustellen, unterlaufen würde.

bb) Unzumutbarkeit von Sanierungsmaßnahmen

Auch die Unzumutbarkeit von Sanierungsmaßnahmen hat nach § 4 Abs. 3 S. 3 BBodSchG zur Folge, daß stattdessen Schutz- und Beschränkungsmaßnahmen durchzuführen sind. Dabei regelt das Bundes-Bodenschutzgesetz nicht ausdrücklich, wem die Sanierungsmaßnahmen nicht zumutbar sein dürfen. Eine lebensnahe Auslegung ergibt aber, daß nur der in Anspruch genommene Sanierungspflichtige gemeint sein kann, für den die Durchführung von Sanierungsmaßnahmen eine große Härte bedeuten kann. Der Gesetzgeber erkennt mit § 4 Abs. 3 S. 3 BBodSchG also an, daß es Situationen geben kann, in denen das Interesse der Allgemeinheit an einer Sanierung hinter den Interessen des einzelnen Pflichtigen zurücktreten muß. Um festzustellen, ob Sanierungsmaßnahmen im Einzelfall unzumutbar sind, ist also eine Abwägung der widerstreitenden Interessen geboten. Zugunsten des Sanierungspflichtigen können dabei nicht nur hohe Kosten, sondern auch die Ein-

---

690 BT-Drs. 13/6701, S. 35; *Riedel*, UPR 1999, 92 (93), *Schoeneck*, in: *Sanden/Schoeneck*, BBodSchG, § 4, Rn. 25.

schränkung oder gar Unmöglichkeit der Grundstücksnutzung während der Durchführung der Sanierungsmaßnahmen ins Gewicht fallen.[691] Auf die von einzelnen hinzunehmenden Belastungen wirken sich auch wesentlich dessen persönlichen Verhältnisse, insbesondere sein Verschulden an der Entstehung der schädlichen Bodenveränderung oder Altlast[692] und seine persönliche Leistungsfähigkeit aus. So liegt es auf der Hand, daß es einem Landwirt ohne nennenswerte Ersparnisse, der beim Erwerb des Grundstücks vom Vorhandensein der Bodenverschmutzung nichts wußte, die Durchführung langwieriger Sanierungsmaßnahmen auf seinem einzigen Grundstück eher unzumutbar ist, als einem vermögenden Konzern, der durch grobe Fahrlässigkeit die Bodenverschmutzung selbst verursacht hat.

Angesichts der hohen Bedeutung der Rechtsgüter, die durch die Anordnung von Sanierungsmaßnahmen geschützt bzw. wiederhergestellt werden sollen (Gesundheit und Leben von Menschen, Versorgung mit sauberem Trinkwasser usw.), wird diese Abwägung nur in besonders gelagerten Ausnahmefällen zugunsten des Pflichtigen und damit gegen die Durchführung von Sanierungsmaßnahmen ausfallen. Dies kann etwa dann der Fall sein, wenn zur Beseitigung einer sehr geringen Gefahr[693] nur Sanierungsmaßnahmen in Betracht kommen, die mit einem extrem hohen Aufwand an Zeit und Kosten verbunden sind.

Sollte eine Prüfung ergeben, daß es einem Pflichtigen unzumutbar ist, die durch die Sanierung entstehenden Lasten allein zu tragen, schließt dies die Durchführung von Sanierungsmaßnahmen nicht völlig aus. Die Behörde kann sich vielmehr auch bemühen, die Lasten des einzelnen zu mindern, indem sie etwa mehre Pflichtige zur Finanzierung der Arbeiten heranzieht, einen Teil der Kosten selbst trägt oder hierfür andere Finanzquellen erschließt.[694]

c) Bedeutung von § 4 Abs. 3 S. 3 BBodSchG

Die eigentliche Bedeutung von § 4 Abs. 3 S. 3 BBodSchG liegt – obwohl der Wortlaut das nahelegt – nicht im Ausschluß der Sanierungspflicht in den Fällen, in denen die Durchführung von Sanierungsmaßnahmen unmöglich oder dem Pflichtigen unzumutbar ist. Daß ein Verwaltungsakt vom Bürger keine unmöglichen

---

691 *Schoeneck*, in: *Sanden/Schoeneck*, BBodSchG, § 4, Rn. 26.

692 *Schoeneck*, in: *Sanden/Schoeneck*, BBodSchG, § 4, Rn. 26.

693 Indiz hierfür kann die nur geringfügige Überschreitung von Prüf- und Maßnahmewerten sein.

694 *Schoeneck*, in: *Sanden/Schoeneck*, BBodSchG, § 4, Rn. 26.

Handlungen verlangen darf, ergibt sich bereits aus § 44 Abs. 2 Nr. 4 VwVfG, der anordnet, daß Verwaltungsakte, die gegen diese Regel verstoßen, nicht nur rechtswidrig, sondern sogar nichtig sind. Auch um sicherzustellen, daß dem Verantwortlichen keine Pflichten auferlegt werden, deren Erfüllung ihm nicht zumutbar ist, bedarf es § 4 Abs. 3 S. 3 BBodSchG nicht. Dies ergibt sich bereits aus dem verfassungsrechtlich garantierten Grundsatz der Verhältnismäßigkeit.

Der Schwerpunkt von § 4 Abs. 3 S. 3 BBodSchG liegt vielmehr darin, daß er auch in den Fällen, in denen es aus tatsächlichen oder rechtlichen Gründen nicht möglich ist, den Verantwortlichen auf Sanierung der schädlichen Bodenveränderung oder Altlast in Anspruch zu nehmen, diesem Pflichten auferlegt, die nach § 10 BBodSchG mittels Verwaltungsakt durchgesetzt werden können. Hätte der Gesetzgeber auf die Schaffung einer solchen Pflicht zur Gefahrenabwehr ohne Sanierung im Bundes-Bodenschutzgesetz verzichtet, wäre es der Behörde nur mit Hilfe der Generalklausel des Polizei- und Ordnungsrechts möglich gewesen, solche Maßnahmen zu verlangen. Dies hätte den entscheidenden Nachteil gehabt, daß der Kreis der Verantwortlichen nicht nach dem Bundes-Bodenschutzgesetz, sondern gleichfalls nach allgemeinem Polizei- und Ordnungsrecht zu bestimmen gewesen wäre, so daß andere Personen als Verursacher, Grundstückseigentümer und Inhaber der tatsächlichen Gewalt über das Grundstück nur unter den Voraussetzungen des polizeilichen Notstands in Anspruch genommen werden könnten.

C. Besonderheiten bei nach dem 1. März 1999 entstandenen Belastungen

Sind schädliche Bodenveränderungen und Altlasten nach dem Inkrafttreten des Bundes-Bodenschutzgesetzes am 1. März 1999 entstanden, sind nach § 4 Abs. 5 BBodSchG grundsätzlich die Schadstoffe zu beseitigen. Für diese, in der Literatur häufig verkürzt als „Neulasten" bezeichneten Bodenverschmutzungen[695] trifft die Sanierungspflichtigen damit eine in doppelter Hinsicht verschärfte Haftung. Einerseits wird die grundsätzliche Gleichstellung von Dekontaminations- und Sicherungsmaßnahmen durch einen Vorrang von Dekontaminationen abgelöst, andererseits wird auch der ansonsten strenge Nutzungsbezug von Sanierungsmaßnahmen durchbrochen. Diese strenge Haftung tritt aber nicht ein, wenn eine Beseitigung der Schadstoffe im Hinblick auf die Vorbelastung des Bodens nicht verhältnismäßig ist oder wenn der Pflichtige zur Zeit der Verursachung aufgrund der Erfüllung

[695] Vgl. nur *Bickel*, BBodSchG, § 4, Rn. 47; *Schoeneck*, in: *Sanden/Schoeneck*, BBodSchG, § 4, Rn. 27.

der für ihn geltenden gesetzlichen Anforderungen darauf vertraut hat, daß es nicht zu einer schädlichen Bodenveränderung oder Altlast kommen werde und dieses Vertrauen im Einzelfall schutzwürdig ist.

I. Voraussetzungen und Inhalt der strengen Haftung

Die strenge Haftung nach § 4 Abs. 5 BBodSchG setzt – ebenso wie die Sanierungspflicht nach § 4 Abs. 3 BBodSchG – das Vorliegen einer schädlichen Bodenveränderung oder Altlast voraus. Auch hier genügt also nicht die bloße Einbringung von Schadstoffen in den Boden, nötig ist vielmehr außerdem die Eignung zur Herbeiführung der in § 2 Abs. 3 und 5 BBodSchG genannten negativen Effekte für die geschützten Belastungsinteressen. Da Inhalt der Pflicht nach § 4 Abs. 5 S. 1 BBodSchG die Beseitigung von Schadstoffen ist, werden nur solche schädlichen Bodenveränderungen und Altlasten erfaßt, die durch Schadstoffe im Boden verursacht wurden, wobei die Einbringung dieser Stoffe in den Boden, die gleichbedeutend mit dem Eintritt der Bodenverschmutzung ist, nach dem 1. März 1999 erfolgt sein muß.

Eine spezielle Regelung des Kreises der Sanierungspflichtigen enthält § 4 Abs. 5 BBodSchG entgegen dem Vorschlag der SPD-Fraktion für eine ähnliche Vorschrift nicht.[696] Die Pflicht zur Beseitigung der Schadstoffe trifft daher sämtliche nach § 4 Abs. 3 S. 1 und 4, Abs. 6 BBodSchG Sanierungspflichtige, die die übrigen Voraussetzungen von § 4 Abs. 5 BBodSchG erfüllen.[697]

Rechtsfolge des § 4 Abs. 5 S. 1 BBodSchG ist nicht nur, daß die Gleichrangigkeit von Dekontaminations- und Sicherungsmaßnahmen aufgehoben ist.[698] Aus der Entstehungsgeschichte der Norm ergibt sich vielmehr, daß auch der ansonsten strenge Nutzungsbezug bei der Bestimmung des Sanierungsziels durchbrochen wird. Wie bereits angedeutet, geht § 4 Abs. 5 BBodSchG auf einen Vorschlag der SPD-Fraktion zu einer ähnlichen Vorschrift zurück. Mit dieser sollte verhindert werden, daß bisher unbelastete Flächen, die in bestimmter Weise genutzt werden, nach einer eingetretenen Verschmutzung nur noch im Hinblick auf diese Nutzung

---

696 Vgl. BT-Drs. 13/7904, S. 9. Die SPD wollte die strenge Haftung auf die Verursacher einer schädlichen Bodenveränderung oder Altlast beschränken.

697 A.A. ohne Begründung Knopp/Albrecht, BB 1998, 1853 (1855), die die Verpflichtung auf den Verursacher der Verschmutzung, den Eigentümer und den Besitzer des belasteten Grundstücks beschränken wollen.

698 So aber *Schoeneck*, in: *Sanden/Schoeneck*, BBodSchG, § 4, Rn. 28.

saniert werden und zukünftig für andere Nutzungen, die höhere Anforderungen an die Bodenqualität stellen, nicht mehr zur Verfügung stehen.[699] Daß auch § 4 Abs. 5 S. 1 BBodSchG diesen Zweck verfolgt, bestätigt § 5 Abs. 2 BBodSchV, wonach der Pflichtige dieselben Leistungen zu erbringen hat, die er auch ohne Vorbelastungen hätte erbringen müssen und verpflichtet ist, zuvor bestehende Nutzungsmöglichkeiten (nicht nur tatsächlich erfolgte oder planungsrechtlich vorgesehene Nutzungen) wiederherzustellen. Dieses Ziel kann nur erreicht werden, wenn nach § 4 Abs. 5 BBodSchG die Schadstoffe nicht nur insoweit zu beseitigen sind, wie dies für die gegenwärtige Nutzung erforderlich ist, sondern soweit, wie dies zur Beseitigung aller von der schädlichen Bodenveränderung oder Altlast ausgehenden Gefahren nötig ist. Dieses Ergebnis wird von § 4 Abs. 4 S. 1 BBodSchG bestätigt, der den Grundsatz der nutzungsbezogenen Sanierung nur auf die Erfüllung der Pflichten nach Abs. 1 bis 3, nicht aber nach Abs. 5 bezieht.

II. Ausschluß der strengen Haftung

Das Bundes-Bodenschutzgesetz nennt zwei Ausnahmen von der strengen Haftung: Diese tritt nach § 4 Abs. 5 S. 1 zunächst dann nicht ein, wenn eine Beseitigung der Schadstoffe im Hinblick auf die Vorbelastung des Bodens unverhältnismäßig ist. Aber auch derjenige, der aufgrund der Erfüllung der für ihn geltenden gesetzlichen Anforderungen darauf vertraut hat, daß es nicht zu schädlichen Bodenveränderungen oder Altlasten kommt, ist nach § 4 Abs. 5 S. 2 BBodSchG nicht zur vorrangigen Beseitigung der Schadstoffe verpflichtet, wenn dieses Vertrauen im Einzelfall schutzwürdig ist.

1. Unverhältnismäßigkeit

Wann die vorrangige Beseitigung von Schadstoffen angesichts der Vorbelastung des Bodens unverhältnismäßig i.S.d. § 4 Abs. 5 S. 1 BBodSchG ist, erschließt sich gleichfalls bei einem Blick auf die Entstehungsgeschichte der Norm. Nach dem oben Gesagten ist es der Zweck der Verpflichtung in § 4 Abs. 5 BBodSchG, nach dem 1. März 1999 in den Boden gelangte Schadstoffe zu beseitigen, auch solche Nutzungsmöglichkeiten des Grundstücks zu erhalten und falls nötig wiederherzustellen, die zur Zeit noch nicht verwirklicht werden und deren zukünftige Verwirklichung bisher noch nicht beabsichtigt oder gar planungsrechtlich vorgesehen ist. Dazu soll die Qualität des Bodens so hoch wie möglich gehalten werden, um auch

---

699 BT-Drs. 13/7904, S. 9 f.

Grundstücke, die bisher zu Zwecken genutzt wurden, die nur geringe Anforderungen an die Beschaffenheit des Bodens stellen, künftig Nutzungen zuführen zu können, die höchste Ansprüche an die Bodenqualität stellen. Diesen Zweck kann die Vorschrift nur erfüllen, wenn die Qualität des Bodens vor der nach Inkrafttreten des Bundes-Bodenschutzgesetzes erfolgten Verunreinigung durch Schadstoffe besser war, als für die gegenwärtige Nutzung erforderlich. In den Fällen, in denen angesichts der gegebenen Bodenbeschaffenheit anspruchsvollere Nutzungen als die gegenwärtige ohnehin ausgeschlossen waren, ist hingegen der auf die Erhaltung gegebener Nutzungen ausgerichtete Sanierungsmaßstab des § 4 Abs. 3 und 4 BBodSchG ausreichend.

Daher ist es i.S.d. § 4 Abs. 5 S. 1 BBodSchG unverhältnismäßig, dem Pflichtigen eine vollständige Beseitigung der nach dem 1. März 1999 in den Boden gelangten Schadstoffe aufzugeben, wenn die Qualität des Bodens schon vor dieser Verschmutzung nicht besser war, als für die gegenwärtige Nutzung erforderlich. Das bedeutet nicht, daß in diesen Fällen eine Beseitigung der nach dem Inkrafttreten des Bundes-Bodenschutzgesetzes in den Boden gelangten Schadstoffe völlig ausgeschlossen ist. Maßstab für die Beantwortung der Frage, ob ein solches Vorgehen geboten ist oder nicht, ist allerdings nicht § 4 Abs. 5 BBodSchG. Vielmehr ist auf die bereits dargestellten allgemeineren Regeln des Gesetzes zurückzugreifen.

Bei dem hier vertretenen Verständnis des Kriteriums der Verhältnismäßigkeit der Beseitigung von Schadstoffen in § 4 Abs. 5 S. 1 BBodSchG geht die von *Bickel* geäußerte massive Kritik an der Beschränkung der Verhältnismäßigkeitsprüfung auf die Vorbelastung des Bodens fehl. Es handelt sich nicht um eine auf eingeschränkte Fallerfahrung der Autoren des Gesetzes zurückzuführende, durch verfassungskonforme Auslegung zu korrigierende, unzulässige Einschränkung des Anwendungsbereichs des allgemeinen Verhältnismäßigkeitsgrundsatzes,[700] sondern um ein von diesem unabhängiges Tatbestandsmerkmal. Wenn eine Bewertung des Einzelfalls ergeben hat, daß die Qualität des Bodens vor der nach dem 1. März 1999 erfolgten Einbringung von Schadstoffen besser war, als für die gegenwärtige Nutzung erforderlich, ist die Anwendung der strengen Anforderungen des § 4 Abs. 5 BBodSchG im Hinblick auf die Vorbelastung des Bodens verhältnismäßig, das Sanierungsziel also abweichend von § 4 Abs. 3 und 4 BBodSchG zu bestimmen. Ob die von der Behörde dem Pflichtigen in Anwendung dieser Vorschrift

---

[700] So aber *Bickel*, BBodSchG, § 4, Rn. 49.

aufgegebenen Maßnahmen auch dem allgemeinen Verhältnismäßigkeitsgrundsatz entsprechen, ist in einer davon getrennten Prüfung zu ermitteln, in der selbstverständlich auch andere Gesichtspunkte als die Vorbelastung des Bodens zu berücksichtigen sind.

2. Schutzwürdiges Vertrauen des Verpflichteten

Auch wenn die Voraussetzungen des § 4 Abs. 3 S. 1 BBodSchG vorliegen, also insbesondere die Beseitigung der Schadstoffe im Hinblick auf die Vorbelastung des Bodens verhältnismäßig ist, tritt die strenge Haftung dennoch nicht ein, wenn der Pflichtige zum Zeitpunkt der Verursachung aufgrund der Erfüllung der für ihn geltenden gesetzlichen Anforderungen darauf vertraut hat, daß es nicht zu schädlichen Bodenveränderungen oder Altlasten kommen werde und dieses Vertrauen unter Berücksichtigung der Umstände des Einzelfalls schutzwürdig ist.

a) Gesetzliche Anforderungen

Voraussetzung für einen Ausschluß der strengen Haftung ist also zunächst, daß der Pflichtige die für ihn geltenden gesetzlichen Anforderungen erfüllt hat. Eine Eingrenzung der zu beachtenden Vorschriften enthält das Bundes-Bodenschutzgesetz nicht, was für eine sehr weite Auslegung spricht. Dies hätte zur Folge, daß jeder Gesetzesverstoß des Pflichtigen eine Berufung auf § 4 Abs. 5 S. 2 BBodSchG unmöglich macht. Andererseits schützt diese Vorschrift aber das Vertrauen auf die Nichtentstehung von Bodenverschmutzungen, das aufgrund der Erfüllung der gesetzlichen Anforderungen entstanden ist; sie stellt also eine Kausalbeziehung zwischen der Gesetzestreue des Pflichtigen und seinem Vertrauen auf die Nichtentstehung von schädlichen Bodenveränderungen und Altlasten her. Daraus läßt sich entnehmen, daß nur solche gesetzlichen Vorschriften gemeint sind, die vor einer Verschlechterung der Qualität des Bodens schützen sollen. Dies sind – neben den Vorschriften des Bundes-Bodenschutzgesetzes selbst – insbesondere die in § 3 BBodSchG genannten Normen, die diesem Gesetz vorgehen.[701] Ein Verstoß gegen sonstige Rechtsvorschriften (z.B. solche, die dem Arbeitsschutz dienen) führt nur zu den dort vorgesehenen Sanktionen, nicht aber zu der strengeren Haftung für schädliche Bodenveränderungen und Altlasten nach § 4 Abs. 5 BBodSchG.

---

[701] *Schoeneck*, in: *Sanden/Schoeneck*, BBodSchG, § 4, Rn. 28.

Wenn eine schadensbringende Kausalkette zur Zeit der Verursachung einer schädlichen Bodenveränderung oder Altlast noch nicht bekannt war, konnte der Gesetzgeber noch keine Vorschriften schaffen, die der Verwirklichung dieser Gefahr entgegenwirken. Zwar sind solche Fälle angesichts der enormen Fortschritte, die die Wissenschaft in den letzten Jahren und Jahrzehnten beim Verständnis der chemischen und biologischen Zusammenhänge in der Natur und der Konsequenzen von Umweltverschmutzungen erreicht hat, seltener geworden, auszuschließen sind sie aber noch nicht. Ob hier auch bei Beachtung der bestehenden gesetzlichen Vorschriften eine Berufung auf schutzwürdiges Vertrauen ausgeschlossen ist, oder ob – bei Vorliegen der übrigen Voraussetzungen – eine Beachtung der bestehenden Rechtsvorschriften ausreicht, obwohl diese die Gefahr, die sich im Einzelfall verwirklicht hat, nicht berücksichtigen konnten, ist im Bundes-Bodenschutzgesetz nicht ausdrücklich geregelt.

Aus der Diskussion um die Legalisierungswirkung von Genehmigungen[702] ist zu entnehmen, daß es dem Verursacher einer schädlichen Bodenveränderung oder Altlast nicht zugute kommen darf, daß eine Kausalkette noch nicht bekannt ist, was für eine strenge Haftung nach § 4 Abs. 5 BBodSchG spricht.[703] Andererseits sind aber auch keine Gründe dafür ersichtlich, die Sanierungspflichtigen, die sich an die heutigen, strengen Umweltschutzbestimmungen gehalten haben, schlechter zu stellen als Personen, die ihre Verursachungshandlung zu einer Zeit begangen haben, zu der die Notwendigkeit von Umweltschutzmaßnahmen noch nicht allgemein anerkannt war und infolgedessen noch keine ähnlich strengen Auflagen existierten. Außerdem ist es nach dem oben Gesagten Ziel der Vorschrift, zu verhindern, daß der im Grundsatz enge Nutzungsbezug der Sanierungspflicht nach dem Bundes-Bodenschutzgesetz dazu mißbraucht wird, trotz Kenntnis von den Folgen des eigenen Handelns bisher noch unbelastete Grundstücke zu verschmutzen und nur soweit wieder zu sanieren, wie dies für die gegenwärtige Nutzung erforderlich ist. Wer eine Handlung vornimmt, deren Gefährlichkeit nicht nur ihm, sondern auch den auf dem Gebiet des Bodenschutzes arbeitenden Wissenschaftlern nicht bekannt ist, fällt daher nicht in den beabsichtigen Anwendungsbereich dieser Vorschrift. Für dieses Ergebnis spricht auch der Wortlaut von § 4 Abs. 5 S. 2 BBodSchG, der allein auf das Vorhandensein von Rechtsvorschriften und nicht zusätzlich auf das Vorhandensein der nötigen wissenschaftlichen Erkenntnisse abstellt.

---

702 Siehe hierzu schon oben, 3. Teil:B.III.1 (S. 63).

703 *Bickel*, BBodSchG, § 4, Rn. 52.

b) Schutzwürdigkeit des Vertrauens

Ein Ausschluß der strengen Haftung nach § 4 Abs. 5 S. 2 BBodSchG setzt außerdem voraus, daß der Pflichtige darauf vertraut hat, daß es nicht zu schädlichen Bodenveränderungen oder Altlasten kommen wird und dieses Vertrauen unter Berücksichtigung der Umstände des Einzelfalls schutzwürdig ist. Auf die Schutzwürdigkeit des Vertrauens eines Sanierungspflichtigen stellt das Bundes-Bodenschutzgesetz auch in § 4 Abs. 6 S. 2 ab.[704] Wenn das Gesetz denselben Begriff innerhalb von zwei aufeinanderfolgenden Absätzen zweimal benutzt, ist davon auszugehen, daß er in beiden Fällen gleich zu verstehen ist. Die oben bei der Auslegung von § 4 Abs. 6 S. 2 BBodSchG gefundenen Ergebnisse lassen sich daher auf das Verständnis von § 4 Abs. 5 S. 2 BBodSchG übertragen.

Um sich auf die Schutzwürdigkeit seines Vertrauens berufen zu können, muß der Pflichtige sich also zunächst Gedanken über mögliche Bodenverschmutzungen gemacht haben. Danach darf er zur Zeit der Verursachung der Verschmutzung nicht positiv gewußt haben, daß Folge der auf dem Grundstück vorgenommenen Handlungen trotz der Beachtung sämtlicher dem Bodenschutz dienender Rechtsvorschriften der Eintritt schädlicher Bodenveränderungen oder Altlasten ist, oder diese Folge aufgrund grober Fahrlässigkeit nicht gekannt haben.[705]

Die Schutzwürdigkeit des Vertrauens i.S.d. § 4 Abs. 5 S. 2 BBodSchG entfällt damit nur dann, wenn der Pflichtige entweder gegen eine dem Schutz des Bodens dienende Rechtsvorschrift verstoßen hat oder positiv wußte bzw. aus grober Fahrlässigkeit nicht wußte, daß die gesetzlichen Vorschriften nicht ausreichen, um die Entstehung von schädlichen Bodenveränderungen oder Altlasten zu verhindern.[706]

c) Anwendbarkeit von § 4 Abs. 5 S. 2 BBodSchG auf alle Pflichtigen

Nach dem oben Gesagten sind bei Vorliegen der Voraussetzungen des § 4 Abs. 5 BBodSchG alle nach § 4 Abs. 3 und 6 BBodSchG für die Sanierung der schädlichen Bodenveränderung oder Altlast Verantwortlichen verpflichtet, die Schadstoffe zu beseitigen. Unstreitig ist auch, daß im Falle der Unverhältnismäßigkeit einer Schadstoffbeseitigung aufgrund der Vorbelastung des Bodens alle Sanierungspflichtigen nach § 4 Abs. 5 S. 1 BBodSchG von dieser Pflicht freigestellt werden.

---

704 Zu dieser Vorschrift siehe oben, 3. Teil:E.II.4 (S. 148).
705 So auch *Schoeneck*, in: *Sanden/Schoeneck*, BBodSchG, § 4, Rn. 28.
706 *Becker*, BBodSchG, § 4, Rn. 61.

Daß sich prinzipiell auch alle Pflichtigen auf schutzwürdiges Vertrauen i.S.d. § 4 Abs. 5 S. 2 BBodSchG und damit einen Ausschluß der Pflicht zur Schadstoffbeseitigung berufen können, wird im Schrifttum hingegen überwiegend bestritten.[707] Dies wird damit begründet, daß der Schutz des Vertrauens in engem Zusammenhang mit der Beachtung der für den Pflichtigen geltenden gesetzlichen Anforderungen stehe. Da nur bei solchen Personen, für die tatsächlich besondere Vorschriften bestehen, davon gesprochen werden könne, sie hätten die für sie geltenden gesetzlichen Vorschriften beachtet, sei die Existenz solcher Vorschriften Voraussetzung für einen Haftungsausschluß nach § 4 Abs. 5 S. 2 BBodSchG. Nach der gegenwärtigen Rechtslage bestehen besondere Vorschriften nur für die Betreiber von Anlagen, von denen potentiell Gefahren für die Beschaffenheit des Bodens ausgehen, so daß nur diese von ihrer Verantwortlichkeit (in der Regel als Verursacher einer schädlichen Bodenveränderung oder Altlast) freigestellt werden könnten.[708]

Daß aber der Verpächter eines Grundstücks für die vom Pächter hervorgerufenen Verunreinigungen strenger haften soll als der Verursacher selbst, dem bei Gutgläubigkeit § 4 Abs. 5 S. 2 BBodSchG zugute kommt, erscheint unbillig.[709] Diese Ungleichbehandlung läßt sich auch nicht damit rechtfertigen, daß der Betrieb einer Anlage ein zivilisatorisches Risiko darstellt, von dem die Allgemeinheit profitiert, während die Verpachtung des Anlagengrundstücks ein rein ökonomischer Vorgang sei.[710] Zwar läßt sich nicht ernsthaft bestreiten, daß in unserer hochindustrialisierten Gesellschaft die Allgemeinheit davon profitiert, daß einzelne bereit sind, die mit einer unternehmerischen Tätigkeit verbundenen Risiken einzugehen, doch gilt dies ebenso für den Verpächter von Anlagengrundstücken. Ohne dessen Bereitschaft, sein Grundstück gegen Bezahlung für den Bau und Betrieb von Industrieanlagen zur Verfügung zu stellen und damit das Risiko einzugehen, daß er das Grundstück in verunreinigtem Zustand zurückerhält, könnte der Anlagenbetreiber seiner Tätigkeit nicht nachgehen. Die Allgemeinheit profitiert damit ebenso von der Verpachtung des Anlagengrundstücks wie von dem Betrieb der Anlage selbst.

---

707 *Becker*, BBodSchG, § 4, Rn. 61; *Bickel*, BBodSchG, § 4, Rn. 51; *Oerder*, in: *Oerder/Numberger/Schönfeld*, BBodSchG, § 4, Rn. 53; *Spieth/Wolfers*, altlasten spektrum 1998, 75 (75).

708 *Bickel*, BBodSchG, § 4, Rn. 51.

709 Das bestreitet auch *Bickel*, BBodSchG, § 4, Rn. 51 nicht.

710 So aber *Bickel*, BBodSchG, § 4, Rn. 52.

Die Möglichkeit einer Berufung auf schutzwürdiges Vertrauen i.S.d. § 4 Abs. 5 S. 2 BBodSchG nur solchen Pflichtigen einzuräumen, für die besondere gesetzliche Anforderungen gelten, liefe außerdem dem vom Gesetzgeber mit der Schaffung spezieller gesetzlicher Pflichten verfolgten Zweck zuwider. Wenn der Gesetzgeber einem Personenkreis im Hinblick auf den Bodenschutz besondere Pflichten auferlegt, will er diesen stärker für die Qualität des Bodens verantwortlich machen als bisher. Diese Funktion der bodenschützenden Gesetze wird von § 4 Abs. 5 BBodSchG unterstützt, indem dieser den so in die Pflicht Genommenen im Falle eines Verstoßes gegen diese Vorschriften neben den meist vorgesehenen Sanktionen zusätzlich eine strengere Pflicht zur Beseitigung der in den Boden gelangten Stoffe auferlegt. Machte man die Möglichkeit der Berufung auf § 4 Abs. 5 S. 2 BBodSchG hingegen von der Existenz derartiger Vorschriften abhängig, hätte dies zur Folge, daß die vom Gesetzgeber beabsichtigte strengere Inpflichtnahme für die Belange des Bodenschutzes durch die erstmalige Schaffung besonderer Pflichten für eine bestimmte Personengruppe zugleich die Möglichkeit einer geringeren Haftung für entstehende schädliche Bodenverunreinigungen und Altlasten schafft. Das kann nicht überzeugen.

Die Möglichkeit, sich auf § 4 Abs. 5 S. 2 BBodSchG zu berufen, steht daher allen nach § 4 Abs. 3 und 6 BBodSchG Sanierungspflichtigen zu. Solange für eine Personengruppe keine besonderen gesetzlichen Anforderungen bestehen, sind ihre Mitglieder so zu behandelt, als hätten sie alle gesetzlichen Anforderungen beachtet.

3. Umfang der Freistellung

Wenn ein Verantwortlicher aufgrund fehlender Verhältnismäßigkeit im Hinblick auf die Vorbelastung des Bodens oder wegen Schutzwürdigkeit seines Vertrauens darauf, daß es nicht zu schädlichen Bodenveränderungen oder Altlasten kommt, von der Verpflichtung aus § 4 Abs. 5 BBodSchG, nach dem 1. März 1999 in den Boden gelangte Schadstoffe zu beseitigen, freigestellt ist, bedeutet dies nicht, daß er insoweit zum Nichtstörer wird. Es entfällt vielmehr nur die strengere Haftung nach § 4 Abs. 5 BBodSchG, während die Pflichten nach § 4 Abs. 3, 4 und 6 BBodSchG fortbestehen. Folge einer Freistellung von den Pflichten nach § 4 Abs. 5 BBodSchG ist also, daß der Verantwortliche so zu behandeln ist, als sei die schädliche Bodenveränderung oder Altlast schon vor dem Inkrafttreten des Bundes-Bodenschutzgesetzes entstanden.[711]

D. Durchsetzung der Pflichten nach dem Bundes-Bodenschutzgesetz

I. Sanierungsverfügung

Der Erlaß eines Verwaltungsakts ist der klassische Weg zur Durchsetzung öffentlich-rechtlicher Pflichten. Ein solches Vorgehen ist selbstverständlich auch zur Durchsetzung der sich aus dem Bundes-Bodenschutzgesetz ergebenden Pflichten, insbesondere der Sanierungspflicht, möglich. Zu beachten ist dabei allerdings, daß § 4 Abs. 3 bis 6 BBodSchG zwar den Kreis der Sanierungspflichtigen und den Inhalt der Sanierungspflicht festlegen, aber keine Ermächtigungsgrundlage zum Erlaß von entsprechenden Sanierungsverfügungen enthalten. Insoweit ist vielmehr auf § 10 Abs. 1 S. 1 BBodSchG zurückzugreifen, der die Ermächtigungsgrundlage zur Durchsetzung nahezu sämtlicher, sich aus dem 2. Teil des Bundes-Bodenschutzgesetzes und der Bundes-Bodenschutz- und Altlastenverordnung ergebender Pflichten darstellt.

II. Sanierungsvertrag

Anstelle eines Verwaltungsakts ist auch der Abschluß eines öffentlich-rechtlichen Vertrages mit dem Sanierungspflichtigen möglich. Die hierbei zu beachtenden formellen und materiellen Wirksamkeitsvoraussetzungen ergeben sich mangels eigenständiger Regelungen im Bundes-Bodenschutzgesetz aus §§ 54 ff. VwVfG. Zwar wird die Möglichkeit des Abschlusses eines Sanierungsvertrages im Rahmen der Spezialregelungen für Altlasten in § 13 Abs. 4 BBodSchG erwähnt, dem ist aber nicht zu entnehmen, daß der Abschluß von Sanierungsvereinbarungen nur insoweit zulässig wäre. Vielmehr hielt der Gesetzgeber den Abschluß eines öffentlich-rechtlichen Vertrages im Zusammenhang mit der Erstellung von Sanierungsplänen für besonders naheliegend und wollte diese Möglichkeit deshalb mit § 13 Abs. 4 BBodSchG besonders hervorheben.[712]

Obwohl die Behörde bei den Verhandlungen mit dem Pflichtigen über den Abschluß eines Sanierungsvertrags kaum in der Lage sein wird, ihre Vorstellungen in

---

711 Vgl. auch *Bickel*, BBodSchG, § 4, Rn. 53; *Frenz*, BBodSchG, § 4 Abs. 5, Rn. 2; *Hilger*, in: *Holzwarth/ Radtke/Hilger/Bachmann*, § 4 BBodSchG, Rn. 128.

712 *Schoeneck*, in. *Sanden/Schoeneck*, BBodSchG, § 13, Rn. 15.

allen wesentlichen Punkten durchzusetzen, kann dieses Vorgehen im Einzelfall gegenüber dem Erlaß eines Verwaltungsakts dennoch wesentliche Vorteile aufweisen. Indem der Verantwortliche im Rahmen der Verhandlungen mit der Behörde auf die ihm auferlegten Maßnahmen Einfluß nehmen und sie so seiner individuellen Leistungsfähigkeit anpassen kann,[713] wird erreicht, daß der Sanierungsvertrag eine wesentlich höhere Akzeptanz genießt als von der Behörde einseitig erlassene Verwaltungsakte. Die Wahrscheinlichkeit, daß es zu einem langwierigen und im Ausgang offenen Rechtsstreit kommt, ist daher wesentlich geringer, als wenn eine Sanierungsverfügung ergangen ist.[714] Dies gilt insbesondere, wenn in dem Vertrag vereinbart wird, daß nach Durchführung der in diesem vorgesehenen Sanierungsmaßnahmen eine erneute Inanspruchnahme des Pflichtigen nicht erfolgt und für diesen der mit der Sanierung verbundene Zeit- und Kostenaufwand so überschaubar und kalkulierbar wird.[715] Zu einer einvernehmlichen Herabsetzung des Sanierungsziels und damit zu Nachteilen für die durch das Bundes-Bodenschutzgesetz geschützten Rechtsgüter darf es dabei allerdings nicht kommen, da selbstverständlich auch beim Abschluß eines Sanierungsvertrages die materiellen Anforderungen aus § 4 Abs. 3 bis 5 BBodSchG zu beachten sind[716] und der Vertrag ansonsten wegen Verstoßes gegen § 59 Abs. 1 VwVfG i.V.m. § 134 BGB nichtig wäre.

III. Sanierungsplan

Um sicherzustellen, daß auch komplexe Altlasten möglichst schnell, effektiv und kostengünstig entsprechend den Anforderungen des § 4 Abs. 3 bis 5 BBodSchG saniert werden, hat der Bundesgesetzgeber mit §§ 13 und 14 BBodSchG die Möglichkeit zur Aufstellung von Sanierungsplänen geschaffen.

1. Voraussetzungen

Im Gegensatz zu den bisher behandelten Maßnahmen zur Durchsetzung der Pflichten nach dem Bundes-Bodenschutzgesetz ist das Instrument der Sanierungsplanung kraft Bundesrechts nicht gleichermaßen auf schädliche Bodenveränderungen und Altlasten anwendbar. Nach § 13 Abs. 1 S. 1 BBodSchG darf die Behörde

---

713 BT-Drs. 13/6701, S. 42; *Frenz/Heßler*, NVwZ 2001, 13 (14); *Schwartmann*, DStR 2000, 205 (207).

714 *Schoeneck*, in. *Sanden/Schoeneck*, BBodSchG, § 13, Rn. 16; *Spieth*, altlasten spektrum 1996, 163 (166 f.).

715 *Spieth*, altlasten spektrum 1996, 163 (164); auch der *SRU*, Sondergutachten Altlasten II, BT-Drs. 13/380, Tz. 215, empfiehlt ein solches Vorgehen.

vielmehr nur dann die Vorlage eines Sanierungsplans verlangen, wenn eine Altlast i.S.d. § 2 Abs. 5 BBodSchG vorliegt und der Einzelfall eine besondere Komplexität aufweist.[717] Das ist der Fall, wenn aufgrund der zur Sanierung erforderlichen verschiedenartigen Maßnahmen ein abgestimmtes Vorgehen geboten ist oder wenn von den im Boden vorhandenen Schadstoffen besondere Gefahren ausgehen. Liegen diese besonderen Anforderungen vor, soll die Behörde die Vorlage eines Sanierungsplans verlangen, d.h. sie ist zu einem solchen Vorgehen grundsätzlich verpflichtet und darf darauf nur verzichten, wenn im Einzelfall besondere Umstände vorliegen, die einen Sanierungsplan entbehrlich erscheinen lassen.

2. Sanierungsuntersuchungen

Die Grundlage des Sanierungsplans bilden die Ergebnisse von Sanierungsuntersuchungen. Diese dienen der Sammlung der Informationen, die zur Aufstellung eines Sanierungsplans erforderlich sind. Insbesondere ist nach § 6 Abs. 1 BBodSchV im Rahmen von Sanierungsuntersuchungen zu prüfen, mit welchen Maßnahmen eine Sanierung erreicht werden kann, inwieweit nach einer solchen Sanierung Veränderungen des Bodens verbleiben und welche rechtlichen, organisatorischen und finanziellen Gegebenheiten für die Durchführung der Maßnahmen von Bedeutung sind. Auf diesem Weg sind die zur Erfüllung der Pflichten nach § 4 Abs. 3 BBodSchG geeigneten, erforderlichen und angemessenen Maßnahmen zu ermitteln (Anh. 3, 1. S. 1 BBodSchV). Schon aus Gründen der Verhältnismäßigkeit sind dabei aufgrund von vorhergehenden Untersuchungen (etwa zur Klärung der Frage, ob überhaupt eine Altlast vorliegt) bereits vorhandene Daten nicht erneut zu erheben (Anh. 3, 1. S. 4 BBodSchV), sondern unmittelbar zur Grundlage des Sanierungsplans zu machen.

Zur Durchführung der Sanierungsuntersuchungen i.S.d. § 13 Abs. 1 S. 1 BBodSchG ist die Behörde im Gegensatz zur Regelung in § 9 Abs. 1 BBodSchG nicht selbst verpflichtet. Sie hat vielmehr nach § 13 Abs. 1 S. 1 BBodSchG die nach § 4 Abs. 3, 5 und 6 BBodSchG Sanierungspflichtigen zur Vornahme der Untersuchungen heranzuziehen. Der wesentliche Unterschied zu den in § 9

---

716 BT-Drs. 13/6701, S. 42.

717 Nach § 21 Abs. 2 2. HS Nr. 1 BBodSchG können die Länder aber bestimmen, daß das Instrument der Sanierungsplanung auch auf schädliche Bodenveränderungen, von denen aufgrund von Art, Ausbreitung oder Menge der Schadstoffe in besonderem Maße Gefahren, erhebliche Nachteile oder erhebliche Belästigungen für den einzelnen oder die Allgemeinheit ausgehen, anwendbar ist.

BBodSchG geregelten Gefahrerforschungsmaßnahmen besteht darin, daß jene erst klären sollen, ob überhaupt eine schädliche Bodenveränderung oder Altlast vorliegt, während mit Hilfe von Sanierungsuntersuchungen das zur Beseitigung einer feststehenden Altlast erforderliche Vorgehen ermittelt werden soll.[718]

3. Inhalt von Sanierungsplänen

Der Inhalt eines Sanierungsplans ist in § 13 Abs. 1 S. 1 BBodSchG nur grob umschrieben. Danach enthält er neben den für die Sanierung wesentlichen tatsächlichen Grundlagen (§ 13 Abs. 1 S. 1 Nr. 1 und 2 BBodSchG) die Darstellung des Sanierungsziels und der zu seiner Erreichung erforderlichen Maßnahmen (§ 13 Abs. 1 S. 1 Nr. 3 BBodSchG). Diese Vorgaben werden durch Anh. 3, 2. BBodSchV präzisiert, der fünf Gruppen möglicher Angaben eines Sanierungsplans mit insgesamt 37 Unterpunkten enthält. Diese Liste darf aber nicht so verstanden werden, daß jeder Sanierungsplan alle diese Angaben enthalten muß. Es handelt sich eher um eine in jedem Einzelfall „abzuarbeitende Checkliste“[719] aus der die Punkte auszuwählen sind, über die im Sanierungsplan Ausführungen erforderlich sind, damit dieser seinen Zweck, zur Sicherstellung einer möglichst schnellen, effektiven und kostengünstigen Sanierung der betreffenden Altlast beizutragen, erreichen kann.

Die Angaben im Sanierungsplan zur Darstellung des Sanierungsziels und der hierzu erforderlichen Maßnahmen sowie zur zeitlichen Durchführung der Maßnahmen haben nach § 6 Abs. 2 S. 1 BBodSchV textlich und zeichnerisch zu erfolgen. Wie die tatsächlichen Grundlagen für die Sanierung (§ 13 Abs. 1 S. 1 Nr. 1 und 2 BBodSchG) dargestellt werden, ist demgegenüber nicht vorgeschrieben. Auch hier wird es sich aber vielfach anbieten, Text und Zeichnungen zu verbinden, indem etwa die Nutzung eines Grundstücks mit Hilfe von Plänen verdeutlicht wird.

4. Zur Planung Verpflichtete

Der Sanierungsplan ist nach § 13 Abs. 1 S. 1 BBodSchG grundsätzlich von einem nach § 4 Abs. 3, 5 oder 6 BBodSchG Sanierungspflichtigen aufzustellen. Der hierzu von der Behörde Herangezogene muß dieser Pflicht nicht selbst nachkommen, sondern kann – wie bei allen vertretbaren Handlungen – einen Dritten mit der

[718] *Schoeneck*, in: *Sanden/Schoeneck*, BBodSchG, § 13, Rn. 25.
[719] *Schoeneck*, in: *Sanden/Schoeneck*, BBodSchG, § 13, Rn. 7.

Durchführung beauftragen.[720] Dies wird meist auch erforderlich sein, da der Pflichtige nicht selbst über die technischen Mittel und Kenntnisse verfügt, die zur Erstellung eines Sanierungsplans nötig sind. Um sicherzustellen, daß der Sanierungsplan fachgerecht erarbeitet wird, kann die Behörde deshalb nach § 13 Abs. 2 BBodSchG verlangen, daß der in Anspruch Genommene einen Sachverständigen nach § 18 BBodSchG mit der Durchführung von Sanierungsuntersuchungen und der Erstellung des Sanierungsplans beauftragt.

Dazu, den Sanierungsplan selbst aufzustellen oder ohne Mitwirkung des Pflichtigen von einem Sachverständigen i.S.d. § 18 BBodSchG aufstellen zu lassen, ist die Behörde nach § 14 S. 1 BBodSchG nur unter engen Voraussetzungen berechtigt. Nach § 14 S. 1 Nr. 1 BBodSchG steht ihr dieses Recht zunächst dann zu, wenn der Verantwortliche den Sanierungsplan trotz Aufforderung[721] nicht, nicht innerhalb der von der Behörde gesetzten Frist oder unzureichend erstellt. Das gleiche gilt nach Nr. 2, wenn der Pflichtige nicht oder nicht rechtzeitig zur Erstellung des Sanierungsplans herangezogen werden kann. Damit werden Fälle erfaßt, in denen der Verantwortliche entweder unbekannt oder der Behörde zwar bekannt ist, aber feststeht, daß es ihm nicht gelingen wird, die zur Erstellung des Sanierungsplans erforderlichen Maßnahmen in angemessener Zeit zu ergreifen, weil er etwa schwer erkrankt oder unerreichbar ist. In der dritten Fallgruppe, in der die Behörde berechtigt ist, einen Sanierungsplan selbst aufzustellen, ist es einem einzelnen Pflichtigen nicht möglich, einen den Erfordernissen entsprechenden Plan aufzustellen (§ 14 S. 1 Nr. 3). Die mit der Altlast verbundenen weiträumigen Auswirkungen oder die Vielzahl der Sanierungspflichtigen macht hier eine Koordinierung durch die Behörde erforderlich.

5. Verbindlicherklärung

Die Ergebnisse der Sanierungsplanung sind – unabhängig davon, ob der Plan durch den Pflichtigen, einen Sachverständigen nach § 18 BBodSchG oder die Behörde aufgestellt wurde – rechtlich nicht bindend. Um eine Bindung des Pflichtigen an diesen Plan zu erreichen, stehen der Behörde mehrere Wege offen: Zunächst kann sie einen Verwaltungsakt erlassen, durch den der Bürger verpflichtet wird, die im Sanierungsplan vorgesehenen Sanierungsmaßnahmen zu ergreifen. Möglich ist

720 *Schoeneck*, in: *Sanden/Schoeneck*, BBodSchG, § 13, Rn. 11.

721 Zu diesem Erfordernis vgl. *Bickel*, BBodSchG, § 14, Rn. 3, *Schoeneck*, in: *Sanden/Schoeneck*, BBodSchG, § 14, Rn. 3.

auch der Abschluß eines Sanierungsvertrages, in dem sich der Verantwortliche verpflichtet, die Sanierung nach Maßgabe des Plans durchzuführen.

Neben diesen aus dem allgemeinen Verwaltungsrecht bekannten Vorgehensweisen bietet § 13 Abs. 6 BBodSchG der Behörde die Möglichkeit, den Sanierungsplan durch Verwaltungsakt für verbindlich zu erklären. Das hat zunächst den Vorteil, daß der gesamte Planinhalt – also nicht nur die dem Bürger auferlegten Handlungspflichten, sondern etwa auch die tatsächlichen Feststellungen und Bewertungen – bindend wird.

Die Verbindlicherklärung des Sanierungsplans kann außerdem nach § 13 Abs. 6 S. 2 BBodSchG Konzentrationswirkung entfalten. So kann die Vielzahl der im Laufe der Sanierung erforderlichen Genehmigungen[722] durch ein einziges Verfahren ersetzt und damit die Umsetzung des Sanierungsplans erheblich vereinfacht werden. Nur eine Umweltverträglichkeitsprüfung läßt sich auf diesem Weg nicht ersetzen. Ob ein für verbindlich erklärter Sanierungsplan Konzentrationswirkung entfaltet, hängt zunächst von der Behörde ab, die den Plan für verbindlich erklärt, denn bei dieser Gelegenheit muß sie die eingeschlossenen sonstigen Entscheidungen aufführen. Erforderlich ist außerdem, daß die eigentlich für die eingeschlossenen Entscheidungen zuständigen Behörden ihr Einvernehmen erteilen.

[722] Zu nennen sind insbesondere immissionsschutzrechtliche und abfallrechtliche Genehmigungen und wasserrechtliche Erlaubnisse und Bewilligungen, vgl. BT-Drs. 13/6701, S. 42.

5. Teil: Vermeidung neuer Bodenbelastungen

Der Zweck des Bundes-Bodenschutzgesetzes, die Bodenfunktionen nachhaltig zu sichern bzw. wiederherzustellen (§ 1 S. 1 BBodSchG), kann nicht allein durch die Sanierung bestehender schädlicher Bodenveränderungen und Altlasten erreicht werden. Erforderlich ist vielmehr, auch die Entstehung neuer schädlicher Bodenveränderungen zu vermeiden, vgl. § 1 S. 2 BBodSchG. Der Vermeidung neuer Bodenbelastungen kommt besondere Bedeutung zu, da die Sanierung einmal entstandener Bodenverunreinigungen nicht nur mit erheblichem finanziellen, technischen und zeitlichen Aufwand verbunden ist, sondern oft auch nicht den vorherigen, unbelasteten Zustand wieder vollständig herstellen kann, weil z.B. in den Boden gelangte Schadstoffe nicht ohne Rückstände entfernt werden können.

A. Grundsatz des § 1 S. 3 BBodSchG

Eine erste Aussage darüber, wie die Entstehung neuer Bodenverschmutzungen zu vermeiden ist, findet sich an exponierter Stelle des Bundes-Bodenschutzgesetzes, noch vor der Definition der Grundbegriffe des Bodenschutzrechts. § 1 S. 3 BBodSchG ordnet an, daß bei Einwirkungen auf den Boden Beeinträchtigungen seiner natürlichen Funktionen sowie seiner Funktion als Archiv der Natur- und Kulturgeschichte soweit wie möglich zu vermeiden sind.

§ 1 S. 3 BBodSchG begründet allerdings selbst keine Verhaltenspflicht, sondern ist Programmnorm, die durch die weiteren Vorschriften des Gesetzes ausgefüllt wird, von denen insbesondere § 4 Abs. 1, 2 und § 7 BBodSchG Pflichten zur Vermeidung neuer Bodenbelastungen enthalten. Dies ergibt sich bereits aus der amtlichen Überschrift von § 1 S. 3 BBodSchG „Zweck und Grundsätze des Gesetzes“.[723] Dafür, daß es sich um eine bloße Programmnorm handelt, spricht auch die Entstehungsgeschichte der Vorschrift. § 1 S. 3 BBodSchG ist Ergebnis der Bemühungen der SPD-Fraktion[724] und der Mehrheit des Bundesrates[725] im Gesetzestext klarzustellen, daß beim Schutz des Bodens vor neuen Belastungen nicht alle seine Funktionen nach § 2 Abs. 2 BBodSchG gleichrangig sind, sondern den natürlichen Funktionen und der Funktion als Archiv der Natur- und Kulturgeschichte besonde-

---

723 *Schoeneck*, in: *Sanden/Schoeneck*, BBodSchG, § 1, Rn. 16.
724 BT-Drs. 13/7904, S. 2.
725 BT-Drs. 13/8182, S. 2.

re Bedeutung zukommt. So sollte offenbar auch der Charakter des Bundes-Bodenschutzgesetzes als Umweltschutzgesetz betont werden.

B. Pflicht zur Gefahrenabwehr

Unter der Überschrift „Pflichten zur Gefahrenabwehr“ enthält § 4 BBodSchG neben den bereits ausführlich behandelten Sanierungspflichten (Abs. 3 bis 6) in Abs. 1 und 2 die für die Praxis bedeutendste Pflicht, der Entstehung neuer schädlicher Bodenveränderungen entgegenzuwirken.

I. Voraussetzungen dieser Pflicht

1. Gemeinsame Voraussetzungen von § 4 Abs. 1 und 2 BBodSchG

Eine Pflicht aus § 4 Abs. 1 und 2 BBodSchG setzt nach dem Willen des Gesetzgebers zunächst voraus, daß eine hinreichend wahrscheinliche und damit klar erkennbare Möglichkeit des Eintritts einer schädlichen Bodenveränderung in einem zeitlich und örtlich begrenzten Rahmen besteht.[726] Dieser Wille des Gesetzgebers kommt im Wortlaut von § 4 Abs. 1, 2 BBodSchG nicht klar zum Ausdruck, dennoch lassen sich auch dem Gesetz selbst Argumente für diese Auslegung entnehmen. So spricht nicht nur die amtliche Überschrift von den Pflichten aus § 4 Abs. 1, 2 BBodSchG als Gefahrenabwehr, auch § 17 Abs. 3 BBodSchG benutzt im selben Zusammenhang diesen Begriff. Eine Gefahr ist eine Situation, in der der Eintritt eines Schadens, im konkreten Zusammenhang einer schädlichen Bodenveränderung, ernstlich zu befürchten, also mit den Worten der Gesetzesmaterialien wahrscheinlich ist. Dieses Ergebnis wird durch die Existenz von § 7 BBodSchG unterstützt, der ebenfalls eine Pflicht zur Verhinderung der Entstehung neuer schädlicher Bodenveränderungen begründet und neben § 4 Abs. 1, 2 BBodSchG einen eigenständigen Regelungsbereich haben muß. Da § 7 BBodSchG – wie sich aus dem Begriff der Besorgnis[727] ergibt – auch entfernten Möglichkeiten der Entstehung von schädlichen Bodenveränderungen vorbeugen soll, verbleibt für § 4 Abs. 1, 2 BBodSchG die Abwendung hinreichend wahrscheinlicher Bodenverschmutzungen.

---

[726] BT-Drs. 13/6701, S. 36.

[727] Zu diesem Begriff näher unten 5. Teil:C.I.1 (S. 240)

2. Besondere Voraussetzungen von § 4 Abs. 2 BBodSchG

Nach § 4 Abs. 2 BBodSchG sind Maßnahmen zur Abwehr der von einem Grundstück drohenden schädlichen Bodenveränderungen zu treffen. Ebenso wie bei der Zustandshaftung fällt unter den Begriff des Grundstücks nicht nur ein Teil der Erdoberfläche als solcher, sondern es werden auch Gefahren erfaßt, die von auf dem Grundstück befindlichen Gebäuden, Anlagen, Rohren usw. ausgehen.[728] Damit wird deutlich, daß die nach § 4 Abs. 2 BBodSchG Verpflichteten nicht nur die Entstehung schädlicher Bodenveränderungen auf anderen Grundstücken, sondern auch auf dem Grundstück, von dem die Gefahr ausgeht, verhindern müssen,[729] solange die Ursache für die zu befürchtende schädliche Bodenveränderung nur in dem Grundstück selbst liegt. Um Zweifel daran, daß § 4 Abs. 2 BBodSchG auch zur Abwehr von Gefahren, die von dem Grundstück bzw. auf ihm befindlichen Anlagen für das Grundstück selbst ausgehen, verpflichtet, zu vermeiden, wäre allerdings eine klarere Formulierung der Norm – etwa in Anlehnung an § 7 S. 1 BBodSchG, der Vorsorge gegen Verschmutzungen auf dem Grundstück oder in dessen Anwendungsbereich gebietet – wünschenswert gewesen.

Andererseits besteht nach § 4 Abs. 2 BBodSchG keine Pflicht zur Abwehr aller für das Grundstück drohenden Gefahren. Die Einschränkung, daß es sich um von dem Grundstück drohende schädliche Bodenveränderungen handeln muß, hat zur Folge, daß die nach § 4 Abs. 2 BBodSchG Verpflichteten nichts zur Abwehr möglicher Bodenverunreinigungen unternehmen müssen, die etwa durch Einwirkungen Dritter oder von einem Nachbargrundstück drohen, auch wenn ihnen dies ohne Schwierigkeiten möglich wäre.

II. Kreis der Verpflichteten

1. § 4 Abs. 1 BBodSchG

Der Kreis der nach § 4 Abs. 1 BBodSchG Verpflichteten ist im Ansatz denkbar weit. Jeder, der auf den Boden einwirkt, hat sich so zu verhalten, daß schädliche Bodenveränderungen nicht hervorgerufen werden. Jedermann muß also sicherstellen, daß sein Handeln nicht ursächlich für die Entstehung einer schädlichen Bodenveränderung wird. Hier stellt sich daher das bereits beim Kreis der als Verursa-

---

[728] BT-Drs. 13/6701, S. 34.

[729] A.A. *Bickel*, BBodSchG, § 4, Rn. 11, der es offenbar für ausgeschlossen hält, daß ein Grundstück sich selbst gefährlich wird.

cher einer Bodenverschmutzung nach § 4 Abs. 3 S. 1 Fall 1 BBodSchG Sanierungspflichtigen erörterte Problem der mittelbaren Verursachung entsprechend. Verpflichtet § 4 Abs. 1 BBodSchG jeden, dessen Verhalten theoretisch – sei es auch nur in Verbindung mit einer Vielzahl weiterer, unsicherer Handlungen Dritter oder Naturereignisse – conditio-sine-qua-non für eine schädliche Bodenveränderung sein kann, dieses Verhalten zu unterlassen? Eine derartige Ausdehnung der Abwehrpflicht des § 4 Abs. 1 BBodSchG würde eine ordnungsgemäße Bewirtschaftung des Bodens praktisch unmöglich machen, da für nahezu jedes Verhalten mit Auswirkungen auf den Boden Umstände denkbar sind, die mit ihm gemeinsam eine schädliche Bodenveränderung entstehen lassen. Erforderlich ist daher auch hier eine Einschränkung des Kreises der Verpflichteten.

Als Lösung bietet sich eine entsprechende Anwendung der oben[730] zur Bestimmung der Verursacher einer Bodenverschmutzung entwickelten Kriterien an.[731] Es sind daher solche Handlungen zu unterlassen, die, wenn sie vorgenommen und allein oder im Zusammenwirken mit anderen Umständen äquivalente Ursache einer schädlichen Bodenveränderung würden, eine Sanierungspflicht des Handelnden zur Folge hätten.

2. § 4 Abs. 2 BBodSchG

Die Pflicht aus § 4 Abs. 2 BBodSchG zur Abwehr der von einem Grundstück drohenden schädlichen Bodenveränderungen trifft dessen Eigentümer und den Inhaber der tatsächlichen Gewalt über das Grundstück. Die Begriffe des Eigentümers und des Inhabers der tatsächlichen Gewalt in sind hier mit denen in § 4 Abs. 3 S. 1 Fälle 3 und 4 BBodSchG identisch, auf deren Erläuterung verwiesen sei.[732]

3. Stellungnahme

Der Kreis der nach § 4 Abs. 1 und 2 BBodSchG zur Verhinderung drohender schädlicher Bodenveränderungen Verpflichteten ist im Gegensatz zur Regelung über die Sanierungspflicht in § 4 Abs. 3 bis 6 BBodSchG auf die „klassischen" Ordnungspflichtigen, d.h. den Handlungs- und den Zustandsstörer, beschränkt. Offenbar hat der Gesetzgeber nicht die Gefahr gesehen, daß zu Vorkehrungen gegen

---

730 3. Teil:B.I.3 (S. 54 ff.).

731 Im Ergebnis ebenso *Schoeneck*, in: *Sanden/Schoeneck*, BBodSchG, § 4, Rn. 9, der eine Verursachung i.S.d. Polizei- und Ordnungsrechts verlangt.

die Entstehung neuer Bodenverschmutzungen Verpflichtete sich durch als mißbräuchlich empfundene Gestaltungen von ihrer Verantwortlichkeit zu befreien versuchen. Hinzu kommt, daß einige der zur Sanierung bereits entstandener schädlicher Bodenveränderungen und Altlasten Verpflichtete als Adressaten einer vorbeugenden Gefahrenabwehrpflicht denklogisch ausscheiden. So kann der Gesamtrechtsnachfolger des Verursachers einer Bodenverschmutzung keine Maßnahmen gegen die Entstehung der bereits eingetretenen schädlichen Bodenveränderung oder Altlast mehr treffen. Auch wenn das Eigentum an einem Grundstück übertragen wurde und der Übertragende hierbei wußte, daß sich auf diesem eine schädliche Bodenveränderung oder Altlast befindet, kommen vorbeugende Maßnahmen zu spät.

Dennoch ist die Regelung des Kreises der zur Vorbeugung gegen die Entstehung neuer schädlicher Bodenveränderungen Verpflichteten im Hinblick auf die Sanierungspflichtigen nicht konsequent. So sind keine Gründe ersichtlich, warum derjenige, der für eine juristische Person einzustehen hat, der ein verseuchtes Grundstück gehört, zwar auf Sanierung in Anspruch genommen werden kann, aber nicht dazu verpflichtet ist, seinen Einfluß auf die juristische Person so auszuüben, daß es gar nicht erst zu Bodenverschmutzungen kommen kann. Nicht einzusehen ist auch, warum ein Derelinquent zwar das herrenlose Grundstück unabhängig vom Zeitpunkt der Entstehung der schädlichen Bodenveränderung oder Altlast sanieren, aber nicht nach § 4 Abs. 2 BBodSchG Maßnahmen ergreifen muß, um zu verhindern, daß durch den Zustand des Grundstücks neue Bodenverschmutzungen entstehen. Diese Unbilligkeiten sind darauf zurückzuführen, daß der Regelung der Sanierungspflicht in § 4 Abs. 3 bis 6 BBodSchG kein geschlossenes, wohldurchdachtes Konzept zugrunde liegt, das bei der Ausgestaltung sämtlicher bodenschutzrechtliche Pflichten herangezogen werden konnte, sondern lediglich versucht wurde, in der Praxis erkannte, vermeintliche Defizite der landesrechtlichen Regelungen zu vermeiden.

III. Inhalt der Pflicht

Ebensowenig wie das Bundes-Bodenschutzgesetz vorgibt, durch welche Maßnahmen eingetretene schädliche Bodenveränderungen oder Altlasten zu sanieren sind, enthält es Regelungen darüber, wie sich die nach § 4 Abs. 1 und 2 BBodSchG

---

[732] Zum Begriff des Eigentümers vgl. 3. Teil:C.I.1 (S. 75), zum Inhaber der tatsächlichen Gewalt 3. Teil:C.I.2 (S. 76).

Verpflichteten verhalten müssen, um die Entstehung neuer schädlicher Bodenveränderungen zu verhindern. Anhaltspunkte ergeben sich aber aus § 1 S. 3 BBodSchG, der als Ziel des Gesetzes die Vermeidung von Beeinträchtigungen der Bodenfunktionen, nicht aber die Verhinderungen von Einwirkungen auf den Boden als solche nennt. Hieraus läßt sich entnehmen, daß es nicht Aufgabe der nach § 4 Abs. 1 und 2 BBodSchG Verpflichteten ist, potentiell bodengefährliche Nutzungen zu unterlassen bzw. zu verhindern. Es genügt, wenn Schutzmaßnahmen getroffen werden, die die Wahrscheinlichkeit des Eintritts einer schädlichen Bodenveränderung unter die oben geschilderte Gefahrenschwelle senken.

IV. Durchsetzung der Pflicht

Bei der Durchsetzung der Pflicht aus § 4 Abs. 1 und 2 BBodSchG gibt es keine Besonderheiten. Sie wird in aller Regel mittels eines auf § 10 Abs. 1 S. 1 BBodSchG gestützten Verwaltungsakts erfolgen. Gelegentlich wird auch der Abschluß eines öffentlich-rechtlichen Vertrages zwischen der Behörde und dem Pflichtigen in Betracht kommen. Insbesondere wenn dieser für die beabsichtigte Nutzung des Bodens einer Erlaubnis bedarf, deren Erteilung im Ermessen der Behörde steht, kann es sich anbieten, daß sich die Behörde in einem öffentlich-rechtlichen Vertrag zur Erteilung der Erlaubnis verpflichtet, wenn der Bürger gleichzeitig weitergehende als die unbedingt erforderlichen Schutzmaßnahmen zusagt.

C. Vorsorgepflicht

Auch die Vorsorgepflicht des § 7 S. 1 BBodSchG dient der Vermeidung neuer schädlicher Bodenveränderungen. Trotz der identischen Schutzrichtung und des ähnlichen Wortlauts unterscheidet sich diese Pflicht in Voraussetzungen und Reichweite erheblich von der Gefahrenabwehrpflicht aus § 4 Abs. 1 und 2 BBodSchG.

I. Voraussetzungen der Vorsorgepflicht

1. Besorgnis einer schädlichen Bodenveränderung

Nach § 7 S. 2 BBodSchG sind Vorsorgemaßnahmen nach § 7 S. 1 BBodSchG zu treffen, wenn die Besorgnis einer schädlichen Bodenveränderung besteht. Der Begriff der Besorgnis stammt aus dem Wasserrecht (vgl. §§ 19 g Abs. 1 S. 1, 26 Abs. 2 S. 1, 34 Abs. 2 S. 1 WHG). Auch in § 7 hat das Bundes-Bodenschutzgesetz also auf aus anderen Normen bekannte Begriffe zurückgegriffen, um Anlaufschwierigkeiten beim Vollzug des Gesetzes zu verhindern. Bei der Definition der Besorgnis können daher Rechtsprechung und Literatur zum Wasserrecht ergänzend herangezogen werden.

Bereits sprachlich bedeutet Besorgnis eine wesentlich geringere Wahrscheinlichkeit des Auftretens einer negativen Folge als der Begriff der Eignung[733] oder der Gefahr. Daß für das Bestehen der Besorgnis einer schädlichen Bodenveränderung die vergleichsweise fernliegende Möglichkeit des Eintritts dieser negativen Folge ausreicht, läßt sich auch aus § 7 S. 2 BBodSchG ableiten, wonach bereits langfristige und komplexe Auswirkungen einer Nutzung die Vorsorgepflicht auslösen können. Derartige Auswirkungen sind aufgrund der Vielzahl von Faktoren und möglichen weiteren Einwirkungen auf den Boden, die im Laufe von Jahren oder gar Jahrzehnten Einfluß auf die Entstehung von schädlichen Bodenveränderungen haben können, notwendigerweise mit einer erheblichen Unsicherheit verbunden.

Entsprechend der im Wasserrecht entwickelten Definition liegt daher auch im Anwendungsbereich des Bundes-Bodenschutzgesetzes eine Besorgnis bereits dann vor, wenn die Möglichkeit eines Schadenseintritts nicht geradezu ausgeräumt ist,[734] d.h. auch eine noch so wenig naheliegende Wahrscheinlichkeit für das Auftreten negativer Effekte besteht.[735] Diese Formulierung darf nicht dahingehend mißverstanden werden, daß nur dann keine Besorgnis gegeben ist, wenn die Entstehung einer schädlichen Bodenveränderung naturwissenschaftlich ausgeschlossen ist.[736] Vielmehr ist eine Besorgnis schon dann zu verneinen, wenn die negative Folge lediglich eine theoretische Möglichkeit darstellt, die nicht mehr als wahrscheinlich, sondern nur noch als unwahrscheinlich bezeichnet werden kann. Wie hoch die sehr niedrig anzusetzende Wahrscheinlichkeit im Einzelfall sein muß, ist – ebenso wie beim Besorgnisbegriff – nach dem Grundsatz der Verhältnismäßigkeit zu entscheiden. Die Wahrscheinlichkeit ist umso niedriger anzusetzen, je gefährlicher eine eventuelle schädliche Bodenveränderung wäre.[737] Vom Begriff der Besorgnis werden daher auch Situationen erfaßt, in denen sich nach heutigem Wissensstand nicht voraussagen läßt, ob das Verhalten einmal zu einer schädlichen Bodenveränderung

---

733 Zum Begriff der Eignung vgl. 2. Teil:A.I.2 (S. 29).

734 BVerwG, ZfW 1965, 113 (116); BVerwG, ZfW 1971, 109 (112); *Kibele*, VBlBW 1986, 441 (443); *Kloepfer*, Umweltrecht, § 13, Rn. 142.

735 BVerwG, ZfW 1965, 113 (116); BVerwG, ZfW 1971, 109 (112).

736 OVG Berlin, DVBl. 1968, 722.

führen wird,[738] wenn für diese Möglichkeit doch zumindest gewichtige Anhaltspunkte bestehen.

2. Folge der Nutzung des Grundstücks

Die Einschränkung in § 7 S. 1 BBodSchG, daß die zu besorgende schädliche Bodenveränderung eine Folge der Nutzung des Grundstücks durch die Verpflichteten sein muß, stellt hauptsächlich eine negative Abgrenzung dar. Das Gesetz macht so deutlich, daß keine Vorsorge gegen Einwirkungen Dritter auf das Grundstück, Auswirkungen von Nutzungen auf benachbarten Grundstücken[739] oder die Folgen der allgemeinen Luftverschmutzung[740] getroffen werden muß.

3. Auf dem Grundstück oder in dessen Einwirkungsbereich

Mit der Formulierung, daß Vorsorge gegen die Entstehung schädlicher Bodenveränderungen auf dem Grundstück oder in dessen Einwirkungsbereich zu treffen ist, stellt das Gesetz klar, daß die Verantwortung der Verpflichteten nicht auf das von ihnen genutzte Grundstück beschränkt ist. Vielmehr reicht ihre Vorsorgepflicht so weit wie die möglichen negativen Folgen der Grundstücksnutzung. Der räumliche Anwendungsbereich von § 7 BBodSchG entspricht somit im Ergebnis dem des § 4 Abs. 2 BBodSchG. Im Gegensatz zu § 4 Abs. 2 BBodSchG ist die doppelte Schutzrichtung von § 7 BBodSchG jedoch ohne weiteres dem Wortlaut der Norm zu entnehmen.

II. Verpflichtete

1. Eigentümer und Inhaber der tatsächlichen Gewalt

Wie zur Sanierung bereits eingetretener schädlicher Bodenveränderungen und Altlasten und zur Gefahrenabwehr nach § 4 Abs. 2 BBodSchG sind der Eigentümer des Grundstücks und der Inhaber der tatsächlichen Gewalt über dieses auch nach § 7 S. 1 BBodSchG zur Vorsorge verpflichtet. Eigentümer und Inhaber der

---

737 BVerwG, ZfW 1971, 109 (113).
738 BVerwGE 72, 300 (315).
739 BT-Drs. 13/6701, S. 36.
740 *Sanden*, in: *Sanden/Schoeneck*, BBodSchG, § 7, Rn. 5.

tatsächlichen Gewalt sind in allen diesen Fällen im selben Sinne zu verstehen, so daß auf die obigen Ausführungen[741] verwiesen werden kann.

2. Wer Verrichtungen auf dem Grundstück durchführt

Mit der in § 7 S. 1 Fall 3 BBodSchG angeordnete Vorsorgepflicht desjenigen, der Verrichtungen auf einem Grundstück durchführt, betritt das Bundes-Bodenschutzgesetz ordnungsrechtliches Neuland. Dieser Gesetzeswortlaut, der auf den Vermittlungsausschuß zurückgeht, stellt einen Kompromiß zwischen den Positionen von Bundesrat und Bundesregierung dar. Der Bundesrat wollte jeden, der Maßnahmen trifft, die zu Veränderungen der Bodenbeschaffenheit führen können, zur Vorsorge verpflichten.[742] Dies lehnte die Bundesregierung ab, da sie befürchtete, daß diese Formulierung einen unüberschaubaren Kreis von Adressaten nach sich ziehe, was sie für mit dem Rechtsstaatsprinzip in der Ausprägung des Bestimmtheitsgebots unvereinbar hielt.[743] Der Gesetz gewordene Wortlaut von § 7 S. 1 Fall 3 BBodSchG vermittelt insofern zwischen diesen Positionen, als er nur bestimmte Personen, die auf das Grundstück einwirken zur Vorsorge verpflichtet.

Diese Einschränkung ergibt sich nicht aus dem Begriff der Verrichtung. Dieser ist – wie auch in § 831 BGB, an den sich die Formulierung von § 7 S. 1 BBodSchG offensichtlich anlehnt, – denkbar weit zu verstehen. Verrichtung ist jede Tätigkeit, unabhängig davon, ob sie einen tatsächlichen oder rechtlichen Charakter hat, entgeltlich oder unentgeltlich, dauernd oder vorübergehend vorgenommen wird, niederer oder höherer Art ist.[744] Die Einschränkung gegenüber den Vorstellungen des Bundesrats folgt vielmehr aus dem Erfordernis, daß die Verrichtung auf dem Grundstück durchgeführt werden muß. Durch diese Formulierung wird deutlich, daß eine enge Beziehung zwischen der zur Vorsorge verpflichtenden Tätigkeit und dem Grundstück nötig ist. Damit werden Tätigkeiten ausgeschieden, die, obwohl außerhalb des Grundstücks vorgenommen, dennoch Auswirkungen auf die Bodenqualität des Grundstücks haben können, wie z.B. Transporte gefährlicher Stoffe auf einer an der Grundstücksgrenze entlangführenden Straße. Für das Entstehen einer Vorsorgepflicht ist allerdings nicht erforderlich, daß auf den Boden selbst eingewirkt wird, spricht § 7 S. 1 BBodSchG doch von Verrichtungen *auf*, nicht *an* ei-

---

741 Zum Begriff des Eigentümers vgl. 3. Teil:C.I.1 (S. 75), zum Inhaber der tatsächlichen Gewalt 3. Teil:C.I.2 (S. 76).

742 BT-Drs. 13/6701, S. 53.

743 BT-Drs. 13/6701, S. 63.

nem Grundstück. Ausreichend (und in der Praxis von besonderer Bedeutung) sind daher etwa auch Arbeiten oder Veränderungen an auf dem Grundstück befindlichen Anlagen und Gebäuden. Es besteht damit ein enger Zusammenhang zwischen dem Tatbestandsmerkmal der Durchführung von Verrichtungen auf dem Grundstück und dem Erfordernis, daß die zu besorgenden schädlichen Bodenveränderungen Folge der Nutzung des Grundstücks sein müssen.

3. Wer Verrichtungen durchführen läßt

Wer ein Interesse daran hat, daß Verrichtungen an einem Grundstück vorgenommen werden, beauftragt hiermit häufig einen selbständigen Unternehmer oder in seinem Gewerbebetrieb beschäftigte Arbeitnehmer. Dem hat § 7 S. 1 BBodSchG dadurch Rechnung getragen, daß er auch die Vorsorgepflicht desjenigen anordnet, der Verrichtungen auf einem Grundstück durchführen läßt.

Der Hintermann des Verrichtenden ist jedoch nicht verpflichtet, Vorsorge gegen alle schädlichen Bodenveränderungen zu treffen, die durch die Tätigkeit des von ihm Beauftragten zu besorgen sind. Vielmehr gilt auch im Rahmen des § 7 S. 1 Fall 4 BBodSchG die zu § 831 BGB entwickelte Einschränkung, daß der Hintermann nur für solche Handlungen des Verrichtenden einzustehen hat, die in Ausführung und nicht nur bei Gelegenheit der Verrichtung erfolgt sind, d.h. es ist ein unmittelbarer innerer Zusammenhang zwischen der dem Gehilfen aufgetragenen Verrichtung nach ihrer Art und ihrem Zweck und der Handlung des zur Verrichtung Bestellten nötig.[745] Hierfür spricht, daß das Gesetz die Vorsorgepflicht des Hintermanns ausdrücklich an die möglichen Folgen der Verrichtung und nicht an das Handeln des Beauftragten als solches knüpft. Außerdem ist der Wortlaut von § 7 S. 1 Fall 4 BBodSchG, der einem unüberschaubaren Kreis von Verpflichteten entgegenwirken sollte, deutlich an § 831 BGB orientiert. Dies legt nahe, daß der Gesetzgeber, der sich bei der Formulierung vieler Vorschriften des Bundes-Bodenschutzgesetzes an existierende Normen angelehnt hat, um die zu diesen entwickelte Dogmatik auf das Bodenschutzrecht zu übertragen, auch die Einschränkungen der Haftung des Hintermanns nach § 831 BGB übernehmen wollte.

---

[744] RGZ 92, 345 (346); aus der Literatur vgl. nur *Zeuner*, in: *Soergel*, BGB, § 831, Rn. 15.

[745] Zu dieser Einschränkung der Haftung für Verrichtungsgehilfen nach § 831 BGB vgl. RGZ 104, 141 (144); BGHZ 11, 151 (153); BGH, NJW 1971, 31 (32); BGH, NJW-RR 1989, 723 (725); *Zeuner*, in: *Soergel*, BGB, § 831, Rn. 27 ff.

III. Umfang der Maßnahmen

Die Vorsorgepflicht ist nach § 7 S. 3 BBodSchG dadurch zu erfüllen, daß Bodeneinwirkungen vermieden oder vermindert werden. Die Maßnahmeschwelle des § 7 BBodSchG ist sehr niedrig und bei vielen Einflußnahmen auf das Grundstück kann nicht völlig ausgeschlossen werden, daß sie im Laufe vieler Jahre und in Kombination mit anderen, im einzelnen noch nicht absehbaren Einflüssen zu schädlichen Bodenveränderungen führen. Deshalb hätte eine schrankenlose Anordnung dieser Pflicht zur Folge, daß viele Grundstücksnutzungen praktisch unmöglich wären. Dies gilt insbesondere für industrielle Nutzungen von Grundstücken, die sich in der Vergangenheit als besonders gefährlich für den Boden erwiesen haben. Da aber nicht nur ein erhebliches privates, sondern auch ein öffentliches Interesse an vielen Bodennutzungen besteht, ist eine Einschränkung der Pflicht, Bodeneinwirkungen zu vermeiden bzw. zu vermindern, geboten.

Diese Einschränkung nimmt § 7 S. 3 BBodSchG dadurch vor, daß er Bodeneinwirkungen nur insoweit untersagt, wie dies im Hinblick auf den Zweck der Nutzung des Grundstücks verhältnismäßig ist. Es sind also die Vorteile der Nutzung gegen ihre möglichen negativen Folgen abzuwägen, wobei die Wahrscheinlichkeit des Eintritts dieser Folgen eine erhebliche Rolle spielt. Für die Nutzung wird in aller Regel das Interesse des Eigentümers an einer wirtschaftlichen Verwendung seines Grundstücks sprechen. Diesem Interesse kommt im Hinblick auf Art. 14 GG ein erhebliches Gewicht zu. Dies gilt insbesondere, wenn die vom Eigentümer beabsichtigte Nutzung aufgrund der tatsächlichen Verhältnisse die einzig mögliche ist Wenn hingegen eine Vielzahl wirtschaftlich sinnvoller Nutzungen möglich ist, ist das Interesse des Eigentümers an einer bestimmten Verwendung seines Grundstücks erheblich geringer zu bewerten.

Auch Interessen der Allgemeinheit können für eine bestimmte Nutzung des Grundstücks sprechen. Dies gilt vor allem dann, wenn das Grundstück unmittelbar von staatlichen Einrichtungen (z.B. der Bundeswehr, Polizei, Feuerwehr) oder der Allgemeinheit genutzt wird. Ein öffentliches Interesse kann aber ebenso an einer bestimmten privaten Nutzung bestehen, z.B. wenn die auf dem Grundstück erzeugten Produkte für die Versorgung der Bevölkerung mit Lebensmitteln oder anderen Gegenständen des täglichen Bedarfs, Elektrizität, Wasser usw. erforderlich sind.

Gegen diese Interessen an der Nutzung des Grundstücks ist in jedem Einzelfall das öffentliche Interesse an der Vermeidung neuer schädlicher Bodenveränderungen abzuwägen. Hierbei ist zu bedenken, daß der Boden nicht vermehrbar ist und einmal eingetretene Bodenverschmutzungen häufig gar nicht oder nur mit erheblichem Aufwand zu beseitigen sind. Diese Erwägungen werden in aller Regel dazu führen, daß, wenn die angestrebte Nutzung schon nicht zu unterlassen ist, doch zumindest Maßnahmen getroffen werden müssen, um Einwirkungen auf den Boden zu minimieren.

Die eben dargestellten Regeln über den Inhalt der Sanierungspflicht gelten nicht uneingeschränkt. Vielmehr enthalten § 7 S. 5 und 6 BBodSchG Spezialregelungen. Dabei knüpft § 7 S. 5 BBodSchG an bestimmte Bodennutzungen an. Wenn ein Grundstück landwirtschaftlich genutzt wird, richtet sich die Vorsorgepflicht nach § 17 Abs. 1 und 2 BBodSchG.[746] Dieser, die Regelung von § 17 BBodSchG lediglich wiederholende Hinweis, ist an sich überflüssig. Gleiches gilt für den zweiten Halbsatz von § 7 S. 5 BBodSchG, der im Ergebnis lediglich § 3 Abs. 1 Nr. 6 BBodSchG wiederholt, wonach die Vorschriften des zweiten Kapitels des Bundeswaldgesetzes und die Forst- und Waldgesetze der Länder dem Bundes-Bodenschutzgesetz vorgehen. Nicht entbehrlich ist hingegen § 7 S. 6 BBodSchG, der vorschreibt, daß die Vorsorge für das Grundwasser sich nach dem wasserrechtlichen Vorschriften richtet. Das Gesetz setzt damit konsequent den mit § 4 Abs. 4 S. 3 BBodSchG beschrittenen Weg fort, daß der Inhalt von dem Gewässerschutz dienenden Maßnahmen dem Wasserrecht überlassen wird.

IV. Durchsetzung der Maßnahmen

Ermächtigungsgrundlage für einen Verwaltungsakt zur Durchsetzung der Vorsorgepflicht aus § 7 BBodSchG ist § 10 Abs. 1 S. 1 BBodSchG. Allerdings ist ein solcher Verwaltungsakt nach § 7 S. 4 BBodSchG nur zulässig, soweit Anforderungen in der Bundes-Bodenschutz- und Altlastenverordnung festgeschrieben sind. Grund für diese Regelung ist die große Weite von § 7 BBodSchG. Insbesondere dem nicht fachkundigen Bürger ist es allein aufgrund des Gesetzeswortlauts praktisch unmöglich, zu erkennen, ob und gegebenenfalls zu welchen Vorsorgemaßnahmen er verpflichtet ist.

Die Bundes-Bodenschutz- und Altlastenverordnung enthält in ihrem siebten Teil (§§ 9 bis 12) umfangreiche Anforderungen zur Vorsorge gegen das Entstehen schädlicher Bodenveränderungen. Zur Vermeidung möglicher negativer Folgen

746 Hierzu näher unten 5. Teil:D (S. 247).

von Schadstoffen im Boden verfolgt sie dabei eine Doppelstrategie: Für einige Stoffe, insbesondere Schwermetalle, werden durch § 9 Abs. 1 Nr. 1 BBodSchV i.V.m. Anh. 2 Nr. 4 Vorsorgewerte festgelegt, bei deren Überschreitung die Entstehung einer schädlichen Bodenveränderung in der Regel zu besorgen ist. Im übrigen enthält § 9 Abs. 1 Nr. 2 BBodSchV eine Generalklausel, wonach eine erhebliche Anreicherung besonders gefährlicher Stoffe gleichfalls die Besorgnis einer schädlichen Bodenveränderung begründet.

V. Bewertung der Vorschrift

Die Vorsorgepflicht nach § 7 BBodSchG kann dem selbst geschaffenen Anspruch nicht gerecht werden. Der weite Ansatz der Sätze 1 und 2, der einen umfassenden Schutz des Bodens auch vor sehr unwahrscheinlichen schädlichen Bodenveränderungen verspricht, wird durch die nachfolgenden Regelungen der Vorschrift soweit eingeschränkt, daß die praktische Bedeutung der Vorsorgepflicht als gering einzuschätzen ist. Insbesondere die Beschränkung des Umfangs der zu treffenden Maßnahmen durch das Verhältnismäßigkeitsprinzip und ihre begrenzte Durchsetzungsmöglichkeit werden die Durchführung von Vorsorgemaßnahmen im Einzelfall meist verhindern.

Dennoch ist der Ansatz von § 7 BBodSchG richtig. Die im Boden ablaufenden chemischen und biologischen Prozesse sind so kompliziert, daß sich häufig nicht mit absoluter Sicherheit voraussagen läßt, welche Konsequenzen heute vorgenommene Einwirkungen auf den Boden für dessen Zustand in mehreren Jahrzehnten haben. Die sich aus dieser Unsicherheit ergebenden Risiken sind nur durch eine möglichst schonende Nutzung des Bodens zu minimieren. Wenn Anhaltspunkte dafür bestehen, daß eine Bodennutzung zu schädlichen Bodenveränderungen führen kann, sind daher die mit ihr verbundenen Einwirkungen – wie von § 7 BBodSchG angestrebt – möglichst gering zu halten.

D. Spezialregelungen für die Landwirtschaft

I. Bedürfnis für Sonderregelungen

Den landwirtschaftlich genutzten Flächen kommt beim Bodenschutz eine besondere Bedeutung zu. Auch in einem hochindustrialisierten Land wir der Bundesrepublik Deutschland wird ein großer Teil des Bodens landwirtschaftlich genutzt.[747] Dabei ist der Boden, insbesondere durch den Einsatz beträchtlicher Mengen an Düngemitteln, erheblichen Belastungen ausgesetzt. Die Problemlage unterscheidet sich aber grundsätzlich von der bei industriell genutzten Grundstücken, deren Verschmutzung Anlaß für die Schaffung des Bundes-Bodenschutzgesetzes war. Dies hat den Gesetzgeber in Sachsen veranlaßt, landwirtschaftlich genutzte Grundstücke von den auf Industrieflächen zugeschnittenen landesrechtlichen Regelungen über Altlasten auszunehmen.[748] Diesen Weg ist das Bundes-Bodenschutzgesetz zu Recht nicht gegangen. Vielmehr sind auch landwirtschaftlich genutzte Flächen grundsätzlich dem Schutz des Gesetzes unterstellt, das allerdings weitgehende Sonderregelungen enthält.

II. Sonderregelungen zur Vorsorge

Nach § 17 Abs. 1 S. 1 wird bei landwirtschaftlich genutzten Flächen die Vorsorgepflicht nach § 7 BBodSchG durch die gute fachliche Praxis erfüllt. Unter den Grundsätzen der guten fachlichen Praxis der landwirtschaftlichen Bodennutzung sind nach § 17 Abs. 2 S. 1 BBodSchG die nachhaltige Sicherung der Bodenfruchtbarkeit und Leistungsfähigkeit des Bodens als natürliche Ressource zu verstehen. Diese sehr abstrakte Begriffsbestimmung wird durch eine nicht abschließende Aufzählung von zur guten fachlichen Praxis gehörenden Verhaltensweisen in § 17 Abs. 2 S. 2 BBodSchG ergänzt. Diese Beispiele betreffen überwiegend Maßnahmen zur Sicherung der physikalischen Eigenschaften des Bodens.

Auf Vorschriften zur Überwachung, ob der einzelne Landwirt sein Land nach den Regeln der guten fachlichen Praxis bewirtschaftet, hat das Bundes-Bodenschutzgesetz bewußt verzichtet. Vielmehr setzt es insoweit auf Kooperation mit den Betroffenen.[749] Vorgesehen ist, daß die landwirtschaftlichen Beratungsstellen die Grundsätze der guten fachlichen Praxis im Rahmen ihrer normalen Tätigkeit vermitteln.[750]

---

747 Nach der Flächenerhebung 1993 beträgt der Anteil der Landwirtschaftsfläche an der Gesamtfläche der Bundesrepublik Deutschland 54,7 %, vgl. Statistisches Jahrbuch für die Bundesrepublik Deutschland 1996, S. 18.

748 Vgl. § 8 Abs. 3 S. 2 SächsEGAB.

749 Zum Kooperationsprinzip im Umweltrecht vgl. allgemein *Kloepfer*, Umweltrecht, § 4, Rn. 45 ff. m.w.N.

750 Zum rechtspolitischen Sinn dieser Vorschrift vgl. *Sanden*, in: *Sanden/Schoeneck*, BBodSchG, § 17, Rn. 6 f.

III. Sonderregeln zur Gefahrenabwehr

Für landwirtschaftlich genutzte Flächen gelten die erläuterten allgemeinen Regeln des § 4 BBodSchG zur Gefahrenabwehr nur in dritter Linie. Nach § 17 Abs. 3 BBodSchG sind insoweit zunächst die in § 3 Abs. 1 BBodSchG genannten Vorschriften zu beachten. Dies versteht sich von selbst, da nach § 3 Abs. 1 BBodSchG das Bundes-Bodenschutzgesetz nicht anwendbar ist, soweit die dort genannten Gesetze Regelungen enthalten Fehlen hier Regeln für bestimmte Sachgebiete, ist zu prüfen, ob sich aus den Grundsätzen der guten fachlichen Praxis nach § 17 Abs. 2 BBodSchG solche Regeln ergeben. Nur wo dies nicht der Fall ist, gilt § 4 BBodSchG, der damit für Maßnahmen zur Gefahrenabwehr auf landwirtschaftlich genutzten Flächen faktisch außer Kraft gesetzt ist.

Anlage 1

Anzahl erfaßter altlastverdächtiger Flächen in Deutschland

Zusammenstellung des Umweltbundesamts vom Januar 1999 auf der Grundlage der Angaben aus den Bundesländern

Bundesland	Anzahl erfaßter altlastverdächtiger		
	Altablagerungen	Altstandorte	Flächen gesamt
Baden-Württemberg	15.074	27.487	42.561
Bayern	9.725	3.194	12.919
Berlin	673	5.541	6.214
Brandenburg	5.585	8.580	14.165
Bremen	105	4.000	4.105
Hamburg	460	1.701	2.161
Hessen	6.500	60.372	66.872
Mecklenburg-Vorpommern	4.332	7.462	11.794
Niedersachsen	8.957	keine Angaben	8.957
Nordrhein-Westfalen	17.155	14.874	32.029
Rheinland-Pfalz	10.578	keine Angaben	10.578
Saarland	1.801	2.442	4.243
Sachsen	9.382	22.197	31.579
Sachsen-Anhalt	6.936	13.295	20.231
Schleswig-Holstein	3.076	14.497	17.573
Thüringen	6.192	12.368	18.560
Bundesrepublik gesamt	106.531	198.010	304.541

Hinweis des Umweltbundesamts:
Die Zahlen geben den Stand der Erfassung altlastverdächtiger Flächen in den einzelnen Bundesländern an. Bedingt durch die nicht länderübergreifend einheitliche Definition für Altlastverdachtsflächen und Altstandorte ist eine direkte Vergleichbarkeit der Angaben zwischen den einzelnen Bundesländern nur bedingt möglich.

Anlage 2

Zuordnung der wichtigsten Sanierungsverfahren zu den Maßnahmetypen

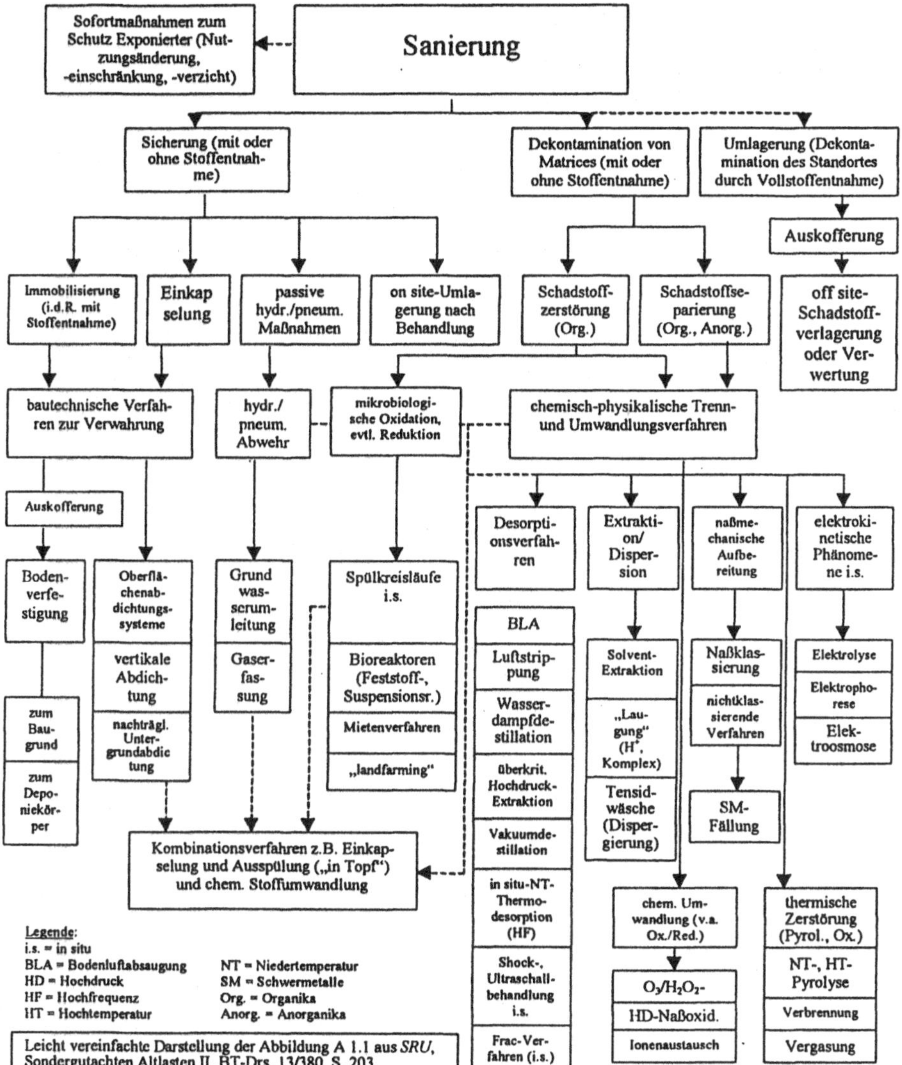

Leicht vereinfachte Darstellung der Abbildung A 1.1 aus *SRU*, Sondergutachten Altlasten II, BT-Drs. 13/380, S. 203.

Anlage 3

Synopse der Vorschriften zur Bestimmung der Verantwortlichen nach dem Bundes-Bodenschutzgesetz und dem Recht der Länder

Bundesland	Verursacher	Zusatzhaftung	Eigentümer
Baden-Württemberg (POR) (BodSchG)	§ 6 I PolG § 10 I 1 Nr. 1 Fall 1	§ 6 II, III PolG § 10 I 1 Nr. 1 Fall 2	§ 7 Fall 1PolG § 10 I 1 Nr. 2 Fall 1
Bayern	Art. 7 I PAG	Art. 7 II, III PAG	Art. 8 II PAG
Berlin (POR) (BodSchG)	§ 13 I ASOG § 13 I Fall 1	§ 13 II, III ASOG § 13 I Fall 2	§ 14 III ASOG § 13 V 1 Fall 1
Brandenburg	§ 5 I PolG, § 16 I OBG	§ 5 II, III PolG, § 16 II, III OBG	§ 6 II PolG, § 17 I OBG
Bremen	§ 5 I PolG	§ 5 II, III PolG	§ 6 II 1 PolG
Hamburg	§ 8 I SOG	§ 8 II, III SOG	§ 9 I 1 SOG
Hessen (POR) (AltlastG)	§ 6 I SOG § 12 I Nr. 1 – 3	§ 6 II, III SOG –	§ 7 II SOG § 12 I Nr. 5
Mecklenburg-Vorpommern	§ 69 I SOG	§ 69 II, III SOG	§ 70 I SOG
Niedersachsen	§ 6 I GefAG	§ 6 II, III GefAG	§ 7 II GefAG
Nordrhein-Westfalen	§ 4 I PolG, § 17 I OBG	§ 4 II, III PolG, § 17 II, III OBG	§ 5 II PolG, § 18 I OBG
Rheinland-Pfalz	§ 4 I POG	§ 4 II, III POG	§ 5 II POG
Saarland	§ 4 I PolG	§ 4 II, III PolG	§ 5 II PolG
Sachsen (POR) (EGAB)	§ 4 I PolG § 10 I 1 Nr.1	§ 4 II, III PolG –	§ 5 Fall 1 PolG § 10 I 1 Nr. 2 Fall 1
Sachsen-Anhalt	§ 7 I SOG	§ 7 II, III SOG	§ 8 II SOG
Schleswig-Holstein	§ 218 I VwG	§ 218 II, III VwG	§ 219 I VwG
Thüringen (POR) (AbfAG)	§ 7 I PAG, § 10 I OBG § 20 I 1 Nr. 1 – 3	§ 7 II, III PAG, § 10 II, III OBG –	§ 8 II PAG, § 11 II OBG § 20 I 1 Nr. 5
Musterentwurf PolG	§ 4 I	§ 4 II, III	§ 5 II
BBodSchG	§ 4 III 1 Fall 1	–	§ 4 III 1 Fall 3

Bundesland	Inhaber der tatsächlichen Gewalt	Derelinquent	Veräußerer
Baden-Württemberg (POR) (BodSchG)	 § 7 Fall 2 PolG § 10 I 1 Nr. 2 Fall 2	 – –	 – –
Bayern	Art. 8 I PAG	Art. 8 III PAG	–
Berlin (POR) (BodSchG)	§ 14 I ASOG § 13 V 1 Fall 2	§ 14 IV ASOG § 13 V 2	– § 13 IV Fall 1[751]
Brandenburg	§ 6 I PolG, § 17 II OBG	§ 6 III PolG, § 17 III OBG	–
Bremen	§ 6 I PolG	§ 6 III PolG	–
Hamburg	§ 9 I 3 Fall 1 SOG	§ 9 I 3 Fall 2 SOG	–
Hessen (POR) (AltlastG)	§ 7 I SOG –	§ 7 III SOG § 12 I Nr. 6	– § 12 I Nr. 6
Mecklenburg-Vorpommern	§ 70 II SOG	§ 70 III SOG	–
Niedersachsen	§ 7 I GefAG	§ 7 III GefAG	–
Nordrhein-Westfalen	§ 5 I PolG, § 18 II OBG	§ 5 III PolG, § 18 III OBG	–
Rheinland-Pfalz	§ 5 I POG	§ 5 III POG	–
Saarland	§ 5 I PolG	§ 5 III PolG	–
Sachsen (POR) (EGAB)	§ 5 Fall 2 PolG § 10 I 1 Nr.2 Fall 2	– –	– –
Sachsen-Anhalt	§ 8 I SOG	§ 8 III SOG	–
Schleswig-Holstein	§ 219 II 1 VwG	§ 219 III VwG	–
Thüringen (POR) (AbfAG)	§ 8 I PAG, § 11 I OBG § 20 I 1 Nr. 5 Fall 1	§ 8 III PAG, § 11 III OBG § 20 I 1 Nr. 5 Fall 2	– § 20 I 1 Nr. 5 Fall 2
Musterentwurf PolG	§ 5 I	§ 5 III	–
BBodSchG	§ 4 III 1 Fall 4	§ 4 III 4 Fall 2	§ 4 VI

751 Nur der ehemalige Eigentümer, während dessen Eigentum die Bodenverunreinigung entstanden ist, ist sanierungspflichtig.

Bundesland	Gesamtrechtsnachfolger in die abstrakte Handlungsverantwortlichkeit	Wer für den Eigentümer einzustehen hat
Baden-Württemberg (POR) (BodSchG)	 – –	 – –
Bayern	–	–
Berlin (POR) (BodSchG)	– § 13 I Fall 3	– –
Brandenburg	–	–
Bremen	–	–
Hamburg	–	–
Hessen (POR) (AltlastG)	– § 12 I Nr. 1, 2	– –
Mecklenburg-Vorpommern	–	–
Niedersachsen	–	–
Nordrhein-Westfalen	–	–
Rheinland-Pfalz	–	–
Saarland	–	–
Sachsen (POR) (EGAB)	– –	– –
Sachsen-Anhalt	–	–
Schleswig-Holstein	–	–
Thüringen (POR) (AbfAG)	– § 20 I 1 Nr. 1, 2	– –
Musterentwurf PolG	–	–
BBodSchG	§ 4 III 1 Fall 2	§ 4 III 4 Fall 1

Kolibri 360 GmbH
Ferdinand-Jühlke-Straße 7
99095 Erfurt, Deutschland
produktsicherheit@kolibri360.de

Druck:
CPI Druckdienstleistungen GmbH
im Auftrag der
Kolibri 360 GmbH
Ferdinand-Jühlke-Str. 7
99095 Erfurt